# 革命と内戦のロシア
# 1917-21

RUSSIA
Revolution and Civil War

Antony Beevor

アントニー・ビーヴァー
訳◆染谷徹

上

白水社

革命と内戦のロシア
1917-21
◈上

カバー写真：アフロ
ロシア内戦1917-1920、赤軍騎兵隊第一軍の騎兵部隊

本書をリューバ・ヴィノグラードヴァに捧げる

革命と内戦のロシア1917-21◆上——目次

## 凡例

一 原注は、本文に番号（1）、（2）…を付し、各巻末に収録した。
二 原著者による補足の注は、本文に番号＊1、＊2…を付し、各章末に収録した。
三 「略号」、「用語集」は、各巻末に収録した。
四 「人名索引」、「参考文献」、「訳者あとがき」は、下巻末に収録した。

# 序言

一九〇二年一月、英国貴族のモールバラ公爵は、弟のウィンストン・チャーチルに書き送った手紙の中でサンクト・ペテルブルク滞在中に経験した宮廷舞踏会の様子を描いている。モールバラ公が驚いたのは、舞踏会を開催するにあたって全ロシアの皇帝ニコライ二世がこだわったと思われる時代錯誤的な豪華絢爛さだった。公爵はニコライ二世を次のように評している。「皇帝は善良で愛すべき人物だが、専制君主に相応しい役割を演じようとして必死に努力しているように見える[1]」。

舞踏会の接待はその仰々しい壮麗さの点でヴェルサイユ宮殿にも引けを取らなかった。「正餐には三〇〇〇人に近い人々が招かれていた。これほど多数の人々が同時にテーブルに向かう壮観さは容易には説明できないが、客の接待にあたる召使いの数が約二〇〇〇人に及んだと言えば、その規模の大きさが想像できるだろう。召使いの中にはコサックやマムルーク人が含まれており、また、一八世紀の英国王室を思わせるような従僕もいた。彼らは駝鳥の巨大な羽を頭に飾って客に仕えるのだ。すべての部屋に軍楽隊が配置され、皇帝の行く先々で国歌を演奏した。また、あらゆる場所に儀仗兵が配置され、剣を捧げ持って五時間も立ちつくしていた[2]」。

別の会食の席で、モールバラ公の若い妻コンスエロ・ヴァンダービルトが皇帝ニコライ二世に向かって、ロシアが民主主義政治を導入する可能性について質問したことがあった。皇帝の答えはこうだった。「ロシアは、国家の政治制度の発展という意味で、西欧諸国よりも二〇〇年は遅れている。ロシアは依然として欧州というよりもアジアの一国であり、したがって独裁制による統治が必要なのだ[3]」。

モールバラ公爵は、また、ロシアの軍事システムの中心をなす近衛連隊の特異な性格にも驚いている。「陸軍の大物司令官であるウラジーミル大公は採用すべき新兵候補者にみずから面接試験を行ない、その新兵が獅子鼻をしていればパヴロフスキー連隊に振り分けている。理由はパヴロフスキー連隊を創設したパーヴェル帝が獅子鼻だったからだ[4]」。

宮廷と同様にロシア帝国の軍隊も旧弊な礼儀作法や儀礼、古色蒼然たる官僚主義によって硬直化していた。将来英国陸軍元帥となるアーチー・ウェーヴェルは、当時はまだスコットランド高地連隊の大尉だったが、第一次大戦の直前にロシアに派遣された時に気づいたことを書き残している。それは、ロシア軍の将校士官が、たとえ佐官級であっても、自主性の発揮をひたすら抑えて消極的になっているという点だった。「ロシア軍の保守主義の例をひとつ上げれば、ライフル銃を携行する際には常に銃剣を装着したまま携行するという習慣である[5]」。これは一八世紀末にロシア軍のある部隊が縦列で前進する途中、待ち伏せ攻撃を受けて全滅したという事実に基づいて当時のスヴォーロフ元帥が発した命令に従っての旧習だった。

ロシア軍の士官は制服を着用していない姿を人々に見られることを不名誉と見なしていた。ある時、ロシア軍竜騎兵連隊の大尉がアーチー・ウェーヴェルに英国陸軍の習慣について質問したが、英国軍の士官が非番の時には市民と同じ服装をし、公衆の面前でも帯剣しないことを聞いて信じられない様子で跳び上がり、眉を顰めて口走った。「それじゃあ一般の人民は君らを恐れなくなるだろう[6]」。ロシア軍の士官には規律を守らない兵士の顔面を殴打する権利が認められていた。

ウェーヴェル大尉はロシアの知識層が国の支配者たちを「官僚主義的抑圧者[7]」と見なしていることを知っても驚かなかった。知識層は「警察を信用せず、軍隊を軽蔑していた」。一九〇四〜〇五年の対日戦争が屈辱的な結末を迎え、また、一九〇五年一月にゲオルギー・ガポン司祭が組織した冬宮を目指す抗議の平和的行進に対して残虐な弾圧が行なわれた結果、政治体制と軍部に対する国民の敬意は失墜していた。ナジェージダ・ロホヴィツカヤは「テフィ」の筆名で次のように書いている。「ロシアは一夜にして左に転回した。学生層の間で騒乱が頻発し、労働者はストライキに立ち上がった。年老いた将軍たちまでが不誠実な国家運営のやり方に対して不満を漏らし、皇帝そのひとに対しても鋭い批判を浴びせるようになった[8]」。

貴族層には大きな特権が認められていたが、特権と引き換えに義務として自分の子弟を軍隊やサンクト・ペテルブルクの官僚機構に提供することを求められていた。一方、三万人を超える地主階級には、現地の「土地管理人」を通じて農村地帯の秩序を維持する責任が課せられていた。

一八六一年の農奴解放令は農民の絶望的な境遇の改善にはほとんど役立たなかった。「我が国の農民の生活は恐るべき状態に置かれている。農民に対する医療制度はまったく欠落している」とマクシム・ゴーリキーは書いている。「農民の子供の半数は五歳になる前に様々な病気に罹って死んでしまう。農村部では女性のほぼ全員が婦人病に罹っている。村々は梅毒によって腐敗しつつあり、村人たちは貧困と無知と野蛮の中に沈みつつある[9]」。女たちは、また、夫による暴力にも苦しんでいた。酒に酔った時の夫の暴力は特にひどかった。

無敵のロシア軍の基礎を形成するのは頑強なロシア農民であるという伝説は幻想に過ぎなかった。実際には、農民出身の若者の四人のうち三人は慢性的な健康上の欠陥から兵役に就くことができなかった。第一次大戦が始まってからも、農村からの徴募兵の質の悪さが指揮官たちの不満の種だった。第二軍の報告書は述べている。「嘆かわしいことだが、下級の兵士たちが戦闘への参加を避けるために自分を傷つける行為がいたる所で発生している。戦闘が始まった途端に敵に降伏するというケースも少なくない」。同じ報告書によれば、「彼らは要するにただの農民であるに過ぎない。彼らが前方を見つめる眼つきは無関心、暗愚、陰鬱であり、振り返って指揮官の眼差しを快活に見返す習慣も持たない」[10]。制服を着せられたロシアの農民たちがかつて英国の軍隊でも見られた「沈黙の反抗」に出ていることは明らかだった。

紳士階級や貴族階級は、その教養あるメンバーを含めて、「暗黒の大衆」たる農民を恐れ、時として発生する農民の恐るべき爆発を恐れていた。エメリアン・プガチョフを指導者として一七七三年に起こった農民反乱はその典型的な例だった。アレクサンドル・プーシキンはプガチョフの反乱を「無意味で無慈悲なロシアの反乱」[11]と呼んでいる。一九〇五年の対日戦争が不本意な結果に終わると、農村では農民の騒乱が多発し、しばしば地主の屋敷が焼き討ちされた。地主たちの頼みの綱は地元当局に訴えて近くの町に駐留する守備隊を出動させることだった。

カール・マルクスの『共産党宣言』の中の有名な言葉「農村生活の白痴性」は農民の軽信、無関心、盲目的従順などを意味しているが、これらの特性は単に農村にとどまらず、地方の小都市でも同じような精神の鈍化をもたらしていた。サルトィコフ＝シチェドリンやゴーゴリなどの風刺作家は澱んだ池の濁った水面の下に何があるかを見通していた。皮肉にもレーニンの気に入りの作家だったサルトィコフ＝シチェドリンは「合法的な奴隷制度が人間の心理に及ぼす壊滅的な影響[12]」を指摘しているが、それは帝政ロシアとソヴィエト・ロシアの両方に共通して見られる現象だった。トロツキーはロシア正教会を精神的拘束衣として非難し、人々が神聖ロシアの「イコンとゴキブリ」から脱却しない限り革命は実現しないと論じている。

土地改革の努力が成果を上げたのは、一部の地域に限られていた。かつて一九世紀には、大貴族ドミートリー・シェレメーチェフ伯爵のような大地主がいた[13]。シェレメーチェフは一九〇万エーカー（七六万三〇〇〇ヘクタール）の土地と三〇万人の農奴を所有していた。しかし、二〇世紀に入って、地主は小規模になり、地主自身も貧窮していた。農民の居住環境改善や農業の初歩的な機械化を志向する地主がいたとしても、実行できる地主は少なかった。それどころか、地主の多くは財産を売却するか、抵当に入れて借金せざるを得ない状態だった。地主と農民の関係はますますよそよそしくなり、緊張が増しつつあった。貧しい農民たちは依然として文盲という犠牲を強いられ、村の顔役や穀物商人に搾取され、地主によって虐待されていた。その地主たちも、かつてのような大きな権力を失ったことを恨んでいた。小作人たる農民たちは高貴な主人と見なされる地主に対して卑屈な態度を取っていたが、主人が背中を向けた途端にあらゆる機会を狙って主人を騙そうとしていた。

農村から都会への人口移動が都市労働者の増大を促し、マルクス主義者が革命の前衛と見なすプロレタリアートが形成されつつあった。二〇世紀の初頭に一〇〇万人余りだったサンクト・ペテルブルク市の人口が一九一六年末には三〇〇万人以上に増大した。市内の工場の労働環境はぞっとするほど劣悪で危険だった。工場主は労働者を消耗品と見なしていた。労働者を使い捨てにしても、次から次にやって来る農民を採用して補充することができたからである。労働者にはストライキの権利もなく、解雇されても、手当は支払われなかった。労働紛争が起きれば、警察は常に工場主の味方だった。工場労働者は都市の農奴と見なされていた。労働者たちは兵舎のような倉庫や木賃宿、貸部屋などを宿舎としていたが、どこも不潔で、病原菌の巣窟だった。ゴーリキーは書いている。「ロシアの都市には下水システムが存在しない。工場の煙突には煙道がなく、地面は腐ったゴミから発する瘴気で汚れ、空気は煙と埃で汚染されている」[14]。過密で劣悪な居住環境の中で結核と性病が蔓延し、コレラやチフスのような伝染病の流行も絶えなかった。都市住民の平均寿命は最貧層の農民と同様に短かった。最下層の暮らしを強いられる失業者とルンペン・プロレタリアに許された唯一の自由は、非合法の少女買春、けち臭い窃盗、酔っぱらっての喧嘩などだったが、それはディケンズやユーゴーやゾラが描いた西欧の下層社会よりもさらに劣悪な地獄の暮らしだった。ロシアの貧窮層の生活をこれ以上さらに悪化させる災厄があり得るとすれば、それはヨーロッパで大規模な戦争が勃発するという事態だった。

# 第1部

# 一九一二～一九一七年

# 第1章 自殺する欧州[1] 一九一二〜一九一六年

第一次大戦の前夜、ロシアは目覚ましい経済成長を遂げつつあった。その成長ぶりを眼にして、ロシアの支配層の間には頑迷な自信過剰が生じていた。一〇年足らずの昔に経験した対日戦争の残念な結末は忘れ去られ、サンクト・ペテルブルクの好戦派の主張はますます強硬になり、一九一二年にトルコがダーダネルス海峡を封鎖すると、対トルコ戦争を要求する声が急速に高まった。かつては慎重派だったセルゲイ・サゾーノフ外相までが、第一次バルカン戦争に際してドイツおよびオーストリア＝ハンガリー帝国がロシアを扱ったやり方に激昂していた。そこで、一九一四年六月にオーストリア皇太子フランツ・フェルディナント大公が暗殺され、それに続いてウィーンがセルビアに対して最後通牒を発すると、サゾーノフ外相はロシア軍に臨戦態勢を取らせるよう参謀総長に勧告するとともに、皇帝に対しても、ロシアが同じスラヴ民族のセルビアを支えることに失敗すれば致命的な屈辱を味わうことになるであろうと進言した。ニコライ二世は第一段階としてロシア軍の部分的動員に同意を与えざるを得ないと感じた。しかし、軍司令部の将軍たちは、もしロシア軍がオーストリア＝ハンガリー帝国軍に対して動員を行なうとすれば、ドイツ軍に対しても中央および北部の全戦線にわたって動員を行うべきであると主張して譲らなかった。[2]

皇帝一家の相談役で信仰上の導師でもあったグリゴリー・ラスプーチンはたまたまサンクト・ペテルブルクを留守にしていた。その運命の夏、ラスプーチンは故郷のシベリアに戻っていたのである。そこへ后妃から戦争の切迫を知らせる電報が届いた。ラスプーチンは直ちに返信を送り、開戦派の圧力に屈することのないよう皇帝に忠告した。そのラスプーチンの身に重大な事件が発生する。ひとりの農婦がラスプーチンを待ち伏せ、ナイフで腹を刺したのである。農婦は元司祭イリオドールの信奉者だった。イリオドールはラスプーチンを敵視し、ラスプーチンを偽の預言者、色魔として非難していた。ラスプーチンは瀕死の状態で病院に担ぎ込まれ、生死の境をさまようことになるが、意識を回復して軍の動員令がすでに発せられたことを知ると、無理を押して皇帝宛てに電報を送り、戦争はロシアにもロマノフ家にも滅亡をもたらすであろうと警告した。好戦派に取り囲まれた皇帝を説得して戦争を避けようとする最後の試みだったが、電報の到着は遅きに失した。しかし、仮に電報がもっと早く届いていても、事態に変化はなかったであろう。

　ロシア軍の参謀本部が恐れていたのは独墺の同盟国側がロシアよりも早く軍の動員に踏み切る事態だったが、実際には、独墺の動員は必ずしも開戦の主要な原因ではなかった。[3] 主要な原因は欧州列強が介入するよりも前にセルビアを粉砕しようとするオーストリアの決断だった。ドイツ軍参謀総長のヘルムート・フォン・モルトケも政府内部の慎重論を無視して開戦に踏み切るようオーストリアに対して強力に勧めていた。外交交渉や王室間の関係が機能する余地はなかった。フランスの首相ジョルジュ・クレマンソーが喝破したように、戦争は軍人たちに任せるには重大過ぎる問題を含んでいたのである。

宣戦が布告されると、「灰色の集団」と呼ばれる農民出身のロシア兵士にとって、事態は急速に悪化した。陸軍と海軍を合わせて、全部で一五三〇万人の農民が召集された。タンネンベルクの戦いで敗北を喫したロシア軍は一九一五年に入ってもクラクフの南東に位置するゴルリーツェ＝タルヌフの戦いでドイツ軍に敗れ、悪名高い「大敗走」に追い込まれる。すると、兵士の間だけではなく、士官や将校の間にも、宮廷に裏切り者がいるという疑惑と憤激が広がった。「皇室がドイツに喉元を握られている」という類の噂話が囁かれ始めた。噂の根拠は多数の将軍たちがドイツ系またはスカンジナヴィア系の姓を名乗っていることにもあったが、軍関係者の多くが問題にしたのは后妃アレクサンドラがドイツ出身であること、そして、后妃を取り巻く支配集団が黒幕ラスプーチンの支配下にあることだった。放埒な聖職者ラスプーチンは政府高官の任命に介入したが、そのやり方には恥知らずな汚職腐敗がつきまとっており、その悪弊は皇帝ニコライ二世が愚かにもみずから軍の最高司令官に就任し、サンクト・ペテルブルクを離れてモギリョフの大本営（スターフカ）に赴任して以降、いっそう目立つようになっていた。

ロシア軍の兵士たちは、バルト諸邦からポーランド、ベラルーシ、ガリシア、ルーマニアに至る全線戦で塹壕生活を強いられていたが、それは実に非人間的な生活だった。マクシム・ゴーリキーは書いている。「兵士たちは塹壕の中で腰まで泥濘につかり、雨と雪にさらされ、汚物と塵にまみれ、眠る時も折り重なって寝ている。病弊で消耗しつつ害虫に食われる生活はまるで獣の暮らしである」(4)。弾薬は絶望的に不足しており、靴のない兵士も少なくなかった。彼らは樹皮を靴代わりにしてしのいでいた。前線で負傷兵を看護すべき救護所も、クリミア戦争当時と変わらず粗末だった。

軍の近代化努力は悲惨な失敗に終わっていた。参謀本部に属する軍医長ワシリー・クラフコフは苦々しい調子で日記に記している。「遂に我々の所にも最新の技術開発の成果が到来した。我が軍団に二万五〇〇〇個のガスマスクが配備されたのだ。ガスマスクは司令官オルデンブルク公を委員長とする最高委員会の検査を経ているという話だったが、念のため、改めて部下の衛生兵たちに装着させて実地に検査して見た。すると、二〇分後には全員が窒息しそうになった。このガスマスクを塹壕内のすべての兵士に装着させよというのである[5]」。

兵士が故郷に書き送る手紙を検閲する軍検閲部門は前線兵士の士気について幻想を抱くことができなかった。兵士の多くがドイツ軍の砲撃を前にしてロシア軍が絶望的なほどに無力であることを嘆き、兵士に対する上官の扱いの冷酷さへの不満を訴えていた。多くの兵士が士官から残忍に虐待され、また、前線で眼にした光景によって心を傷つけられていた。ある兵士は手紙に書いている。「遺体はいまだに打ち捨てられたままだ。目玉はすでに鴉によって抉り取られ、遺体の上を鼠が這い回っている。ああ、神さま。想像を絶するこの恐るべき光景をこれ以上描写することは到底できない[6]」。

別の兵士は上官に命令されて戦友の死体を埋めるために集団墓地を掘った経験を手紙に描いている。「まず戦場から死体を集めて来た。それから、長さ三〇ファゾム、深さ四ファゾムの穴を掘り（一ファゾムは一・八メートル）、穴の底に死体を並べた。しかし、すでに日暮れが迫っていたので、穴の半分ほどまでを土で埋め、半分は埋めずに、作業は明朝に持ち越すことになった。夜間は見張りを一人残したが、朝になって見ると、埋めた死体の中の一人が生き返って穴から這い上がり、穴の縁に座っていた。また、穴の底に横たわっていた死体のうちの何体かが寝返りを打って姿勢を変えていた。彼らはまだ絶命しておらず、ただ負傷しただけか、あるいは、砲弾の爆発の衝撃で気絶していたのだった。こういうことは今回だけでなく、過去に何度も繰り返し発生したということだ[7]」。

一般の兵士とその上官たる士官や将校の待遇の激しい格差は、兵士側の深刻な怨嗟の原因だった[8]。日が暮れると、士官たちの多くは前線の背後に位置する農家の小屋に退いて比較的快適な夜を過ごすのだが、一方、兵士と下士官は塹壕の寒気と汚濁の中に取り残された。ある召集兵が家族に書き送った手紙によれば、祖国を守る戦争の最前線で戦う兵士の平均給与は月額七五コペイカだったが、彼らの背後にいて命令する中隊指揮官の給与は月額四〇〇ルーブル、さらにその後方に控える連隊司令官の給与は一〇〇〇ルーブルだった。兵士が塹壕で飢えている間に、士官や将校たちは豪華な料理とアルコールを口にし、赤十字の看護婦という名目で派遣された売春婦を相手に楽しんでいたのである。

赤十字の看護婦が前線に送られて来るのは士官や将校に性的快楽を提供するためだった、という決めつけは被害妄想のようにも聞こえるが、事実だったという論拠も存在する。ある軍団の軍医長だったクラフコフ医師は同僚の軍医が免職になった経緯を記録している。「罷免された軍医は愚直な正義漢だった。彼は配下の看護婦を売春婦として提供せよという司令部のお偉方の要求を拒否したのである。その種の要求は私自身も経験したことがある。第一〇軍の軍医長を務めていた時のことだった。私が第一〇軍を去った理由のひとつもそこにあった」[9]。

オデッサでは士官たちが貧乏な女学生たちに数百ルーブルの報酬を提示して引き換えに裸の写真を提供するよう要求した。ある青年士官は女学生に手紙を書いている。「もう一度、もっと詳しく写った写真を撮る気になったら連絡してほしい」[10]。その士官はさらに次のように提案している。「もし直接に連隊を訪ねて来れば、一〇〇〇ルーブルは稼がせてやるよ」[11]。

士官たちが享楽を尽くしている一方で、一般の兵士は、たとえ前線を遠く離れた後方にいる場合でも、妻に会うことさえ許されなかった。第九独立ドン騎兵連隊に属するコサック兵の文盲の妻エヴドキア・メルクーロヴァは面会禁止の規則を知らずに勤務中の夫に会いに行った。一九一六年一二月のことである。面会を拒否されたエヴドキアは勇敢にも夫の属する中隊の司令官に正面から抗議を申し入れた。彼女は後の口述調書で述べている。「中隊司令官のミハイル・ルィサコフは私が夫への面会を求めて宿舎を訪ねたことを知ると、一二月五日、中隊の兵士たちを広場に整列させ、その前に私を引き出してうつ伏せに横たわらせた。命令を受けた二人のコサック兵が私のスカートをめくり上げ、下着のシャツをたくし上げ、私の両手両足を押さえつけた。司令官は私の夫を前に呼び出し、剝き出しになった私の背中に一五回の鞭打ちを加えるよう命令した。そしてみずからこの処罰を監督し、衣服の上からではなく剝き出しの皮膚に全力で鞭を振り下ろすよう夫に命じた。司令官を恐れる夫は、言われるままに全力で私の裸の背中に鞭を振り下ろした。その傷からは今も出血が続いている。処罰が終わると、私は見張りの兵士に付き添われてドン川を渡り、故郷に護送された[12]」。

砲弾の餌食として扱われる兵士たちは戦争を憎んでいた。彼らにとって戦争は泥濘と虱と飢えと壊血病を意味していた。クラフコフ医師は日記に兵士の糧食のひどさを記している。「今回、オルデンブルクから糧食が配送されてきた。一〇〇〇プード（一プードは一六キログラム余り）のハムとソーセージだった。ところがハムもソーセージも、その全部が腐っていた。母なるロシアそのものが腐って滅びつつあるとしか考えられない[13]」。

一九一六年一〇月、雨季の始まりとともにクラフコフ医長の憂慮は増大した。「衛生状態の調査を目的に派遣したトルチョーノフ医師から身の毛のよだつような報告が届いた。我が軍の不幸な兵士たちは恐ろしく劣悪な環境で生活している。塹壕の中で腰まで泥濘に埋もれ、悪天候にさらされ、暖かな衣服もなく、温かな食事もなく、熱い紅茶もない暮らしなのだ[14]」。二週間後の日記にも次のように書かれている。「補充兵の一団が到着した。年端もいかない少年兵たちだが、到着した翌日には銃剣を握らされて攻撃作戦に狩り出された。少年兵たちの姿は見るに堪えなかった。絶望した少年たちは死にたくない一心で、『ママ！』と叫んで泣いていた[15]」。兵士の間に反乱の動きが見えると、軍当局は無慈悲に弾圧し、反乱の報道も禁止した。

その年の冬、ペトログラードでは、リベラル派や左派以外の人々からも政府批判の声が上がった。

敵対するドイツ軍およびオーストリア＝ハンガリー帝国軍の損耗率に比べてロシア軍の損耗率が二倍に達するという事実を知っても、ロシアの支配層は無責任に無関心を装っていた。これについては、ワシリー・シュールギンのような超保守派の政治家までもが憤激していた。シュールギンは苦々しげに書いている。「我々はまるで死体で埋まった塹壕の胸墻《きょうしょう》の上で『最後のタンゴ』を踊っているようなものだ」(16)。シュールギンは首都ペトログラードのサロンで囁かれている噂や陰謀説、特に「反逆についてのお喋り」(17)にも腹を立てていた。一一月一日に再召集された国会（ドゥーマ）では立憲民主党*1の党首パーヴェル・ミリューコフが過激な演説を行なってシュールギンを怒らせた。ミリューコフは皇帝の閣僚たちを激しく非難したが、普段は穏健だったミリューコフの激烈な論調は出席者を驚愕させた。ミリューコフは「ドイツの利益のために働くオカルト勢力」(18)を公然と非難し、政府の無能さを列挙して喝采を浴びた後に次のような疑問文で演説を締めくくった。「これはいったい何なのか？　愚かさなのか、それとも、背信なのか？」。

首都で腐敗堕落が蔓延しているという噂は前線で戦う理想主義的な青年士官たちに衝撃を与えていた。第七軍騎兵隊の若い士官は婚約者宛ての手紙に書いている。「支配層がありとあらゆる詐欺を働いている事実は誰もが知っている。マリア・パーヴロヴナ大后妃の取り巻きたちは賄賂を受け取り、その見返りに安全な地位を提供している」(19)。実は、婚約者はその士官のために安全な後方勤務を確保しようとしていた。士官はさらに書いている。「頼むから誰かに賄賂を贈るようなことはしないでほしい。僕は貴族として生き、貴族として死にたいのだ」。

帝政の熱烈な支持者たちさえ失望を味わっていた。皇帝は頑迷だったが、その原因はほぼ全面的に性格上の弱さに起因すると思われていた。一九一五年の惨めな大敗走の後、あらゆる反対意見にもかかわらず、皇帝は叔父のニコライ・ニコラエヴィッチ大公を罷免し、自分自身が軍の最高司令官に就任するという人事を強行した。長身のニコライ・ニコラエヴィッチ大公は、ウェーヴェルによれば、「これまで会ったこともないほど男前で印象深い人物だった。特に頭脳明晰というわけでもなく、書物からの知識も豊富とは言えないが、常識豊かな人格者だった」[20]。一方、甥のニコライ二世は残念ながら常識人でも人格者でもなかった。シュールギンは述べている。「優れた独裁君主を欠いた独裁君主制こそ恐るべき悲劇と言うべきだろう」[21]。

皇帝がみずから最高司令官としてモギリョフの大本営に詰めることを選んだ主な理由のひとつは、首都にとどまって批判がましい政治家たちに煩わされるよりも自分に忠実な軍幹部に取り巻かれている方が快適だからだった。皇帝は国家の運営を后妃とラスプーチンに任せる一方で、国会が選出する内閣の任命を頑強に拒否していた。しかし、モギリョフの大本営における皇帝の存在は象徴的な意味しかなかった。取り巻きたちは皇帝が前線を視察する時も、すべてを演出して皇帝を喜ばせる努力を怠らなかった。

クラフコフ医師は日記に記している。「夕食の席で、ドルゴーフ将軍の参謀総長が皇帝の視察に備えて行なった下準備を何の皮肉も交えずに説明した。すべての兵士を塹壕から引き上げさせ、一夜を費やして全兵士に新品の制服を着せ、新しい装備をつけさせた。砲兵隊には皇帝が視察を開始した瞬間に砲撃を開始する命令が下され、いかにも本物らしい戦闘シーンが演出された。視察した皇帝は満足して全員に感謝の言葉を送り、勇敢な戦士を演じた兵士たちに聖ゲオルギー十字勲章を授与した」[22]。

一九一六年の冬、ペトログラードでは様々な噂が流れていたが、その噂を皇帝の耳に入れるだけの勇気のある者はモギリョフの大本営にはいなかった。首都には、ラスプーチンを攻撃の標的とする革命派の冊子が現れ始めていた。たとえば、『グリーシャの冒険』と題する冊子にはラスプーチンが后妃と皇女たちを相手に性的放埒を繰り広げているという噂が紹介されていた[23]。ポルノ紛いのこの種の作り話は一世紀以上も前にパリで囁かれたマリー・アントワネットやランバル公爵夫人をめぐる卑猥な噂話を思い起こさせるものだった。当然のことながら、この種のグロテスクな噂話には、上流階級に食い込んで放埓を働く怪僧ラスプーチンを民衆の英雄に祭り上げるという効果もあった。

ラスプーチンは一二月一七日に殺害されるが、手を下したのはフェリクス・ユスーポフ公、ドミートリー・パーヴロヴィッチ大公、それに反ユダヤ主義団体「黒百人組」[*2]の指導者ウラジーミル・プリシュケヴィッチの三人だった。この事件は首都の貴族社会が腐敗しているという印象をさらに増大させた。特にユスーポフが皇帝の姪にあたる自分の美しい妻イリーナを餌として好色な怪僧ラスプーチンを誘い出したという経緯がこのドラマに猥雑な色合いを添えていた。大衆の想像力をさらに刺激したのは、暗殺者たちがラスプーチン殺害という陰謀の遂行にあたって克服しなければならなかった数々の困難な経緯だった。暗殺者たちは毒入りのケーキ、拳銃による銃撃などを経てラスプーチンを殺害し、最後には怪僧の巨大な肉体を橋の下の氷結した川の氷の穴に沈めたので、死体の発見までに二日を要したのだった。

前線を離れて安全な後方に控える指導層に対する深刻な不信感がつのり、それが危険な無関心を生み出しつつあった。前線から戻ったばかりのフェディレンコと言う名の士官が上官の大佐に招待されて昼食を共にした時のことである。「私の隣に二人の近衛連隊士官が座っていた。彼らはラスプーチンについて話し始めたが、それを聞いて私は衝撃を受けた[24]」。二人の士官は后妃とラスプーチンの関係に関する世間の噂話を繰り返し、皇帝を臆病者と決めつけた。「その後、大佐に付き従ってオラニエンバウムに帰任する途中、私は例の二人について大佐に質問した。あのような不遜な態度がどうして許されるのか？　皇帝を貶めるような会話をどうして止めさせないのか？　彼らは召使いの面前でロシア語を使って話をしていた。当然、召使いも話の内容を理解していたはずです」。大佐は首を振っ

ラスプーチンに操られる
皇帝ニコライ二世と
后妃アレクサンドラ

ユスーポフ公夫妻

て諦めの気持ちを表しつつ答えた。「ああ、すでに崩壊が始まりつつあるということだよ」。この点については、クラフコフ医師にも疑問がなかった。「戦争の結果が何であれ、革命が起こることは間違いない[25]」。

＊1「立憲民主党」（カデット）はリベラル中道派グループの政党で、穏健な帝政主義者と穏健な共和主義者の両派を含んでいた。一九〇五年にミリューコフによって創設されたカデットの主な支持層は学者、研究者、法律家、教養ある中間層などだった。ユダヤ人の解放を党是としていたので、ユダヤ人からも支持されていた。

＊2「黒百人組」は反動的な帝政主義者、民族主義者、反ユダヤ主義者の集団で、皇帝ニコライ二世の庇護を受けていた。

# 第2章　二月革命　一九一七年二月〜三月

ロシアに遠からず革命が起こるだろうという予感は、みずから目を塞いで現実を見ようとしない者を除いて、すべての人が抱くに至っていた。唯一不確実だった問題は、革命が戦争中に勃発するのか、それとも戦争終結後に起こるのかという点にあった。参謀総長のミハイル・アレクセーエフ将軍は、皇帝に提出した報告書の中で、ペトログラード市内のすべての工場を労働者ごと地方に移転させるべきだと進言した。ニコライ二世は皇帝専用の青色の用紙にタイプされたアレクセーエフの報告書を大本営で読んで、次のように書き加えている。「現下の情勢では、工場と労働者の移転措置は正当化し得ない。移転は戦線の後方に恐慌状態をもたらし、社会不安を呼び起こすからだ」[1]。たしかに、アレクセーエフの解決策は単純明快だったが、ほぼ実行不可能だった。三〇万人以上の工場労働者を首都から地方に移し、新たに住宅を与えることは困難だからである[2]。しかし、首都に駐留する兵士たちこそが労働者に劣らず危険な要素であることは、この時点では、参謀総長も皇帝も理解していなかった。

第一次大戦が始まって以来ロシアがこうむった損耗は膨大な規模に達していた。その結果、予備役の見習い士官の大多数が帝政に反対する姿勢に転じ、戦前から居座っていた軍幹部との心情的な共感を失うに至っていた。ある職業軍人の士官は指摘している。「見習士官の大多数は学生あがりで、法律を学んだ者も少なくない。旅団の兵営はあたかも学生寮の観を呈しており、若手の士官たちはデモ行進をしたり、決議をしたり、抗議の声を上げたりする。彼らは正規の職業軍人をまるで先史時代の動物のように見下している」[3]。実際、見習士官（プラポールシチクまたは准尉）の大部分はプチブルジョア階級の出身で、一般兵士の身分から昇進した若者だった。いずれにせよ、見習士官たちは旧世代の職業軍人の特徴である傲慢な態度に対して反感を強めつつあった[4]。

　首都の情報に通じた人々は、ペトログラードで大規模な反乱が発生する危険性を感じ取っていた。ある大公の愛人が主宰したパーティーの席で、貴族や軍幹部たちがフランス大使モーリス・パレオローグを交えて、首都の近衛連隊にどの程度の忠誠心が期待できるかを論じたことがあった。楽観論は少数派だった。フランス大使は日記に記している。「締めくくりに、一同は神聖ロシア帝国の存続を願って乾杯した」[5]。

　その翌日、パレオローグ大使は帝政を揺るがす脅威の存在を后妃が認めようとしないことを知ったが、后妃の姿勢を知って落胆したものの、驚きはしなかった。后妃はヴィクトリア・フョードロヴナ大公夫人に向かって答えたと言われている。「帝政の危機どころか、嬉しいことに、今や、全ロシア、真のロシア、庶民と農民のロシアが私の味方をしてくれている」[6]。后妃の楽観的判断の根拠は毎朝受け取る阿諛追従《あゆついしょう》の手紙だった。恐らくは偽造された手紙が内相アレクサンドル・プロトポーポフの命令を受けた秘密警察オフラーナの手で后妃の許に届けられていたのである。ラスプーチンの推薦を受けて内相に任命されたプロトポーポフは末期の梅毒のせいで精神的不安定に陥っているという噂だった。

　モスクワにあるマルタ＝メアリー女子修道院の院長を務めていた后妃自身の姉さえも、皇帝夫妻の前で「モスクワにおける社会的不安の増大」に言及した途端に宮廷への出入りを禁止された。現実を見ようとしない皇帝夫妻の態度に深刻な不安を覚えたロマノフ家の一族は秘かに集まって皇帝夫妻宛てに共同書簡を送る相談をしていた。

ロシア暦の新年の前夜、長身で優雅な英国大使ジョージ・ブキャナン卿が皇帝を訪問した。皇帝ニコライ二世はブキャナンが何を言いに来たのかをあらかじめ察知していたようだった。というのも、いつものように大使を書斎に招き入れて一緒に煙草を吹かしながら歓談する代わりに、謁見室で大使を迎え、堅苦しい姿勢で立ったまま話を始めたのである。

ブキャナン卿は英国王ジョージ五世と英国政府がロシアの現状に対して寄せている深刻な懸念について話を切り出した。そして、率直に話してもいいかと皇帝に尋ねた。皇帝は短く答えた。「どうぞ話し給え」[7]。ブキャナンは文字通り率直に話を続けた。皇帝が任命する首相ではなく、国会が選出する政治家を首相とする政府を作るべきだというのが進言の要点だった。帝政が生き残る唯一の道は「皇帝と人民とを隔てる壁を打破し、人民の信頼を取り戻すことだからです」[8]。皇帝は態度を硬くした。「大使閣下、貴君は私が皇帝として人民の信頼を得なければならないと言うが、私の信頼を獲得する責任は人民の側にあるのではないか?」。ブキャナン大使は、この上なく丁重な口調ではあったが、后妃の周辺にいると噂される敵のスパイとドイツの影響力の問題を指摘した。「私は私の義務として、陛下の進む道の前方に口を開けている深淵について警告しなければならないのです」[10]。そう言った時、ブキャナンは謁見室と皇帝夫妻の居室との間のドアが閉まっていないことに気づいた。二人の会話の一言一句が后妃の耳にも入っていたに違いなかった。[*1]

厳寒の一月だった。ペトログラードは氷で閉ざされていたが、今にも爆発しようとする火山の上にいながら歓楽にうつつを抜かす人々は少なくなかった。ある晩、仏大使のパレオローグは洒落たレストランを訪れたが、その際、隣のテーブルに離婚女性である有名な公女の姿があるのに気づいた。テーブルには近衛騎兵連隊の青年士官が三人同席していた。離婚した公女はラスプーチン殺害事件に関与した容疑で逮捕されたが、今は釈放されていた。警察に机の引出しの鍵の提出を求められた時、彼女は引出しには貰った恋文しか入っていないと答えたと言われていた。パレオローグは日記に書いている。「毎夜、人々は明け方まで歓楽を楽しんでいる。観劇、バレエ、宴会、ジプシー、タンゴ、シャンパンなど、娯楽の種は尽きないようだ[11]」。

富裕層は、まるで戦争など起こっていないかのように首都の生活を楽しんでいたが、貧困層が暮らす街区ではパンの不足が騒乱を呼び起こしつつあった。「街の至る所で行列ができ始めた」とある海軍見習士官は書いている[12]。「一〇〇人ほどの行列ができても、なおパン屋が店を開けないでいると、煉瓦が飛び始め、窓ガラスの割れる音が響く。騒ぎを鎮めるためにコサック兵の警邏隊がやって来たが、コサック兵たちは状況を見てただ笑うだけだった」。

ロシアでは、穀物や粉が不足していたわけではなかった。問題は過剰に延長された鉄道システムにあった。一年の始めの厳しい寒さと降り積もる大雪の中で、鉄道は悪戦苦闘していた。約五万七〇〇〇輌の貨車が凍結して動かず、機関車も多数が氷に閉じ込められていた[13]。食糧と燃料の価格は給料よりもはるかに速い速度で上昇しつつあった。しかし、一九一七年初頭に発生したストライキの件数は前年の水準に比べれば少なかった。秘密警察オフラーナの長官だったコンスタンチン・グロバチョフ少将は、労働争議が総合的に組織化されていないことは体制にとっての幸運であると述べている。「我々はまだゼネストに直面していない[14]」。しかし、直面するのは遠い先ではなかった。

オフラーナ長官のグロバチョフは精神的不安定の度をますます高める内相アレクサンドル・プロトポーポフへの対応に苦慮していた。プロトポーポフは迷信深くなり、しかも、完全に后妃の影響下にあった。そのプロトポーポフは、先月、ユスーポフ公の宮殿を訪ねようとするラスプーチンに対して致命的な待ち伏せ攻撃が待っていることを警告して訪問を中止するよう助言したが、説得に失敗していた。プロトポーポフ内相はペトログラードでは物笑いの的だった。警察組織が内務省の管轄下に入って以来、内相は警察官の制服を着用していたが、肩章は文官用の肩章のままだった。この恰好でプロトポーポフが国会に姿を現すと、議場からは哄笑が湧き上がった。

プロトポーポフは、部下がいかに説明しても、一般の政党と革命派グループとの区別が理解できなかった。彼はまた一月九日の「血の日曜日」の記念日が迫っていることも忘れていた。「血の日曜日」は左派にとっては重要な記念日であり、その日を記念するための大規模なストライキが予定されていた。ゲオルギー・ガポン司祭が組織した改革を求める平和的行進が軍の銃撃に曝されて大虐殺に終わったのは一九〇五年一月九日のことだった。

ペトログラードに駐留する総計一八万の首都守備隊の忠誠心については、秘密警察オフラーナも重大な関心を寄せていた。そこで、プロトポーポフ内相はペトログラード軍管区の司令官たちの会議を召集して問題を検討させた。ハバーロフ将軍、チェブイキン中将、グロバチョフ長官らが出席したが、ハバーロフには論理的思考の能力が欠けており、チェブイキンは責任を自覚していなかった。グロバチョフが守備隊の忠誠心について質問すると、予備役部隊全体の責任者であるチェブイキンは「彼らの忠誠心には疑いの余地もない」と答えたが、彼が何の根拠もなく発言したことは明らかだった。[15]

ただし、グロバチョフは守備隊に経験豊かな士官や下士官が不足していることを承知していた。有能な士官や下士官の大多数はすでに前線で戦死し、あるいは負傷して障害者になっていた。首都守備隊に属する予備役部隊の兵士たちは、作家ヴィクトル・シクロフスキーの言葉を借りれば、「鈍い絶

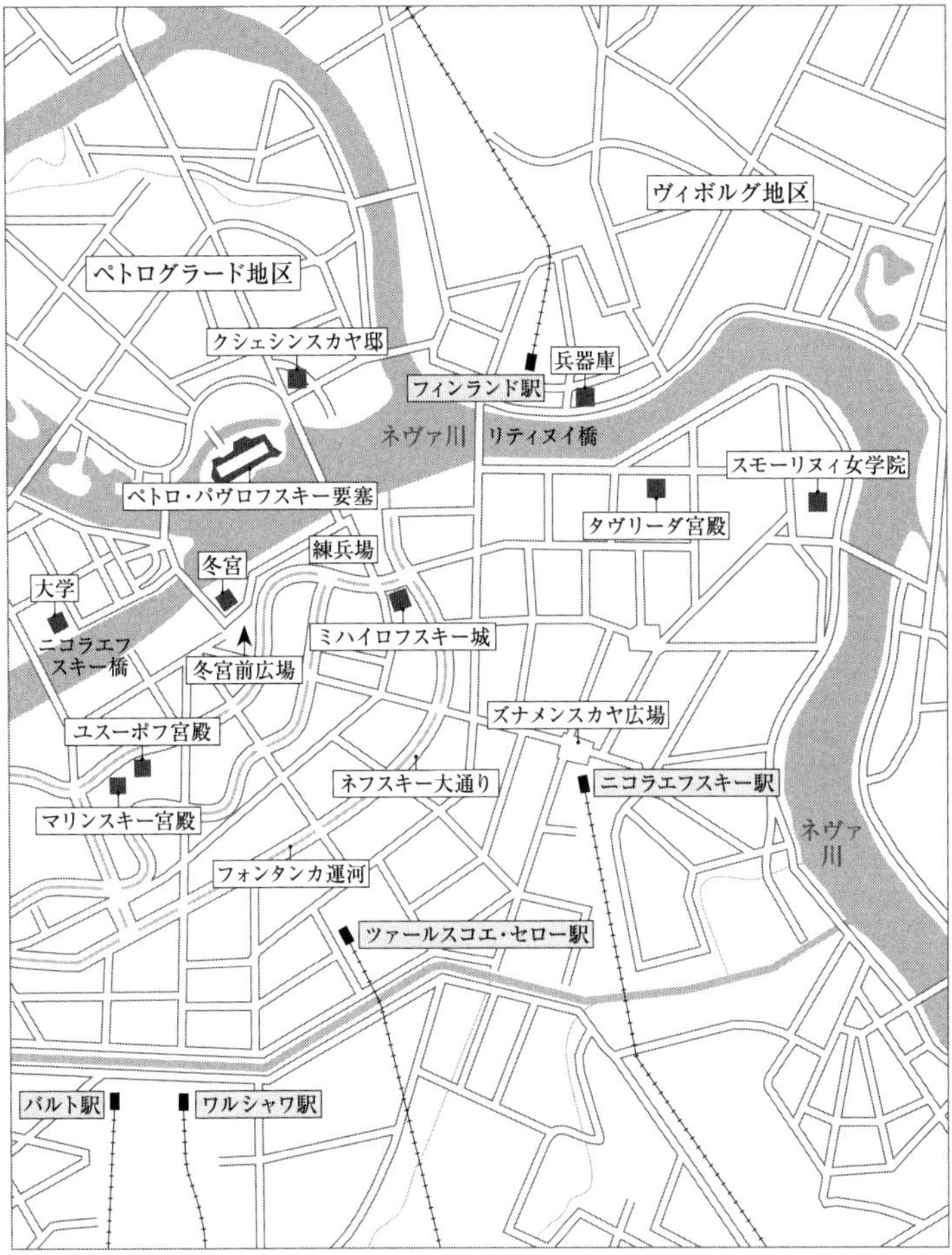


1917年のペトログラード

望感と憤懣[16]に満ちて陰鬱な兵営生活を送っていた。一九一七年に首都守備隊としてペテルブルクに駐留していた兵士たちは「不満だらけの農民と不満だらけの都市労働者」の出身であり、過密な兵営に詰め込まれて、絶望的な生活を送っていた。その兵舎たるや、まるで「奴隷制度の饐えた臭い」を特徴とする「煉瓦造りの家畜小屋」だった。

グロバチョフはペトログラード守備隊の兵士の心理状態に関する報告書を作成してモギリョフの大本営に提出した。参謀総長のアレクセーエフ将軍は近衛騎兵連隊を前線から呼び戻して首都守備隊の一部と入れ替えるという案に同意したが、ルーマニア戦線でドイツ軍が攻勢に出たために、この案は実現しなかった。さらに悪いことには、二月に入って寒気がさらに強まり、気温は零下二〇度を記録した。ペトログラードでは燃料が不足し始め、パンの配給制が導入されるという噂が広まった。パニック買いが始まり、パン屋の前の街路には大勢の女性たちが行列を作った。しかし、パンが買えることはほとんどなかった。燃料不足は、また、多数の工場労働者が退職手当てもなしに馘首される事態を招いた。大手のプチーロフ工場も二月二一日に門を閉ざした。

二月二二日の水曜日、ニコライ二世は二か月余りを過ごしたツァールスコエ・セローのアレクサンドル宮殿を後にして、再びベラルーシのモギリョフ大本営に向かった。途中、皇室専用列車の中で皇帝はカエサルの『ガリア戦記』をフランス語版で読んだ。過去数週間の間に、国会議長のミハイル・ロジャンコが、反乱を予防するためには進歩派ブロックの政治家からなる内閣を指名すべきだと何度か皇帝に進言したが、ニコライ二世はその提案を繰り返し却下していた。判断力を欠く内相プロトポーポフは根拠もなしに首都の安全を皇帝に保障していた。

翌二月二三日は「国際婦人デー[17]」だったが、この日がロシア革命の引き金となった。この日、急に天候が緩んで陽光が降り注いだ。何週も続いた極寒と曇天の後に訪れた晴天を楽しむために人々はペトログラードの街路に繰り出した。複数の婦人グループがこの記念日のためにあらかじめ行動を計画していた。婦人グループのデモの一部が食糧不足に抗議して叫び始めた。「パンを！　パンを！　パンを！」。その動きとは別に、「女性の権利の平等を求めるロシア婦人同盟」はズナメンスカヤ広場で集会を開いていた。ロシアの婦人参政権獲得運動にはすでに九年間の歴史があったが、今回の四万人の大規模デモに動かされて、まもなく成立する臨時政府は婦人参政権を認めることになる。英米両国よりも早く、フランスに比べれば二七年も早い婦人参政権の実現だった。

　複数の大規模なデモ行進が市内の各地点からネフスキー大通りを目指して進んでいた。途中、市電の窓ガラスが割られるなどの小規模な騒ぎはあったが、コサック兵の騎馬隊と黒い制服を着た悪評高い警官隊は状況の掌握に成功しているように見えた。ただし、グロバチョフ長官の秘密警察オフラーナはコサック兵の間に生じている変化に気づいていた。コサック兵はデモ隊との対決を避けているようだった。従来のコサック兵らしからぬ動きだった。ある兵士が兵営で食事中のコサック兵に質問したことがある。「君らはデモ行進に参加した労働者や兵士を今回も一九〇五年と同じように鞭で打ったり、銃で撃ったりするのかね？」[18]。コサック兵の答えは他の兵士たちにとって驚くべきものだった。「いいや！　一九〇五年のようなことは二度と起こらない。我々は労働者の敵ではない。いったい何のために彼らを撃つのか？　こんな不味いレンズ豆のスープや腐ったニシンのために彼らを撃つわけがないだろう」。コサックたちは皿を指差しながら苦々しげに言った。

　翌二月二四日の金曜日、流れが変わった。一五万人から二〇万人の男女労働者がストライキに突入し、商店主たちは略奪を恐れて店を閉め、扉や窓に板囲いを施した。ネヴァ川の北岸にはヴィボルグ地区の労働者一万人が集結していた。当局はネヴァ川に架かる橋をバリケードで封鎖したが、川が凍結していたので、多数の労働者が氷の上を歩いて川を渡り、コサック兵や警官隊の警戒線を迂回して集会に参加した。中にはコサック騎兵部隊の乗る馬の腹の下をくぐって通る者もあった。通常、コサック兵は牛の皮で編んだ鞭を携行しており、その鞭で叩かれれば死ぬこともあったが、今回、人々はコサック兵が鞭を携行していないことに気づいていた。

作曲家のセルゲイ・プロコフィエフはその日の日記に記している。「アニチコフ橋の上にかなりの人数が集まっていた。その大半は短い上着を着て長靴を履いた労働者だった。槍で武装したコサック兵の騎馬隊が約一〇騎ずつのグループに分かれて通過して行った。私はアニチコフ橋を渡ってリテイニー地区に向かった。リテイニー地区はデモ行進の中心地だった。無数の労働者が集まっており、街路は群衆で埋まっていた。コサック兵について言えば、彼らは馬を使って群衆をやんわりと押し返したり、時には歩道に馬を乗り入れて見物人を追い払ったりしていた。間抜けな顔をした女がひとり、運動の意味がまったく理解できないらしく、デモ隊に向かって叫んでいた。『そうだ！ ユダヤ人をやっつけろ！』。労働者のひとりが彼女に向かってデモと集会の趣旨を丁寧に説明し始めたが、明らかに効果はないようだった[19]」。

翌日になると、法と秩序を維持すべき兵士や警官の躊躇いがちな反応に勇気を得た群衆の数がさらに膨れ上がり、その行動も攻撃的になった。一部の地区ではパン屋が襲撃され、略奪された。さらに過激な労働者たちは「后妃はドイツ人女だ」と書いた赤い横断幕を掲げて行進した[20]。「マルセイエーズ」を歌いながら行進する労働者や学生もいた。本場フランスの国歌が抒情詩的な激しさを特徴とするのに対して、それはずっと沈痛な調子の「マルセイエーズ」だった。デモ隊は、また、「皇帝を打倒せよ！」、「戦争反対！」などと叫んだり、警官隊に向けて雪玉を投げたりした。

仏大使パレオローグの部下のひとりである青年外交官ルイ・ド・ロビアン伯爵はヴィボルグ地区の群衆が氷結したネヴァ川の上を歩いて対岸に渡る場面に遭遇した。対岸ではコサック兵の騎兵隊部隊がゆっくりと馬を走らせて、群衆を阻止しようとしていた。ロビアンは日記に書いている。「小型の馬に跨り、ネットに入れた乾草の束を鞍に縛りつけ、槍と騎兵銃で武装したコサック兵は絵に描いたように格好良かった[21]」。

ロビアンはコサック兵の姿を見て刺激を受け、ロマンチックであるとさえ感じていたようである。彼は、また、騎馬警官隊を「美しい馬に騎乗し、赤いリボン付きの黒いケープをまとい、黒い羽根つきのアストラハンの帽子をかぶった非常にシックな存在[22]」として描いている。しかし、民衆は騎馬警官を「ファラオ」の名で呼び、コサック兵よりも激しく憎んでいた。騎馬警官が前線勤務を免除されていたことも彼らが憎まれる理由のひとつだった。その後まもなく、ロビアンはカザン大聖堂の前に横一列に整列している歩兵部隊を見た。大聖堂には赤旗と横断幕を掲げた群衆が近づきつつあった。警察部隊が見物人を押し返し、おそらくは第九騎兵隊から派遣されたと思われる騎馬部隊が待機していた。「勇猛果敢とも言える突撃が始まった。カザン広場から駆け出した騎馬警官隊は、抜身の剣を振りかざし、最大速度で馬を走らせてネフスキー大通りを行進するデモ隊に突入していった[23]」。ロビアンは知らなかったが、この時、兵士による最初の反乱が首都守備隊の兵営で発生していた。パヴロフスキー近衛連隊の兵士たちが指揮官の命令を拒否し、あまつさえ、指揮官に瀕死の重傷を負わせたのである。命令拒否を扇動した首謀者たちは逮捕され、軍法会議に送られた[24]。

パン屋が略奪されているという報告は后妃の許にも届いていたが、后妃は無関心だった。「軍は忠実であり、頼りになる」というのが后妃の発言だった[25]。忠誠と思われているコサック部隊に心理的変化が起こりつつあることを后妃に指摘する者は誰もいなかった。しかし、社会革命党員の弁護士ウラジーミル・ゼンジーノフは書いている。「コサック兵たちは群衆の中に馬を乗り入れたが、銃を空中に振りかざして、『市民を撃つつもりはない。俺たちは民衆の味方だ』と叫んでいた。すると、群衆も『いいぞ！　コサック万歳！』と叫び返した」[26]。

市民側に最初の死者が出たのは同じ日の午後だった。第九騎兵隊の分遣隊がパニック状態に陥ってネフスキー大通りの群集に向けて発砲したのである。将来の大作家ウラジーミル・ナボコフは書いている。「最初の死者を見た。その死者は担架で運ばれていったが、片方の足が担架からはみ出して揺れていた。すると、ボロ靴を履いた同志らしい男が死人の足から靴をもぎ取ろうとした。その男は担架の担ぎ手たちから押されたり、殴られたりしても靴泥棒をやめようとしなかった」[27]。ズナメンスカヤ広場でも死者が出た。ズナメンスカヤ広場には周囲を圧倒するような巨大なアレクサンドル三世の乗馬像が立っていた。巨像は「河馬」と呼ばれて嘲笑されることもあった。その広場に大群衆が押しかけ、警備に当たっていたヴォルィンスキー近衛連隊の中隊と衝突した。夕暮れが迫る頃だったが、デモ隊に襲いかかった警官の一人をコサック兵が殺害した。目撃者の話では、サーベルで切り殺したということだったが、銃撃したという説もあった。この事件の噂は重大な出来事として瞬く間に広まった。

それでも、ボリシェヴィキの一部も含めて、大多数の人々は、現在起こっている事態は食糧不足に対する抗議行動であり、十分なパンの供給が復活すれば収まるものと考えていた。プロトポーポフ内相とハバーロフ将軍は首都の騒乱の実態をモギリョフ大本営の皇帝に報告したが、今や当局が無事に事態を掌握しているというのが報告書の結論だった。日記には記載されていないが、皇帝はハバーロフ将軍に対して首都の騒乱を直ちに平定するよう命令した。ハバーロフは自信を失っていた。兵士が群衆に向かって発砲すれば、それは人民に対する事実上の宣戦布告に他ならない。いったん宣戦布告が強行されれば、抗議行動が静まる可能性はなかった。ニコライ二世も、皇帝の命令が皇帝自身の兵士たちにどちらの側に就くかの選択を迫ることになろうとは思いもしなかった。プロトポーポフは降霊会を開いて今は亡きラスプーチンに助言を求めた。[28] その日の夜、ヴィボルグ地区に対する当局の支配が崩壊した。地区内の複数の警察署が民衆に包囲され、放火された。

二月二六日は日曜日だった。その日の朝、寒さは相変わらず厳しかったが、天候は晴れだった。この日も、労働者の大群が氷結したネヴァ川を歩いて渡った。群衆は張り出されていたハバーロフ将軍の告知を破り捨てた。告知にはデモ行進を禁止すること、軍隊には発砲許可が出ていること、まもなくパンの供給が再開することが書かれていた。ペトログラードの上流階級の大部分は、大規模な歩兵部隊と騎兵隊を出動させれば騒動は収まるだろうと期待していた。しかし、グロバチョフはハバーロフ将軍に警告した。群衆の抗議活動がしだいに政治的色彩を帯びつつあるという警告だった。労働者たちはいったん工場に戻る計画だった。そして、月曜日には、労働者代表を選出してソヴィエト評議会を設立しようとしていた。

日曜日の朝の段階では、治安部隊側がまがりなりにも警戒線を維持していた。しかし、デモに参加していた大群衆が警戒線を突破してペトログラードの中心部に突入した。兵士の圧倒的多数は群衆に向かって発砲せよという命令を拒否していたが、それでも、ネフスキー大通りで発砲事件が発生した。最初に発砲したのは自分の身を守ろうとした警官隊だった。また、パヴロフスキー近衛連隊に属する下士官グループがモイカ運河近くで群衆に包囲され、自衛のために発砲した。その後、ヴォルィンスキー連隊のある中隊が泥酔した指揮官に命令されてズナメンスカヤ広場の群集に向けて発砲し、四〇人近い市民を殺害したという話が伝わった。ただし、命令された中隊兵士の大多数は空に向けて発砲したという説もあった。さらに、パヴロフスキー連隊の多数の兵士がデモ参加者を守ろうとして兵営から飛び出し、プレオブラジェンスキー近衛連隊の中隊と衝突したとも言われていた。

同じ日の夜、モギリョフの大本営でドミノ・ゲームに興じていた皇帝の許に国会議長ロジャンコから再度の進言が届けられた。悲劇を避けるために、すぐに政府改革を行なう必要があるという内容だった。皇帝は返答しなかったが、その代わりに、国会の休会を命令した。休会にすれば、ロジャンコのようなリベラルな保守派を黙らせることができると考えたのである。国会休会の命令はニコライ・ゴリーツィン公を通じて伝えられた。元首相のゴリーツィン公は優柔不断な人物だった。ロジャンコは貴族であり、元近衛騎兵隊の将校でもあったが、ラスプーチンの宿敵だったために、后妃に嫌われ、皇帝にも不信感を持たれていた。ロジャンコの妻はゴリーツィン家の出身だったが、ラスプーチン殺害を実行したユスーポフ公に祝福の手紙を書いていた。その手紙をプロトポーポフが途中で手に入れ、后妃に見せたのである。

ペトログラードでは、プロトポーポフが夕食後にグロバチョフを呼び出した。破局を避ける目的で議論するためではなく、自分が后妃に謁見した事実を自慢するためだった。同じ日曜日の夜、夜会服に身を包んだ招待客たちが、警備部隊の非常線を尻目に、フォンタンカにあるラジヴィル公女の宮殿を目指していた。その舞踏会は、ロビアンによれば、「陰鬱な雰囲気(29)」だった。客たちは管弦楽団の演奏に合わせて踊るはずだったが、演奏者の多数が欠席していた。舞踏会から帰宅する道のりも「不安だった。どの通りにも多数の兵士がおり、何度も歩みを止められ、不審尋問を受けた。兵士たちは大きな焚火の傍に立って警戒していた」。コサックの騎馬隊がみすぼらしい馬に跨って通り過ぎた。「積もった雪に吸い込まれて、馬の蹄鉄の音は響かなかった。聞こえたのは武器がこすれ合う音だけだった(30)」。

月曜日の朝になれば平穏と秩序が回復するだろうという希望は長くは続かなかった。ある有名な記録文書によれば、ヴォルィンスキー連隊では、キルピチニコフという名の軍曹が夜の間に同僚の下士官を説得して、連隊兵士は労働者に向かって発砲しないという合意を取りつけていた。[*2] そこで、翌朝、士官たちがタヴリチェスキー兵営前の雪の積もった前庭に兵士たちを整列させた時、キルピチニコフ軍曹が合図すると、兵士たちが叫び声を上げた。「俺たちは発砲しない！」[31]。士官たちが威嚇すると、兵士はライフル銃の台尻を地面に繰り返し叩きつけた。士官たちは全面的な反乱が発生したことにようやく気づき、身体の向きを変えて走り去った。その時、一発の銃声がして指揮官が倒れた。

共産党の神話によれば、ヴォルィンスキー連隊の兵士が労働者への発砲を拒否したことがきっかけとなってペトログラードの全守備隊が革命に向かったことになっている。しかし、労働者への共感だけが反乱の動機ではなかった。前線に送られることを喜ぶ兵士はいなかったが、ペトログラードに駐留する予備兵力に対する前線への派遣命令が予定されていることは誰もが知るところだった。

その日は早朝から、あちらこちらから銃声が聞こえていた。最初は散発的なライフル銃の発射音だったが、やがて一斉射撃の音も聞こえ始めた。それはあるいは指揮官が意気阻喪したことを知った兵士たちの祝砲だったのかも知れない。ロジャンコはモギリョフ大本営にいる「至高の皇帝陛下」に宛てて重ねて電報を打った。[32]「状況は悪化しつつあります。直ちに対策を立てる必要があります。明日では遅すぎるのです。国家と王朝の命運を決すべき瞬間が迫っています」。皇帝は電報を読んで、吐き捨てるように言った。「あのデブのロジャンコの奴がまたまた無意味な繰り言を書いてよこしたが、返事をする気にもなれない[33]」。

その朝、抗議する群衆のデモ行進は国会が開かれているタヴリーダ宮殿を目指していた。タヴリーダ宮殿のすぐ隣にはヴォルィンスキー連隊が守る兵営群があった。デモ隊は兵営の一角にあるプレオブラジェンスキー連隊に向かった。両連隊の兵士たちが武器庫の武器を労働者に渡し始めた。それが反乱が革命に転化した瞬間であることは誰の目にも明らかだった。

作曲家のセルゲイ・プロコフィエフは国立音楽院で学生たちが公演を予定していた歌劇『エヴゲニー・オネーギン』の最終リハーサルに立ち会っていたが、音楽院を出たところで騒乱に行き合った。「リテイニー地区まで来ると、武器庫の横で銃撃戦が始まっていた。兵士の一部が反乱を起こしたのだ。フォンタンカ運河の橋の上で立ち止まって振り返ると、リテイニー地区から激しい銃撃音が聞こえてきた。隣に労働者が立っていたので、私はフォンタンカを通過することができるかどうか質問してみた。『大丈夫だ。通りなさい。この道筋は我々の側が奪取したから安全だよ』。彼は愛想よく答えてくれた。私は聞き返した。『我々の側とはどういう意味かね?』。すると、彼は言った。『ライフル銃で武装した労働者と労働者側に寝返った兵士たちの側という意味だよ』。初めて聞く情報だった」。

労働者と兵士のグループの一部はすでに囚人を解放する動きを始めていた。行き先はペトロ・パヴロフスキー要塞、リトフスキー監獄、その他の帝政政府の監獄だった。別の一団は各省庁を襲撃して記録書類を破棄していた。その間にペトログラード地方裁判所、警察署、警察庁などが次々に焼き討ちされていた。これらの施設を警護していたはずの兵士の部隊はあっという間に労働者側に寝返った。約三〇〇〇人の群集がアレクサンドロフスキー大通りの酒造工場を襲撃して製品の酒類を消費していた。

秘密警察オフラーナの本部を警護していたのは第三近衛ライフル連隊に属する中隊の半分の兵士たちで、ひとりの中尉が指揮官を務めていた。オフラーナ長官のグロバチョフはその中尉に部下の兵士たちは信頼できるかどうかと問い質した。中尉が首を横に振ったので、グロバチョフは兵士を兵営に連れ戻すよう指示した。しかし、それは無駄な配慮だった。いずれにせよ、オフラーナ本部は夜を待たずに焼き討ちされて炎上してしまった。作家のマクシム・ゴーリキーはメンシェヴィキの政治家ニコライ・スハーノフとともに焼け落ちたオフラーナ本部の廃墟を見て、この革命の行き着く先は「アジア的野蛮」かも知れないと予言した。[34] リベラル派のスラヴ主義者よりも、あるいはレーニン自身よりも長い期間、貧窮層の間で生活したことのあるゴーリキーは、「ロシアの人民は精神的な美と善意の体現者である」[35]という類の幻想を持っていなかった。ゴーリキーは肉体的にも精神的にも際立った人物だった。ヴィクトル・シクロフスキーは書いている。「ゴーリキーは長身で、髪は短く刈り込み、やや猫背だが、眼は碧く、非常に力強い表情をしている」[36]。

皇帝の弟、ミハイル大公はゴリーツィン公と国会議長ロジャンコの助言に従って、内閣の閣僚全員を国会選出の閣僚に入れ替え、リベラル派として有名なリヴォフ大公を首相とすることを兄の「ニッキー」に強力に助言した。ミハイル大公の助言以外にも、后妃を含めて様々な人物からの進言がペトログラードからモギリョフの大本営に寄せられていた。多くは皇帝に妥協案への同意を勧める進言だったが、いかなる妥協もすでに遅きに失していた。皇帝は近衛連隊が反乱に加担したことを知って明らかに衝撃を受けていた。プロトポーポフから近衛連隊の忠誠心を保証されていただけに、衝撃はなおさらだった。ニコライ二世はその日の日記に書いている。「兵士たちまでもが反乱に参加したという。なんと悲しいことだろうか」[37]。しかし、反乱はまだ粉砕できると皇帝は信じていた。全面的な革命に直面しているとはどうしても考えられなかったのだ。

グロバチョフによれば、ハバーロフ将軍が犯した最大の間違いは、警察部隊や憲兵部隊ではなく予備役の歩兵大隊にペトログラードの守備を任せたことだった。月曜日には抗議する労働者一一人が兵士によって銃撃され、死亡したが、ほとんどの現場では労働者と兵士の交流が始まっていた。非常線を張っていた兵士たちはデモ行進の労働者を近くに呼び寄せて話し合おうとした。「騎馬隊は労働者たちが馬を撫でたり、餌を与えたりすることを歓迎した」[38]。ズナメンスカヤ広場で騎馬警官の部隊が群衆を蹴散らそうとすると、コサック部隊の兵士たちが間に入ってその動きを押しとどめた。

グロバチョフによれば、ハバーロフ将軍は「自分の思いどおりになると思っていた銃剣が実は頼りにならないことをやっと理解した」[39]。（これは控え目な表現だった。というのも、その時、ハバーロフはすでにパニックに陥り、ヒステリー状態になっていた）。グロバチョフは続けている。「鎮圧のために派遣したすべての部隊が反乱側に加わってしまった。夕方までに、ハバーロフの味方は本部のスタッフだけになってしまった。反乱は拡大していた。商店や個人住宅からの略奪が始まった。街路では士官が捕らえられ、武装解除された。地区担当の警察官は殴られ、殺害された。憲兵隊員も拘束されるか、殺害された。午後五時頃には、端的に言って、当局は存在しない状態だった」。

同じ日の夕方、皇帝は専用列車の準備を命じた。ペトログラードのハバーロフからの最新の報告はロジャンコの警告が誇張ではなかったことを証明していた。この危機の瞬間に皇帝が希望したのは、ツァールスコエ・セローに戻って后妃と子供たちに合流することだった。皇帝の子供たちは麻疹にかかって寝込んでいた。皇帝はN・I・イヴァーノフ将軍を呼び出し、食事をしながら要点を説明したうえで、ペトログラードに行ってハバーロフと交代し、戒厳令を布告するよう命じた。

イヴァーノフが首都に乗り込むに当たっては、勇敢な武功を讃える聖ゲオルギー十字勲章を授けられた兵士だけで構成される特別な大隊が別の列車で従うことになった。さらに、歩兵四個連隊と騎兵四個連隊を前線から呼び戻して、イヴァーノフの指揮下に置き、「ペトログラード守備隊の中の反乱分子を粉砕する」[40]予定だった。公然たる反乱が起きつつある首都に皇帝やその随員が近づくことはきわめて危険であると主計総監のルコムスキー将軍が皇帝に警告したが、皇帝の決意は揺るがなかった。ただし、皇帝は鉄道労働者たちが皇帝の列車の動きを阻止する事態を全く想定していなかった。

もしそうなれば、皇帝は見知らぬ土地で孤立し、これから起こる出来事の推移からまったく取り残されてしまうことになる。

＊1 ブキャナン大使は皇帝に謁見した直後に謁見の一部始終を親しくしていたフランス大使のパレオローグに伝え、パレオローグはブキャナンから聞いた話を日記に記録している。その記録によれば、印象的なのは皇帝がきわめて冷淡だったこと、また、有無を言わさずブキャナンを追い返したことだった。「では、さらばだ、大使閣下」[9]。ただし、ブキャナン自身がずっと後に著した回顧録では、信じ難いことだが、皇帝は温かな言葉と気持ちを込めた握手で大使を送り出したことになっている。一方、皇帝の日記はこの会見には一切触れていない。そもそも、ニコライ二世が各国大使とのやり取りを記録することはほとんどなかった。

＊2 ヴォルィンスキー連隊が一九〇〇年以前に実行した主要な作戦はポーランド蜂起の鎮圧だった。

# 第3章 墜落した双頭の鷲

## 一九一七年二月〜三月

二月二八日火曜日、この日も天候は晴れだった。プロコフィエフは書いている。「どの通りにも群衆が繰り出していた。市街電車も辻馬車も走っていないので、人々は街路の幅いっぱいに溢れている。大勢の人々が赤い蝶ネクタイをつけている」[1]。ペトログラードでも、モスクワでも、目端の利く物売りが街頭で赤いキャラコの蝶ネクタイを一個五コペイカで売りさばいていた。「数分で売り切れることが多かった」と、やがて赤衛兵となるモスクワの人物が書いている。「いかにも金持ちに見える連中の中にはナプキンほどのサイズの大きな蝶ネクタイをつけている者もいた。しかし、そういう連中に対しては『ネクタイまで欲張るな。今や平等と友愛の時代なのだ！』という声がとんだ」[2]。

プロコフィエフはフォンタンカ地区の街路で大きな焚火を眼にした。「炎の高さが建物の二階に達するほどの大きさだった。窓枠が壊されて、焚火に投げ込まれていた。投げ込まれる時には耳を聾する大音響がした。窓枠に続いて、緑色の安楽椅子、テーブルクロス、書類の詰まった戸棚など、あらゆる家財家具が投げ込まれていた。襲撃され、破壊されていた建物は地区の警察幹部の住まいだった。戸棚類が投げ落とされる様子は特に印象的だった。戸棚はゆっくりと窓から押し出され、真っ逆さまに落下し、重い音を立てて焚火の中に落ち込んで行った。それを見て、群衆は満足気な叫び声を上げた。『奴らは吸血鬼だ！ 我々の血を吸った吸血鬼だ！』という声が聞こえた」[3]。

海軍本部や冬宮に駐在する軍隊の中から帝政に忠誠な部隊を集めようとする試みは惨めな失敗に終わっていた。ハバーロフ将軍は自分に秩序回復の能力がないことを認めざるを得なかった。将軍は大本営からの問い合わせに対して、一八万人の首都守備隊のうち頼りになるのは近衛歩兵部隊四個中隊、騎兵隊五個大隊、砲兵隊二個中隊にすぎないと回答している[4]。ただし、これ以外の守備隊兵士のすべてが革命側についたわけではなかった。おそらく、大多数の兵士は上官の命令に従うことを拒否しつつも、積極的に反乱に与したのではなく、単に略奪と飲酒に加わっただけだった。

「無血革命」の神話は事実に反していた。実際には、ペトログラード市内だけでも、双方合わせて一五〇〇人に近い死者と六〇〇〇人以上の負傷者が出ていた。戦闘はアストリア・ホテルへの襲撃を以っていったん終結した。アストリア・ホテルには多数の士官や将官が避難していたが、屋上にいた警官隊の狙撃兵が街路に向けて発砲したことに反発した群衆がなだれ込み、大虐殺が発生したのである。

皇帝を乗せた専用列車は二月二八日火曜日の早朝にようやくモギリョフを出発した。専用列車はイヴァーノフ将軍部隊の首都への移動を妨げないように、ツァールスコエ・セローに至る最短ルートを避けて迂回した。その結果、翌日の夜に鉄道労働者が線路を封鎖した時には、皇帝の列車はさらに迂回してプスコフに向かわなければならなくなった。プスコフにはニコライ・ルーズスキー将軍の北部戦線司令部があり、ヒューズ社製の通信機を通じてモギリョフと連絡を取ることができた。

ツァールスコエ・セローの西に位置するガッチナとルーガの町が叛徒の手に落ちたことを聞いた時、皇帝は絶望を隠せなかった。三月一日の日記には次のような記述がある。「何とも酷い話だ！ これではツァールスコエ・セローまで行くことさえできない。私の心はずっとツァールスコエ・セローにあったのに。可哀そうに、妻のアリックスはこの騒ぎの間ずっとひとりで耐えているのだ。神よ、我らを助け給え！」[5]。ルーズスキー将軍からは皇帝に向けての慰めの言葉は何ひとつなかった。皇帝一家とその取り巻きに対する崇敬の念をほとんど持ち合わせなかった将軍は、ニコライ二世に向かって、国会に主権を譲ったうえで退位するよう進言した。

皇帝はゴリーツィン公に国会の休会を命じていたが、命令は逆効果だった。二月二七日のことである。権力の空白が生まれれば、その間に自分の率いる進歩派が左派急進派によって圧倒されることを恐れたゴリーツィンは、皇帝の命令に抗して国会の審議を強行し、各会派に出席を要請した。国会の議場となる広大なタヴリーダ宮殿には、審議の動向を知ろうとして、労働者、知識人、兵士らのデモ隊が期待と不安を抱いて押しかけていた。審議の結果、投票によって一二人のメンバーがからなる「秩序回復を目指す国会臨時委員会」が成立した。一二人の委員のうち、一〇人はロジャンコの進歩派ブロックから選出され、残り二人は社会主義的会派から選ばれた。二人のうちひとりはアレクサンドル・ケレンスキー、もうひとりはグルジアのメンシェヴィキ、ニコラス・チヘイゼだった。

ロジャンコを筆頭とするリベラル穏健派の政治家たちは、自分たちが人民大衆の波に完全に呑み込まれたと感じていた。自己の正当性に疑いを感じ、自前の権威への自信を失っていたのである。自分たちが頑固な皇帝と完全な破滅の間で板挟みになっていると思い込んでいた彼らは軍幹部の将軍たちにもそう説明していた。

皇帝がプスコフで足止めされている間に、一部の軍関係者から例の「臨時委員会」を「臨時政府」として認める動きが起こった。兵士たちが集団を組んでタヴリーダ宮殿まで行進し、「マルセイエーズ」を歌って、「臨時政府」への忠誠を宣言した。ロジャンコは慎重に言葉を選んで兵士たちの挨拶に応じた。ロジャンコも同僚議員も、自分たちに課された役割を演じ続けざるを得ないと感じていた。というのも、一九〇五年の革命に際して生まれ、その後消滅していたペトログラード・ソヴィエトが復活していたからだった。かつてソヴィエトを指導していた労働運動の幹部たちは、これまでペトロ・パヴロフスキー要塞に収監されていたが、二日前に反乱側兵士の手で解放されていた。その晩、ペトログラード・ソヴィエトの「執行委員会」（ロシア語でイスポリニーチェリヌイ・コミテート、略してイスポルコム）が同じタヴリーダ宮殿で成立した。ロシア帝政の象徴だった双頭の鷲が二重政府に取って代わられつつあった。超保守派の政治家ワシリー・シュールギンは苦々しげに言った。「双頭の何物かが現れた。ただし、鷲でないことは確かだ」[6]。

三月二日の早朝から、皇帝の意を体するプスコフのルーズスキー将軍とペトログラードのロジャンコ議長との間で電報による交渉が始まった。交渉は四時間続いた。ロジャンコは帝政に危険が迫っているとの警告をすでに過去二年半にわたって繰り返してきたことをルーズスキーに想起させた上で言った。「ロマノフ王朝に対する憎悪は頂点に達している。ロシアを内戦から救う唯一の道はニコライ二世が退位し、弟のミハイル・アレクサンドロヴィッチを摂政として、帝位を皇太子に譲ることである」[7]。皇帝の弟ミハイル・アレクサンドロヴィッチは立憲君主制の支持者として好ましい人物だった。ロジャンコは、また、イヴァーノフ将軍と配下の鎮圧部隊をペトログラードに派遣することは「火に油を注ぐ愚挙である」と警告した。幸いにも、結局のところ、イヴァーノフはペトログラードに到達しなかった。

皇帝の高級副官としてモギリョフ大本営に勤めていたルコムスキー将軍は、ルーズスキーによる皇帝説得を支援するために、前線で戦うすべての総司令官とバルチック艦隊および黒海艦隊の司令官たちの意見を徴することをアレクセーエフ参謀総長に要請し、アレクセーエフはこれに同意した。当然ながら、参謀総長自身もペトログラードの反乱が前線に波及し、敵軍につけ入る隙を与える事態を恐れていたのである。アレクセイ・エヴァート将軍、アレクセイ・ブルシーロフ将軍、それに皇帝の叔父にあたるニコライ・ニコラエヴィッチ大公など、司令官の大多数が同様の回答を寄せた。つまり、皇帝とその一家に対する忠誠と献身は変わらないが、皇帝は直ちに退位して皇太子に帝位を譲ることを切望する、というロジャンコの提案と同趣旨の回答だった。ただし、ルーマニア戦線の総司令官サハロフ将軍は回答を避けて、ヒューズ社製通信機の接続を絶ってしまった。それを知って、ルコムスキーは激怒する。回答を迫られたサハロフは他の総司令官たちの回答をまず見せるよう要求した。

サハロフはロジャンコの動きを「犯罪的で、忌まわしい行動である」と非難し、皇帝に退位を迫る意見に至っては「言語道断である」と決めつけた。「皇帝に退位を要求するなどという犯罪的行為を思いついたのはロシア国民ではなく、国会という名の少数の犯罪者集団である。彼らは自分たちの犯罪的目的を実現するために、不誠実なやり方でこの機会を利用しようとしている」(8)。しかし、サハロフは次のようにつけ加えた。「ただし、皇帝陛下の忠実な臣下として、涙をこらえて言わねばならない。提案されている条件を受け入れる決断こそがこの国の苦痛を最小限にとどめる道であろう」。このように言った時、サハロフは言うまでもなく泥酔していた。*1

ルーズスキー将軍は青と金で塗られた皇帝専用列車に乗ってようやく皇帝の許に戻り、司令官たちの回答を伝えた。皇帝は将軍の話を聞いて、数分間黙想し、その後で、寄せられた回答が軽蔑すべき政治家たちの進言ではなく、部下の将軍たちの意見であることに納得し、ついに退位を受け入れた。皇帝退位の意向はモギリョフの大本営には伝えられ、退位の詔勅の文案が送信されたら検討して返信することが求められた。

数時間後、プスコフの本部から皇帝退位を布告する詔勅の文案を送信するとの通知が来ると、モギリョフ大本営の参謀たちの全員がヒューズ通信機の周囲に集まった。受信した文面をチホブラーゾフ大佐が一語一語書き出したが、突然、ロジャンコの提案とは異なる内容の文面が送られてきたことが分かって、一同は緊張した。それは「愛する息子との離別を希望しないので、息子ではなく弟のミハイル・アレクサンドロヴィッチ大公を帝位継承者に指名する」[9]というくだりだった。

チホブラーゾフ大佐は即座にプスコフに文面の再確認を求めた。一七九七年に皇帝パーヴェル一世が制定した帝位継承法では、いかなる皇帝にも、この種の恣意的な帝位継承は許されていなかった。しかし、プスコフは文面が正確であることを確認した。チホブラーゾフは再度問い合わせようとした。しかし、彼のすぐ背後に立っていたセルゲイ・ミハイロヴィッチ大公が電送されてきた文面をそのまま受け入れるよう指示した。大公は従弟にあたる皇帝にとって血友病を病む皇太子アレクセイとの離別がどれほど耐え難いことかを知っていたのである[10]。

その晩、皇帝は帝位継承者に関して修正をほどこした退位の詔勅をペトログラードから訪ねて来た「国会臨時委員会」の二人のメンバー、アレクサンドル・グチコーフとワシリー・シュールギンに手渡した。そして、三月三日の午前一時、皇帝は専用列車でモギリョフへ戻って行った。「プスコフを去る時、私の魂は経験したばかりの苦難によって重く沈んでいた」と皇帝は書いている[11]。「私は背信と怯懦と欺瞞によって完全に取り囲まれていた!」。一方、グチコーフとシュールギンは修正された退位詔書を読んで愕然としていた。しかし、二人にはどうしようもないことだった。

帝位継承者に関するニコライ二世の修正はペトログラードでも驚愕と狼狽を引き起こした。ロジャンコは皇帝が弟ミハイル・アレクサンドロヴィッチ大公を摂政として幼い皇太子に帝位を継承させるという条件で退位するという提案によって議会執行委員会の左派を納得させたものと思っていた。ところが、今や、騎兵連隊司令官として人望の高い皇帝の弟ミハイル大公が直接に絶対権力の座に就くことになると知って、タヴリーダ宮殿の革命派は恐怖の底に叩き込まれた。[*2] 彼らは急激な報復を恐れたのである。一方、リベラル派は混乱を恐れていた。内乱の勃発さえ予見された。病弱な少年皇太子を立憲君主に迎えるという案は国民の大多数の賛同を得るはずだったが、今回の修正は専制君主制に回帰する第一歩に見えたのだった。

それより前、タヴリーダ宮殿のエカチェリーナ・ホールの回廊からカデット党の幹部が皇太子アレクセイに帝位を譲って皇帝が退位する予定であることを発表した時でさえ、将来のボリシェヴィキ党幹部のひとりはホール全体に憤激の波が広がる様子に気づいたことを記録している。「カデット党幹部がおそらく予想していたような熱狂的な『万歳』の叫び声ではなく、居合わせた数百人の兵士の口から異口同音に漏れたのは、『ロマノフ朝くたばれ！　民主共和国万歳！』という抗議の声だった」[12]。

ロジャンコその他の「臨時委員会」メンバーの大半はパニックに陥り、皇帝の弟のミハイル大公にも退位を納得させる以外に方法はないと思い始めた。実は、ミハイル大公は自分が皇帝ミハイル二世になることをまだ知らなかった。直接の家族である妻と子供以外の人々に対する配慮のなさはニコライ二世の特徴だった。皇帝は帝位継承者変更の件を当のミハイル大公に知らせていなかったのである。この段階で、何らかの形での帝政の維持が必要であると信じていたのはパーヴェル・ミリューコフひとりだった。

金曜日の早朝、ニコライ二世が専用列車でモギリョフに向かいつつあった頃、タヴリーダ宮殿の国会で眠れぬ一夜を過ごした「臨時委員会」のメンバーはミハイル・アレクサンドロヴィッチ大公がタヴリーダ宮殿の近くに滞在していることを知った。大公はミリオンナヤ通り一二番地にあるプチャーチナ公女の邸宅に滞在していたのである。法相に選ばれたばかりのケレンスキーがプチャーチナ公女邸に電話を入れて会見を予約し、午前の半ばを過ぎた頃、ロジャンコ議長、首相リヴォフ公、外相ミリューコフ、法相ケレンスキーの四人が公女邸を訪れ、居間の安楽椅子に座ってミハイル大公に対面した。大公は訝しげに四人の顔を見つめた。髭面の四人は怖がってはいなかったが、苛ついていた。ケレンスキーとロジャンコの二人は、怒り狂った暴徒が今にもドアを乱打する事態を恐れながら、ミハイル大公に向かって即座に退位することを迫った。一方、ミリューコフは、今すぐに帝政を廃棄すれば、選挙が実施されるまでの間、「臨時政府」は不安定で危険な状態に陥るだろうなどと自説を論じ続けた。

結局、ミハイル大公が過熱する議論を制して、ロジャンコ議長、リヴォフ公と自分の三人で相談したいと提案した。三人が別室に移動すると、大公は一定の条件が保証できるかどうかを質問した。大公が帝位を返上した場合、臨時政府は秩序を回復して戦争を継続することができるのか? ペトログラード・ソヴィエトによる妨害を受けずに憲法制定議会の選挙を進めることは可能なのか? リヴォフ公とロジャンコは両方の質問に肯定的に答えた。

三人が居間に戻ると、一瞬のうちに雰囲気が和らいだ。政治家二人の顔の表情から、大公が退位を受け入れたことが明らかだったからである。残る問題は退位を発表するための適切な形式を探ることだった。解決は単純ではなかった。そもそも、政治家たちはミハイル・アレクサンドロヴィッチ大公が現に皇帝ミハイル二世であるという法的根拠を確信していなかった。この状況で、ミハイル大公自身も「退位」という言葉を使うことに違和感を抱いていた。

プチャーチナ公女が一同を昼食の席に招いた。一同が食事をしている間に、法律の専門家たちが召喚され、ニコライ二世が息子の皇太子を差し置いて弟のミハイル大公に帝位を譲る形で行なった退位宣言の合法性について検討を重ねた。夕方近くになって、ようやく妥当な結論が出た。結論を導いたのは将来の小説家ナボコフの父親である弁護士のウラジーミル・ナボコフだった。ナボコフはミハイル大公と近しい関係にあり、共同事業をしたこともあった。もともと帝位の継承に乗り気でなかったミハイル大公が詔勅の中で最初に削除したかったのは「全ロシアの皇帝にして専制君主ミハイル二世は神の慈悲を得て宣言する[13]」という定型の書き出しだった。大公はもっとくだけた言い回しの宣言を希望した。

私は兄から重い責任を引き継いだ。前例を見ないようなこの激しい戦争と国内の混乱の最中に、私は兄からロシア帝国の帝座を継承したのである。

全国民と同様に、最も重要なことは国家の幸福であることを信じつつ、それが我が偉大な国民の意志であるならば、私は最高権力の座に就く決心である。国民には普通選挙権による選挙で成立する憲法制定議会を通じてロシアの新政府と基本的法体系を確立する権利がある。

したがって、神の祝福を得て、私はすべてのロシア市民が臨時政府に従うことを要請する。臨時政府は国会の発案で成立したものであり、直接、平等、秘密の普通選挙権による選挙を通じて可能なかぎり早期に成立すべき憲法制定議会が新しい政府の形態に関する国民の意志を表明するまでの間、すべての権限を委ねられているからである。

ミハイル

その晩、この文面をアレクセーエフ将軍から示された前皇帝ニコライ二世は日記に記している。

「ミーシャも退位したようだ。ただし、ミーシャは退位宣言の中で六か月以内に憲法制定議会を選出すると述べているが、このような下劣な考えをいったい誰がミーシャに吹き込んだのだろう(14)」。

前皇帝の反応とは対照的に、その日の協議に関係した政治家や弁護士たちは誰もがミハイル・アレクサンドロヴィッチ大公の動機と行動を称賛した。ミハイル大公は兄のニコライ二世ほどの知識人ではなかったかも知れないが、兄のような致命的な頑迷さを免れていた。もしミハイルがニコライよりも年長だったら、この間の事態はまったく異なっていただろうという思いが人々の胸をよぎった。

＊1　黒海艦隊総司令官のコルチャーク提督も回答しなかった。理由は提督の当時の居場所がバトゥーミまたはセヴァストポリだったからであろう。皇帝の従兄ニコライ・ニコラエヴィッチ大公はコルチャークと協議を続けていたが、協議を通じて合意に達することは「不可能である」との結論に達していた。ニコライ・ニコラエヴィッチ大公自身はチフリスに戻った時点ですぐにアレクセーエフに回答を送っていた。

＊2　ミハイル・アレクサンドロヴィッチ大公は一九一六年のブルシーロフ攻勢に際してイングーシ人、チェチェン人、ダゲスタン人、タタール人、チェルカス人その他の山岳民族を集めてカフカスで編成された「獰猛師団」の司令官だった。

# 第4章 独裁から混沌へ

## 一九一七年三月～四月

前皇帝ニコライ二世が専用列車でプスコフからモギリョフに向かっていた頃、ペトログラードでは、相反する内容の噂が飛び交っていた。一方の噂によれば、ニコライ二世はすでに逮捕されているということだったが、別の噂では、陸軍の大部隊が革命を粉砕する目的で首都に向かいつつあり、首都の内部でも秘密の帝政派集団が軍部による革命弾圧を支援するための蜂起を企てているということだった。さらに、コサック兵の部隊が毒ガスを詰めた風船爆弾を使ってのペトログラード襲撃を準備しているという説もあった。怒りと恐怖の雰囲気が高まっていた。散発的な銃声が街のあちこちで聞かれ、暴徒化した群衆の一部が自動車を徴発して、あたかも重要な使命を帯びたかのように、街中を走り回った。プロコフィエフも日記に書いている。「兵士と労働者を満載したトラックが走っていた。トラックには銃剣が林立し、赤旗がはためいていた(1)」。

皇帝派の警官隊や憲兵隊がビルの屋上に機関銃を据えて街頭の群集を掃射しているという噂も絶えず繰り返されていた。たしかに警官隊は多数の狙撃手を抱えていたが、機関銃が使われたかどうかは定かではない。ところが、噂を聞いて怒りに駆られた群衆が、多数のロシア軍士官と連合軍士官の宿舎となっていた聖イサーク広場のアストリア・ホテルを実際に襲撃するという事件が発生した。襲撃の引き金となったのはホテルの上階から街路の革命派群衆に向けて発砲があったという噂だった。ファラオと呼ばれる騎馬警官は民衆の憎しみの的だったので、隠れたり、変装したりしているところを見つかれば、八つ裂きにされる危険があった。中には、両足をロープで縛られ、徴発した自動車の後ろに繋がれて街路を引き回される警官もいた。警部のひとりは長椅子に縛りつけられ、ガソリンを振りかけられ、火をつけられた。警官たちがネヴァ川の提防に引き出されて撃たれ、凍結した水面に穿った穴に投げ込まれる場合もあった。ペトログラードにあった米国教会のジョゼフ・クレア牧師によれば、「三〇人ないし四〇人の警察官が川の水面にあけた穴に生きたまま押し込まれた。頭を殴って気絶させる手間さえも省いて穴に投げ込まれた警察官たちはドブネズミの様に溺れ死んでいった」[2]。

市内の雰囲気はきわめて不安定だった。ひとりの貧しい帽子職人が弟子の少年をつれて街頭を歩いている時、ある商店の陳列棚に飾られた外国製の色鮮やかな玩具を見つけた。帽子職人は孫娘のためにその玩具を買いたかったが、あいにく金の持ち合わせがなかった。というのも、彼自身の顧客たちが、革命によって借金は棒引きになると信じて、帽子の代金を支払わなくなったからだった。彼は玩具店の女店主に値引きを頼んだ。女店主は憤然とした口調で値引きを断り、二人の間に口論が始まった。帽子職人が女店主を「強欲な女!」と罵倒すると、女店主は職人を指差して「この男は変装した騎馬警官(ファラオ)だ!」と叫んだ。

すると、周囲の群集がすぐに叫び声をあげた。「警察官を打ちのめせ! 騎馬警官(ファラオ)に死を!」[3]。血に飢えた群衆が帽子職人を取り囲み、衣服を引裂き、殴りつけ始めた。群衆の中にいた一人の兵士がサーベルを抜いた。それを見て、弟子の少年が恐怖心から金切り声をあげて怒鳴った。「皆さん、やめて下さい! この人を殺さないで! この人は騎馬警官なんかじゃない。アプラクシン・ドヴォール地区のただの帽子職人だ」。そう言うと、少年はワッと泣き出した。群衆は不意を突かれて戸惑い、職人は恐怖に震えながら弟子の少年にしがみついた。群衆の雰囲気はあっと言う間に怒りから同情に変わった。女たちは職人の衣服を整えてやり、彼を救った少年に感謝しなさいと言った。

警察官だけでなく、軍部隊の士官たちも、群衆に殴られたり殺されたりする事態を避けるために居室に隠れたり、民間人の衣服を探したりしなければならなかった。しかし、たとえ隠れても、あるいは変装しても、リスクは終わらなかった。群衆は公共の建造物に掲げられていた帝政のシンボルをすべて剝ぎ取り、帝室御用達の商店からも双頭の鷲の飾りを剝ぎ取った。一部の群衆は武装して、裕福な地区の住宅を一軒ずつ捜索し、反革命分子を摘発した。ただし、多くの場合、この捜索は略奪や見境のない暴力の隠れ蓑だった。若い女性が在宅していれば、捜索は強姦の機会となった。皇帝の従弟にあたる若い大公はその恐怖心を日記に記している。「あまりにも長い間蓄積されてきた人民の憎しみが噴出して、抑えられなくなっている[4]」。一方、アレクサンドル・ケレンスキーは言い訳がましく「人民の怒り」という表現を使っている。

保守派の政治家ワシリー・シュールギンは言った。「この泥沼のような状況の中で、岩から岩に飛び移りつつ、何とか前に進んで行ける人物が一人だけいる。それはケレンスキーだ[5]」。特徴的な目付きをした血色の悪い顔の弁護士アレクサンドル・ケレンスキーは国会の非常委員会とペトログラード・ソヴィエト執行委員会の両方に属するという特別の立場を有効に活用していた。その立場は、産声を上げたばかりの臨時政府の中で、ロジャンコをはじめ、他のメンバーの誰よりも強力だった。臨時政府にはまだその権限を行使するだけの自信がなかったのである。

タヴリーダ宮殿で開催されたペトログラード・ソヴィエトの総会はまったくの混乱状態だった。お

1917年のペトログラード・ソヴィエト総会（ポチョムキン公のタヴリーダ宮殿で開催された）

よそ三〇〇〇人の代議員が交わす討論はしばしば的外れで噛みあわなかった。社会革命党（エスエル）のある代表は書いている。「宮殿の中は熱で浮かされたような大騒ぎだった。人々はめったやたらに歩き回り、兵士たちが肩に背負うライフル銃がぶつかり合って金属音を響かせ、各種の革命組織や臨時政府に関する討論があちこちのホールや小部屋で際限なく続いていた。床の上には至る所にライフル銃や弾丸の箱が積み上げられており、大量の機関銃や弾帯、ダイナマイトの筒や手投げ弾が山積みされていたが、誰も気に掛けていなかった。時折、逮捕された人々が群衆の間を縫って連行されていった」[6]。

ソヴィエト総会の様子を見て、村民集会との相似点を指摘する声もあった。誰でも立ち上がって言いたいことが言える点が似ているというわけだった。総会では、聞き手は兵士と労働者の大群衆だったが、彼らは新聞紙やビラの切れ端で巻いた安物の刻みタバコ（マホルカ）の吸殻やヒマワリの種を噛んだ後の殻をポチョムキン公が建てたタヴリーダ宮殿の大理石の床に吐き捨てるのだった。討論の後には投票が行われ、様々な決議が採択されたが、その結果はしばしば無視された。執行員会内の社会主義派幹部は討論の内容や結果には何の注意も払わず、権力の掌握に向けて自分たちの計画を進めつつあった。

総会の討論を感心して聞いていたひとりの兵士がタヴリーダ宮殿の外に出たところで女性の一団に出会った。彼女たちはケレンスキーとの面会を求めていた。ケレンスキーは席を外すことができなかったので、代わりにグルジアのメンシェヴィキ、ニコラス・チヘイゼが対応した。彼女たちはフェミニストの代表団で、「我々女性は平等を求める！」[7]と大声で叫んでいた。

チヘイゼは面白がって応じた。「女性の同志諸君！　女性の権利の平等に関する布告には、この私が喜んで署名しよう。しかし、その前に、まず、諸君の父親と夫と男の兄弟に諸君の権利を認めてもらう必要がある」。それを聞いて、群衆は哄笑した。すると、女性たちは大声で抗議した。

「ところが、突然、一台のオープン・カーが群衆の間を掻き分けるように乗り込んできた」と兵士の一人が書いている。「車には数人の女性が乗っていた。先程の女性たちが声を揃えて歓迎する中を進んだ車は群衆の一番前まで進んだ。車の中の女性の一人が立ち上がって演説を始めた。演説は長々と続いたが、実に上手い話し方だった。彼女は働くロシア女性について、また、母親としての女性について話をした。群衆は時々歓呼の声を上げて話をさえぎった。チヘイゼは女性をからかう態度をすぐに改めた」。

ケレンスキーが芝居じみた感覚の持ち主であることは、旧体制で指導的立場にあった人物の何人かが逮捕されて国会に連行されて来た時に明らかになった。シュールギンによれば、ケレンスキーは「骨の髄まで役者」[8]だった。陸海軍相だったスホムリーノフ将軍が議場に引き出されてきた時、ケレンスキーはいかにも大袈裟な身振りで将軍の肩章をもぎ取った。しかし、群衆がスホムリーノフの死刑を要求すると、ケレンスキーは両腕を広げて前陸海軍相を守る仕草をして叫んだ。「国会は流血の場ではない！」[9]。

全部で六〇人ほどの前大臣と将軍たち、それに、前后妃の側近アンナ・ヴィルボヴァを含む数人の女性たちが国会に隣接する別館に囚人として収監されていた。別館に迷い込んだ兵士や農民たちは、まるで動物園の珍獣を見るかのように、かつての高官たちを感嘆の眼で眺めるのだった。しかし、国会別館に囚われていた人々は、少なくともペトロ・パヴロフスキー要塞監獄に収監された人々よりも幸運だった。帝政時代の囚人が革命の混乱の中で群衆の手によって解放された後、ペトロ・パヴロフスキー要塞監獄を始め多くの監獄が空の監房を抱えていた。

リトフスキー城監獄からも政治犯が解放された[10]。翌日、裕福なユダヤ人の家庭に育った一五歳のアナーキストの少女エヴゲニア・マルコンがリトフスキー監獄を訪ねると、最上階の監房から手書きのメモが彼女の頭上に舞い降りてきた。助けを求めるメモだった。看守たちはすでに姿を消していた。政治犯以外の囚人たちの一部が食事も水も与えられずに、鍵のかかった監房に取り残されていたのである。活動家の少女エヴゲニアは、政治犯以外の囚人が解放されなかったことを知って衝撃を受け、居合わせた兵士のグループに監獄の扉を強引に破るよう要請した。兵士たちはライフル銃で錠を撃って扉を開けた。解放された囚人のうち、背が高く、髭を生やしたひとりの男が感動で震えつつ涙ながらにエヴゲニアを抱きしめた。

この社会的混乱の中でも、虐げられた下層の人々の一部は相変わらず恐るべき偏見を持ち続けていることを革命が明らかにした。帝政の崩壊を歓迎するような知識人家庭に属する年輩の女性が市場を見て歩いていた時だった。屋台の物売りの女が彼女に話しかけてきた。「ちょっと、お婆さん、あなたがキリスト教徒なら教えて欲しいのだけど、これから暮らしは良くなるのかしら?」。

「もちろん良くなるわ」と女性は答えた。

「あら、そうかしら?」と物売りの女は言った。「ユダヤ人を全員始末しない限り、何も良くなりはしない。罪のない庶民にこんな災厄をもたらした責任はすべてユダヤ人にあるのだから」[11]。

前線で軍医長を務めていたワシリー・クラフコフは帝政崩壊の知らせを喜ばしい出来事として聞いた。クラフコフは日記に書いている。「偉大な事件を耳にして、ほとんど眠ることができなかった。勅令の詳しい内容が判明するのを待ったが、夕方になって、実際に皇帝が退位したことが明らかになった。私は頭がクラクラした。勅令の中の『憲法制定議会が新政府の形態に関する人民の意思を表明することになるだろう』という部分が特に印象的だった。つまり、近い将来、共和国が宣言されることもあり得るのだ。考えただけで胸が躍る思いだ」[12]。しかし、クラフコフはこの思いを誰にも告げることができなかった。なぜなら、彼の周囲には、反動的な士官や将校しかいなかったからだ。彼らは事態を苦々しく思っていたが、同時に半ば諦めてもいた。軍隊の内部に反革命の動きがなかったことは、最も保守的な軍幹部グループさえもが皇帝と后妃に絶望していたことを意味していた。

将軍たち、そして、一部の大公たちまでが皇帝の退位と臨時政府の樹立を受け入れた背景には、社会秩序の完全な崩壊に対する恐れがあった。もちろん、彼らは事態の推移を歓迎したわけではない。カフカス地方のキスロヴォーツクに滞在していたアンドレイ・ウラジーミロヴィッチ大公は当時の衝撃を日記に記している。「皇帝が自分と皇太子アレクセイの退位を決め、弟のミハイル・アレクサンドロヴィッチに帝位を譲ったという知らせを聞いて、口が利けないほど仰天した。しかも、そのミハイル大公までもが退位したという知らせが届いた。恐ろしい事態だ。わずか一日の間にロシアの栄光のすべてが崩壊してしまった」[13]。

ニコライ二世はプスコフからモギリョフに戻ったが、そのモギリョフは権力の空白状態から生ずる非現実感に支配されていた。前皇帝を乗せた専用列車が深夜に到着した時には大本営の全スタッフがプラットフォームに立って出迎えたが、チホブラーゾフ大佐は次のように書いている。「まるで近親者の葬儀の後のように、誰もが沈鬱な気分だった(14)」。

翌朝、大本営本部の建物にいたチホブラーゾフがたまたま窓の外を見ると、門の前に民間人のグループが集まって大げさな身振りをしながら何かを叫んでいた。当直の憲兵隊員たちが彼らの入門を阻んでいた。そこで、屋内のホールにいた衛兵の一人に様子を見に行かせると、戻って来て次のように報告した。「彼らは大本営に物資を納入している業者ですが、皇帝退位のニュースを聞き、未収の代金の支払いを求めに来たのです。彼らは支払い停止になる事態を恐れているのです」。それを聞いて、担当の当直士官は無念さで顔を赤らめつつ言った。「何という恥辱だ。皇帝がこの騒ぎを窓から見ていないことを祈るだけだ」。

昼近くになって、前皇帝が姿を現したが、チホブラーゾフは前皇帝の顔をまともに見ることができなかった。どう呼びかけていいのか分からなかったからだった。もう「皇帝陛下」と呼ぶことはできない気がした。前皇帝は手にしていた電報の下書きと皇帝専用の青色の用紙を参謀総長のアレクセーエフ将軍に手渡してこう言った。

「ミハイル・ワシーリエヴィッチ、私は考えを変えた。この電報をペトログラードに打ってくれ給え」。電報には、結局のところ帝位は皇太子のアレクセイに譲ることにすると書かれていた。アレクセーエフはこの方針変更を打電することはとうてい受け入れらないと説明した。前皇帝は重ねて打電を要請したが、将軍の態度は変わらなかった。ニコライ二世は身体の向きを変えて、ゆっくりと階段を降りて行った。

前皇帝の姿が見えなくなると、アレクセーエフは皇帝専用の青い用紙をチホブラーゾフに手渡した。そこにはニコライ二世の綺麗な筆跡で次のように書かれていた。

臨時政府への要請[*1]
　余が家族と再会する目的でツァールスコエ・セローに赴くことを許可し、何らの妨害も行なわないこと。
　家族が病気から快復するまでの間、余がツァールスコエ・セローに自由に滞在することを許可すること。
　余が戦争終結後もロシアに留まり、リヴァディア宮殿に常住することを許可すること。

ロマノフ朝崩壊の知らせはペトログラードから国内各地に広がったが、その伝達速度は一律ではなかった。ニュースは電報局や鉄道駅のある都市や大きな町には急速に伝わり、知らせを聞いた一部の都市や町の人々は独自に革命の動きを開始した。しかし、遠隔の辺鄙な町にニュースが伝わるには数週間の時間が必要だった。

ジャーナリストの見習いだったコンスタンチン・パウストフスキーは編集長エレーモフの命令でトゥーラ県の小さな町に派遣されていた。チェーホフが「典型的なロシアの原野」[15]と呼んだその町には、モスクワから新聞が届くのに三日もかかった。「夜になると町の中心街で犬が吠え立て、巡回する夜警の拍子木の音が響くのだった」。

パウストフスキーは街で出会った新しい友人のオシペンコが部屋に駆け込んできた時の様子を描いている。「ペテルブルクで革命が起きた！　政府の転覆が起きた！」と声を震わせて叫びながら飛び込んでくると、オシペンコは椅子に倒れ込み、わっと泣き出した。パウストフスキーはオシペンコが震える手で紙片を握っているのに気づいた。それは臨時政府の宣言書だった。町からは警察も行政組織も姿を消し、市役所のホールでは人民集会が開かれ、昼夜を問わず続く話し合いが始まった。「人民集会は、フランス革命に敬意を表して、『町民公会』と名づけられ、この歴史的事件を記念して、おぼつかない調子だが『マルセイエーズ』が歌われた」。革命の噂は近隣の農村にも伝わり、農民たちが街に入って来て、「土地はいつ農民のものになるのか？　戦争はいつ終わるのか？」などと質問した。「騒々しいだけの支離滅裂な日々が始まった」とパウストフスキーは書いている。

モスクワには迅速に情報が伝わったと考えるのが自然だが、モスクワの歴史博物館に勤める学芸員のひとりは次のように日記に書いている。「あらゆる噂が飛び交っている。だが、いったい何が真実なのか分からない。新聞は発行停止であり、市電は動かず、辻馬車さえ走っていない。しかし、至る所に群衆が集まっており、まるで復活祭のように陽気な雰囲気が漂っている」[16]。学芸員は、さらに、ルビャンカ広場でイスラム教徒の行進を見たことに驚いている。イスラム教徒たちは赤旗を掲げ、祈りの言葉を吟唱しながら行進していた。

ペトログラードでは、各所の広場で集会が開かれていた。特に頻繁に集会があったのは、プーシキン記念碑の周辺とスコーベレフの巨大な騎馬像のある広場だった。乗馬姿のスコーベレフ像が指し伸ばす剣には赤旗が括りつけられていた。集会の発言者には聴衆から喝采が送られることが多かったが、時には壇上から引きずり降ろされる発言者もいた。羊の皮の帽子を被り、重い軍隊用外套に赤い腕章を巻いた兵士たちが群衆の整理に当たっていた。演説に異を唱える聴衆がいると、「塹壕へ戻ってシラミの餌になるがいいさ。そうしたら、質問に答えてやるよ。ろくでなしの帝政主義者め！」[17]などという野次が浴びせられた。ところが、またもや途方もない噂が飛び交い始める。「ケレンスキーはユダヤ人である」。あるいは、「ドンスコイ修道院では修道僧たちがリンゴの芯の中にルーブル金貨を隠している」などという類の噂だった。

ロシア国内の情勢急変は主要な敵国の間にも混乱をもたらしていた。ドイツの飛行機が前線のロシア兵に向けてばら撒いた宣伝ビラには、「諸君の愛すべき皇帝は残忍な英国人によって排除された[18]」などと書かれていた。ガリシア戦線でロシア軍を支援していた英国空軍武装自動車師団のオリヴァー・ロッカー＝ランプソン司令官は冷静な調子でロンドンに報告している。「この馬鹿げた偽情報のおかげで、数日間、英国人はロシア兵から英雄として扱われた」。

ドイツ軍の試みは無駄に終わった。ドイツ軍はナポレオンの金言を想起すべきだった。すなわち、敵対する相手が間違いを犯した時にはそれを妨害してはならないのだ。ペトログラード・ソヴィエトはいかなる敵も望みえないことを一枚の告示で成し遂げたのだった。

上官に対する兵士のリンチは二月の末になっても続いていたが、ロジャンコの国会臨時委員会は、ロシア軍の全面的崩壊を避けるためには緊急に士官たちを連隊の現場に戻す必要があることを痛感していた。しかし、蜂起に際して主導的な役割を果たした兵士たちは反革命と階級制復活の動きを恐れていた。反革命が起きれば、自分たちの最近の行動が犯罪と見なされ、その責任を問われることが予測されたからだった。ボリシェヴィキと社会革命党（エスエル）に属する急進的な兵士たちがペトログラード・ソヴィエト執行委員会の会議の席に押しかけた。

鼻眼鏡をかけ、髭を蓄えた議長のN・D・ソコローフは当時の典型的な社会主義派知識人だったが、兵士たちを招き入れ、要求を述べる機会を与えた。兵士たちは士官の命令に従う義務があることを認めたが、その前にまず兵士の委員会が士官の命令権を了承する必要があると論じた。兵器の管理も、士官ではなく兵士の委員会が行うべきだった。また、革命を引き続き防衛するためには、ペトログラード守備隊を前線に送るべきではなかった。士官と兵士の関係は抜本的に変える必要があった。非番の兵士が上官に敬礼する義務は廃止すべきだった。「閣下」などの敬称は「将軍殿」、「大佐殿」などの呼称に改めるべきだった。部下の兵士の顔を殴打する権利を士官に認めるような伝統的な罰則規定は廃止すべきだった。

三月一日付けのペトログラード・ソヴィエト執行委員会命令第一号は保守派の士官たちに革命と今後の見通しを明らかにする決定的な文書となった。士官たちは上官の権威と軍隊の規律全体を破壊するものとして命令第一号を非難した。執行委員会は協力すべき相手である臨時政府に事前に警告する配慮に欠けていたが、必ずしも士官たちの不意を衝く先制攻撃で反革命の能力を破壊する計画があったわけではない。それでも、ペトログラード・ソヴィエト執行委員会は自信を強め、その影響力を全国規模に拡大し、まもなく、「全ロシア労働者兵士代表者ソヴィエト」として知られるようになる。

反革命の動きに関してはきわめて不正確な噂が流されていたが、実際に過ちを犯したのは大本営のアレクセーエフ将軍と国会のロジャンコ一派だった。アレクセーエフは国会の臨時委員会が公式に状況を宣言するまでは士官たちが兵士の前で体制の変化を認めることを一切許さなかった。命令第一号の文面も伏せられていた。そのため、前線の兵士たちは上官が情報を自分たちに知らせずに隠していると思い、怒りと疑念を募らせる結果となった。

軍医長のワシリー・クラフコフは日記に書いている。「一般の士官たちも、軍幹部たちも、今後は兵士を人間として扱わざるを得なくなると思うと怒りを抑えられないようだ」[19]。一部の士官は赤旗について悪い冗談を言った。「あれは婆さんの下着だろう」[20]。三月五日、第五軍の司令官ラーヴリ・コルニーロフ将軍がモギリョフの大本営に姿を現した。ルコムスキー将軍がコルニーロフに「革命に関する一件書類[21]」なる文書を示した。それは軍事規律に反する違反事件のリストだった。ペトログラード軍管区司令官に任命されたコルニーロフは規律違反への怒りを爆発させたが、当面、打つべき手は見つからなかった。

ウェーヴェル大尉によれば、命令第一号が布告されると、脱走兵の数が急激に増大した[22]。そのため、一定期限内に部隊に復帰すれば罰せられないことを約束する補足的な布告が発せられた。輸送機関が混乱して移動が困難な状況だったので、一定の期限とは七週間以内とされた。前線の兵士たちは、脱走の意思がない場合でも、この布告を七週間の休暇を取る好機と見なしたので、脱走兵の数はさらに増大した。

戦争に疲れていた兵士たちは変革を歓迎した。一方、士官たちの大多数はぞっとしていた。特に、兵士委員会の了承なしには何もできないという事態に強い嫌悪感を抱いていた。士官の中の反ユダヤ主義者たちは自分たちがこれまで抱いていた疑惑が証明されたような気がしていた。というのも、兵士委員会には相当数のユダヤ人兵士が含まれていたからだった。ユダヤ人兵士が兵士委員会に選出される理由は単純だった。ユダヤ人兵士には高い学歴を有する者が多かったのである。旧帝政軍のシステムでは、ユダヤ人兵士はいかに優秀でも士官になれなかった。

兵士の集会はしばしば朝から晩まで時間をかけて延々と続いたが、成果はほとんどなかった。ザカフカス戦線の兵士のひとりは書いている。「兵隊たちの多くは最近の事態に仰天し、混乱していた。そのため、時に滑稽な状況が生じた。集会でひとりの演説者がスローガンを叫ぶと聴衆は賛同して喝采するが、次に別の演説者が前とは正反対のスローガンを叫ぶと前と同じように喝采し、『そのとおりだ！』などと叫び返すのだった[23]」。

シベリア軍の参謀長だったウラジーミル・フォン・ドライエル少将はガリシア戦線に赴任した時の経験を書き残している。まず司令本部に顔を出したが、人影がなかったので、師団司令官を探しに行くと、司令官は兵士集会に出席させられていた。「あたり一面に兵士たちが集まり、ひとりの痩せた兵士が演壇に立って声を限りに叫んでいた。『同志諸君！　ニコライは我々の血を吸う吸血鬼だ！』。群衆も呼応して、演説に賛同した。『そのとおりだ！　そのとおりだ！』。近くに並ぶ兵士たちは、薄笑いしながら上官たちの顔を眺め、噛んでいたヒマワリの種の殻を地面に吐き出していた。演壇には次々に弁士が登り、皇帝を罵倒した。何という地獄に来てしまったのかと思った[24]」。

軍律の崩壊に際しても、騎兵隊、砲兵隊、コサック部隊などは比較的動揺が少なかった。士官たちの身が脅威にさらされたり、あるいは、殺害されたりする例が最初に発生したのは歩兵部隊と海軍だった。英国軍自動車師団のオリヴァー・ロッカー＝ランプソン司令官は書いている。「歩兵部隊の兵士たちは我慢できなかったのだ。過去三年間、彼らは数百万単位でなぎ倒されてきた。ほとんど無防備の標的として、強力に武装した敵軍の餌食にされてきたと言ってもよい。しかも、彼らを戦場に送り込んだ将軍たちはドイツの金で買われていたと彼らは信じていた。その歩兵たちがどうして戦争の継続を望むだろうか[25]？」。

ロッカー＝ランプソンはロンドンへの報告書にも書いている。「一部の士官は兵士によって射殺され、一部は殴打され、大多数が侮辱されている」。士官の殺害は、銃剣で刺して空中に持ち上げるという形態を取ることも少なくない。数人の兵士が士官を襲って銃剣を突き立て、そのまま空中に持ち上げるというやり方だった[26]。ペトログラードの南方一〇〇キロの地点に駐留していたルガ守備隊では、五人の士官がこの方法で殺害された。その五人全員がドイツ風の姓を名乗っていた。

ロッカー＝ランプソンはさらに次のように続けている。「クロンシュタットの海軍基地では、士官たちが道路の清掃をさせられていた。そのうちの一人の士官は部下の兵士によって髭を握られて引きずられながら箒を使っていた。兵士はその士官の顔を繰り返し殴っていた。階級の上下を尊重する空気はまったくなくなっていた」[27]。バルチック艦隊の水兵たちは、これまで長い間上官から虐待を受けていたので、きわめて急進的で、暴力的だった。水兵の中には多数のボリシェヴィキとアナーキストがいた。海が氷結して動けなくなった戦艦に閉じ込められ、ドブネズミのように扱われてきた水兵たちの怒りは、上官から何の情報も与えられないために、ますます昂じつつあった[28]。

三月三日、ヘルシンキの副提督アドリアン・ネーペリンからペトログラードのロジャンコ宛てに緊急の連絡が入った。「戦艦アンドレイ号、パーヴェル号、スラーヴァ号で水兵の反乱が発生し、ネボーリシン提督が殺害された。戦力としてのバルチック艦隊はもはや存在しない」[29]。その日、ヘルシンキでは、革命の勝利を誇示するかのように、夜間は赤い信号が灯され、昼は赤旗が翻った。そして、翌日には、ネーペリン自身が水兵によって射殺された。クロンシュタットでも、要塞長のヴィーレン提督が兵士たちの銃剣で刺殺された。やがてクロンシュタット要塞のボリシェヴィキ指導者となるフョードル・ラスコーリニコフの説明によれば、刺殺されたヴィーレン提督はバルチック艦隊のすべての乗組員に「残忍な支配者」[30]として知られていた。提督や副提督の殺害はブルジョア階級の憤激を呼び起こしたが、ラスコーリニコフは「長年にわたって水兵たちがこうむってきた虐待と辱めに対する復讐が少々行き過ぎたに過ぎない」として殺害を正当化した。これについて労働者階級はまったく無関心だった。水兵たちが「ドラゴン」と呼んで憎んでいた規律最優先の士官たちは、反乱が成功すると最初に殺害されるか、逮捕されて懲罰房に収監されて虐待された。クロンシュタット、ヘルシンキ、ヴィボルグ（ヴィプリー）の三海軍基地を合わせて、一〇五人の海軍士官が殺害された。しか

赤軍艦隊を「革命の前衛」として讃える
ボリシェヴィキのポスター

し、フィンランド湾内のその他の海軍基地では、殺害事件はほとんど発生しなかった。

黒海艦隊指令長官のアレクサンドル・コルチャーク提督はバルチック艦隊に比べれば安全な立場にいた。黒海艦隊の水兵にも反乱の動きはあったが、残忍な暴行には至らなかったからである。保守派の新聞各紙はコルチャークを軍事独裁者の候補に祭り上げようとして躍起になっていた。当時オデッサにいたエレーナ・ラキエルは書いている。「コルチャークは黒海艦隊の司令官だが、全ロシア海軍が彼を崇敬している。新聞各紙はコルチャークのエネルギーと生命力を称賛している。ある雑誌は彼の写真を掲載し、『ロシア人の心が貴方を忘れることはない。初恋の人を忘れることがないように』という賛辞を添えている」[31]。

今やコルチャークは怒れる旧ロシアの象徴だった。彼は最年少でロシア帝国海軍の副提督になった人物だった。職業軍人として優秀な海軍士官であるというだけでなく、海洋学者でもあり、北極探検家でもあった。北極探検には数次にわたって参加したことがあり、二年前にも新シベリア列島探検に参加していた。百年後に新世代の砕氷船の出現によって北極航路が開設されるための端緒となる探検だった。

日露戦争で負傷し、捕虜となったコルチャークは、帝政政府の無能ぶりに激怒し、国会議員の一部と協力して海軍の近代化に力を注いだ。潜水艦と洋上航空機の導入はその成果だった。一九一三年には再度の極地探検に参加し、次いでバルト海作戦の司令官を務め、二月革命の直前に黒海艦隊司令官に就任していた。セヴァストポリ海軍基地の兵士ソヴィエトが士官たちに私的武器の放棄を要求した時、コルチャークは極東の戦場での勇敢な行為に対して授与された聖ゲオルギーの黄金の剣を手にして兵士たちに答えた。「この剣は君らから貰ったものではない。だから君らに返却すべきものでもない」[32]。そう言うと、コルチャークは海の方に向き直って、黄金の剣を海中に投げ込んだ。

その後まもなくコルチャークは米国に派遣され、しばらくロシアを離れることになるが、それは幸運というべき事態だった。秋になってボリシェヴィキが権力を奪取すると、五人の提督を含めて黒海艦隊の海軍士官たちの多くが拘束され、セヴァストポリ近郊のマラホフの丘で処刑されてしまうからである。

＊1　この「要請」について、チホブラーゾフは次のように書いている。「要請の内容は私の記憶に基づいている。ただし、その趣旨については間違いないものと確信している」。なお、リヴァディア宮殿はクリミア半島のヤルタにある皇帝専用の別荘であり、一九四五年にはスターリンが主人役を務めたヤルタ会談の舞台になる宮殿である。

# 第5章 妊娠した寡婦

## 一九一七年三月〜五月

ロシア史上最も有名な政治哲学者のアレクサンドル・ゲルツェンは、西欧諸国で勃発した一八四八年革命に関する研究に基づいて、次のように予言している。「同時代の社会秩序の崩壊は人々の心を苦しめるよりもむしろ喜ばすものである。ただし、恐ろしいのは、去り行く世界が正統な後継者を残さず、妊娠した寡婦だけを残すことである。ある時代が終わり、次の時代が始まるまでには、水が流れるように多くの出来事が起こるが、その間、人々は混沌と荒廃の長い夜を過ごさねばならなくなるだろう[1]」。

一九一七年のロシアの臨時政府時代ほどこのゲルツェンの予言にピッタリと当てはまる例は他になかった。臨時政府はみずからの役割を一時的な世話役と規定していた。法律、政治制度、土地の所有形態など重要問題の決定はすべて今後に選出されるはずの憲法制定議会の判断を待たねばならなかった。それまでの間、臨時政府の権限は礼儀正しい言葉で書かれたフィクションに過ぎなかった。なぜなら、臨時政府はペトログラード・ソヴィエト執行委員会の了承なしには何一つ決定できないからだった。帝政政府が崩壊した後、臨時政府が何事かを為し得るための手段は何一つ残されていなかった。成立はしたものの、気が付けば、臨時政府は政治的な空白地帯に置かれていたのである。ゲルツェンは気位ばかり高いリベラル派を「古い秩序を掘り崩しつつも、その古い秩序にしがみつき、導火線に火をつけながらも、爆発を止めようとする連中[2]」と評したが、臨時政府はその連中とあまり変わらなかった。

臨時政府の首相ゲオルギー・リヴォフ公は人並外れて優れた行政官だったが、極めつけのリベラル派だったので、人民は基本的に善良な存在であると盲目的に信じていた。つまり、マクシム・ゴーリキーに言わせれば、「カラマーゾフ風の感傷主義者」だった。リヴォフは、また、中央集権的な政府権限という概念さえ好まなかった。兼職していた内務相の役割には到底そぐわない考え方だった。彼は、確信犯のテロリストを含むすべての政治犯を、民主主義を信ずるか否かにかかわらず、釈放する方針に賛同していた。そして、ロシアを「世界で最も自由な国」にすれば国民の道徳性を向上させることができると単純に信じていた。

帝政の維持を願っていた外相のパーヴェル・ミリューコフ教授さえも、ボリシェヴィキの革命指導者ウラジーミル・イリイッチ・レーニンが亡命先のスイスからペトログラードに帰還することを許可する方針に賛成だった。ミリューコフ外相は、また、カリスマ的指導者レオン・トロツキーが米国から帰国する際、カナダ国内を自由に通過できるよう取り計らうことを英国に要請していた。ただし、ボリシェヴィキの亡命指導者のうち、「革命のゆりかご」たるペトログラードに最初に帰還したのはヨシフ・スターリンだった。三月一二日、スターリンとレフ・カーメネフの二人はクラスノヤルスク近郊の流刑地からシベリア横断鉄道でペトログラードに到着した。

「カール・マルクスが第一回インターナショナル大会を開いてからすでに半世紀を経たが、今もなお全欧州のインターナショナリストを集めても大型バス四台に収容できる程度の数に過ぎない」。スイス・アルプス山中のツィンメルヴァルトで開かれた大会でトロツキーその他の代議員がこのような自嘲的な冗談を言ってからまだ二年を経ていなかった。二月革命まで一ヶ月の段階で、レーニンは自分が生きている間に革命が実現するとは思っていなかった。厭戦気分が何らかの騒動を引き起こすだろうとは予測していたが、そのレーニンも二月革命によって不意を衝かれた一人だった。事実、チューリッヒ市内のシュピーゲル・シュトラーセ街の小汚い部屋で貧窮洗うがごとき亡命生活を送っているレーニンがまもなくロシアの絶対的指導者になると予言する者がいたら、それは非現実的な夢想と思われただろう。しかし、職業革命家の誰が計画したのでもない二月革命が勃発して、すべてが変わってしまうのである。

禿げ上がった広い額、教授を思わせる顎鬚、鋭く見とおす細い眼をしたレーニンはアマチュアの急進派を何よりも軽蔑していた。また、理想主義者のことも、臆病なセンチメンタリストとして問題にしなかった。レーニンは強烈な自信家だったので、旧秩序を永久に葬り去るための構想または冷徹な決意に関して、自分以外の誰をも信用しなかった。一九一七年三月三日の昼食後だった。妻のナジェージダ・クループスカヤが皿洗いをし、レーニンが図書館での作業に戻るために参考書類の整理をしていた時、階段を駆け上がってくる足音が聞こえた。そして、息を切らした友人が新聞を手にして部屋に飛び込んできて、喘ぎながら言った。「ニュースを聞いたかい? ロシアで革命が起きたぞ!」。

レーニンは、兄のアレクサンドルを処刑した憎むべきロマノフ朝が崩壊したことを知って狂喜し、オスロに住むマルクス主義者で女性運動の理論家アレクサンドラ・コロンタイに電報を打った。ペトログラードに潜伏するボリシェヴィキ活動家たちへの行動指示を託したのである。ただし、レーニンはロシアの出来事の実情を改めて調べようとも、同志たちと相談しようとも思わなかった。もどかしさのあまり興奮していたからだった。チューリッヒの亡命生活はいわば囚われの身だった。しかも、呪うべき帝国主義戦争の最中に戦線の敵側に取り残されていたのである。

変装して警戒線をすり抜けるやり方から飛行機の利用に至るまで、ロシアに帰り着くための非現実的な方法をあれこれ夢想していたレーニンを救ったのはメンシェヴィキの指導者ユーリー・マルトフのアイデアだった。マルトフはベルン駐在のドイツ代表ギスベルト・フライヘル・フォン・ロンベルクと接触することを提案したのである。ヴィルヘルム体制下のドイツはアメリカが参戦する前に東部戦線におけるロシアの防衛態勢を掘り崩す機会があれば何でも歓迎するはずだった。レーニンは階級の敵から支援を受けることについて些かも良心の痛みを感じなかった。さらには、プロパガンダのための資金援助をドイツ皇帝の政府から受け取ることも厭わなかった。レーニンにとっては、ボリシェヴィキによる権力奪取に役立つことなら何でも許されたのである。

そこで、自分たちが打倒しようとしているまさにその帝国主義者に助けられて、レーニンと三一人の革命家はドイツを通過するためのいわゆる「封印列車」で帰国する方法を選択した。護衛は二人のプロイセン軍士官だった。一行には、レーニンの妻のクループスカヤと愛人のイネッサ・アルマンドの両人に加えてカール・ラデックも含まれていた。ラデックは、アーサー・ランサムによれば、「明るい色の髪をした、小柄な小妖精のような革命家で、信じられないほど高度の知性を備え、活気に溢れた人物だった[3]」。

そのラデックは、一行をドイツ国境まで運ぶスイスの列車に乗り込んだ時、レーニンに感想を尋ねた。レーニンの答えはこうだった。「今から六か月後、我々は絞首台に吊るされているか、それとも、権力を掌握しているかのどちらかだろう[4]」。古ぼけた衣服をまとい、鋲を打った古靴を履いたレーニンは将来の指導者には到底見えなかったが、過剰な自信と独裁的な本能に突き動かされて、あらゆることを自分で取り仕切ろうとした。列車内に二か所ある便所を使う順番さえ自分が決めるほどだった。

列車はバルト海沿岸の小さな港町に到着し、一行はそこから蒸気船に乗り換えてスウェーデンに渡った。スウェーデンの港からは列車に乗ってストックホルムに至り、そこでレーニンは洋服を新調した。三月三一日、一行は再び列車に乗ってフィンランドに向かった。レーニンはフィンランドでボリシェヴィキの機関紙『プラウダ』の最近号を読んで激怒した。ボリシェヴィキ中央委員会を指導しているはずのスターリンとカーメネフの二人が臨時政府への批判を十分に行っていないことが紙面から明らかに読み取れたからだった。

四月三日の深夜前、一行を乗せた列車がペトログラードのフィンランド駅に到着した。駅頭で待っていた群衆の中には、これまで実際にレーニンの姿を見たことのある者、あるいは、レーニンの話を聞いたことのある者はほとんどいなかった。群衆の大半はボリシェヴィキ中央委員会がレーニンの出迎えのために急遽集めた人々だった。招かれざる客も混ざっていた。その一人、コンサート・ピアニストのポール・デュークスは英国秘密情報部のマンスフィールド・カミング大尉に雇われて英国のために働くスパイだった。

駅舎の中では、バルチック艦隊の水兵のグループが即席で儀仗隊の役を演じようとしたが、レーニンは歓迎の儀式に興味を示さず、言葉をかける人々にもほとんど挨拶を返さなかった。それでも、短い演説を二回行なった。一回は水兵たちに向かって、もう一回は駅の外に集まっていた群衆に向かって装甲車の屋根の上から行った演説だった。演説は聴衆を喜ばせるような内容ではなかった。演説の主眼は臨時政府への批判だったが、それは臨時政府を受け入れている聴衆への批判でもあった。レーニンは、また、社会主義派の各政党の統合という考え方も一蹴した。

数時間後、まだ一睡もしない状態で、レーニンはボリシェヴィキのペトログラード本部を訪れ、幹部たちを驚かした。ボリシェヴィキの本部は、バレリーナで前皇帝の愛人だったマチルダ・クシェシンスカヤの邸宅を接収した建物にあった。レーニンは後に四月テーゼとして知られることになる論点を持ち出して幹部たちを厳しく叱責した。四月テーゼはスイスからの旅の途中で書かれたものだった。非難の第一点は、「略奪的な帝国主義戦争」[5]を続ける臨時政府を支持したことだった。レーニンは最前線での敵味方の兵士の交流さえ要求した。次の論点は、革命の過程は劇的に短縮できるという指摘だった。マルクスが想定した中間的段階としてのブルジョア民主主義革命の必要性を否定したのだった。ブルジョアジーとその政治的形態である臨時政府は極めて弱体なので、ソヴィエト権力を直ちに樹立することが可能である。レーニンは警察、軍隊、官僚組織の廃止とすべての土地および銀行の国有化という方針を明示した。それを聞いて、ボリシェヴィキの幹部たちは仰天した。レーニンの話はとうてい正気の沙汰とは思えなかった。

レーニンは取り繕った謙虚さを偽善として軽蔑し、自分は無謬であるという自信を鮮明にしていた。自分に同意しないボリシェヴィキ幹部を扱うときには、完全に方向を見誤った連中、または不誠実な連中として対応した。しかし、一般の人々を味方に引き込むためには、たとえば、対独戦争への批判を控えるなど、慎重な態度を取ることもあった。レーニンは、現在の紛争を欧州諸国の内戦に転化するという政策が平和主義者の気分に合致しないことも、また、プロレタリアート独裁というスローガンが無制限の自由を求める昨今の世間の風潮と相いれないことも理解していた。

しかし、レーニンは、同じ日にタヴリーダ宮殿の議会でメンシェヴィキとの妥協を拒否する演説を行なった時には、一切の手加減をしなかった。メンシェヴィキのひとりはレーニンの執拗な攻撃に激怒して言った。「レーニンの政策は単なる反乱主義だ。彼は革命的民主主義を重視する議会において内戦の旗を振り回している」[6]。臨時政府の閣僚たちは、社会民主党（カデット）のミリューコフから社会主義者のケレンスキーに至るまで、肩をすくめてレーニンの批判を無視する態度を見せた。レーニンの主張はあまりにも極端だったので、深刻な脅威とさえ思われなかった。いずれにせよ、農村部で圧倒的な支持を得ている社会革命党（エスエル）に比べれば、ボリシェヴィキは人数から言っても極小政党に過ぎなかった。また、各地の労働者代表ソヴィエトの大半においてもボリシェヴィキが僅かな少数派に過ぎないことはレーニン自身も認識していた。[7]

ボリシェヴィキ単独で全面的に権力を掌握すべきだと固く決心していたレーニンは、将来実現するはずの共産主義社会の実像を明かすような間違いは犯さなかった。その代わりに、すべての国家権力と私有財産はソヴィエトに引き渡されるであろうと説明した。ソヴィエトとは労働者の評議会であり、独立した機関であって、ボリシェヴィキ指導部の傀儡機関ではないかのような説明だった。農民に対しては、土地は農民の手に引き渡され、農民自身が望むように耕作できるようになるという未来像を提示した。都市を養うための穀物徴発の必要性や集団農場への強制的加入などの政策には言及しなかった。レーニンの演説の焦点は人民の憎悪の対象に対する非難にあった。銀行家、工場所有者、戦争成金、地主などに「寄生虫」のレッテルを貼って非難攻撃するという論法だった。レーニンはその他の階層に対する批判は口にしなかったが、やがてボリシェヴィキはレーニンが言及しなかった階層にも迫害を加えることになる。絶対的権力を獲得するためには内戦が不可避であるとレーニンは確信していたが、いずれ問題となる階級間の絶滅闘争については何の言及も行なわなかった。

レーニンは最初の大衆向け演説では失敗したもの、すぐに演説家としての本領を発揮し始めた。話の要点をわかりやすく効果的に強調する話し方だった。揺るぎない自信に満ちて快活に話すレーニンの演説は聴衆を魅了し、力強い指導者としてのオーラを放っていた。

戦前から幅広い分野の読書家として知られていたテフィーは、皇帝の著作もレーニンの著作も読んでいたが、レーニンの長所は複雑な事柄を明快に説明し、納得させる能力にあると評している。「レーニンの演説は聴衆を乗せるようなものではなかった。聴衆の心に火をつけて燃え上がらせ、興奮状態に誘い込むケレンスキーの演説とも違っていた。ケレンスキーは聴衆の心を摑み、恍惚の涙を流させることができた。一方、レーニンは人々の魂の中の最も暗い部分を鈍器で殴るような話し方をした」(8)。テフィーを何よりも驚かせたのは、レーニンが人間というものをあまり高く評価せず、個々の人間を消耗品と見なしている点だった。「人間の価値は大義実現のために必要かどうかによってのみ決まる」。

三月後半に入ると、全国各地に発生していた社会的不安が暴力的騒動に転化した。扇動したのは前線から帰って来た過激な脱走兵たちだった。多くの地域、特にヴォルガ川流域と中央黒土地帯で、農民が地主から農機具を奪い、地主の牧草地を勝手に耕作し、未耕作地を占領し、樹木を切り倒し、穀物の種を奪い取るという騒動が始まった。何世紀にもわたって抑圧されてきた農民にとって、革命的自由とはやりたい放題に何でもやるということだった。一九一六年の大攻勢で司令官を務め、後に赤軍に加わることになるアレクセイ・ブルシーロフ将軍は書いている。「兵士たちの希望はただひとつ。それは和平だった。戦争が終われば故郷に帰り、地主から収奪して、税金も払わず、何の権威にも縛られずに自由に暮らすことができると彼らは考えていたのだ」(9)。

ブルシーロフの言葉は誇張ではなかった。クラフコフ軍医も書いている。「脱走兵の数が劇的に増大しつつある。兵士の誰もがこの千載一遇の機会に乗じて地主の土地を少しでも奪い取ろうと焦っている」(10)。軍事検閲部も兵士の手紙からこの動向を察知していた。西部戦線のある兵士は故郷に宛てて次のように書いている。「ここでは、誰もが是が非でも即時講和を実現すべきだと思っている。皇帝と地主の土地が分け与えられ、自分の土地が手に入るとしたら、いったい何のために戦う必要があろうか？　ブルジョアに騙されはしない。俺たちは武装して故郷に戻り、これまでの借りをたっぷり返してやるのだ」[11]。

農村部で伝統的権威が崩壊し、特に地主の利益をこれまで支えてきた土地管理人の権力が失墜すると、農民たちは独自の自治組織を結成した。さらに、自治組織の決定事項に法律まがいの根拠を付与するために、独自の非公式な法律や規則を創り上げた。社会革命党はその支持者たちに憲法制定議会が改革を導入するまで待つように強く勧告したが、農民の忍耐心はすでに限界に達していた。サマラで開催された大規模な農民集会では、代議員たちが交々に登壇して聴衆に政党指導者を信用しないよう訴えた。「憲法制定議会が土地問題を解決するまで待てば、我々の生活が向上するとでも言うのか？　これまでも、我々に代わって政府が決定を下してきたが、政府のその努力は農民を奴隷状態に陥れただけではないか？　今、政府は秩序の回復が最優先だと言うが、我々は『今はだめだ。後だ、後だ。憲法制定議会まではだめだ』といつも同じことを言われている」[12]。

開明的な地主の一部は農民や召使から大目に見られ、時には保護されていたが、圧倒的多数の地主は一年も持ち堪えられずに逃亡に追い込まれた。三月初旬までは、地主の屋敷への放火事件こそ多発していたが、地主が殺害される事件はまだ比較的少なかった。しかし、社会的緊張が増大するにつれて、些細な出来事や偶発的な間の悪さから歯止めの利かない暴力事件が発生するようになる。農民や兵士たちがアルコールの貯蔵所を奪取したような場合は特に危険だった。五月にはムツェンスクの近郊で五〇〇〇人ほどの農民と兵士がワイン貯蔵所を襲撃し、ワインを略奪して狂暴化したあげく、三日間にわたり地域一帯の地主屋敷に放火して暴れ回った[13]。しかし、貴族や郷士階級の貴重な資産を破壊し、汚し、燃やしたいという欲望が達成されても、農民や兵士の痛恨はなおも増すばかりだった。

過去を汚し、あるいは破壊しても、現状は少しも改善されなかったからである。

貴族が地主だった場合、その政治的見解がいかにリベラルであっても、政治的見解が身を守る手段として十分に機能することはなかった。ボリス・ヴャゼムスキー公と妻のリリーはタンボフ県ロタレヴォにある一家の屋敷に戻ったが、その主な理由は兄ドミトリーを埋葬するためだった。ドミトリーはペトログラードの混乱に巻き込まれ、流れ弾に当たって命を落としたのである。兄ドミトリーは一九〇五年の革命に際して地元ロタレヴォで発生した騒乱を弾圧する役割を果たしたために、農民から憎まれていた。一方、弟ボリスは非常にリベラルな思想の持ち主で、一族の年長者たちの顰蹙を買うほどだった。

同じ頃、モイセーエフという名のボリシェヴィキがロタレヴォにやって来て、農民委員会に対しヴャゼムスキー家の土地の大半の引き渡しを要求するよう助言した。この要求に対して、ボリス・ヴャゼムスキーは憲法制定議会が成立して土地改革の原則を決めるまで待つようにと回答する。すると、しばらくして、モイセーエフが七〇〇人以上の農民を率いて押し掛け、ヴャゼムスキー家の屋敷を包囲した。ボリスは農民たちを説得しようとしたが、農民たちは納得せず、ボリスと妻のリリーを捕えて、地元の学校に監禁してしまった。

翌日、ボリスは最寄りの駅まで連行され、逮捕された囚人としてペトログラードに送致されることになった。その後は、ペトログラードから前線に送られるという筋書きだった。しかし、駅には脱走兵が群れ集まっており、ヴャゼムスキー公がいることを聞きつけると、ボリスを見つけ出し、鉄棒で殴り殺してしまった。両眼を抉り取ったという説もあったが、おそらく死後に死体からくり抜いたと思われる。その間に、妻のリリーは女中に助けられて監禁場所を脱出し、農婦に変装して駅に向かった。彼女は苦労を重ねた後にようやく空の鉄道貨車の中に放置されたボリスの遺骸を見つけ、モスクワに運んで埋葬した。他の多くの場合と同じく、ヴャゼムスキーの屋敷は一族の人間が二度と戻れないほど完全に破壊された。農民の憎悪の的だったドミトリー・ヴャゼムスキーの遺骸は墓から掘り出され、粉々に砕かれて、空き地にばら撒かれた[14]。

すべてを農民に引き渡しても身の安全に役立たない場合もあった。父親が留守中のバトゥーリン家にイノゼムカ村の農民が大挙して押しかけてきた時、対応したのは娘の若いバトゥーリン公女だった。公女は農民たちに向かって、バトゥーリン家はすでに全ての所有地と家屋敷を農民に引き渡すことを約束していると説明した。「お願いだから、すでに自分たちの物となっている財産を破壊しないでください[15]」。

暫くの間、農民たちは黙って立っていた。彼らは棒や斧、袋などを持参していた。中には荷車を引いて来た者もあった。やがて、群衆の中から叫び声が上がった。「地主はいなくなった。だが、すぐに別の地主がやって来るぞ！　今のうちに、貰える物を貰っておこうじゃないか！」。略奪の大暴れが始まった。屋敷の部屋と部屋を仕切る大きなドアをはずして持ち去る者がいた。農民の住む小屋には到底入らないような代物だった。農民たちは屋敷の内外で見つけた物を手当たり次第に袋に入れた。革表紙の書物も奪い去った。ページをむしり取って煙草の巻紙にするためだった。納屋に行った農民たちは南京錠を壊して、貯蔵されていた穀物を持ち去った。三時間も経たないうちに、屋敷は空っぽになってしまった。

トルストイ伯爵の死からちょうど七年を経たヤースナヤ・ポリャーナでも、文豪が残した半ば無政府主義的な共同体に騒動が及んでいた。農民たちはトルストイが実際に彼らに土地を与えたとは信じられないでいた。当時その地域を旅行していた作家のイワン・ナジーヴィン夫妻は、最後の機会になるかも知れないという思いからヤースナヤ・ポリャーナを訪問した。ナジーヴィンは書いている。

「未亡人の伯爵夫人は夫の死後厳しい生活を送っているようだったが、私たちを歓迎し、たっぷりと話をしてくれた。その後、私と妻はトルストイの墓を訪ねようとした。墓に近づくと、墓を囲む垣根の内側に数人の地元の青年がたむろしているのが見えた。彼らは墓のすぐそばに座り込み、バラライカを弾きながら、ヒマワリの種を噛み、その殻を吐き出しながら、聞くに堪えない下品な歌をがなり立てていた。垣根の柵には一面に汚らしい落書きが書かれていた。私たちはそれ以上近づかずに引き返した。来なければよかったと後悔した。屋敷に戻ると、トルストイの娘のタチアナ・リヴォーヴナが農民たちに取り囲まれていた。私たちは距離を置いて見ていたが、聞こえてくる対話の端々から判断すると、農民たちはすべての土地の引き渡しを求めているようだった。タチアナ・リヴォーヴナは、父親のトルストイがすでにすべての土地を農民に引き渡していると説明して、農民たちを宥めようとしていた[16]」。

臨時政府にとっての最初の本格的な危機は四月にやって来た。引金を引いたのはリヴォフ内閣の閣僚のひとりである外相のミリューコフ教授だった。帝政の維持を主張する態度からも窺えるように、知的な意味で厳格で、むしろ冷徹なミリューコフは、政治的必要に拝跪するような政策を軽蔑していた。パウストフスキーによれば、「この激動の時代にあって、ミリューコフは地球以外の秩序の整ったアカデミックな惑星から来た亡命者のように見えた[17]」。

連合国に味方して同盟国と戦うこの戦争を継続するかどうかは複雑な問題だった。ドイツ側が前線で展開していたプロパガンダのうち最も効果的だったのは、ロシアは英国に強制されてやむを得ず参戦しているという宣伝だった。国内では、左派が「帝国主義戦争」あるいは「資本主義戦争」の継続に反対していた。折しも発覚した戦争物資の政府契約をめぐる汚職事件への国民の怒りが戦争反対の火に油を注いだ。労働者農民ソヴィエトは「全世界の諸国民へのアッピール」を発表して戦争反対を訴え、「併合も賠償もない和平」を要求した。この「アッピール」は各国政府のうち特にフランス政府を困惑させた。フランスの主要な戦争目的のひとつは、一八七一年の普仏戦争でドイツに奪われたアルザス・ロレーヌ地方の奪還にあったからである。[*1]

フランスの社会主義指導者アルベール・トマがモスクワを訪れて、「神聖なる戦争同盟」を支持する演説を行った時、トヴェルスコイ大通りではボリシェヴィキによって組織されたデモ隊が行進していた。デモ隊が掲げるプラカードには「戦争反対！」、「農民に平和を！」、「地主との戦争を！」、「すべての権力をソヴィエトへ！」などと書かれていた。

しかし、ミリューコフは連合諸国が勝利を収めるまでロシアは戦争に参加すべきだと固く信じていた。ロシアが戦争を継続する理由は単にフランスからの大規模な借款のためだけではなかった。オスマン帝国が敗北した場合、ロシアがコンスタンチノープルとボスポラス、ダーダネルス両海峡を獲得するという約束を反故にすることは許されなかった。黒海沿岸の港から輸出される穀物の大半が両海峡を通る以上、ロシアの将来の貿易取引にとってボスポラスとダーダネルスの両海峡は死活にかかわる決定的な保証だったからである。

三月二七日、リヴォフ政府は、ソヴィエト執行委員会の怒りを鎮静化する目的で、すべての諸国民のために永続的平和と自決権を保証するという戦争目的宣言を発表した。併合と賠償の問題には触れなかった。ソヴィエト執行委員会はこの宣言を協商国側の各国政府にも通告すべきだと主張し、政府はその要求に従って通告を行った。ところが、ミリューコフは外相の権限を悪用して、通告に私的な解説の注記を忍び込ませた。ロシアは最後まで戦うであろうという内容の注記だった。

連合諸国への通告にミリューコフが付け加えた私的な注記の内容が明らかになると、四月二〇日には大規模な抗議の反戦デモが始まった。両海峡をロシアに約束する「秘密協定」をミリューコフが支持していることも問題視された。ミリューコフの同僚である立憲民主党員たちは大衆の世論を完全に読み違えていた。当時前線本部で勤務していた軍医長ワシリー・クラフコフは書いている。「ミリューコフのように、勝利するまで戦争を継続し、ボスポラスとダーダネルスの両海峡およびコンスタンチノープルを獲得し、プロイセンの独裁体制を打倒するという戦争目的は、現実との接触を失った者の議論としか思えない」(18)。

立憲君主制の樹立という政策に失敗したミリューコフは、帝政の崩壊が少なくとも愛国心の復活と戦争継続の決意につながることを期待していた。一方、大多数の兵士は、三月の段階では戦争継続の方針にやむを得ず従っているように見えたが、その姿勢は臨時政府が気づかないうちに変化しつつあった。四月に入ると、厭戦気分が蔓延し、同時に敗戦国が賠償を支払い、領土を割譲することを当然とする風潮も強まった。

四月二〇日、フィンランド近衛連隊の革命派の士官テオドル・リンデが自分の部下を含む近衛予備大隊の兵士を率いて臨時政府の本拠地マリインスキー宮殿まで行進し、ミリューコフ外相の辞任を求めた。デモ隊は、また、すべての「ブルジョア閣僚」を排除し、革命派に入れ替えることも要求した。その日は、たまたま陸海軍相グチコーフの健康状態が悪かったので、リヴォフ首相と閣僚たちは戦争省で閣議を開いていた。すると、ペトログラード軍管区の司令官コルニーロフ将軍がやって来て閣議を遮り、兵士による示威行進のニュースを伝え、軍隊を動員してこの反乱を粉砕する許可を求めた。しかし、ケレンスキーによれば、全閣僚がコルニーロフの提案を退けた。

翌日、騒動は拡大した。ボリシェヴィキとその支援者たちが夜の間に用意した横断幕を掲げてデモ隊に加わったのである。横断幕には「臨時政府を打倒せよ!」、「全権力をソヴィエトへ!」などと書かれていた。これから起こり得る決定的な出来事からボリシェヴィキが取り残されることを恐れていた。レーニンは、この段階では労働者階級を大々的に動員することはできなかった。呼びかけに応えて参集したのはクロンシュタット要塞の最も急進的な水兵たちだけだった。ネフスキー大通りで暴力的な衝突が発生し、多数の死者が出た。当時、ネフスキー大通りでは臨時政府を支持する大規模なデモが行われており、双方のデモ隊が激しく衝突したのである。

コルニーロフ将軍は重ねて軍隊を動員しての鎮圧許可を要求した。今回はソヴィエト執行委員会まで出向いて訴えたが、将軍の要請はまたもや却下された。屈辱的だったのは、今後軍隊を動員しようとする際には執行委員会のメンバー二人の署名押印を得る必要があると通告されたことだった。無政府状態の危機に直面した臨時政府とソヴィエト執行委員会が怯懦な姿勢を暴露したと解釈したコルニーロフはすっかりやる気をなくして、ペトログラード軍管区司令官の職を辞し、前線に戻っていった。

ソヴィエト執行委員会は社会全般の無秩序化と内戦の可能性に恐れをなして、リンデの配下にある兵士たちに兵営への帰還を命じた。この措置が理解できなかったリンデは困惑するばかりだった。ボリシェヴィキは、ペトログラードでも、モスクワでも、クーデターの意図を疑われるような動きとは無関係であるという態度を装おうとしていた。事実、カーメネフは非公開の席でレーニンの「冒険主義」を厳しく批判している。しかし、レーニンは少しも懲りていなかった。四月危機は臨時政府を弱体化し、同時にソヴィエト執行委員会の比較的穏健な社会主義路線の信用を失わせる効果があったと信じていたのである。今回試みたささやかな反乱は一五年後にスペイン共産党が「革命の準備体操」と呼ぶことになる動き以上のものではなかったが、次の機会にはもっと準備を整え、もっと組織的に行動しようとレーニンは考えていた。

四月に発生した街頭での衝突と社会的不安は臨時政府とそれを支持するリベラルな知識人層に深刻な衝撃を与えていた。リヴォフ首相はソヴィエト執行委員会に支援を求めたが、その訴えは退けられた。ミリューコフが依然として外相の地位にある以上、執行委員会と臨時政府の協力は街頭における衝突の火に油を注ぐものと考えられたのである。すると、四月三〇日、状況に絶望して、アレクサンドル・グチコーフ陸海軍相が辞任する。この国は統治不能と考えたのである。ミリューコフも自分が閣内に留まることはもはや許されないと考えたようだった。「最もブルジョア的な」二人の閣僚の辞任は即座に状況を変化させた。翌日、ソヴィエト執行委員会は委員会のメンバーがリヴォフ内閣に入閣することを認める決議を採択した。連立政府を通じて革命を維持することを委員会の義務と見なしたのである。政府の首班がリヴォフ公であるという事実は、最も有名な無政府主義者がバクーニン公とクロポトキン公であるような国では、大した問題ではないように見えた。しかし、いずれにせよ、ソヴィエト執行委員会との事実上の合併によって成立した連立政府は民主主義的中道派を強化するどころか、左右の分裂を深める結果となった。ミリューコフとグチコーフの立憲民主党は社会秩序と私有財産を守ろうとして右傾化し、ソヴィエト執行委員会内の穏健派社会主義者たちも連立相手のブルジョア臨時政府の影響を受けて立場を軟化させ、その結果、ボリシェヴィキの激しい攻撃にさらされることになった。

ケレンスキーは、この政治再編の機会に乗じて、司法相を辞任し、グチコーフの後任として陸海軍相に就任した。この間の経験が、以後カメレオンのように変身する勇気をケレンスキーに与えたのだった。社会主義派の弁護士だった人物が突如として軍服に着替え、軍靴を履いて立ち現れた。皮肉なことに、連合国の戦争目的論争とミリューコフ外相をめぐる大騒ぎが収まると、ケレンスキーはすぐに前線視察を開始した。そして、人並外れて巧みな弁舌を振るって兵士たちに呼びかけ、持ち場に戻って命令に服するよう説得したのである。これを見て、グルジア出身のメンシェヴィキで古い血筋の貴族でもあるイラクリ・ツェレテリは困惑せざるを得なかった。

彼自身も演説の上手い政治家だったツェレテリは「革命的防衛主義」なる思想の生みの親だった。他国の領土を奪うことなく、自国の領土を防衛するという考え方だった。ツェレテリがソヴィエト執行委員会の五人の同僚を説得して臨時政府に加わった理由は、そうすることが和平の実現を早めると信じたからだった。ところが、彼らが臨時政府に参加するとすぐにケレンスキーが考える「革命的防衛主義」の内容が明らかになる。ケレンスキーは大本営の大規模な攻勢計画を支持しており、その姿勢は西欧連合諸国の計画と一致していた。大攻勢こそが戦争を早期に終結させる道だという考え方だった。五月一四日、ケレンスキーはロシア軍に対して命令を発した。「自由ロシア救済の名において、司令官と政府が指示する場所に赴くことを諸君に命令する。諸君の銃剣の先には平和と真実と正義が宿っている。諸君はみずからの義務、革命と祖国への愛に支えられ、規律正しく、密集隊形を整えて前進せよ」[20]。

しかし、残念ながら、軍の規律と義務という観念は急速に崩壊しつつあった。クラフコフ軍医は書いている。「我が軍の占領地域では、強盗事件と民間人の殺害事件が増大の一途をたどっている。最大の被害者は哀れなユダヤ人たちである」[21]。クラフコフのケレンスキー評は厳しかった。「彼は大言壮語を得意とする詐欺師にすぎない」。そのケレンスキーは次のように発言している。「兵士たちの士気はきわめて高く、勝利の希望に燃えている。ロシア軍は健全に成長しつつある」。

二月革命を熱烈に歓迎したクラフコフだったが、今はすっかり落胆していた。「今や喜ばしいニュースはツァリーツィンからも、バルナウルからも、エニセイスクからも、また、母なる祖国ロシアのその他の地からも、まったく入って来ない。入ってくるのは、スチェパン・ラージンやプガチョフの乱にも似た血なまぐさい農民一揆勃発のニュースばかりだ。統制の利かなくなった群衆が狂乱状態になって放埓の限りを尽くしているに過ぎない」。ガリシア戦線でも事情は少しもましではなかった。「大雑把に見て、持ち場に帰ることを了承した兵士の数は部隊全体の半数にも達しない。残りの兵士たちは武器を携えたまま最寄りの駅に押し掛け、列車に乗せるよう要求している。その行き先はキエフかモスクワである。私自身、この真っ暗な悪夢のような無秩序状態の陥穽から逃げ出したくなる」[22]。

塹壕にとどまった兵士たちの中からも、対峙しているドイツ軍やオーストリア=ハンガリー帝国軍の兵士と親交を結ぶ者が現れた。敵側から「ロシア兵よ、撃つなよ!」という叫び声が上がると、双方の兵士が塹壕から出て前線上で交流するのである。これを阻止しようとして、指揮官たちは砲兵隊に砲撃を命ずるのだが、歩兵たちは砲兵部隊に圧力を加えて砲撃を止めさせ、偵察任務の士官から砲兵隊に通ずる電話線を切断してしまった。復活祭前後の時期には事実上の局地的休戦が成立し、前線で対峙する敵味方の部隊間で局地的な休戦交渉さえ始まった。東部戦線のドイツ軍司令部はスパイや情報将校をロシア側に送り込み、ドイツ側にも革命の動きがあり、ドイツ軍も戦争終結を希望しているという宣伝を展開した。かくして、東部戦線でのロシア軍との戦闘が休止状態となったこの春の間に、ドイツ軍は一五師団の兵力を東部戦線から引き揚げて西部戦線に投入し、オーストリア軍も六師団をイタリア戦線に移動させることが可能となった[23]。敵味方の交流は捕虜の扱いにまで及んだ。五月一日には、ヤロスラヴリ、エカチェリンブルグ、トムスクの収容所から一時的に釈放されたドイツ兵捕虜たちがロシア兵士たちと並んで戦争反対のデモ行進をした。ドイツ側は捕虜を早期に本国に送還するよう要求した[24]。

コミッサール（政治委員）としてガリシア戦線に派遣されたヴィクトル・シクロフスキーは書いている。「敵味方の兵士たちは根気強く、しかも長期的に交流している。彼らは無人地帯となっている前線上の村々で会合し、共用の売春宿さえ設立している。士官の一部も兵士間の交流に参加している」[25]。コミッサール（政治委員）を任命するというアイデアはフランス大革命後の総裁政府の「コミッセール制」を模したものだった。ケレンスキーは政治委員を派遣することによって兵士の戦闘意欲を復活させることができると確信していたが、それはあまりにも楽観的だった。

クラフコフはボリス・サヴィンコフがコミッサールとしてペトログラードから前線に派遣されて来た時のことを覚えていた。伊達男でカリスマ的な雰囲気を持つサヴィンコフは、革命と内戦の時期を通じて最も毀誉褒貶の激しい人物だった。もともとは社会革命党（エスエル）の幹部として帝政に対するテロ攻撃を主導していたが、逮捕された後に脱獄し、戦争中の大半の期間をフランスで軍人として過ごしていた。パリでは、イリヤ・エレンブルグ、ディエゴ・リヴェラ、モディリアーニなどの芸術家と親交を結んだ。しかし、ロシアに帰還して、楽観主義的な夢想を打ち砕かれるような現実に直面したのだった。

クラフコフは彼の属する師団を説得して前線に復帰させようとするサヴィンコフの様子を書き残している。「第四五連隊、第四六連隊、第一二シベリア砲兵大隊は政治委員サヴィンコフの説得と懇願を聞き入れて、前線への復帰を了承した。しかし、第四七連隊は移動を拒否して、自治を宣言した。第四八連隊と第四九連隊はまだ考慮中だった。第五一連隊は希望する兵士の離脱を許可したが、離脱する兵士からはすべての武器を取り上げた。第五二連隊は現在地にとどまることを決めたが、その前に司令官を含むすべての士官を逮捕してしまった」[26]。

クラフコフはその二日後の日記に書いている。「かつてサヴィンコフはプレーヴェとセルゲイ・アレクサンドロヴィッチ大公の暗殺に関与したテロリストだったが、今は反乱奴隷たちの説得にあたっている。彼が陰気な顔で打ち明けたところによれば、この状況で役に立つ唯一の手段は兵士たちに機関銃の銃口を向けることだという。サヴィンコフはたしかに右派に転向したようだ」[27]。

自分の弁舌の巧みさにのぼせ上がっていたケレンスキーは、彼だけがロシア軍を鼓舞して勝利と平和を勝ち取ることができると自負し、国民の多くにもそう思い込ませていた。通常、ケレンスキーはオープンカーでやって来て、後部座席に立ち上がり、兵士たちに語りかけるのだった。「ケレンスキーは呼びかけた。『革命的軍隊の兵士諸君！　諸君に同志としての挨拶を送る！』。よく響く表情豊かな声で彼が呼びかけると、そのよく計算された挨拶に応えて、聴衆が大きな歓声を上げる。ケレンスキーは微笑みながら片手を上げて沈黙を求めると、革命の達成、自由、輝かしい未来、革命的良心などについて語り、さらに、連合諸国との連帯、革命に関する鉄の規律などを話題にし、終わりに兵士たちに最後の努力を求めるのだった」[28]。

パウストフスキーも書いている。「ケレンスキーは吠えるような怒鳴り声を上げ、群衆に向かって短い文句を投げかけ、そして息を詰まらせるのだった。彼は派手な言葉を好み、その効果を信じていた。自分の言葉が荒れ果てた黒土に響き渡り、人々を鼓舞して犠牲を求め、達成への決意を吹き込むことができると思っていたのだ。派手な文句を叫び終わると、ケレンスキーは倒れるように椅子に座り込み、身体を震わせて、涙を流した。副官たちが彼に鎮静剤を与えた」[29]。今では信じられないことだが、感情に訴えるケレンスキーの劇的な誇張表現に接すると、百戦錬磨の兵士たちさえ涙を流した。ケレンスキーの命令があれば直ちに敵の塹壕を急襲すると兵士たちは誓い合った。

ケレンスキーは前線視察の合間にオデッサを訪問し、民間人を相手に演説して、いつものように効果を上げた。知識人家庭で育ったエレーナ・ラキエルは確信をもって日記に書いている。「私は喜びと幸福感に満たされている。昨日は人生最善の日だったといってもよい。ロシアの希望であるケレンスキーがオデッサに来て、私もその姿を目にした。誰もが一種宗教的な恍惚感に圧倒された。群衆は沸き立って、狂ったように万歳を繰り返した。ケレンスキーの乗った車が近づくと、群衆は兵士の警戒線を突破して車に迫った。人々は敬愛し、崇拝するケレンスキーの手に接吻し、手を伸ばして彼の衣服に触ろうとした。農民たちはケレンスキーを聖者と見なし、祈りを捧げようとさえした[30]」。

＊1 在露のフランス外交筋は本国に対して、多くのロシア人が西欧連合諸国に恨みを抱いていると警告している。連合諸国は最終的勝利と領土回復にこだわるあまり、ロシアから和平の機会を奪っているとロシアでは考えられているという内容の警告だった。ヴィクトル・シクロフスキーは「連合諸国の誠実さを欠く冷酷な政策[19]」を許さなかった。シクロフスキーによれば、ボリシェヴィキによる権力奪取を可能にしたのは他でもない西欧連合諸国だった。「連合諸国はロシアの和平条件を認めようとしなかった。他ならぬ連合諸国こそがロシアの爆発を招いたのだ。いわゆるインターナショナリストによる権力奪取を許したのも連合諸国だ」。

# 第6章 ケレンスキー攻勢と七月情勢　一九一七年六月～七月

六月に入って連合国の大攻勢作戦が間近に迫っていたが、ロシア国内の世論は依然として楽観主義と悲観主義の間で揺れ動いていた。しかし、ケレンスキーと新総司令官ブルシーロフ将軍の二人は攻勢に出ることを前提として、すでにガリシア戦線を主戦場に選んでいた。ガリシアは一年前にブルシーロフが有名な作戦に打って出て成功した戦場だった。ブルシーロフ将軍は優雅な口髭を蓄えた騎兵将校で、爪の先まで貴族だったが、同時に、オーストリア＝ハンガリー帝国軍との戦闘に勝利した作戦が証明したように、有能な職業軍人であり、新機軸に富んだ司令官だった。一方、南西戦線の指揮を引き継いだグトール将軍と第八軍の新司令官コルニーロフ将軍の二人はガリシア戦線に展開する部隊の兵士たちが革命の影響に染まっていることを懸念していた。

ロッカー・ランプソンの率いる英国空軍武装自動車師団はロシア軍の攻勢を支援するためにガリシアに移動することになった。彼は書いている。「前線が近づくにつれて、軍規が守られる度合いが高まっていった。前線の塹壕に入ると、そこでは依然として兵士が上官に敬礼する習慣が守られていた」[1]。参謀本部の士官たちによれば、前線の兵士のうち少なくとも四分の三は戦闘意欲を失っていなかったが、政治的に混乱した後方から補充兵として送られてくる予備役の兵士には信頼がおけなかった。ロッカー・ランプソンの見るところでは、「戦闘準備は思ったよりもはるかに順調に進んでいた」が、状況は必ずしもよくなかった。激しい雷雨が続いて、地面が粘着質の泥沼状態になっていたのである。武装自動車師団はコゾヴァに本拠地を置くことになった。武装自動車師団は第一次大戦中に欧州大陸で最初に敵の領土を占有した英国軍部隊だった。

ロッカー・ランプソンも、また、ケレンスキーの言葉の驚くべき効果を目撃したひとりだった。「愛国心に訴えるケレンスキーの熱烈なアッピールが、兵士、下士官、士官たちによって、これまた熱烈な調子で読み上げられた。戦闘に疲れた古参兵たちが焚火を囲んで座っていたが、そのアッピールを聞くと、帽子を脱いで子供のような泣き声を上げた。聴衆の誰もが肉体的緊張から解放されたかのように涙を流していた。暗闇の中ですれ違った兵士たちも、ケレンスキーのアッピールを聞いて泣きながら宿営地に戻って行くところだった[2]」。

しかし、悲観主義者たちは大攻勢というこの巨大な賭けが失敗した場合の結果を恐れていた。大攻勢が戦争を終わらせるという兵士向けの約束が果たされなかった場合に何が起こるかが心配だった。ガリシア戦線の第八軍に政治委員として配置されていたヴィクトル・シクロフスキーは書いている。「コルニーロフ将軍でさえ、状況が絶望的であることを理解していない。彼はまずもって軍人であり、将軍でありながら、拳銃をかざして単独で大騒ぎの中に突っ込んでいくような人物だ。コルニーロフが軍隊を見る見方は、運転の上手い運転手が自動車を見る見方に似ている[3]」。

南西戦線の軍事検閲担当官は、兵士たちが故郷に宛てて書く手紙の内容が二月革命直後の頃よりもさらに過激になっていることに気づいていた。ある兵士は書いている。「士官たちは反革命の扇動者だ。連中は権力を取り戻そうとしているが、そんなことは不可能だ。畜生野郎の士官たちはすべて処刑すべきだ。連中はこれまで我々兵士の血を吸ってきた。だが、今は我々兵士が主人公だ。俺も今ではソヴィエトのメンバーだ」[4]。

シクロフスキーを狼狽させる事態が発生した。作戦に備えて後方との連絡用塹壕を掘る命令を兵士たちが拒否したのである。多くの連隊で兵士の集会が開かれ、攻勢に反対する決議が採択された。いわゆる「塹壕内のボリシェヴィキ」が執拗な工作を開始していたのである。すでに五月の段階で、革命派の扇動者たちが騒動の種を撒きつつあった。ボリシェヴィキは兵士向けの機関紙『ソルダーツカヤ・プラウダ』をペトログラードから前線に出てくる予備役の兵士に持たせて前線の兵士に無料で配布していた。

六月四日、第一回の全ロシア・ソヴィエト大会が開催され、出席したレーニンとツェレテリが衝突した。ツェレテリが幅広い連立政府を擁護し、今のロシアではいかなる政党も単独で政権を取ることはできないと述べると、レーニンはすぐに「ボリシェヴィキはいつでも単独で政権を取る用意ができている」と反論した[5]。ボリシェヴィキのメンバー以外の聴衆はそれを聞いて笑い出した。嘲りの笑いだった。ボリシェヴィキのような小政党が全権力を掌握するなどという話は夢物語に過ぎなかった。

しかし、他の政党の指導者たちは、レーニンの発言に込められた驚くべき本音をうかつにも見逃していた。レーニンの発言には、「全権力をソヴィエトへ!」なるスローガンに対するボリシェヴィキの冷笑的な軽蔑心が潜んでいたのである。レーニンが企んでいたのは、ソヴィエトを隠れ蓑にしてボリシェヴィキが単独で全権力を掌握するという計画だった。ただし、ボリシェヴィキが単独で国家を全面支配するという構想が今のところ大衆に支持されないことを承知していたレーニンは、農民に土地を与え、労働者に工場を与えるという政策をリップサービスとして打ちだしていた。レーニンはしばしば怒りを爆発させ、聞くに堪えない暴言を口にして仲間や政敵を鼻白ませていた。権力掌握が実現に近づけば近づくほど、レーニンが道徳性や他者の権利を蔑視する傾向はますます強まり、革命を実現する能力は自分だけにあるというレーニンの強迫観念的な自信過剰が嵩じていった。ボリシェヴィキの仲間であれ、対立する政党幹部であれ、レーニンの鉄の意志と確固たる自信と対決し得る人物は存在しなかった。

その六日後、ボリシェヴィキは連立政府に反対する大規模な示威行動の計画を最後の瞬間になって撤回した。中止された計画の中身については、社会革命党（エスエル）を代表してソヴィエト執行委員会のメンバーを務めていたスハーノフのように、ソヴィエト執行委員会が入っているマリインスキー宮殿に対する直接的な攻撃だったにちがいないと疑う人々も少なくなかった。ボリシェヴィキ独自の秘密軍事組織はすでにペトログラード守備隊の各連隊に潜入して影響力を広げ、力を強めつつあった。そして、四月末には、各所の工場の防衛を目的として労働者が組織していた武装組織を統合した「赤衛隊」が結成された。この「赤衛隊」を母体として、一九一八年春には、トロツキーが「赤軍」を編成することになる。

モギリョフの大本営は夏季攻勢を契機として軍隊内の規律回復を図ろうとしていた。夏季攻勢の成功には多くが懸かっていたので、アレクセーエフ将軍の跡を継いだブルシーロフは重榴弾砲旅団を含む砲兵部隊の大部分を南西戦線に集中配置した。そして、意欲的な志願兵を集めて、「決死大隊」、「強襲大隊」などと呼ばれる精鋭の突破作戦部隊を新たに編成した。しかし、この改革は両刃の剣だった。優れた下士官と兵士が精鋭部隊に引き抜かれたために、残された連隊の信頼度はこれまで以上に低下したのである。

「決死大隊」の中には女性によって編成された部隊さえあった。「ヤーシュカ」の名で知られた指揮官のマリア・ボチカリョーヴァ中尉は一九一五年に皇帝によって軍務につくことを許されて以来、数度の戦闘に参加して負傷し、その勇敢な勲功に対して勲章を授けられた女性だった。髪の毛を短く切った女性たちによって構成されるボチカリョーヴァの小規模な「大隊」を参戦させれば、男の兵士たちも塹壕の中に隠れていることを恥じて突進するであろうというのが司令官たちの目論見だった。しかし、男の兵士たちは女性部隊の参戦をロシア軍の絶望的な末期症状を象徴する動きと見なしていた。

ロシア軍はドイツ軍またはオーストリア＝ハンガリー軍師団の不意を衝くことができなかった。前線のすべての準備作戦、特に第七軍と第一一軍の動きを敵の偵察飛行や探察気球から隠しておくことは不可能だった。さらに、敵の情報将校たちは最前線での敵味方兵士の交流から十分な情報を聞き出していた。

六月一六日、砲兵部隊による砲撃が始まり、二日間続いた。ロシア軍の行動としては例を見ないほどの集中的な砲撃だった。ロッカー・ランプソンは、英国側の主任連絡将校フレデリック・プール少将の指示を受けて、最前線の塹壕に最新式のストークス式迫撃砲を配備した。敵に対する心理的圧力を強化するためだった。そして、六月一八日、夜明け前に急襲部隊が最前線の塹壕に入り、午前一〇時、砲兵隊が弾幕の下を這うように前進しつつ砲撃を続ける中、急襲部隊が塹壕から飛び出し、赤旗をなびかせ、銃剣を光らせながら、無人地帯に突入して行った。

ロシア第七軍の第四一軍団に配属されていた英国海軍航空部隊の武装自動車部隊はブレジャニを目指して前進した。敵の防衛態勢は堅固だった。敵が配置していたのはオーストリア＝ハンガリー軍ではなく、ドイツ軍だった。自動車部隊以外の英国軍はロシア軍の外縁に展開し、「援護と補強」[6]に当たっていた。ロッカー・ランプソンの武装自動車部隊は敵の塹壕を銃撃しつつ、道路の両側を進んだ。歩兵部隊の大半は、ケレンスキーが観戦する中、さしたる損傷も被らずに前進することができ

ケレンスキー攻勢と7月の退却

た。しかし、当惑するような場面もあった。第七四師団の一部の連隊が前進を拒否したのである。ロッカー・ランプソンは報告している。「指揮官は塹壕から飛び出し、胸土の上に立って督戦したが、命令に従ったのは僅かな数の兵士だけだった。彼らは突撃して全滅した。この連隊とともに塹壕にいてマクシム機関銃を担当していた英国軍のオーストラリア人士官がこの事態を目にして我慢がならず、抗議の声を上げ、近くの小隊に駆け寄ると、渋るロシア兵たちを塹壕の外に無理矢理に押し出した」。

その間に、ロシア軍の第三、第五トランス・アムール師団が「猛烈な勢い」[7]で前進し、一部の部隊はブレジャニの町はずれに到達した。両師団はこの戦闘でドイツ兵五〇〇〇人を捕虜とし、戦線のロシア側に送り返した。ところが、全線の内側に控えていた予備役兵部隊は敵軍が攻撃して来たと思い込み、その結果、捕虜に対する恐るべき殺戮が発生した。前線の両師団は大勝利を収めたと判断し、ブレジャニに隣接する森の中で小休止し、煙草を吹かしたりしていた。ところが、両師団の側面はまったくの無防備だった。並行して前進すべきだった部隊が到着していなかったのである。休息中の兵士たちは、支援する英国部隊の士官たちの警告にも耳を貸さず、ドイツ軍が放棄した塹壕に入ることも拒否した。相反する命令が交錯して混乱が増大し、ロシア軍の参謀将校たちは「信じられないほど狼狽した」[8]。翌日になると、ドイツ軍の砲撃と反攻が始まり、アムール師団は自分たちの位置の脆弱性に気付いて、昨日出撃したスタートラインまで後退した。

ロッカー・ランプソンは司令部の車両にいるグトール将軍とケレンスキーに会い出かけた。「ケレンスキー氏は物思いに耽っているように見えた。決して美男子とは言えないが、ざっくばらんで、きれいに髭を剃った彼の顔は、味方の砲撃が敵に与えた損害の報告を聞いてほころんだ。しかし、兵士向けの演説を用意する努力がたたったのか、疲れ果てた様子だった」[9]。

第七軍の北に展開していた第一一軍はオーストリア＝ハンガリー帝国軍に対して第七軍よりも華々しい戦果を上げた。敵兵二万人を捕虜にしたのである。捕虜の大半はチェコ人の徴集兵だった。チェコ兵たちはロシア軍に降伏することをむしろ喜んでいた。戦線のロシア側にいるチェコ人の同胞に合流できるからだった。報告を受けてケレンスキーは深く考えずに舞い上がり、ペトログラードに電報を打って、戦果を上げた連隊に授与すべき革命旗を送るよう要請した。戦勝の知らせが届くと、首都はお祭り騒ぎとなった。プロコフィエフは日記に書いている。「六月二〇日、ペトログラードの街頭は大騒ぎとなった。大群衆が旗を振りつつ行進した。ロシア軍が前進して勝利したのだ。私も嬉しい。これで少なくとも英仏軍に恥じずに済むからだ」[10]。実は、この日の街頭行動は臨時政府を支持する目的で組織されていた。その二日前にソヴィエト執行委員会が四〇万人を集めて実施した反戦デモに対抗するための動きだった。二日前のデモを実質的に組織したのはボリシェヴィキだった。

ロシア軍の南側に配置されていた英国軍の主な任務はロシア軍攻撃部隊の側面を支援しつつ前進することだった。ロシア軍のシクロフスキーは後退したオーストリア軍の塹壕を見て、それがロシア軍の塹壕よりもはるかに優れていることに注目した。「ロシア軍の兵士たちはオーストリア軍の塹壕に入り込んで土壁を引っ掻き、砂糖が残されていないかと探し回った。残されていたワインはすでにロシア軍の委員会が処分していた。さもなければ、兵士たちはワインを見つけて泥酔してしまっただろう」[11]。シクロフスキーは、また、ロシア兵たちが残されていたオーストリア軍の糧食を見つけて静かに朝食をとっている様子も見た。「彼らは死体の上に缶を並べて食べていた」。その後、シクロフスキーは後方へ戻り、新たに配備された予備役兵たちに対応した。「森を抜けている時、銃を抱えたまま道に迷った兵士たちに出会った。ほとんどが若者だった。『どこへ向かっているのか？』と尋ねると、『身体の調子が悪くて吐きそうなので』という答えだった。つまり、彼らは前線から逃げ出そうとしていたのだった」[12]。

第七軍のその他の部隊がスタートラインまで後退しつつあった時、コルニーロフの師団が思いがけなくも前線を突破し、ガリッチとカルーシの両市を奪取した。このニュースが伝わると、ペトログラードは喜びに沸き、コルニーロフの評判が高まった。残念だったのは、カルーシを占領した部隊が興奮して荒れ狂い、略奪、痛飲、強姦に及んだことだった。被害を受けたのは主としてユダヤ人の家庭だった。そして、第二三師団は崩壊し、兵士の逃散が始まった[13]。コルニーロフはサヴィンコフの全面的支援を得て兵士の逃亡を阻止するために機関銃による阻止線を張った。

数日後、ロシア軍の大攻勢は実質的に終わりを迎えた。ドイツ軍の反撃を受けて、すべての部隊がスタートラインまで後退したのである。再び前進しようとする試みも、折からの激しい雷雨に妨げられた。「塹壕は小川となり、道路は泥沼となった」とロッカー・ランプソンは書いている。前進命令を拒否した師団があったが、コサックの騎兵隊とロシアの武装自動車部隊に包囲されて武装解除された。ポーランド人連隊からは大量の兵士がドイツ軍側に脱走した。前線のドイツ側が彼らの故郷だったからである。「死の大隊」、「嵐の大隊」などと呼ばれた部隊から優秀な士官や下士官が志願兵とともに脱走した結果は破局的だった。事態をさらに悪化させる出来事があった。ドイツ軍の突然の砲撃がコゾヴァの駅舎近くにロシア軍が臨時に設置した大規模な弾薬集積所に命中したのである。巨大な爆発と火災が発生し、第七軍の物資の大半が壊滅した。食料と弾薬が失われただけでなく、兵士の士気が挫かれたことも深刻な打撃だった。コゾヴァの駅舎と街並みのほとんどが焼失して、焼け野原となった。コサック部隊はこれをスパイの仕業と決めつけ、ユダヤ人を探し出しては手当たり次第に虐殺し始めた。秩序を回復するために、ロッカー・ランプソンは自分の武装自動車部隊を送り込まねばならなかった。

ロシア軍の大本営（スターフカ）の総合的戦略には、他の地域でも攻勢に出る作戦が含まれていたが、どの地域でも攻勢は成功しなかった。北部戦線のドヴィンスク近郊に展開していた第五軍の攻撃も失敗に終わった。第五軍司令部に昼頃に入った報告によれば、前線の連隊の歩兵部隊が反乱を起こしたということだった。兵士たちは塹壕を離れたが、前進を拒否し、砲兵部隊に対して砲撃の中止を要求した。砲撃はドイツ軍砲兵部隊からの反撃を招くというのが理由だった。しかし、ロシア軍の砲手たちは砲撃中止の要求に従わず、逆に反乱を起こした歩兵部隊に榴散弾をお見舞いすると脅かして、ドイツ軍への砲撃を継続した。

政治委員に随行して調整役を果たしていたコサック士官のマクシム・クーリクは書いている。「疑念は的中した。翌日には歩兵部隊も命令に従って前進し、砲兵部隊はかなりの程度までドイツ軍の障害を排除した。最前線の部隊が順調に前進してドイツ軍の塹壕を奪取したが、支援するために前進すべき予備役兵部隊が自分たちの塹壕にとどまって、前進を拒否した。上官の命令も、諫言も、脅迫も彼らを動かすことができなかった。その間に、ドイツ軍の砲兵部隊は正確に射程を測定し、ロシア兵が密集する塹壕への砲撃を開始した。恐るべき殺戮劇だった[14]」。

六月大攻勢は最悪の結果をもたらした。連合諸国の信頼を失ったばかりでなく、前線で戦うロシア軍兵士の大部分にその努力や犠牲が不毛であることを確信させてしまったのである。これにより、戦争反対を主張するレーニンの立場は大幅に強まり、臨時政府の立場は弱体化した。四か月後にボリシェヴィキがクーデターを起こす道が開かれたのだった。

しかし、ケレンスキーはこの危機の本質を見誤ったまま、軍隊における死刑制度を復活させる決意でペトログラードに帰還した。ロッカー・ランプソンも書いている。「死刑制度復活なしには、軍隊からの脱走は後を絶たず、命令への不服従が当たり前となってしまうだろう」[15]。反革命勢力が盛り返すとすれば、それを支えるのはコサック部隊、騎兵部隊の一部、砲兵隊、陸軍内のエリート軍人だろうとロッカー・ランプソンは予測していた。反革命の指導者に相応しいと思われる人物は、短軀ながら自尊心に満ちた軍人、ラーヴリ・コルニーロフ将軍だった。フランス革命後に現れたナポレオン・ボナパルトのような指導者がロシア革命後にも現れるとしたら、それはコルニーロフ将軍以外にないと思われたのである。しかし、歴史上の事例からの類推が人々を誤らせることはよくあることだった。

ペトログラードでは、社会主義派の政治家たちが連立政府をめぐって出口のない議論を繰り返していた。そのやり取りから判断すると、政治家にとっては大攻勢の失敗も遠景の木霊に過ぎないようだった。七月三日の月曜日、ソヴィエト執行委員会はタヴリーダ宮殿で議論を重ねていたが、その最中にスハーノフへの電話連絡が入った。ある工場からの警告電話で、その内容はボリシェヴィキが工場労働者と兵士を集めて事前通告なしに大規模な武装デモを強行しようとしているという報告だった。

その頃、レーニンは疲労回復が緊急に必要であるという理由で、ペトログラードから鉄道で二時間ほどの距離にあるフィンランドのネイヴォラ村近郊の別荘に滞在していた。したがって、統制の行き届かないボリシェヴィキ戦闘組織が勝手な行動に出る事態も知り得ない立場だった。一方、レーニンがフィンランドに向かったのは公安機関内に潜入していた内通者から危険事態切迫の情報を得ていたからだとも考えられた。陸軍の対敵諜報活動機関のニキーチン大佐がボリシェヴィキ幹部を七月七日に一斉逮捕する予定を立てているという情報だった[16]。逮捕の理由は敵国ドイツから資金援助を受けたという反逆罪の容疑だった。

ボリシェヴィキの武装デモ行進がどんな目的を掲げ、どこを目指すのか、それはまだ分からなかった。しかし、行進の中核を形成していた第一機関銃連隊はすでに社会民主党にとっての近衛連隊のような存在だった。機関銃兵たちは前線補強のための出動命令を拒否していた。大攻勢の失敗後、前線の戦力は崩壊の危機に瀕していた。ボリシェヴィキの戦闘組織は第一機関銃連隊の兵士で構成されるデモ隊を補強するために、他の部隊の兵営からも兵士たちを呼び集め、また、戦闘的な工場労働者も動員していた。デモ隊に配布された横断幕には「すべての権力をソヴィエトへ！」「ブルジョア出身の一〇閣僚を罷免せよ！」などと書かれていた。武装して集まった兵士たちは空中に向けて発砲し始めた。

そうこうするうちに、ソヴィエト執行委員会に通報が入った。第一機関銃連隊と近衛擲弾兵連隊のデモ隊が目指す目的地はタヴリーダ宮殿であるという通報だった。それを聞いて、大広間で会議を開いていた執行委員会に狼狽が走った。突然、カーメネフが演壇に飛び上がって叫んだ。「デモを組織したのは我々ボリシェヴィキではない！」[17]。これを正直な発言と思った人は少なかっただろう。カーメネフは続けた。「だが、人民大衆の大集団が街頭に現れたとすれば、それは彼らの意思を示すものだ。大衆が街頭に現れた以上、我々も彼らとともにそこにいるべきだ」。

ネフスキー大通りでは、ボリシェヴィキ派の中尉に先導された反乱兵の一団がデモ行進をしていた。しかし、やや離れた場所から聞こえてきた銃声音が驚くべき作用を及ぼす。デモ行進の兵士たちがパニックに陥り、逃げ去ったのである。十分な考慮なしにボリシェヴィキの戦闘機関が始めたデモ行動は失敗に終わったが、それでも、ソヴィエト執行委員会内の穏健派社会主義者たちを攻撃するボリシェヴィキのプロパガンダは一定の効果を生み出していた。その晩、タヴリーダ宮殿を取り巻いた群衆は「地主やブルジョアに屈服した執行委員会の連中を逮捕せよ！」と叫んでいた[18]。性急な扇動者たちは、ソヴィエト執行委員会に圧力をかけて臨時政府を見捨てさせようとしていた。支持層を失えば、臨時政府はおのずから崩壊するであろう。リヴォフ首相と閣僚たちに制御できる問題ではなかったが、食糧不足の問題についても、輸送機関の機能不全の問題についても、また、貧窮層にとって過酷な物価高の問題についても、その責任を追及されるのは臨時政府だった。

臨時政府は戦費に関して連合諸国からの膨大な債務を引き継いでいたが、債務はさらに増大傾向をたどっていた。そこで、臨時政府は「ケレンキ」と呼ばれる紙幣の印刷を始めた。「ケレンキ」は新首相ケレンスキーに因んだ呼び名だったが、国民の信用を獲得することができず、人々は帝政時代の紙幣を貯めこみ始めた。急激なインフレも亢進する一方だった[19]。二月革命以後の六か月間に臨時政府が発行した紙幣は五三億ルーブルに達し、物価も夏から秋にかけて四倍に急騰した。

騒動が起こった夜、プロコフィエフはレストラン「コンタン」で贅沢な夕食を楽しんでいた。「もちろん、値段は目が飛び出るほど高かったが、通貨の値打ちは毎日下落していた。貯金しても意味はなかった。その晩、通りを歩いていて、思いがけない事態を目撃した。人通りの多い通りだった。兵士は銃を抱えて歩いており、群衆は『資本家の閣僚を排除せよ！』と書いたプラカードを掲げていた。私たちの目の前で何台もの自家用車が停止させられ、乗っていた人々が降ろされた。無人となった車の中にはすぐに機関銃が据え付けられた[20]」。

タヴリーダ宮殿では夜を徹して議論が繰り返され、ついに七月四日月曜日の朝が明けた。カーメネフを始めとして、すべてのボリシェヴィキが姿を消してしまったことにスハーノフは気づいていた。レーニンはペトログラードの混乱について何も知らずにいたが、朝早く、ボリシェヴィキ中央委員会からの使者がフィンランドの別荘までやって来て、彼らが血なまぐさい弾圧を受けるか、それとも臨時政府を打倒するかの岐路に直面していることを告げた。レーニンは権力奪取を焦っていたが、同時にパリ・コミューンの再現を恐れていた。パリ・コミューンでは、革命派が首都を奪取したものの、外部の反革命勢力によって粉砕されてしまった。

レーニンと側近グループは急ぎ荷造りをして、ペトログラード行きの列車に飛び乗った。ペトログラードのフィンランド駅に無事に到着したが、状況は三か月前にスイスから到着した時よりも悲観的だった。もし、レーニンがニキーチン大佐の一斉逮捕を免れるためにフィンランドに身を隠したのであれば、この帰還の決断はレーニンに似つかわしくない冒険だった。レーニンは拘束されることに耐えられない人間だったから、逮捕投獄される危険を前にして敢えて勇気を誇示するとは思えなかった。しかし、同時に、偏執狂的と言えるほど自信過剰だったレーニンは、自分以外の誰かに革命の指揮を委ねることができなかった。ニキーチン大佐が逮捕の網を広げて待ち構えていることを承知しながらレーニンがペトログラードに帰還した理由は何だったのだろうか？

実は、レーニンは自分の党の武装機関内の過激派がイチかバチかの賭けに走ったことに激怒していた。中でも最悪と思われたのは、第一機関銃連隊の兵士たちが前日にクロンシュタット要塞を訪れ、デモへの水兵の大量参加を要請したことだった。レーニンはバルチック艦隊の水兵たちがいかに制御不能かをよく知っていた。なぜなら、水兵たちは少数派アナーキストの影響下にあったからである。

レーニンは七月四日の朝早くペトログラードに到着したが、ほぼ同じ頃、クロンシュタットの「錨広場」には約八〇〇〇人の武装水兵が集結して乗艦を待っていた。その指揮官は二五歳の見習士官フョードル・イリインだった。フョードル・イリインはある司祭と将軍の娘との間に非摘出児として生まれた息子だったが、今やボリシェヴィキのメンバーとなり、戦時仮名としてドストエフスキーの小説に登場する殺人犯ラスコーリニコフを名乗っていた。フョードル・ラスコーリニコフによれば、水兵を集めた意図は完全に平和的な行進のためということだったが、兵士たちは武装して集まるよう指示されていた。この日の行動の結果として災厄が生じた場合にボリシェヴィキの責任を回避しようとして、フョードル・ラスコーリニコフはクロンシュタットにやって来て水兵たちにデモへの参加を要請したのは「明らかにアナーキストの影響下にある機関銃兵たちだった」[21]と付け加えた。しかし、実際には、その機関銃兵たちを指導していたのはボリシェヴィキの工作員Ａ・Ｙ・セマーシュコ少尉だった。

ラスコーリニコフはまずグリゴリー・ジノヴィエフに電話をかけて、ボリシェヴィキ中央委員会の意向を確認した。「クロンシュタットの水兵たちは支援に駆けつけるべきだろうか？」。ジノヴィエフはいったん電話を置いて首脳部の意見を確かめに行き、戻って来て通告した。「行進は平和的でなければならないが、同時に、組織的な武装デモでなければならない」。平和的な武装デモという奇妙な矛盾の謎はラスコーリニコフがふと漏らした言葉によって明確に説明されていた。「党はこの武装デモが武装蜂起に発展する可能性を常に視野に入れていた」[22]。

武装水兵を乗せた各種の舟艇が小艦隊を形成して運河を遡り、ニコラエフスキー橋のたもとに着岸した。上陸した水兵たちはラスコーリニコフを先頭に赤旗をなびかせ、クシェシンスカヤ邸を目指して行進した。軍楽隊も演奏していた。ラスコーリニコフは水兵のデモ隊がペトログラードのブルジョアジーに与える恐怖を楽しんでいるようだった。ブルジョアジーにとって「クロンシュタットは恐怖をもたらす野蛮の象徴だった」[23]。

ラスコーリニコフは書いている。「水兵たちは二階建てのクシェシンスカヤ邸の前に整列した。有名なバレリーナで皇帝の愛人だったクシェシンスカヤがしばらく前まで贅沢な晩餐会や歓迎会を開いていた邸宅は、今は、ボリシェヴィキ党の本部になっていた」。しかし、レーニンの姿はどこにも見られなかった。ラスコーリニコフはレーニンが見つからないことで不安に駆られ、やむを得ずバルコニーに出て水兵たちに「暴力に訴えることなく抗議活動を続けよ」と呼びかけた。水兵たちは混乱したが、ラスコーリニコフは慌ててバルコニーから建物の中に姿を消した㉔。

水兵たちはタヴリーダ宮殿に向けて行進を続けた。ところが、市の中心部に差しかかったところで、臨時政府に忠誠を誓う部隊との間に衝突が発生した。どちらが先に発砲したかは不明だが、銃撃戦が始まると何もかも混乱し、怒った水兵たちはあらゆる方向に向けて発砲した。銃撃戦が止んだ後も、怒りの収まらない水兵たちは商店の窓を破って略奪を開始し、ブルジョアと見られる上等な服装の民間人を殴り始めた。一部始終を目撃していたゴーリキーは冷静な証言を書き残している。「何らかの勢力が怒り狂った水兵たちを前後を考えずに性急に出動させ、『社会革命』を引き起こさせようとしていた。その勢力は愚かにも水兵たちを完全武装させて街頭へ送り出したのだ。だが、突然、どこからか銃声が聞こえた。すると、すでに街頭に出ていた群衆が恐怖に駆られて雪崩のように四方八方へ逃げ出した。足を取られて転倒する者が続出した。人々は重なり合って倒れこみながら、『ブルジョア連中が撃って来た！』と金切り声で叫んでいた㉕」。しかし、ゴーリキーには分かっていたはずだが、実際には異なるグループの反乱兵の間で銃撃が交わされていたのだった。

水兵のデモ隊はようやくタヴリーダ宮殿の前に到着し、宮殿を取り巻く大群衆に合流した。群衆はソヴィエトによる権力奪取を要求していた。ラスコーリニコフは到着したことを報告するために宮殿内に入り、そこで偶然トロツキーに出会った。当時、トロツキーはまだボリシェヴィキに加入していなかった。二人が話し合いを始めた時、一人のメンシェヴィキが駆け寄って来て言った。「クロンシュタットの連中がチェルノフを逮捕して、自動車に押し込み、どこかに連行しようとしている！」[26]。ヴィクトル・チェルノフは社会革命党（エスエル）幹部の一人で、臨時政府では農相の役についていたが、憲法制定議会が選出され、決定を下すまでは農民への土地の引き渡しを認めないという立場だった。街頭にいた水兵の一部がタヴリーダ宮殿に向けて発砲し、別の一部が窓から侵入しようとし宮殿の壁をよじ登り始めた。その時、急に猛烈な豪雨が降り始めた。群衆の大半は蜘蛛の子を散らすように解散してしまった。もし、雨が降らなければ、流血の惨事が拡大していたであろう。トロツキーとラスコーリニコフは震えるチェルノフを車に押し込んで連れ去ろうとする水兵たちをどうにか止めようとした。

トロツキーは車の屋根に飛び乗って水兵たちに呼びかけた。話し手がトロツキーであることに気づいた水兵たちは静まって、苛立ちつつも耳を貸した。トロツキーはチェルノフを釈放するよう説得した。虐待されて狼狽の極にあったチェルノフは白髪を振り乱した姿で車から助け出され、身体を支えられて階段を昇り、宮殿の中に戻った。折しも、イズマイロフスキー近衛連隊が到着して、タヴリーダ宮殿一帯の秩序回復に当たった。水兵たちは三々五々解散せざるを得なかった。しかし、騒動は夜になっても続いた。約二〇〇〇人の水兵がペトロ・パヴロフスキー要塞を占拠したのである。これは無意味な示威行動のようにも思われたが、あるいは、単に雨宿りのために要塞内の監房を利用しただけかも知れなかった。ソヴィエト執行委員会による政権奪取を実現できなかったこの日の蜂起は失敗だったが、ボリシェヴィキの内部には蜂起の続行を主張する意見もあった。

七月五日の早朝、夜を徹して続いた議論の末に、レーニンはようやく中央委員会を説得して武装デモの中止を決定した。ところが、まさに同じ日の朝、一般に「爬虫類新聞」と呼ばれていた右翼ジャーナリズムがボリシェヴィキに対する復讐を敢行した。軍の対敵情報部はかなり前から臨時政府のためにボリシェヴィキの資金源に関する情報を収集していたが、それまでに入手した最もセンセーショナルな情報を臨時政府の許可なく新聞各紙に流したのだった。新聞各紙は「ドイツの資金」を受け取ったとしてレーニンを非難する記事を一斉に掲載した。レーニンは、新聞各紙が言うようなドイツのスパイではなかったが、一方で、ボリシェヴィキの新聞事業を強化するために巨額のドイツ資金を受け取ることについて何ら良心の呵責を覚えなかった。[*1]

その朝、警察がボリシェヴィキの機関紙『プラウダ』の発行所を急襲して捜索した。この捜索には「ユンケル」と呼ばれる士官候補生のグループも参加した。また、翌日にはクシェシンスカヤ邸のボリシェヴィキ党本部が捜索を受け、まもなく、ラスコーリニコフ、ルナチャルスキー、カーメネフ、トロツキーなどが相次いで逮捕された。しかし、レーニンとジノヴィエフは逮捕の網をすり抜けることができた。かつては皇帝政府の秘密警察オフラーナの長官で、今は臨時政府の囚人となっていたコンスタンチン・グロバチョフによれば、逮捕されたボリシェヴィキ幹部は一般の政治犯とは別の特別監房に収容された。理由は看守の中にボリシェヴィキのメンバーが潜入している疑いがあったからだった。逮捕されたボリシェヴィキ党員の所持品の中から偽造された一〇ルーブル紙幣が発見された。すると、警察はボリシェヴィキ党がドイツ政府から受け取った偽造紙幣に違いないと判断した。[27]

レーニンはその相貌がほとんど世に知られていなかったためか、逮捕を免れ、ボリス・アリルーエフが借りていたアパートの寝室に身を隠していた。[28] そこは客としてアリルーエフ家を頻繁に訪れていたヨシフ・スターリンのための寝室だった。後に、スターリンはアリルーエフ家の娘ナジェージダと結婚することになる。そのスターリンはレーニンより少し遅れてアリルーエフ家にやって来て、レーニンの顔から口髭と顎鬚を剃り落とした。これで、中央アジア的なレーニンの風貌に変化が生じた。もともと、ロシア人、ドイツ人、ユダヤ人、スウェーデン人など様々な祖先の血を引くレーニンの風貌はカルムィク人の祖母の強い影響を受けて現在のようになっていたのだった。口髭と顎鬚を剃り落とした自分の顔を鏡で見て、レーニンはフィンランドの農民になったような気がして満足していた。スターリンが自分の師と仰ぐ指導者の髭を剃っている様子を想像すると、大いに興味をそそられる。独学の人とも言えるスターリンは、知的教養に関して他の革命指導者たちから蔑視されていることを鋭く意識していた。トロツキーに至っては、あばた面のグルジア人ギャングとしか思えない容貌のスターリンに対する軽蔑心を隠そうともしなかった。しかし、トロツキーはスターリンの陰謀能力を過小評価していた。その過小評価はいずれトロツキーの命運に関わることになるであろう。

国家反逆罪の容疑で逮捕される事態を恐れたレーニンは、ボリシェヴィキのクーデターが成功するまでの三か月間、安全な場所から別の安全な場所への移動を繰り返す逃亡者として、変装して過ごさなければならなかった。その間、レーニンはおそらくスイスからロシアへの帰還の旅に出発した時のことを思い出したであろう。その時、レーニンは、カール・ラデックに向かって、今後六か月以内に権力を取るか、もしくは絞首台に吊るされているかのどちらかだろうと予言したのだった。レーニンは妥協を忌み嫌ったが、それと同じ程度に、中途半端を軽蔑していた。

＊1　臨時政府の非難にもかかわらず、ボリシェヴィキが「ドイツの資金」を受け取っているという確証はなかった。しかし、その一方で、はたしてボリシェヴィキが外部からの支援なしに各種機関紙の事業を拡大し得たかどうかも不明だった。

# 第7章 コルニーロフ 一九一七年七月〜九月

七月七日、地下に潜行したボリシェヴィキ幹部の逮捕に向けて捜索が続いていたこの時期に、臨時政府首相のリヴォフ公が辞任した。後任はケレンスキーだった。ただし、この首相交代劇は、七月蜂起とも、大攻勢の失敗とも、無関係だった。その五日前の七月二日、ウクライナに一定の自治を与えるという政府決定に抗議して、立憲民主党（カデット）の閣僚たちが辞任していた。

再編された臨時政府は、リベラル派と社会主義派の両派を含めて、ロシア帝国の維持継承を志向していた。すでに三月の段階で、臨時政府は現に前線のドイツ側にあるポーランドが将来はロシア帝国から分離して完全な独立国家となることを受け入れたが、フィンランド大公国、バルト諸州、およびウクライナは手放さない決意だった。臨時政府の見解によれば、少数民族の不満や希求は帝政下の抑圧の産物であり、とりわけニコライ二世が導入した「ロシア化計画」が文化や言語の多様性を否定した結果だった。それぞれの民族の自治の要求に対しては、ごく限定的な譲歩で十分と思われたのである。

たとえば、四月一二日、ロシア臨時政府はエストニアに対して一定の自治を付与することに合意した。そして、その一二日後、大本営（スタフカ）はエストニア人兵士が新たに編成された第一エストニア・ライフル連隊に移籍することを承認した。この措置がやがて独立国家エストニアに非常に優秀な軍隊を与える基礎になると予想した者はペトログラードにもモギリョフにも誰ひとりいなかった。

フィンランドは一八〇九年までスウェーデン領だった。その年、ロシア皇帝アレクサンドル一世がフィンランドを占領して皇帝の直轄地とした。ロシア帝国の一部としてのフィンランド大公国の誕生だった。フィンランド大公国はロシア皇帝が任命する総督の支配下に置かれ、ごく僅かな範囲の自治権を認められた。一八九九年には、ニコライ二世がフィンランドの教育制度と文化に関する「ロシア化」政策を強行したが、これは全くの不人気で、逆にフィンランド人の民族主義を呼び覚ます結果となった。第一次大戦中、フィンランド人には兵役が課されなかった。信頼できなかったからである。案の定、民族主義派のフィンランド人学生約二〇〇〇人がドイツ側に脱出し、軽歩兵としてプロイセン帝国軍第二七狙撃大隊に参加した。

帝政ロシアはドイツがフィンランドを作戦基地としてペトログラードを攻撃する事態を何よりも恐れていた。そこで、フィンランド防衛に当たる第四二独立軍団とバルチック艦隊の戦力を総計一二万五〇〇〇人に増員した。人口三二五万人の地域を防衛するには膨大すぎる戦力だった。ロシア兵はフィンランド語を話さず、理解することもできなかったが、二月革命以後、地元のフィンランド人に対して複雑な感情を抱くようになる。ロシア人の中でも左派に属する人々は独立を求めるフィンランド人に同情的だった。一九一七年の夏頃までに、工業化が比較的進んでいた南部地域のフィンランド人労働者の一部がロシアの陸海軍兵士と友好関係を結ぶようになる。兵士たちはフィンランド人労働者の八時間労働制の要求を支持した。

フィンランド大公を兼ねるロシア皇帝が退位し、臨時政府が権力を継承したことはフィンランドの民族主義者たちに、いよいよ独立の時が来たという希望を与えた。フィンランド元老院（セナーティ）は完全な独立国家の基礎を準備する目的で憲法委員会を設立した。しかし、ロシアの臨時政府は、とりわけ当時の陸海軍相ケレンスキーを中心として、ドイツがこの状況を利用する可能性を恐れていた。将来の憲法制定議会が承認するまではフィンランドの独立を認めることはできない、とケレンスキーは主張した。フィンランドの一院制議会（エドゥスクンタ）はペトログラードにおける七月動乱に乗じて最高権力を掌握しようとした。しかし、七月一八日、ロシアの臨時政府は先手を打ってフィンランド議会（エドゥスクンタ）の解散を命令する。

独立を最も声高に主張していたフィンランドの社会主義派はペトログラード政府の「反動的政策」に対抗すべく、ロシア軍内の同志に支援を求めた。ロシア軍内の社会主義派は支援を約束したが、それより早く、ケレンスキーがヘルシンキに送り込んだコサック部隊が議会（エドゥスクンタ）を閉鎖してしまう。ケレンスキーは、さらに、フィンランドに駐留するロシア軍に対して現地で今後実施される議会選挙を監督するよう命令した。ロシア軍の管理下で実施された選挙では、フィンランド左派の期待に反して、保守派の政党が絶対的多数を獲得し、元老院を支配することになる。

九月一三日、フィンランド議会では、ボリシェヴィキのウラジーミル・アントーノフ＝オフセエンコがロシアの臨時政府を非難し、フィンランド独立の動きを支持する動議を提出した。この動議に対してヘルシンキのソヴィエトとロシア陸海軍の兵士代表が賛成を表明した。帝政の崩壊と同時にロシアの民族主義的排外主義も終焉すべきであると主張するこの動きは、皮肉なことに、まもなく始まろうとするモスクワ中心の共産党支配からフィンランドを除外することになるであろう。

六月から七月にかけて、臨時政府は直接的な危機に直面していた。危機を招く引き金となったのはキエフのウクライナ中央評議会（ラーダ）による独立宣言だった。ウクライナ民族主義派の指導者だったシモン・ペトリューラとヴォロディーミル・ヴィンニチェンコ、そして中央評議会（ラーダ）の議長だった歴史学者ミハイル・フルシェフスキーの三人はすでに五月の段階で代表団を結成してリヴォフ公の臨時政府を訪ね、ウクライナが一定の自治を獲得するための交渉を試みた。しかし、代表団の主張は事実上無視された。何を要求しても、憲法制定議会が選出されて判断を下すまでは決定できないというのが臨時政府側の対応だった。驚くに値しないことだったが、憲法制定議会を言い逃れの材料とする臨時政府の態度は、ウクライナ側の完全独立への決意をますます固めさせる結果となった。ウクライナ側は淡い青色と黄色のウクライナ国旗を制定し、第一次宣言（ウニヴェルサール）を発表した。宣言の基礎となったのは一七世紀にザポロージェ・コサック軍団の頭領（ヘトマン）が制定した憲章だった。フルシェフスキーによれば、この憲章はウクライナが有する先祖伝来の権利証書だった。活発なジャーナリストでもあったペトリューラが「ウクライナ人民共和国」の名目上の大統領となり、コサックの頭領を兼ねることになる。

その当日、遅くなってから臨時政府側も妥協に同意し、ケレンスキーとツェレテリを中心とする代表団がキエフに派遣されることになった。代表団は事態を鎮静化するためにウクライナ側の要求を一部受け入れたが、逆にそれがキエフ在住のロシア人の間に憤激を巻き起こし、騒乱が勃発した。臨時政府の中にとどまっていた立憲民主党（カデット）右派の三閣僚は、彼らが「小ロシア」と呼ぶウクライナに在住するロシア人の権利を保護すべきだと主張し、ツェレテリとケレンスキーがキエフから持ち帰った妥協案の受け入れを拒否して、七月四日には閣僚を辞任してしまう。七月四日は、臨時政府に代わってペトログラード・ソヴィエト執行委員会が権力を掌握すべきだと要求して、ボリシェヴィキが暴動を引き起こすまさにその日だった。ペトログラード・ソヴィエトは、首都以外の地域の代表を加えて、すでに「兵士労働者代表による全ロシア・ソヴィエト」を名乗り始めていた。ケレンスキーは自分自身を社会主義派とリベラル派の争いを超越した存在と見なしていたが、両派の溝の深さがいかに危険であるかを見逃していた。社会主義派の大半はボリシェヴィキに対する右派ジャーナリズムの猛烈な攻撃に仰天し、反革命への過剰な恐怖心から、ボリシェヴィキに同情的な立場を取り始めていた。しかし、同時に、全国的な秩序崩壊の惨状が目に余ったために、士官以上の軍人や中産階級は強力な指導者の出現を待ち望むようになる。七月七日にケレンスキーが運命的な決断を下したのも、おそらく偶然ではなかっただろう。それはツアールスコエ・セローに軟禁されていた皇帝一家をシベリアのトボリスクに移送するという決定だった。ケレンスキーは、右翼過激派が最後の機会をとらえて蜂起し、それが帝政派の巻き返しにつながる事態を恐れたのだった。

喜びと希望をもって二月革命を歓迎した人々の多くが、革命後に発生した混乱と犯罪行為によって今や完全に幻滅していた。ラキエルは書いている。「今や、良心的な人間はほとんど残っていない。自由の意味するところが暴力や権力の簒奪ではないということを理解する人間もいない。多くの人々にとって、自由と追い剝ぎは同義語となっている。ロシア人はまるで聞き分けのない子供のように自制心を失ってしまった」。クラコフ軍医も心情を吐露している。「苦悩するロシアにとっては、大規模な権力交代だけが慰めのようだ。数世紀にわたる奴隷制度によって虐げられてきたロシア人は依然として愚鈍であり、無知である。ロシア人の唯一の能力はその時々の催眠術師に騙されて盲目的に武器を取ることだ。強盗略奪が急増して膨大な件数に達している。事態は悪化の一途をたどりつつある。午前中に軍団司令官が強盗に襲われたかと思うと、夕方には参謀総長が襲われて身ぐるみ剝がされる始末だ。しかも、これがすべて歩哨の目の前で起こっている。ボリシェヴィズムの厚かましさもここに極まれりと言うべきだろう」。

ガリシア戦線でのロシア軍の攻勢が失敗に終わった直後の七月六日、アーノルド・フォン・ヴィンクラー将軍の率いるドイツ軍の強襲部隊が敗走中のロシア第一一軍を目掛けて突進してきた。ドイツ軍はタルノーポリを目指して前進し、五日後にはタルノーポリを陥落させた。行く手には広大なウクライナのステップが広がっていた。オデッサにいたラキエルは不安な気持ちを書きつけている。「ロシア軍は敗走を続けている。防衛線に生じた裂け目は一二〇キロメートルに及んでいる」。ケレンスキーが再導入した死刑制度も軍規の改善に役立たなかった。「崇拝していた偶像が実は粘土の足をしていて倒れてしまった時のようなひどい絶望感を味わっている。これまではケレンスキーを盲目的に信じていたが、今やケレンスキーは次から次に失敗を繰り返す負け犬である」。まもなくオデッサからも退避しなければならなくなるだろう、とか、すでに銀行は荷造りを始めている、などという噂が広がり始めていた。

ドイツ軍がバルト海沿岸の都市リガに向かって前進し始めると、まもなく首都ペトログラードも放棄しなければならなくなるという噂が広がった。プロコフィエフは日記に書いている。「ペトログラードの頭上に鉄の拳が降り降ろされようとしている。リガはまだ遠いが、革命後のロシア軍には首都を防衛する能力があるのだろうか？ 三〇〇万人の住民がペトログラードから退避することになったら何が起こるだろうか？ ツェッペリンの飛行船がいつ爆弾を落としに来るかも知れないのだ。駅には群衆が詰めかけ、恐怖に駆られた市民を満載した列車が南を目指している」。

軍隊内では上官に対する私的制裁の件数が増大していた。被害者がまだ生きているうちに身体を切断するようなおぞましい例も少なくなかった。自殺の件数も増大した。「今や俺たちが主人公だ」という兵士たちの姿勢が過去に受けた辱めや不合理な懲罰に対する復讐につながった。過去の辱めや懲罰が現実のものだったか妄想だったかは関係なかった。近衛砲兵連隊のある青年士官は書いている。「今や、すべての秩序が崩壊しつつあり、士官は社会の最底辺に追いやられている。我々は階級の敵なのだ。下士官連中は我々を糞のように扱っている。用心しなければならない。数千の目が監視しているからだ。我々は命運の尽きた世代だ。残された道は追放か死しかない」。七月に南西戦線が崩壊した原因のひとつは、明らかに士官クラスが意気阻喪したことにあった。しかし、すべての士官が弱気になっていたわけではなかった。

ウラジーミル・フォン・ドライエルは第七騎兵師団への移籍に成功した。退却戦に際してこの師団を指揮していたのはピョートル・ウランゲリ少将だった。バルト海地域の貴族の家柄だったウランゲリは人並外れて背が高く、痩身だったが、その窪んだ眼と鋭い視線は相手を畏れさせる効果があった。彼は皇帝への忠誠心の強さで知られており、単にエネルギッシュなだけではなかった。ドライエルは書いている。「ウランゲリは誰に対しても積極的であることを要求した。特にやるべきことがない時もそうだった」。ウランゲリは自分の師団の状況を確認するために連隊から連隊へとみずから馬を走らせて見て回った。ドイツ軍の反攻が始まると、他の騎兵師団と同様にウランゲリの第七騎兵師団も、退却するロシア軍の最後尾で戦う後衛の役割を課された。第七騎兵師団に隣接して戦った騎兵師団の指揮官は男爵グスタフ・マンネルヘイム少将だった。マンネルヘイムはドイツ系とスウェーデン系の祖先をもつフィンランド人で、元はシュヴァリエ近衛連隊の士官だった。

「最初のうちは、歩兵部隊も軍規を守って整然と後退し、時には抗戦する姿勢さえ見せた」とドライエルは記録している。「しかし、やがて歩兵たちは武器を放棄して一目散に逃げだした。ひたすらロシア国境を目指して一日に六〇キロメートルも歩いて後退することもあった。後退する途中で、兵士たちは手当たり次第に略奪し、放火するのだった。駅も、村も、乾草の山も、住宅も見境なく襲撃した。ある晩、騎兵師団司令部はスタニスラヴォフ市で一夜を過ごしたが、そこへ最後尾の歩兵部隊が通りかかった。私は街路に立っていたが、ウランゲリ少将も歩兵たちの行動を見守っていた。突然、数人の歩兵が列から離れて商店の窓を壊す様子が目に入って来た。五階建ての建物の一階にある商店に侵入した兵士たちは商品に火をつけ始めた。すると、ウランゲリ少将とズィコフ大佐の二人が現場に駆けつけ、この屑のような兵士たちを打ち据えた。ウランゲリは乗馬用の鞭で、ズィコフは拳骨で殴っていた」。軍規が比較的に維持されていると思われていたコサック部隊も、実態は歩兵部隊と変わらず、見るに堪えない状態だった。ある歩兵は故郷に宛てて書いている。「誰が民間人を襲って強盗していると思う？ コサックの連中だよ。誰が民間人を強姦し、殺していると思う？ それもコサックの連中だよ」。

第八軍から派遣されてコルニーロフ軍の政治委員を務めていたヴィクトル・シクロフスキーは、脱走兵や略奪する兵士に対して普通の兵士たちが加える苛烈な刑罰について書いている。「各部隊の代表からなる俄仕立ての委員会が目を光らせていて、脱走兵を捕えると厳しい罰を与えた。委員会は、ヴォルイーニャの村々が炎上している最中にロシア軍の中から脱走兵が出ていることに激怒していた。捕えられた脱走兵には選択肢が与えられた。銃殺か鞭打ち刑かを選ばされ、同時に恐るべき宣誓書への署名を強制された。市民としての権利を放棄し、与えられる刑罰にみずから合意するという内容の宣誓書だった」。鞭打ちには、帝政時代と同様に、ライフル銃の掃除棒が用いられた。

シクロフスキーは腹部を負傷して、ナドヴィルナに臨時に設置された野戦病院に収容され、コルニーロフから聖ゲオルギー勲章を授与されたが、その直後にドイツ軍接近の報に接した。ロシア軍が連隊と連隊の間に隙間を残したまま後退したので、その隙間を衝いてドイツ軍騎兵部隊がなだれ込んで来た。「補給品倉庫が炎上した。負傷兵たちは我先に最後の列車に乗り込もうとして、素手で摑み合いをしていた。歩兵部隊は算を乱して敗走し、砲兵隊もそれに続いた。前線は崩壊し、ドイツ軍の前進を阻むのはロシア軍の武装自動車部隊だけになった」。

七月一六日、ケレンスキーが惨状を検討するために大本営の会議を招集した。場所はニコライ二世がモギリョフ滞在中に宿舎としていた新古典主義風の総督邸だった。ブルシーロフ、ルーズスキー両将軍に加えてアントン・デニーキンが出席した。鍵を握っていたのは、やがてロシア南部で結成される白衛軍の総司令官になるデニーキンだった。さらに、二人の指導的な政治委員、ボリス・サヴィンコフとマクシミリアン・フィロネンコも出席していた。この二人はともに社会革命党（エスエル）の右派に属していた。ケレンスキーは外相のミハイル・テレシチェンコを伴ってモギリョフ駅に到着したが、出迎えたのが総司令官ではなく副官のひとりであることに激怒して、ブルシーロフ自身が出迎えに駆け付けるまで駅頭から動こうとしなかった。

会議が始まったが、ブルシーロフはほとんど発言せず、ケレンスキーも今回ばかりは寡黙だった。革命がロシア軍を破滅に追い込んだとして非難する将軍たちの発言を聞いて、ケレンスキーは明らかに衝撃を受けていた。デニーキンを始めとして、将軍たちは「命令第一号」の撤回を要求した。彼らの意見では、軍隊内の秩序を破壊したのは「命令第一号」に他ならなかったからである。退却の実態に関する報告を将軍たちが聞いている間、ケレンスキーは両手で頭を抱えて下を向き、黙って恐怖の表情を浮かべていた。一方、テレシチェンコは目に涙を浮かべていた。

司令部を離れることができなかったために会議を欠席したコルニーロフは、デニーキンの発言を後になって聞き及び、称賛した。サヴィンコフとフィロネンコは二人の閣僚とともに列車でペトログラードに帰還したが、この機会を利用して、疲れ果てたブルシーロフの後任としてコルニーロフを推薦した。コルニーロフは前線での政治委員の役割を理解し、支持する数少ない将軍の一人だったからである。ケレンスキーもこの人事に賛成した。傷つき易い自尊心を抱えたケレンスキーは、モギリョフ駅に迎えに来なかったブルシーロフの無礼を忘れていなかったに違いない。ペトログラードに帰還した当日、ケレンスキーはサヴィンコフを陸海軍省の次官に任命した。

南西戦線の崩壊に関する大本営の報告書は、右翼新聞各紙にとっては思う壺だった。各紙は直ちに軍規の乱れと七月蜂起とを結びつけた。無秩序状態に終止符を打つことのできる強力な指導者を期待する声が高まった。シベリア系、カザフ系、そして、おそらくブリヤート系の血を引くコルニーロフは指導者として最も有望な候補者だった。帝政時代に皇帝を守る近衛連隊を率いていた典型的な帝国軍の将軍とはかけ離れたタイプだった。しかし、一方でコルニーロフは、「自分はコサック農民の息子である」とする謙虚な自己規定をみずから裏切っていた。テキン族の槍騎兵三〇〇人に緋色のマントを着せて自分の個人的な護衛部隊としていたのである。ナポレオンのマルムーク人護衛部隊を想起させるやり方だった。軍隊にコルニーロフを崇拝する軍人が少なくなかったのは確かだだが、上級将校の多くはコルニーロフを知将というよりも蛮勇の人と見なしていた。

一方、ケレンスキーは依然として自分をロシア革命のナポレオンと思い込んでいた。大攻勢が惨憺たる失敗に終わったにもかかわらず、冬宮を自分の本拠地とし、皇帝アレクサンドル三世の居室を自分の住居としていた。そのために、「アレクサンドル四世」と呼ばれることもあった。[1] この誇大妄想は、反革命勢力が力を回復しつつあったこの時期にケレンスキーが正常な判断力を失っていた証拠とも思われる。二月の段階では、帝政時代の旧体制を守ろうとして指を上げる者さえいなかった。しかし、今や、法と秩序の崩壊に仰天した将校、地主、資本家たちの多くが、立ち上がるべき時が来たと

ラーヴリ・コルニーロフ将軍とボリス・サヴィンコフ

思い始めていた。一方、ボリシェヴィキは七月蜂起の失敗以来、すっかり鳴りをひそめていた。しかし、舞台裏での活動は続けており、七月二六日から八月二日までの間に六回目の総会を開いていた。レーニンは依然としてフィンランドに潜伏していたが、潜伏中も『国家と革命』の執筆を始めただけでなく、ケレンスキーの臨時政府を支持する社会革命党（エスエル）とメンシェヴィキを激しく非難する論陣を張っていた。シクロフスキーの見るところ、ボリシェヴィキは「完膚なきまでに壊滅したかのように見る向きもあったが、実際には再起を期して動き始めていた[2]」。

　八月の初め、ケレンスキーはコルニーロフを総司令官に任命した人事が賢明であったかどうか疑い始めていた。というのも、コルニーロフには権威主義的な動きが目立ったからだった。コルニーロフは前線の軍規を強化する改革を要求するだけでなく、後方の予備役部隊にも死刑制度を適用するよう主張した。その狙いは明らかにペトログラード市内に駐留する予備役連隊へのボリシェヴィキの影響を規制することにあった。さらには、全国に戒厳令を適用すること、輸送部門と防衛産業を軍事化することも要求した。ストライキを防止するためだった

現在までに判明した資料によれば、ソ連の歴史家たちが常に行なっていた主張とは異なり、コルニーロフがクーデターを計画していた証拠は発見されていない。コルニーロフの目標の要点は臨時政府を強化し、ペトログラード・ソヴィエトの影響力を排して、秩序を回復することにあった。しかし、軍の内外にいたコルニーロフの支持者の多くは、気まぐれの度を増すケレンスキーを排除して、コルニーロフ自身が権力を掌握すべきだと確信していた。たとえば、ある銀行家が英国大使ブキャナンに接触して支援を求めたことがある。英国軍の武装自動車部隊を反臨時政府勢力の指揮下に組み入れること、そして、万一クーデターが失敗した時には逃亡を手助けすることが依頼の内容だった[3]。ブキャナン大使はその依頼を丁重かつ明確に断って、こう付け加えた。「外国大使が信任状を提出した先の政府を打倒する陰謀に加わることを当の外国大使に求めるなどとは、余りにも世間知らずの所業というべきだ」。

ケレンスキーは、自分への支持拡大を期待しつつ、モスクワのボリショイ劇場で国家評議会を開催した[4]。評議会の目的は、自分が国家統合の能力を有する指導者であることを広く印象づけることにあった。八月一二日に開会した評議会では、帝政期からそのまま持ち越された会場の飾り柱や金色の装飾の中で、対立する政治勢力間の溝がケレンスキーの希望とは逆に深まりつつあることが明らかになった。各勢力はそれぞれに座席を選んで分かれて座っていた。

コルニーロフは評議会の初日には敢えて姿を見せなかった。しかし、彼がモスクワに現れると、それは勝利の象徴でもあり、同時に挑発でもあった。アレクサンドロフスキー駅に到着した瞬間から、

1917年8月12日、ケレンスキーが主催する国家評議会に出席するためにモスクワに到着したコルニーロフ将軍は士官や右翼支持者の肩に担がれ、英雄として歓迎された。

彼を崇拝する貴婦人たちが歓迎の花を振りかざしてコルニーロフを歓迎した。「ロシアを救い給え」と言いつつ手を合わる人々さえいた。士官たちがコルニーロフを担ぎ上げて駅から運び出し、待機していたオープンカーに乗せた。崇拝者を満載した数十台の車を従えて、コルニーロフはイヴェルスキー寺院を訪問した。歴代の皇帝がモスクワ訪問に際して祈りを捧げた場所だった。

評議会の二日目、ついにコルニーロフ将軍が会場に姿を見せると、フロックコートを着込んだ実業家を中心とする右翼支持者たちが一斉に立ち上がって拍手喝采した。左派はむっつりと黙り込み、誰ひとり動こうとしなかった。右派は時計の針を逆戻りさせる可能性を見たと思って喜び勇んだが、その右派も、穏健左派と同様に、この政治的な両極化が結局はボリシェヴィキを利する危険を含んでいることに気づかなかった。コルニーロフの演説は短く、特に強い印象を与えなかったが、そんなことは始めから声援を送ろうとして会場に押し掛けていたコルニーロフの支持者にとってはどうでもよかった。スハーノフは「新たな右派の誕生」に言及している。「新右派の連中はこの『拳骨将軍』を唯一の頼みの綱と見なして、少しの慎みもなく、大声で声援を送っていた[5]」。一方、ケレンスキーの結びの演説は延々と長引き、論旨が揺れ動き、支離滅裂の観を呈した。聴衆は当惑し、最後には手拍子を打って「もう沢山だ」という意思を表明した。相変わらず興奮しやすいケレンスキーは卒倒しそうになった。ケレンスキーが事態を掌握する能力を失い始めたことを示す瞬間だった。

八月二〇日、ペトログラードの市議会選挙が実施された。その結果は驚くべきだった。「実質的に勝利を収めた政党はどこか?」とスハーノフは疑問形で書き始めている。「それはボリシェヴィキだった。つい最近まで、踏みつけられ、泥にまみれ、反逆罪に問われ、無節操を責められ、精神的にも物質的にも崩壊状態となり、首都の監獄を満員にしてきたボリシェヴィキが実質的に勝利したのだった」[6]。ボリシェヴィキは三分の一の票を獲得して、社会革命党（エスエル）に迫る勢いを見せた。真の意味での民主主義派とも言える穏健な社会主義派の指導者たちは、これまでもボリシェヴィキをケレンスキーの連立政府と右翼ジャーナリズムの攻撃から擁護してきたが、ボリシェヴィキの危険性には依然として気づいていなかった。メンシェヴィキ国際派のスハーノフは、左右両極端の脅威に気づかない人々に苛立っていた。「これでも諸君はボリシェヴィキの本質が分からないのか？　諸君には見えないのか？」。スハーノフによれば、むしろ右派の方が事態を比較的よく理解しており、いざとなれば先制攻撃に出る能力も有していた。

政治を軽蔑していたコルニーロフは、この選挙結果にはほとんど関心を示さなかったが、ケレンスキー内閣の陸海軍省次官ボリス・サヴィンコフに文書を作成させて要望書を提出した。鉄道輸送と防衛産業に対する戒厳令の適用ならびに軍隊内の規律と命令系統の回復を求める要望書だった。コルニーロフはすべての点についてケレンスキーの合意が得られるものと期待していた。しかし、首相の署名を求めて何度試みても朗報が得られず、苛立たしい気分を味わった末に、コルニーロフはケレンスキーが予備役部隊に対する死刑の適用を拒否していることを知った。その間にも、前線の一部の部隊では、司令官たちが旧軍規の復活を強行し、ボリシェヴィキの扇動者の逮捕を開始した。たとえば、大攻勢で惨めな醜態を演じた第五軍では、「一万二二七五人の兵士と三七人の士官が身柄を拘束された」[7]。

ケレンスキーはコルニーロフの影響力拡大とその強硬な要求に対して警戒心を持ち始めていた。これまで左右両派の間で自分が維持してきた均衡がコルニーロフの出現によって危険にさらされる恐れがあった。特に、ソヴィエトがいかなる死刑にも反対する姿勢を明らかにして以来、コルニーロフの要求に応じることは難しかった。一方、コルニーロフはケレンスキーが七月蜂起以後もボリシェヴィキへの追及姿勢を強めていないことに納得がいかなかった。さらには、ケレンスキー内閣内の左派の閣僚たちが密かにボリシェヴィキと通じているという疑いもあった。ケレンスキーには断固たる態度を取らせなければならない、とコルニーロフは感じていた。何よりも、ボリシェヴィキがクロンシュタット要塞の水兵の支持を得て再度の蜂起を試みる事態に備えておかねばならなかった。

サヴィンコフによれば、ケレンスキーは大本営の士官たちの間に反ケレンスキーの陰謀があるという情報を司令官のフィロネンコから聞いていた。そこで、サヴィンコフをモギリョフに派遣して調査にあたらせようとしたが、同時に、コルニーロフに会ってペトログラード軍管区をコルニーロフの指揮下から政府の指揮下に移管することへの同意を得てくるように命じた。さらに、騎兵隊軍団を首都に配備する要望を伝えるようにも命じた。コルニーロフはこの要望に応じた。しかし、残念ながら、この間の経緯を記した記録は残っていない。

別の説によれば、コルニーロフはサヴィンコフに対して、クルィモフ将軍麾下の第三騎兵軍団をルーマニア戦線から北へ移動させ、ペトログラードとモスクワに近いヴェリーキエ・ルーキ市に配置する命令を出していると説明した。この騎兵軍団にはコサック騎兵軍団二個師団とカフカスの「獰猛師団」が属していたが、「獰猛師団」のかつての司令官は皇帝ニコライ二世の弟のミハイル大公だった。この移動の理由を質問したルコムスキー将軍に答えて、コルニーロフは次のように説明した。コルニーロフは旧体制を憎んでおり、旧体制を復活させる意図はない。ただし、ロシアを救済し、憲法制定議会の選出を確実に実現するためには、まず政府の権威を回復させなければならない。八月二一日、リガがドイツ軍によって占領されると、コルニーロフはこれまで以上に切迫した気持ちになった。

しかし、国家評議会でコルニーロフが浴びた騒々しい喝采が忘れられずにいたケレンスキーは、最高司令官コルニーロフに全権を与えることを要求する右派ジャーナリズムに不快感を示した。ケレンスキーとコルニーロフの間に芽生えた不信感と対抗意識はやがて重大な誤解に発展するが、その誤解を深める役割を演じたのは、みずから仲介者として介入してきた夢想家のV・N・リヴォフだった。前首相リヴォフ公とは無関係ながら、帝政期の国会議員だったV・N・リヴォフはケレンスキーに近寄って、大本営の陰謀に関する独自の説を吹き込んだ。将軍たちがケレンスキーの殺害を計画しているという話だった。被害妄想に取りつかれつつあったケレンスキーはその話に耳を傾けた。その際、コルニーロフと交渉する権限をリヴォフに与えたわけではは多分なかっただろうが、詳しい調査を依頼した可能性は高い。リヴォフは自分が最高司令官コルニーロフに全権の掌握を促す役割を負ったと思い込み、八月二四日、モギリョフに赴いてコルニーロフとの面会に成功する。コルニーロフは愚かにもリヴォフがケレンスキーの代理人であることの証明を求めなかった。

リヴォフはあたかも「首相兼大統領」からの伝言であるかのように、コルニーロフに三つの選択肢を提案した。当時、ケレンスキーは自分を「首相兼大統領」と呼んでいたが、リヴォフの示した選択肢の第一はケレンスキーによる独裁制、第二はフランス革命の執政制度に似たケレンスキーとコルニーロフによる共同独裁制、第三はコルニーロフによる独裁制で、その場合はケレンスキーとサヴィンコフが主要閣僚の地位を占めるという条件付きだった。リヴォフが権限を与えられた使者として訪れたものと思い込んで話を聞いていたコルニーロフは、自分が権力を掌握することがケレンスキーの真意であると理解し、しばらく熟考した後で、第三案を選択すると答えた。ただし、自分はケレンスキーの補佐役になれれば満足だと付け加えた。そして、詳細な点について話し合うためにケレンスキーがモギリョフに来ることを提案した。

その二日後、リヴォフはペトログラードに戻り、冬宮のケレンスキーを訪ねると、興奮した顔つきで「首相兼大統領」の命運は危機に瀕していると告げた。なぜなら、ボリシェヴィキによるクーデターが迫っており、一方でコルニーロフ将軍が全権を要求しているからだった。コルニーロフがケレンスキーのモギリョフ訪問を望んでいると聞くと、すでにかなり神経質になっていたケレンスキーはますます偏執狂的な妄想を膨らまし、コルニーロフが「士官同盟」を抱き込んでクーデターの準備をしていると確信した。「士官同盟」とは、現役の士官たちと退役した士官たちが軍隊の民主化に反対する趣旨で結成した非公式の政治集団だった。ケレンスキーの危機意識はもっぱらコルニーロフら右派からの危険に集中していた。この危機に対処するためには左派との和解が必要だと思われた。ケレンスキーは権力者としての自分のライバルたるコルニーロフ将軍を打倒しようと決意した。そして自分は革命の救世主になるつもりだった。

リヴォフが引き起こした誤解の糸の縺れは、もし悲劇的な結果を生まなければ、滑稽な出来事で終わったかも知れない。八月二六日の夜、コルニーロフはルコムスキー将軍を相手にクーデター後の内閣の構成を検討していた。同じ頃、ケレンスキーは深夜であるにもかかわらず緊急の閣議を開いた。そして、コルニーロフを反逆者として糾弾し、コルニーロフの陰謀に対抗するために首相としての独裁的権限を要求した。つまり、ケレンスキーに全権限を委ねて、全閣僚が辞任することを求めたのだった。

サヴィンコフはどこかで重大な間違いが生じたことを瞬時に察知して発言した。サヴィンコフは八月二三日に大本営でコルニーロフを相手に第三騎兵軍団の移動について話し合い、その結果をケレンスキーに報告していたのだった。サヴィンコフはコルニーロフと直接に接触することをケレンスキーに強く要請したが、ケレンスキーは遅きに失したとして、断固拒否した。遅すぎるというのは事実ではなかった。その段階では、コルニーロフは政府の転覆を意図していたわけではなかった。八月二七日の午前二時四〇分、コルニーロフはこれまでの了解事項を再確認するために、陸海軍相の資格でケレンスキー首相宛てに電報第6394号を発信した。「第三騎兵軍団は八月二八日夕方にペトログラード地区に集結する予定である。八月二九日にペトログラードに戒厳令を宣言することを要請する。コルニーロフ将軍[8]」。

ケレンスキーは高まる疑念で緊張しながらコルニーロフに返電を打ち、コルニーロフがすでに軍司令官を解任されていることを通告した。しかし、この電報が大本営に届いたのは七時になってからだった。軍の総司令官を解任するには全閣僚の合意が必要であること、また、サヴィンコフから何の連絡もないことから、始めのうち、コルニーロフはペトログラードでボリシェヴィキのクーデターが起こり、ケレンスキーと全閣僚が逮捕されたに違いないと思った。しかし、ケレンスキーが拘束されていないことを知ると、自分に対する組織的な陰謀が始まったに違いないと確信した。その日遅く、コルニーロフは自分に対してケレンスキーが行なった反逆罪の告発に答えて、全国民向けの宣言を発した。「ロシアの市民諸君！　閣僚会議議長からの電報には誤った情報が含まれていた。……祖国の運命を危機にさらすような重大な挑発が始まっている[9]」。コルニーロフは怒りに駆られてさらに非難している。「臨時政府は、ソヴィエト多数派の圧力の下で、ドイツ参謀本部の戦略に全面的に協力しようとしている」。

今やコルニーロフは直接的な反乱を起こすところまで追い込まれていた。各地の軍司令官たちに電報で支援を呼びかけただけでなく、英国武装自動車部隊にも支援出動を要請した。「後に、コルニーロフの参謀たちは軍事蜂起が失敗した原因を我々の支援拒否に帰して非難したのだった」と武装自動車部隊の司令官ロッカー・ランプソンは英国海軍省幹部のエドワード・カーゾン卿に報告している。

「七日後にはケレンスキーも同様の見解を明らかにしている」[10]。ただし、英国武装自動車部隊がキエフに駐留していたことが、コルニーロフの反乱に対抗してのキエフのボリシェヴィキ蜂起を予防したことは間違いない。

コルニーロフがモギリョフ大本営から発した電報を受信した各地の軍司令官は途方に暮れた。実際には何が起こっているのか、誰を信じればいいのかが分からなかったからである。この時、コルニーロフの強力な支持者であり、ともに軍団の司令官だったウランゲリとマンネルヘイムは気弱な司令官たちのうちの誰を逮捕すべきかをめぐって意見が対立していた。ウランゲリは、旗幟を鮮明にしようとしない第八軍の新司令官ソコーヴニンを逮捕するつもりであり、マンネルヘイムに対しては第九軍司令官のケルチェフスキーの逮捕を要請したが、「マンネルヘイムはいかにもフィンランド人らしく冷淡にその要請を拒否した」[11]。

クルィモフ将軍の第三軍が「獰猛師団」を先頭にペトログラードに向けて前進を開始したことが分かると、ケレンスキーはアレクセーエフ将軍を召喚した。そのアレクセーエフは、純粋に混乱を収拾するという目的を果たすための緊急措置として、最高司令官への再任要請を受諾するつもりだった。しかし、ケレンスキーと二度にわたって会談し、八月二八日には冬宮で一夜を過ごしたにもかかわらず、アレクセーエフはケレンスキーの「曖昧な姿勢」[12]に納得できなかった。後に判明することだが、ケレンスキーは対政府攻撃の機先を制するために第三軍をペトログラードに移動させる計画について十分に承知していたのである。

ケレンスキーはコルニーロフを革命に対する反逆者として非難したが、それは「全露ソヴィエト」と呼ばれる勢力からの支持を取り付けるためのジェスチャーだった。事実、バルチック艦隊の兵士ソヴィエト（「ツェントロバルト」）は「ケレンスキー首相は『労働者兵士代表の全露ソヴィエト執行委員会』と緊密に接触しつつ動いている」[13]という見解を表明している。全海軍を代表する兵士ソヴィエトの「ツェントロフロート」も同じ見解だった。ケレンスキーと両兵士ソヴィエトは頻繁に情報のやり取りを行っていた。「ケレンスキー海軍相宛て緊急連絡。ツェントロフロートは駆逐艦二隻をただちにペトログラードに派遣することが革命防衛のために必要であると考えるものである。返信を待つ」[14]。この連絡に応じて、ケレンスキーは駆逐艦の数を四隻に増強したうえで、ネヴァ川を遡ってニコラエフスキー橋付近に係留するよう指示している。[15]

ツェントロバルトは、また、次のような情報をケレンスキーに提供している。「第二バルチック連隊に属する水兵中隊のひとつは二年半にわたって『獰猛師団』に勤務したことがある。長期間ともに過ごした兵士と水兵の間には紐帯が生まれ、友人関係を結んだ者も少なくない。ツェントロフロートは、水兵と『獰猛師団』の密接な関係を考慮して、両者の再会を緊急に手配することを要請している。ツェントロフロートによれば、これはきわめて有効であろう」[16]。

黒海艦隊からもケレンスキー宛ての連絡が入っていた。「黒海艦隊の兵士は帝政主義派の哀れな傭兵どもが我らの愛する自由を血の海に沈めるのを座視するよりもむしろ死を選ぶであろう」[17]。道徳的な怒りを爆発させつつケレンスキーを支持する急進的左派の動きには著しいものがあった。ほんの一か月前には、彼らの同志たちがケレンスキーと臨時政府を打倒しようとして蜂起し、ケレンスキーの方も七月七日にはツェントロバルトを解散させようとしていたことを考えれば、大きな変化だった。

ケレンスキーは自分の行動がボリシェヴィキによる権力奪取を助けていることに気づいていないようだった。七月蜂起失敗後に廃止されていた赤衛隊が再び編成され、武装して配置されていた。ツェントロバルトはクロンシュタットの水兵五〇〇〇人をペトログラード市内に展開させ、ソヴィエトの防衛に当たらせていた。ケレンスキーはツェントロフロートが海軍郵便電信専門部門の水兵を完全武装させて「中央郵便局の占領と運営に当たらせ、革命の大義のために効率的な働きをさせる」ことに同意を与えていた[18]。

ケレンスキーが左派に対して協力的であることを見て取ったクロンシュタット・ソビエトはさらに次のように要求した。「革命の中央組織に対する信頼の拡大を実現するために、革命の戦士であり、革命の息子でありながら囚われの身となっている我が同志たちの釈放を要求する。現在、彼らは獄舎で呻吟しているが、本来は革命防衛のために有効な役割を果たすべき人材である[19]」。

鉄道労働者は軍部隊の移動を阻止するためにすでに動員されていた。彼らには皇帝の乗る列車を止めたという実績があった。ケレンスキーの許に届いた報告によれば、「コルニーロフ軍の前進路にあたるバルト海線、ヴィナヴァ線、ルィビンスク線ではすでに線路が取り外されていた。コルニーロフ軍の前進を止めるためにあらゆる方策が取られつつある[20]」ということだった。バルチック艦隊の政治委員オニープコによれば、「コルニーロフを支持するドン・コサック部隊二〇〇〇人と機関銃部隊を乗せた七本の列車がナルヴァとタンブルグの間で立ち往生していた[21]」。線路が外されたために列車が走れなくなっていたのである。「コサック兵たちは、前進するためには線路を敷き直さねばならない」。

ケレンスキーがコルニーロフを非難したことがきっかけとなって、兵士たちが士官を襲撃する事件が再び増大した。兵士たちはすべての士官を潜在的な反革命分子と見なしていたのである。フィンランドでは第四二軍の司令官オガノフスキー将軍と参謀の大部分が拘束されたが、その経過をコサック士官のマクシム・クーリクが目撃している。「ヴィボルグ地区に架かる橋の上に、興奮した兵士たちの大群が集まっていた。彼らは捕えていた軍団の司令官と幹部士官たちを引きずり出して、ケレンスキーの政府を支持するか、それとも『反逆者』コルニーロフを支持するかを言わせようとした。そして、ケレンスキー政府支持を明言しない幹部士官を湾内に投げ落とし始めた。水中に投げ落とされた士官が泳ごうとすると、兵士たちがライフル銃で狙い撃ちした。遠巻きにしてこの残虐行為を見ていた兵士たちの群れがみずからも残虐な笑い声や叫び声を上げた。おそらく彼らは自分たち自身の残虐性に衝撃を受けたのであろう。処刑騒ぎが収まると[*1]、兵士の群れはすぐにそれぞれの兵営に戻って行き、橋の上は無人となった[22]」。

「暴力騒ぎ」は他の場所でも起きていた[23]。フィンランド革命委員会に召喚された戦艦ペトロパヴロフスク号の士官四人が陸上移送される途中、ドックの裏手で護送の兵士たちによって殺害された。殺害のきっかけは、労働者兵士ソヴィエト執行委員会の命令に従うか否かを問われて、士官たちが「否」と答えたことにあった[24]。

ツェントロフロートの九月一日付け報告書には次のように書かれている。「コルニーロフ将軍、ルコムスキー将軍、ロマノフスキー将軍、プリュシェフスキー大佐の四人がモギリョフの労働者兵士ソヴィエトによって逮捕された。四人は特別調査委員会に引き渡される。コルニーロフの陰謀に関与したその他の容疑者も順次逮捕されるであろう[25]」。クルィモフ将軍はみずから出頭した後、冬宮に連行されて非常委員会の尋問を受けた。ケレンスキーはクルィモフに対して口を利こうともしなかった。クルィモフは手近にあった紙切れに「祖国を救済するために最後のカードを使おうとしたが、失敗に終わった。これ以上生きている価値はない」と書きつけると、拳銃で自分の心臓を撃ち抜いた[26]。

正直者として有名だったアレクセーエフ将軍は、この間の事態の経緯から明らかになったケレンスキーの不誠実さにうんざりして、みずから総司令官を辞任してしまった。将軍は九月一二日付けのパーヴェル・ミリューコフ宛の手紙に次のように書いている。[27]「尊敬するパーヴェル・ニコラエヴィッチ！ 私は八月三一日にペトログラードを去ったが、それ以前に貴君に会うことができなかった。すでに自分の地位を放棄した以上、私はペトログラードに戻ることができない。それゆえに、貴君には手紙で連絡するしかないのだ。今や、貴君を始めとする著名人からの幅広い、積極的な支援が緊急に必要とされている。実は、あらゆる人々からの支援が必要なのだ。私が辞任した理由はコルニーロフ事件の経緯を受け入れることができないからだ。

「八月二七日から三一日にかけての事件は一握りの将軍と士官たちが現体制を転覆して自分たちが支配者になる目的で引き起こした反乱に過ぎないということを政府側は全力を傾けてロシア国民に納得させようとしている。つまり、国家を裏切った反徒たちの小グループがいかなる社会層の支持も得ていないことを証明しようとしているのだ。反逆者たちは、したがって、最も粗削りな裁判、すなわち革命軍事法廷で裁かれ、極刑に処せられるべきであるというわけだ。裁判は驚くべき性急さで行われるが、その狙いは事件全体の真実を隠すこと、反徒たちの行動の目的を隠すこと、そして、政府側の人物の関与を隠すことにある。

「コルニーロフの行動は政府関係者にとって少しも秘密ではなかった。サヴィンコフやフィロネンコとの協議の上で取られた行動であり、この二人を経由してケレンスキー自身も承知していた。予備的な交渉や合意決定の過程での政府関係者の関与を隠蔽するための唯一の裁判方式が粗削りな軍事法廷なのだ。ケレンスキーは疑いの余地なく事件に関与している。コルニーロフが行動を開始した時、関与していた政府関係者たちがなぜ引き下がったのか、なぜ約束を破ったのか、私には何とも言えない」。

幸いにも、ケレンスキーは少なくとも革命軍事法廷を開く方針を撤回した。ケレンスキーが設立した非常委員会は九月二日にモギリョフを訪れ、逮捕されていたコルニーロフら約三〇人の将軍と士官たちを近隣のブィホーフ修道院に囚人として収容する手続きを取った。デニーキン将軍とマルコフ将軍も同じ修道院に収容されることになった。二人の将軍の護送に当たったのは南西戦線士官学校の士官候補生からなる二中隊だった。護送部隊の隊員の一人が書いている。「囚人たちが引き出されてきた。デニーキン将軍とマルコフ将軍を先頭に、数人の参謀将校の一団が続いた。すると、中隊の指揮官が『捧げ、銃!』と号令した。一団は気を付けの姿勢で立つ中隊と中隊の間を通って進んだ。すると、新しい号令が響いた。『担え、銃!』。胸の悪くなるような情景が出現した。将軍や士官たちにとっては真の『悲しみの道』だった。歯止めの利かなくなった群衆と兵士たちの間から嘲りの笑いや呪いの言葉、口笛が浴びせされた。小石が飛び始め、うちのひとつがマルコフ将軍の頬骨を直撃した。将軍の頬から血が流れた。中隊指揮官が命令した。『構え、銃!』。士官候補生たちが銃を構えた。すると、群衆はすぐに後ずさりした」[29]。コルニーロフはその種の侮辱を受けなかった。コルニーロフはテキン族の騎馬護衛部隊に囲まれ、乗馬のまま収容所へ向かうことを許されたのである。

　ウランゲリ少将も、コルニーロフを支持したことがまもなく明かになり、軍団司令官を解任された。コルニーロフに対する逮捕後の扱いを見ていたウランゲリはすぐに姿を晦まし、クリミア半島にある妻の実家の領地に身を隠した。さらに、二か月後にボリシェヴィキが権力を握ると、友人たるクリミア・タタール人たちの許に身を寄せることになる[30]。

　多くの人々にとって、突如として逃亡ないし亡命が現実的な問題となった。コルニーロフ騒動を経た後では、将来は実に大きな脅威に満ちており、ロシア全体が牢獄になる可能性のあることが明らかになった。今や「兵士と労働者代表による全露会議」と呼ばれる組織の中央委員会は「人民に対する裏切り者がロシアを出国することを禁止する法令」の策定を急ぎつつあった。[31]

一方、ケレンスキーは自分を革命の救世主に見せようとして幻想を振りまいていたが、その幻想は急速に雲散霧消しつつあった。監獄から釈放されたボリシェヴィキ幹部たちはケレンスキーに対して何らの感謝も示さなかった。ケレンスキーは右派と決別し、今度は左派に接近しようとしたが、左派はもはやケレンスキーを必要としていなかった。ケレンスキーの命運に限界が見え始めた。一方、レーニンは依然としてフィンランドに身を隠したままだったが、事態の推移を正確に把握しており、九月一四日付けでボリシェヴィキ党中央委員会宛てに手紙を書き送った。「蜂起を成功させるための客観的条件はこれですべて整ったようだ[32]」。

*1 ツェントロフロート側もこの事件を簡潔に記録している。「軍団司令官、ヴィボルグ要塞指揮官アラノフスキー将軍、チュレニウス大佐、その他の士官数人がコルニーロフを支持した容疑で逮捕された。上に名前を上げた三人は要塞への移送中に興奮した群衆によって処刑された[28]。

# 第8章 十月クーデター 一九一七年九月〜一一月

ケレンスキーはコルニーロフを打倒したが、それは「ピュロスの勝利」（多大の犠牲を払って獲得したものの、その努力に見合う成果をもたらさない勝利）と呼ぶにもおぼつかないほど数多くの問題を残す勝利だった。九月初旬、ケレンスキーは「政治的対敵諜報部」の廃止に踏み切った。明らかにボリシェヴィキが主要な攻撃目標としていたこの部署を廃止したのは、ケレンスキーが極左派の機嫌を取ろうとして飴玉を与えたのか、あるいは、諜報部がすでに外部からの浸透を許していることが判明したからだったと思われる。コルニーロフ危機の最中に「バルチック艦隊兵士ソヴィエト」（ツェントロバルト）は報告している。「対敵諜報活動について言えば、諜報部のヘルシンキ支部は新設された革命委員会の厳重な監視下に置かれるべきである」。

コルニーロフ将軍逮捕の三日後にあたる九月四日、レオン・トロツキーが保釈金を払って監獄から釈放された。トロツキーは最近になってボリシェヴィキ党に加入したばかりだったが、レーニン不在中の指導部の中で主要な役割を果たしていた。ただし、当時はスターリンの方が党内では強い立場にあった。トロツキーはその高飛車な態度のせいで党内同志からの評判があまり良くなかった。特に、カリスマ性の点でトロツキーに及ばないスターリンには不快感を与えていた。生まれつき舞台俳優の特性を備えていたトロツキーは、すぐにその本領を発揮し、「現代サーカス劇場」の広い客席をはじめとするペトログラード市内の演説会場で演説し、棘のある独特のユーモアで満員の聴衆を沸かせていた。トロツキーが得意としたのは、街頭の群衆の中にいるブルジョアをその服装から識別し、嘲笑することだった。米国のジャーナリスト、ジョン・リードは書いている。「細く尖った顔に意地の悪そうな皮肉な表情を浮かべたトロツキーは明らかにメフィストフェレスそのものだった」[1]。

レーニンと同じように、トロツキーも民主主義に拘泥している暇がなかった。憲法制定議会設立の準備を担当する党代表たちの「議会ありき」の姿勢をトロツキーは嘲笑していた。憲法制定議会設立をめぐっては延々たる議論が続くだけで、準備は遅れに遅れていたが、それはボリシェヴィキにとってむしろ思う壺だった。会議の結論が出るまでは土地制度の改革もあり得ないからだった。「知識人であることを鼻にかけ、人民に感傷的な態度を見せる似非貴族主義的な民主主義派」[2]をトロツキーは見下していた。特に、民主主義派が心の底では人民を「暗黒の大衆」として信用していないことを軽蔑していた。しかし、その点については、レーニンもボリシェヴィキ以外の勢力を少しも信用しておらず、ましてや「暗黒の大衆」にはいささかの信頼も寄せていなかった。レーニンにとって、大衆の役割といえば盲目的に動いてボリシェヴィキに必要な突破口を開くこと以外になかった。都市部では工場ストライキが頻発し、農村部では地主の家屋敷が連日焼き討ちにあっていた。これはケレンスキー体制の無能を暴露する事態に他ならなかった。

ボリシェヴィキにとっては待ちに待った機会の到来だった。レーニンは「全権力をソヴィエトへ」なるスローガンの復活を承認した。ボリシェヴィキが各地で各種のソヴィエトに浸透し、その委員会の支配権を握る可能性が見えてきたからだった。コルニーロフの事件があり、ケレンスキーがその陰で果たした後ろ暗い役割が明らかになると、議会における民主主義派の信用は著しく低下した。メンシェヴィキと社会革命党（エスエル）の議員の多くは高尚な知識人であり、現実問題からますます遊離しつつあるように思われた。彼らは立憲民主党（カデット）と連立していたが、その立憲民主党はコルニーロフを支持していた。しかも、メンシェヴィキとエスエルは七月にボリシェヴィキが臨時政府から権力を奪取しようとして協力を申し入れた際、協力を拒否していた。

「灰色の大衆」と呼ばれていた兵士たちには、すべての士官を反革命分子と見なす傾向があったが、その兵士たちは、今や、ケレンスキー内閣が戦争を長引かせているのは単に権力を維持強化するためだろうと疑い始めていた。多くの兵士たちが「帝国主義戦争」に反対という理由でボリシェヴィキ党に加入しつつあった。社会革命党（エスエル）は自己弁護に努めたものの、信用を失い、メンシェヴィキの支持者たちさえもが「気弱な敗北主義」として信頼を失くしていた。

「ボリシェヴィキの方がはるかに論理的だった」とイワン・セレブレニコフは論じている。「戦争は資本家の利益のためであるとするボリシェヴィキが戦争に反対するのは当然だ。銃剣を地面に突き立てて故郷に帰ろう。これこそ、灰色の兵隊外套を着た農民たちにとって明瞭で、単純で、心を惹きつけるスローガンだった。崩壊の一途をたどる前線を離れた数百万人の兵士がボリシェヴィキとなってロシア全土に散り、活発な宣伝扇動を展開することになるだろう(3)」。

大衆は政治的な意味では素朴な段階にとどまっていた。その大衆を相手にボリシェヴィキが大きな力を発揮した手法のひとつは、聴衆を理屈で説得するのではなく、分かり易いスローガンを繰り返すという方法だった。党本部は党員が演説する場合にこの方法を取るよう指示していた（この方法は今でも有効であるように見える）。作曲家リムスキー＝コルサコフの親類だった右派の人物がオリョールに向かう列車の中でボリシェヴィキの若い扇動家見習の一団と同じ車両に乗り合わせた。そのうちの何人かはボリシェヴィキ風のヤギ髭を蓄えていた。「彼らは暗記するためか、『農民の小屋には平和を、戦争は宮殿に！』、『併合も賠償もない和平を！』、『働く人民に土地を！』、『工場の国有化を！』、『ブルジョアに死を！』などのスローガンを声に出して繰り返していた。何らかの会議に出るためにモスクワに向かう代表団の連中と見受けられた」[4]。

九月に入ると、ペトログラードの工場労働者と守備隊兵士の間でボリシェヴィキへの支持が急速に拡大した。今や、ボリシェヴィキ党はペトログラードとモスクワの両ソヴィエトで多数派を占めていた。レーニンは権力奪取に向けて賭けに出るべき時が来たと感じていた。九月の第二週に入って、レーニンはフィンランドの隠れ家から党中央委員会に宛てて手紙を二通書き送っている。「人民の過半数が我々の味方である」という楽観的な観測に基づいて、レーニンは中央委員会に要請した。「ボリシェヴィキは国家権力を掌握することができるし、掌握しなければならない。直面する課題はペトログラードとモスクワ（および周辺地域）で武装蜂起し、政府を打倒して権力を掌握することである。武装蜂起を扇動するやり方の検討を開始せよ。ただし、新聞などに過剰に報道されることは避けること」[5]。

しかし、中央委員会は警戒心を強めていた。早まって蜂起を試みたりすれば、ケレンスキーによってボリシェヴィキ党が徹底的に弾圧される恐れがあった。レーニンはその議論を逆手に取って、粉砕される恐れがあるからこそ今すぐに行動すべきだと主張した。実は、レーニンが懸念していたのは、一〇月に予定されているソヴィエト大会まで待つことでボリシェヴィキが単独で権力を奪取するのではなく、メンシェヴィキや社会革命党（エスエル）と権力を分かち合う事態になることだった。レーニンは両党を「妥協派」として軽蔑しており、ボリシェヴィキによる単独支配をこれまで以上に重要視していた。

ただちにクーデターを実行しようとするレーニンの焦りはトロツキーをさえ不安に陥れた。トロツキーは書いている。「確かに、ボリシェヴィキに対する不信感は同情に置き換わりつつある。あるいは、最悪でも、用心深く中立的な立場で見守られている状況である。しかし、同情は積極的な支持ではない。守備隊の兵士たちは政治的な意味では極めて不安定であり、農民は相変わらず疑い深い」[6]。トロツキーは「守備隊のうち革命の側について戦う兵士の数は一〇〇〇〇人程度だろう」と予測していた[7]。彼が望みを託していたのは赤衛隊だった。「赤衛隊は今や工場や労働者居住区の民兵組織の域を脱して、将来の蜂起軍の中核的存在になろうとしている」[*1][8]。

軍隊の崩壊が加速していた。士官たちは自分の生命を守るために脱走し始めていた。伯爵ドミートリー・ヘイデン大佐は大本営のあるモギリョフから列車に乗りジメリンカで乗り換えようとした時、兵士たちが士官を小突き回して侮辱する光景を目にして衝撃を受けている。「この三年間に、明らかに、野獣が鎖から解き放たれたのだ。彼らは流血に慣れ、殺人についても日常茶飯事のように話題にしている。まるで、殺人が空気や食料のような必需品であるかのようだ」[9]。破壊や暴行を抑制するために地方当局が取り得る唯一の手段は、貯蔵アルコールの廃棄だった。「故郷を目指す兵士たちの流れはブライロフでいったん停止した。ブライロフはここから一七露里ほど離れた町である。兵士たちは町の醸造工場を襲い、飲みすぎたあげく、多数が酒の貯蔵タンクの中で死亡した」。

ドイツ軍はペトログラードを目指して引き続きバルト海沿岸を北上しつつあった。ロシア側は警戒心を強め、ケレンスキー政府は首都からの撤退を迫られた場合を考えて準備を開始した。モスクワ歴史博物館の館長オレシニコフは一〇月一日の日誌に書いている。「エルミタージュ美術館の収蔵品を梱包した箱が我が博物館に到着し始めた[10]」。しかし、政府は一〇月六日まで待って、ようやく首都守備隊に対してペトログラードの西側に防衛線を敷く命令を出した。トロツキーとボリシェヴィキ党はこれを首都から革命防衛部隊を遠ざけようとする陰謀と見なし、この問題をソヴィエトの会議に持ち出した。自分たちの狙いであるクーデター計画をカバーするために、ボリシェヴィキは二月革命の成果が危険にさらされているという状況を装ったのである。「軍隊と民間の両方に巣食うコルニーロフ派が反革命を公然と準備している」[11]。これは意図的な戦略だった。トロツキーは認めている。「蜂起は攻撃の形を取っても成功するだろうが、革命を防衛する形の蜂起の方が上手く運ぶ」[12]。

レーニンはようやくヘルシンキを出てヴィボルグ地区のフィンランド側まで戻ると、再び髭を剃り落とし、白髪の鬘とルーテル派牧師の服装に変装して密かにペトログラードに舞い戻った。ボリシェヴィキ中央委員会の面々に直接会って、できるだけ早く自分の要求への合意を取り付けようとしたのである。

一〇月一〇日の夜、ペトログラード市内のあるアパートの一室にボリシェヴィキ党中央委員会のメンバー一二人が集まったところへ、司祭服と鬘で変装したレーニンが現れた。部屋の持ち主はメンシェヴィキのニコライ・スハーノフだったが、スハーノフの妻はボリシェヴィキだった。妻は夫にその晩はわざわざ帰宅する労を取らずに仕事場にとどまるよう説得していたので、スハーノフは会合のことを知らなかった。集まった面々の中には、トロツキー、スターリン、フェリックス・ジェルジンスキー、モイセイ・ウリツキー（将来のチェーカー幹部の一人）、スヴェルドロフ、アレクサンドラ・コロンタイ、カーメネフ、ジノヴィエフなどの顔があった。

レーニンの思いがけない変装姿が引き起こした愉快な雰囲気は長続きしなかった。武装蜂起によってクーデターを起こすというレーニンの決意は少しも衰えていなかった。「言葉を弄ぶ時間は終わった」とレーニンは宣言した。彼は、また、ボリシェヴィキの革命はたとえ全世界でなくとも、全ヨーロッパに火を点けるだろうと確信していた。レーニンが一時間ほど喋った後、ほとんど夜を徹して議論が続いた。最後に、出席していた中央委員の過半数がレーニンの提案する武装蜂起に賛成票を投じた。しかし、カーメネフとジノヴィエフは反対だった。二人はレーニンがボリシェヴィキ党の未来をまるごと危険にさらそうとしていると論じた。ジノヴィエフは冷静な口調で言った。「もし、レーニンの計画が失敗すれば、この場にいる全員が銃殺されるだろう」。しかし、憲法制定議会を設立する目的で一一月に実施される選挙をめぐって主要政党間の交渉が予定されていることを知ると、レーニンはさらに焦燥感を募らせた。ボリシェヴィキが全ロシアの選挙で多数派になれるとは思えなかったからである。農民は依然として社会革命党（エスエル）に投票するものと予想されていた。

その三日後、全露ソヴィエトはトロツキーの要請に応じて「軍事革命委員会」なる組織を設立した。「ミルレヴコム」の略称で呼ばれるようになるこの軍事革命委員会には多岐にわたる任務が付与されたが、それは武装蜂起の準備という主要目的を隠蔽するための擬装だった。トロツキーは書いている。「同じく、カモフラージュの意味で、ボリシェヴィキではなく、社会革命党の党員を委員長に据えることにした」[13]。トロツキーによれば、委員長に就任したパーヴェル・エヴゲーニヴィッチ・ラジミールは「社会革命党左派の党員で、つねにボリシェヴィキと行動を共にしてきた」。メンシェヴィキと社会革命党右派が警戒したとおり、ミルレヴコムは実質的にはボリシェヴィキの別動隊だった。しかし、メンシェヴィキと社会革命党は、ボリシェヴィキが権力奪取のために計画している本物のクーデターよりも、反動派が企んでいるとされる実際には存在しないクーデターの方を恐れていた。

一〇月一六日、ペトログラード市の郊外でボリシェヴィキ党の中央委員会が再び開催された。今回も夜を徹して続いた会議は前回にもまして紛糾した。レーニンは苛立ちつつ自分の主張を繰り返した。党の背後には人民の支持があり、蜂起すればヨーロッパ全土の労働者が後に続くだろうという主張だった。最初のうちは、参会者の大半がレーニンに反対だった。ロシアの労働者と兵士は蜂起への参加を望んでいないというのが彼らの反論だった。しかし、レーニンは全身全霊を傾けて熱弁を振るい、最後には委員会の承認を勝ち取った。独裁的指導者となるために必要な行動の自由を手に入れたのである。しかし、それでもレーニンは依然として不機嫌だった。自分の周囲にいるのは無能で怯懦な連中に過ぎないことが判明したと思ったのである。

レーニンにとってまたとない幸運だったのは、トロツキーがなりふり構わずの巧妙さを発揮してクーデターを準備したことだった。トロツキーはまずペトログラード・ソヴィエトの支配権を握り、その立場を利用して軍事革命委員会（ミルレヴコム）を設立した。そして、ミルレヴコムを通じて首都守備隊の作戦を指揮する事実上の権限を手にしたのだった。ついに、ボリシェヴィキの武装蜂起計画が動き始めた。それは必ずしもレーニンが望んだ手法ではなかったが、同志の大半はミルレヴコムを通じて行動するというトロツキーのやり方を支持した。トロツキーはミルレヴコムの委員長を動かしてペトログラード武器工場に命令を発し、ライフル銃五〇〇〇挺を赤衛隊に配送させた。

ケレンスキーはボリシェヴィキの動向を充分に察知していた。しかし、それでも彼の自己満足は揺るがなかった。当時、ケレンスキーは英国大使ジョージ・ブキャナン卿に向かって言っている。「連中が正体を現してくれさえすれば、叩き潰すことができる」[14]。さらに、一〇月二〇日には、ウラジーミル・ナボコフに向かって、ボリシェヴィキの反乱を歓迎すると豪語している。反乱はボリシェヴィキを完全に壊滅させる機会だからという理由だった。同じ日、陸海軍相アレクサンドル・ヴェルホフスキーがケレンスキーに警告した。今や、軍は戦闘能力を失っており、したがって、最善の策はドイツ側との交渉を開始することであるという警告だった。対独交渉にはボリシェヴィキを出し抜く効果もある。しかし、ケレンスキーは激怒してこの警告を拒否し、ヴェルホフスキーを解任してしまう。首都守備隊兵士の大軍の司令官たちもボリシェヴィキの脅威をあまり深刻に受け止めていなかった。

多数がクーデターに反対しているというのが彼らの論拠だった。しかし、だからと言って、軍司令官たちは政府を擁護する行動に出たわけではなかった。ケレンスキーがボリシェヴィキを非合法化する措置の採用を拒否していることを知ったコサック部隊は、この政府のために自分たちの生命を危険にさらす意味はないと判断し、中立の立場を守ることに決めていた。

実は、政府も蜂起に対応しようとはしていたが、それは右派の新聞が囃し立てる不確実な情報に基づいてのことだった。右派情報によれば、蜂起が起こると予測される日は、最初は一〇月一七日、次は一〇月二〇日、さらには一〇月二二日と次々に変わった。ゴーリキーは一〇月一八日に次のように書いている。「さまざまな噂が飛び交っている。ボリシェヴィキが一〇月二〇日に何らかの行動を起こすという説が有力だ。七月三日から五日にかけて起こった胸糞悪い光景が繰り返されるというわけだ[15]」。この「狼が来るぞ！」という不確かな噂話はボリシェヴィキに有利に働いた。一〇月二二日、陸海軍省は軍事革命委員会宛てに最後通牒を発し、トロツキーが首都守備隊の各連隊に出した命令の撤回を要求した。ボリシェヴィキ側は、逮捕される事態を避けるために、表面上は交渉に応じる姿勢を見せた。真意を隠蔽しようとするこの作戦は成功し、ケレンスキーはボリシェヴィキが七月の失敗を繰り返すようなことはないだろうとの希望的観測を抱くに至った。

ロシアの他の都市でも緊張が高まっていた。モスクワでは嵐を告げる黒雲が立ち込め、ペトログラードにあった国宝級の美術作品が比較的安全な保管場所と思われるモスクワの歴史博物館に持ち込まれるという事態が再び始まった[16]。ペトログラード科学アカデミーからも、レールモントフとプーシキンの貴重な手稿やプーシキンのエメラルドの指輪が送られてきた。オデッサのエレーナ・ラキエルは日記に書いている。「今日はボリシェヴィキの武装デモがあったので、誰も家から外に出なかった。デモの回数はますます増えている。彼らは休むことなく扇動をくり返し、それなりの効果を上げて、襲撃や暴動に参加するよう人々を焚きつけている。ろくな結果にはならないだろう。現に、街頭での強盗騒ぎが続いている。暴徒が市民の帽子を奪い、外套を奪い、着ている衣服さえ奪っている。日没後には誰も家から出ることができない状態だ[17]」。

トロツキーは、コサックのパトロール騎馬隊が夜毎にペトログラードの労働者地区を巡回監視しており、冬宮の警備体制も強化されているなどと報告していたが、これはとんでもない誇張だった。その種の報告は、軍事革命委員会（ミルレヴコム）は扇動を行っているのではなく、反革命の右派勢力に対抗しているだけだとするボリシェヴィキの擬装工作の一環だった。ボリシェヴィキは、また、ケレンスキーが革命を弾圧する目的でペトログラードをドイツ軍に引渡そうとしているという偽情報を流し始めた。

トロツキーは、「クロンシュタット軍港から吹き込むバルト海の寒風がペトログラードの街路や広場、船着場を吹き抜けている」という彼一流の表現でブルジョアが恐怖するバルチック艦隊の兵士たちの脅威を持ち出してブルジョア階級を威嚇した[18]。秋の雨季が始まり、ペトログラードの街路は泥で汚れ、大衆集会は雨に濡れた兵士たちの羊皮の帽子と灰色の外套や女性が頭を覆う羊毛のショールから発する湿っぽい臭いで満たされるようになった。一方、組織と指揮系統さえ整っていればペトログラード市内で発生するクーデターを阻止するだけの十分な能力を有する士官クラスの大多数は、アレクセーエフ将軍によれば、すっかり士気を挫かれ、絶望して、酒に溺れていた[*2]。

輝ける首都だったペトログラードは、二月以降すっかり色褪せて、下手な戯画になり下がっていたが、トロツキーは依然として衰えない首都の魅力を認めて書いている。「今でも高級レストランの個室では乱痴気パーティーが繰り広げられている。深夜には消灯するという規則が適用されても、賭博クラブは盛況を維持し、蠟燭の火にシャンパンが煌めき、有名な相場師たちがこれまた有名なドイツのスパイを相手に騙し合い、帝政派の陰謀家たちがユダヤ人の密輸業者と張り合い、放蕩の甚だしさとインフレの亢進度を反映するような天文学的な金額の賭けが行われている[19]」。

ペトログラードにおけるクーデターの成否は、クーデターの多くがそうであるように、市民の大多数がどの程度の関心を示すかどうか、また、現政権が自信を失っているかどうかにかかっていた。貴族階級と中流階級はケレンスキー政府への信頼を失っており、諦観と絶望を抱えつつ、運命の新たな展開を待っていた。ケレンスキー自身は依然として現実逃避と自己陶酔に浸っており、ナポレオン・ボナパルトにはなり得ないことを暴露しつつあった。

その間、トロツキーは武装自動車部隊とペトロ・パヴロフスキー要塞の動きに注目していた。そして、一〇月二三日の月曜日の午後には、ペトロ・パヴロフスキー要塞に出向き、中庭で開かれていた守備隊の兵士大会に出席した。トロツキーによれば、兵士の大多数はボリシェヴィキを支持する意向を持ち、ミルレヴコムの命令にのみ従うことを確言していた。「ロシア帝政のバスチーユ」と呼ばれたペトロ・パヴロフスキー要塞にトロツキーが注目した理由は単にその象徴的な重要性だけではなかった。要塞に隣接するクロンヴェルクスキー兵器廠に一〇万挺のライフル銃が保管されているという重要な情報があったからだった。ボリシェヴィキは、また、ペトログラード市内に駐留するコサック部隊を味方につける努力も行っていた。コサック部隊はクーデターに対して最も強く反発する勢力と思われたからである。しかし、強力な指導部を欠くコサック部隊は中立の立場を維持していた。首都守備隊のうちボリシェヴィキのクーデターを支持する立場を表明していた部隊は、パヴロフスキー近衛連隊、第一機関銃連隊、その他の予備大隊の一部などに限られており、後に言われるほど大きな規模には到底達していなかった。

翌一〇月二四日火曜日の早朝、ペトログラード軍管区参謀本部は士官候補生（ユンカー）で構成される中隊を派遣してボリシェヴィキ党の印刷所を閉鎖した。同時に、トロツキーの軍事革命委員会（ミルレヴコム）のメンバーに対する逮捕命令が発令された。しかし、すべては遅きに失した。政府がなし得たことは、大衆のデモ隊が市の中心部を埋め尽くす事態を避けるためにネヴァ川にかかる橋を封鎖することぐらいだった。イワノフスキー陸軍士官学校から別の士官候補生部隊が冬宮の防衛のために派遣され、さらに、補強部隊として自転車中隊、コサック中隊、女性兵士で構成される「死の大隊」の三中隊が冬宮に派遣されたが、その総数は一五〇〇人足らずだった[20]。

一〇月二五日水曜日の午前三時、クロンシュタットから出港した軽巡洋艦オーロラ号がネヴァ川を遡行してニコラエフスキー橋のやや下流に投錨した。夜明け前に行動を開始した赤衛隊は市内の主要な建物、鉄道の駅などを占拠し、橋の封鎖に当たっていた士官候補生部隊を武装解除した。トロツキーによれば、この時、ボリシェヴィキ派の歩兵中隊は戦闘を交えるまでもなく中央電話交換局を占領し、別の水兵派遣部隊が国立銀行を占領したということになっている[*3]。しかし、実際には、士官候補生の一団が先にゴロホーヴァヤ通りの中央電話交換局に到着してそこを占拠し、次いで、海軍省本部に向かって急行していた。

その時、数台のトラックが中央電話交換局の前まで来て停車した。トラックにはボリシェヴィキ党員のミハイル・ラシェーヴィッチが指揮するラトヴィア・ライフル連隊の兵士たちが乗っていた。トラックから最初に飛び降りたラトヴィア兵が見張りの衛兵を撃ち倒した。続いて飛び出したラトヴィア兵たちが建物の中に突進し、階上にいた士官候補生部隊と激しい銃撃戦を開始した。電話交換士の女性たちが恐怖の叫び声を上げた。

電話交換局に隣接する路地に身を隠して事態を目撃していた若い見習の帽子職人が書き残してい

る。「ラトヴィア兵と見習士官の銃撃戦で双方から死傷者が出た。死傷者が窓から外へ投げ落とされ、道路上に落ちた時には骨の砕ける音が聞こえた。僕の傍に立っていた女性たちは聖母マリアに祈りながら泣いていた。ロシア語の話せるラトヴィア兵が僕らに向かって、すでに市内全域で蜂起が始まっていると説明した。労働者と兵士たちがブルジョアのロシア政府に歯向かって反乱を起こしたのだ。銃撃戦が落ち着いたところで、僕らは投げ落とされた死体を見に行った。横たわる死体は顔から血を流し、頭は割れていた。ラトヴィア兵たちが死体をトラックに積み込む様子を見ていると、『ネヴァ川に運んで投げ込め！』という命令が聞えた[21]」。

午前九時過ぎ、ケレンスキーは閣僚たちを孔雀の間に置き去りにしたまま、セルビア軍士官に変装した姿で冬宮を脱け出し、星条旗をなびかせた米国大使館の車でペトログラードを脱出した。行き先はプスコフの北部戦線司令部だった。ケレンスキーはそこで臨時政府に味方する部隊を探し求めたが、ボリシェヴィキに対抗して戦う姿勢を示したのはピョートル・クラスノフ中将の指揮下にある第三軍のドン・コサック大隊だけだった。

レーニンはペトログラード市内のアパートに潜伏していたが、この重大な日に部屋に閉じ籠ってはいられなかった。鬘を被り、眼鏡をかけ、さらに頭に包帯まで巻いて変装したレーニンは、同志ひとりを伴って市内電車に乗り、軍事革命委員会（ミルレヴコム）の本部に向かった。本部はスモーリヌィ女学院に置かれていた。スモーリヌィ女学院はパラディオ様式の巨大な宮殿で、貴族階級の娘たちが通った学校だったが、今や屋上にマクシム社製機関銃が据え付けられ、入り口には軽野砲部隊が常駐する要塞の観を呈していた。

全露ソヴィエトとその執行委員会はすでにタヴリーダ宮殿からスモーリヌィ女学院に移って来てお

り、社会革命党（エスエル）とメンシェヴィキも本部をスモーリヌィ女学院に移そうとしていた。レーニンは変装した姿で大いに用心しつつスモーリヌィ女学院の玄関を通った。最初は誰も気付かなかった。レーニンは一室に入り込み、テーブルの端に座った。ある目撃者によれば、そこへメンシェヴィキの指導者フョードル・ダンが数人の友人とともに上着を取りに入って来た。ダンは即座にレーニンの変装を見抜き、何も言わずに、逃げるように部屋から走り出て行った。レーニンは軽蔑したように高笑いをした。(22)

レーニンは時を移さずに宣言を起草した。宣言は例によってやや早まった呼びかけで始まっていた。「ロシアの市民諸君！　臨時政府はすでに廃止された。国家権力は労働者兵士代表によるペトログラード・ソヴィエト、すなわち、ペトログラードのプロレタリアートと守備隊兵士とを代表する軍事革命委員会（ミルレヴコム）の手に移った」。(23)揺るぎない自信に満ちた宣言を発した後も、レーニンの緊張は解けなかった。床に横たわって寝たふりをしても緊張は続いた。

冬宮の孔雀の間に残っていたケレンスキー政府の閣僚たちは、ケレンスキーが今にも救援部隊を引き連れて戻って来るのを待っていた。一方、セルゲイ・エイゼンシュテインのプロパガンダ映画で今日に至るまで繰り返されている有名な冬宮襲撃というボリシェヴィキの神話は、実際には英雄的なエピソードとはかけ離れていた。

冬宮前の宮殿広場は機関銃と軽砲を備えた士官候補生部隊によって守られていた。防衛部隊は丸太と砂袋からなる堡塁を数か所に配置していた。この防衛部隊の最初の一斉射撃によって、おずおずと近づいて来た赤衛隊の攻撃は崩壊した。首都守備隊の兵士の一部が強力な支援部隊として駆けつけてくるだろうというレーニンの見通しには根拠がないことが判明した。午後に入って、バルチック艦隊の水兵約五〇〇〇人の大部隊がクロンシュタット要塞から各種舟艇に乗って冬宮攻撃に駆けつけたが、彼らもまた士官候補生部隊と婦人部隊の銃撃と砲撃を受けてたじろぐのみだった。

クロンシュタットの水兵部隊が宮殿前広場を突破して冬宮攻撃を実行し得ないことが分かると、冬宮の向かい側のネヴァ川に係留されていた軽巡洋艦オーロラ号が六インチ砲の砲塔を旋回させて冬宮に狙いをつけた。午後六時三〇分、トロツキーとミルレヴコムは臨時政府に対して最後通牒を発し、降伏しなければペトロ・パヴロフスキー要塞の大砲とオーロラ号の軽砲を冬宮に撃ち込むと警告した。宮殿内の閣僚たちはケレンスキーが救援部隊を引き連れて現れることをひたすら祈るのみだった。実は、オーロラ号は軽砲の実弾を積まずに出動していた。したがって、午後九時三〇分に砲撃開始の命令を受けた時には空砲を発射するしかなかった。ペトロ・パヴロフスキー要塞の大砲にはもちろん実弾が込められていた。しかし、目標となる冬宮の規模の大きさを考えれば、要塞の大砲の規格はお粗末だった。三〇発以上の砲弾が冬宮のネヴァ川に面した正面に向けて発射されたが、命中したのはわずかに二発のみだった。要塞の壁面に設置されていたコルト式機関銃も冬宮を狙ってネヴァ川越しに発射されたが、ほとんど効果を上げなかった。

その直後、赤衛隊の一隊が冬宮の入り口のひとつに警備兵がいないことに気づいて侵入した。しかし、中にいた士官候補生の部隊に遭遇すると、すぐに降伏してしまう。ところが、冬宮内の防衛部隊も、約束されていた補強部隊が到着する見込みのないことが分かると、士気を喪失して勝手に立ち去り始めた。防衛態勢の崩壊を見て取った攻撃側の水兵と兵士の部隊は冬宮に近づき、反撃がないことに勇気を得て、一部が窓から宮殿に侵入し始めた。すると、あっという間に暴徒と化した攻撃部隊が冬宮内の酒類貯蔵室に入り込んでワインとウォッカを暴飲し、椅子やソファーから皮を引き剝がして自分たちの長靴の補修用に盗み取り、鏡を砕いたりした。名目上の指揮官だったウラジーミル・アントーノフ＝オフセエンコによれば、プレオブラジェンスキー連隊やパヴロフスキー近衛連帯から派遣されて酒類貯蔵室の入り口を封鎖していた歩哨たちも暴徒の酒盛りに参加し、泥酔する有様だった。「夕方になると、兵士たちは『ロマノフ朝が残した酒を飲み干そうじゃないか』などと言って、馬鹿騒ぎを始めた[24]」。酒類貯蔵所を酒で洪水状態にしようとする者も現れた。「呼ばれて駆けつけた消防士たちまでが、仕事をする代わりに酒を飲んで酔っぱらった」。

臨時政府の閣僚たちはアントーノフ＝オフセエンコに対して降伏し、ペトロ・パヴロフスキー要塞に連行された。婦人大隊の女性兵士の何人かは、攻撃部隊の破壊騒ぎが終わった後で擲弾兵連隊の兵舎に連行されて凌辱されたと言われている。しかし、女性兵士を釈放するようアントーノフ＝オフセエンコを説得した英国軍の上級連絡将校クノックス少将によれば、「確実な根拠に基づいて言えば、女性兵士たちがパヴロフスキー近衛連隊の兵舎内でも、また、擲弾兵連隊へ連行される途中でも、殴られたり侮辱されたりしたことは確かだが、凌辱を受けたという事実はなかった[25]」。

スモーリヌィ女学院では、ボリシェヴィキ党の幹部たちが臨時政府降伏の知らせを今か今かと待ちわびていた。学院内の白い列柱のある壮麗な大舞踏会室では、第二回ソヴィエト大会が開かれていた。社会主義派の各政党による連立政府の樹立を求める意見が大方の支持を集める一方で、臨時政府に対するボリシェヴィキの襲撃は内戦宣言に等しい暴挙として非難の的となっていた。社会革命党（エスエル）のウラジーミル・ゼンジーノフは書いている。「どの党の代表も、ボリシェヴィキの取った行動とその二心ある戦術に対して抗議の意思を表明した。革命運動の指導者たちが次々に演壇に登って激しい言葉でボリシェヴィキの暴挙に抗議し、発言が終わると議場から立ち去った。ボリシェヴィキとは何の共通点も持たないことを鮮明にするためだった[26]」。

メンシェヴィキの指導者マルトフはボリシェヴィキに対してその行動の責任を取るよう警告した。ボリシェヴィキの暴挙は「必ずや国民大衆に飢餓と生活の劣化をもたらすであろう[27]」。しかし、トロツキーは取り合わず、逆にマルトフを「偉大な事態に直面して恐怖するプチブル」と呼んだ。すると、マルトフは抗議して議場から退席する。その時トロツキーが大声で放った侮辱の言葉が残っている。「君たちは惨めな破綻者に過ぎない。君たちの役割は終わった。自分に相応しい場所に戻るがいいさ。その場所とは、つまり、歴史のごみ箱だ[28]」。

抗議の退場という行為は自分の責任を放棄して問題をレーニンに委ねることを意味していた。そのレーニンはすべての敵対者と競争相手を打倒するための内戦を決意していた。マクシム・ゴーリキーはレーニンの親友だったが、レーニンの性格については何ら幻想も抱いておらず、遠慮なく自分の思うところを発言している。ボリシェヴィキのクーデターの翌日にあたる一一月七日付けの新聞『ノーヴァヤ・ジーズニ（新生活）』に「場違いな思い」と題するゴーリキーのコラム記事が掲載されている。「実生活では簡単に奇跡が起きないことを労働者階級は知るべきである。予想すべきは飢餓であり、産業の大混乱であり、輸送の崩壊であり、延々と続く血生臭い無政府状態である。その後には、同じように血生臭い、恐るべき反動がやって来るだろう。プロレタリアートが現在の指導部に導かれて到達した現状がこれなのだ。レーニンは万能の魔術師などではなく、むしろプロレタリアートの名誉も生命も斟酌しない冷血の奇術師であることを理解すべきである[29]」。

＊1　ウリツキーはペトログラード赤衛隊の規模が一〇月中旬には四万人に達するであろうと予測していた。しかし、トロツキーはその数字には誇張があるとして、せいぜい二万人程度と推定している。

＊2 アレクセーエフ将軍によれば、当時ペトログラードには約一万五〇〇〇人の士官がおり、その三分の一は戦う用意ができていた。

＊3 トロツキーがこのように説明した意図は、あたかもクーデターの最中にも、その後にも、抵抗らしい抵抗はほとんどなかったかのような、また、ペトログラード市内の連隊のほぼすべてがボリシェヴィキ支持の側にまわったかのような印象を与えることにあった。

# 第9章 少年十字軍士官候補生の反撃 一九一七年一〇月〜一一月

一〇月二六日から二七日にかけての夜、レーニンはかつて貴族の娘たちの学校だった旧スモーリヌィ女学院の会議場を満たす聴衆に向かって語りかけていた。それは第二回全露ソヴィエト大会の締めくくりの議事だった。安いマホルカ煙草の煙と汗の臭いと酸素不足で、議場はほとんど呼吸もおぼつかない息苦しさだったが、人々は居眠りもできないほど緊張していた。「我々は今や社会主義的秩序の構築に着手しなければならない[1]」とレーニンが言い放つと、議場から文字どおり耳を聾する勝利の叫び声が上がった。レーニンは全交戦国に向けて即時講和を呼びかけるとともに、「しかし、我々はすべての諸国で近々に革命が勃発すると信じている」と付け加えた[2]。レーニンにとっては辻褄の合う話だった。

その数時間後の一〇月二七日午前二時三〇分頃、今度はカーメネフが大聴衆を前に宣言した。憲法制定議会が発足するまでの間は「臨時の労農政府」すなわち「人民委員会議」が国家の運営に当たるであろう。そして、カーメネフは人民委員会議のメンバーの名前を読み上げた。主要メンバーとしては、人民委員会議の議長はウラジーミル・イリイッチ・ウリヤーノフ（レーニン）、外交人民委員はレフ・ダヴィドヴィッチ・ブロンシュテイン（トロツキー）、軍事人民委員はウラジーミル・アントーノフ＝オフセエンコ、社会福祉人民委員はアレクサンドラ・ミハイロヴナ・コロンタイ、国民教育啓蒙人民委員はアナトーリー・ワシーリエヴィッチ・ルナチャルスキー、民族問題人民委員はヨシフ・ヴィッサリオノヴィッチ・ジュガシヴィリ（スターリン）だった。ただし、この政府は臨時政府ではなく、事実上恒久的な政権として存続し、その一方で、憲法制定議会は結局のところ成立を許されないことになる。午前四時になって、代議員たちが疲れ果てたところで、第二回全露ソヴィエト大会は解散した。

同じ日の昼近く、一機の複葉機がペトログラード中心部の上空に飛来し、ネフスキー大通り沿いに低空飛行して、ケレンスキーの声明を印刷したビラを撒いた。ビラによれば、ケレンスキー配下の部隊はすでにツァールスコエ・セローを占拠しており、明日には首都に攻め入る予定ということだった。コルニーロフ事件以降ケレンスキーを軽蔑していたクラスノフ将軍もプスコフから一〇〇〇人強の手勢を率いて首都を目指していた。手勢の大半は第三騎兵軍団のドン・コサック部隊で、武装自動車一台と武装列車一両も擁していた。クラスノフ軍は赤衛隊の一団を蹴散らして夜明け前にガッチナを占領し、翌朝にはツァールスコエ・セローに到達する勢いだった。コサック部隊は全部で一万六〇〇〇人の革命側兵士を捕虜としたが、武装解除した上で追い払った。捕虜として拘束しておくには、監視するための兵力の余裕がなかったからだった。

トロツキーは赤衛隊に革命防衛のための出動を呼びかけた。武器を持たない市民たちはスコップを手にして出撃した。彼らは塹壕を掘るつもりだった。ペトログラードを出て南西に向かう長い列には、看護婦としての参戦を志願した多数の女性も加わっていた。指揮官はボリシェヴィキが主導する軍事革命委員会（ミルレヴコム）のニコライ・ポドヴォイスキーだったが、ポドヴォイスキーは任務の難しさに圧倒されていた。事態はレーニンがスモーリヌィ女学院の本部で期待するようには進んでいなかったのである。ポドヴォイスキーが辞任を仄めかすと、「レーニンは持ち場を守って任務を遂行するよう命じ、命令に従わなければ党の査問委員会にかけて銃殺刑に処すると申し渡した」[3]。

レーニンはバルチック艦隊の兵士ソヴィエト（ツェントロバルト）と継続的に連絡を取り合っていた。そして、ヘルシンキとクロンシュタットの両要塞からさらに多くの水兵を派遣するよう、また、戦艦も派遣するよう要請していた。これに応じて、ツェントロバルトのラスコーリニコフは巡洋艦オレーグ号と駆逐艦ポベジーチェリ号をペトログラードに派遣した。さらに、プルコヴォ高地に防衛線を敷いていた赤衛隊を補強するためにペトログラード守備隊から増援部隊が派遣された。ヴォルィンスキー近衛連隊には目立った動きはなかった[4]。増援部隊の派遣に際しては、偵察を命じられた中尉が任務遂行に失敗し、部隊の前進は混乱に陥った。プルコヴォ高地を守っていた赤衛隊は派遣されて来る増援部隊の指揮官が旧帝政軍の士官であることに抗議し、連隊の政治委員を辞任に追い込んだ。結局、プルコヴォ高地はバルチック艦隊の水兵五〇〇〇人と赤衛隊一万人によって守備されることになった。

臨時政府側では、クラスノフ将軍があらゆる機会を使って前線の司令官たちに電報を打ち、増援部隊を送るよう要請していたが、はかばかしい増援は実現しなかった。クラスノフは通信状態の悪さに苛立ちつつ、非協力的な司令官たちに腹を立てていた。特に許せなかったのはプスコフにいるチェレミーソフ将軍だった。チェレミーソフはケレンスキーがペトログラードを脱出する時にさえ支援を拒否したのだった。実は、将軍たちはボリシェヴィキを刺激する事態を恐れ、内戦開始の責任を問われることを恐れていた。鉄道労働者の労働組合「ヴィクジェル」はメンシェヴィキ支持者と社会革命党支持者によって構成されていたが、行き先が臨時政府軍であれ、ボリシェヴィキ軍であれ、増援部隊が通過するはずの線路を封鎖していた。というのも、鉄道労組は両軍の休戦を要求し、すべての社会主義政党が参加する連立政府の樹立を求めていたからである。

豪雨の季節が始まっていた。プルコヴォ高地に布陣する赤衛隊の狙撃能力は低かったが、それにもかかわらず、雨を衝いて斜面を駆け登るコサック騎兵の攻撃は困難を極めた。双眼鏡で望見するクラスノフの眼は、高地の側面を守るバルチック艦隊水兵たちの黒い制服と庇のない帽子をとらえていた。コサックの近衛騎兵連隊が突進して攻撃をかけたが、あえなく退けられ、多くの乗馬が失われた。

一〇月三〇日の月曜日、ほぼ二〇対一の兵力差に直面して、クラスノフはプルコヴォ高地への攻撃を続ける意欲を失っていた。部下の兵士たちも、ボリシェヴィキ軍と接触した結果、戦意を喪失し、そのうえ、弾薬も糧食も馬の飼葉も不足していた。コサック兵たちは使者を送って水兵たちとの停戦交渉に入ったが、クラスノフには止めようがなかった。使者たちは何人かの水兵とともに帰って来た。水兵たちのリーダーは黒い顎鬚を蓄えたウクライナ人のボリシェヴィキ、パーヴェル・ドゥィベンコだった。社会福祉人民委員アレクサンドラ・コロンタイの年若い愛人だったドゥィベンコはその人間的魅力と口の上手さを発揮して、あたかもボリシェヴィキ指導部は鉄道労組「ヴィクジェル」の連立政府樹立提案に賛成であるかのような印象を与えた。つまり、ここで互いに戦闘を交える必要はないというわけだった。

コサック兵の誰もが静かなるドン川流域の故郷に帰りたいと思っていた。帰郷という目標を達成するためなら、ケレンスキーをボリシェヴィキ側に引き渡すことさえ辞さない構えだった。しかし、ロシアの元指導者ケレンスキーはすぐに見破られそうな水兵の変装をして、辛くも難を逃れることができた。どの方面からの支持も失った二月革命の英雄ケレンスキーはロシアから逃れてパリに向かった。ケレンスキーが出国できたことは、自分がトボリスクに移送した皇帝一家に比べて幸運だったというべきだろう。

クラスノフの反攻と時を同じくして、社会革命党右派を主体とするいわゆる「国家・革命救済委員会」がボリシェヴィキ独裁を阻止するための蜂起に立ち上がるよう支持者に訴えかけた。僅かな数の旧帝政軍の士官を中核として発足したこの運動には各地の軍アカデミーの士官候補生が教官に率いられて参加し、やがて少年十字軍の観を呈するようになる。中には一四歳そこそこの少年も参加しており、背丈とほとんど同じ長さのライフル銃を扱いかねていた。しかし、自己の存在意義を証明しようとして大義のために若い命を犠牲にする彼らの情熱はスタンダールの小説『パルムの僧院』の主人公ファブリス・デル・ドンゴを想わせるものがあった。

一〇月二九日、日曜日の朝、ペトログラード中心部の人々は機関銃の銃声で眠りを破られた。ペトログラード市内外の複数の軍事アカデミーから集まった士官候補生たちが夜を徹して準備していた蜂起を開始したのだった。士官候補生部隊はフォンタンカ運河とモイカ川の合流点にあったミハイロフスキー城の工兵学校を要塞化していた。皇帝パーヴェル一世が建造し、自分もそこで殺害された巨大な名城ミハイロフスキー城は工兵隊士官を養成するアカデミーになっていたのである。一八三〇年代末には、処女作を書く前のフョードル・ドストエフスキーがこの工兵学校で学び、やがて中尉となった。

蜂起の前夜、士官候補生たちは仲間の候補生二人を逮捕した。ひとりはボリシェヴィキ、もうひとりは社会革命党左派の党員だった。二人がスモーリヌィ女学院の軍事革命委員会（ミルレヴコム）に通報するのを阻止するためだった。そして、夜が明けきらぬうちに、士官候補生の一隊が隣接するミハイロフスキー厩舎を襲撃した。厩舎には武装自動車が収納されていた。「夜明け前に士官候補生の一団が裏門に現れ、歩哨を捕縛した。歩哨は抵抗しなかった」。翌日になって政治委員のズィビンは軍規の緩みを批判しつつ報告している。「当直の機関銃手は持ち場を離れていた。侵入に対する抵抗はなかった。兵士たちの政治姿勢は信頼できない。断固たる革命志向を有する兵士は少数派に過ぎない」[5]。襲撃の結果、士官候補生たちは武装自動車三台を含む多数の車両を強奪し、意気揚々と隣のミハイロフスキー城に引き返した。

　夜明けの少し前になって教官の士官が候補生たちに弾薬を支給した。同じ頃、革命軍側では、プチロフ工場の赤衛隊の一団が赤い腕章を巻いた姿で到着した。クロンシュタットからも水兵の一団が軽野砲一門とともにやって来た。赤い花型記章をつけた兵士の増援隊も到着した。その間に、士官候補生の別の部隊が電話交換局とアストリア・ホテルを占拠した。アストリア・ホテルにはボリシェヴィキの党職員と外国人ジャーナリストたちが滞在していた。米国人の女性記者の報告によれば、「突然、少年のような士官候補性が口に煙草をくわえ、片手に拳銃を持って現れて、ボリシェヴィキ派の衛兵を壁の前に並ばせ、武装解除を始めた」[6]。市内の拠点を次々に占拠し、ケレンスキーが騎兵隊を引き連れてやって来るまで持ちこたえるというのが反革命派の計画だった。

　電話交換局を占拠していた士官候補生部隊の中の一団が、たまたま通りを歩いていた軍事人民委員のアントーノフ＝オフセエンコを捕えた。近視のオフセエンコは自分の周囲の状況を充分に把握していなかったのである。『国家救済委員会』の士官たちが密かに士官候補生の部隊を訪れていた」とボリシェヴィキの調査報告書は後に書いている。その士官たちは士官候補生の部隊に向かって、「イズマイロフスキー近衛連隊、セミョーノフスキー近衛連隊、ヴォルインスキー連隊、コサック連隊など、首都守備隊の各部隊が反革命蜂起を支持している」などと告げて激励した。「しかし、それは虚偽情報であり、粗雑な挑発だった。政治問題に疎い士官候補生たちはこの種の汚い嘘を信じたのである」[7]。

経験豊かな英国軍連絡将校のクノックス少将は、旧帝政軍の士官たちの間に士官候補生の蜂起への支援を渋る傾向があることを知って不快感を覚えていた。「銃撃戦が続いている最中に、知り合いの士官に出会った。その士官は女性と腕を組んで通りを歩いていた。戦闘に関心がなさそうな様子に私が驚いて話しかけると、その士官は『私には関わりのないことだ』と答えるのだった」[8]。

電話交換局を包囲したボリシェヴィキ派の水兵部隊は、電話局内の士官候補生らがアントーノフ＝オフセエンコを捕虜にしていることを知って激怒した。士官候補生側がボリシェヴィキの内部通信を盗聴していることはすでに分かっていた。この盗聴については、幹部のラスコーリニコフも気づいていた。反革命側では、教官の士官たちが士官候補生たちにケレンスキー軍がペトログラード附近には存在しないことを渋々認め、また、ペトログラード守備隊の中には「国家救済委員会」を支持する部隊が皆無であることも明らかにした。士官候補生たちを戦闘に誘導した軍事アカデミーの教官たちは、自分の肩章を剝ぎ取り、任務を放棄して、真っ先に姿を消した。

クロンシュタット水兵の圧倒的な勢力に包囲され、救援部隊が来る希望も失った士官候補生たちはパニック状態に陥った。水兵たちは士官候補生の少年たちを全員殺害する計画だった。なぜなら、士官候補生の大半はすでに冬宮でいったん降伏して捕えられ、二度と武器を持たないと宣誓して釈放されていたからだった。少年たちは捕虜としていたアントーノフ＝オフセエンコに対して、自分たちの生命を保証するなら解放すると申し出た。水兵たちは失望したが、アントーノフ＝オフセエンコは約束を守り、水平たちが少年たちに危害を与えることを阻止した。

年若い士官候補生たちの反乱はその日の午後五時にミハイロフスキー城で終焉を迎えた。マンチェスター・ガーディアン紙の特派員モーガン・フィリップス・プライスは伝えている。「士官候補生たちは降伏し、整列してペトロ・パヴロフスキー要塞に連行されたが、その前に何人かが選別されて列からはずされ、ライフル銃の台尻で殴り殺された」[9]。

モスクワでは、ボリシェヴィキのクーデターはペトログラードほど順調には運ばなかった。主な理由は、これまでモスクワのボリシェヴィキ指導部が、ペトログラードのカーメネフやジノヴィエフと同様に、武力による権力奪取という考え方に反対だったことにある。さらに、モスクワではかなりの混乱があった。モスクワ歴史博物館のオレシニコフは一〇月二六日金曜日の日記に書いている。「ボリシェヴィキはすでに『ブルジョア新聞』の編集室を占領し、封鎖していた。したがって、ペトログラードで何が起こっているのかについての報道は入って来なかった」[10]。オレシニコフは、さらに、モスクワ軍事アカデミーの士官候補生の一部が歴史博物館に入り込んで一夜を過ごしたことを記している。歴史博物館はクレムリンに隣接していた。

その日の昼近く、「モスクワ革命委員会」の代表者二人がクレムリンを訪れ、駐留する第五六連隊に武器の引き渡しを求めた。しかし、すでに手遅れだったことが判明する。歴史博物館に潜んでいた士官候補生の部隊がクレムリンを包囲し、占拠してしまったのである。ボリシェヴィキ側の情報によれば、士官候補生たちはクレムリン内の兵士たちに降伏して出てくるよう呼びかけ、出てきたところを銃撃して殺害してしまった。この衝突がきっかけとなって臨時政府を支持する部隊がクレムリンとモスクワ中心部を占領し、それを始まりとして、以後数日間、市街戦が続いた。クレムリンから北西に向かって伸びるトヴェルスカヤ通りの旧知事邸には労働者兵士ソヴィエトの本部が入っていたが、気づいた時には臨時政府側の部隊に包囲され、孤立していた。トヴェルスカヤ通りに面するアパートの住人たちは激しい銃撃戦の流れ弾を避けるために裏側の階段室に避難した。

市内各所に塹壕が掘られ、バリケードが築かれた。たとえば、ルビャンカ広場の角には「薪や家具やあらゆる廃材を使って」[11]バリケードが築かれ、その陰に士官候補生部隊が二挺の機関銃を据え付けていた。多数の大学生が志願兵として士官候補生部隊に加わった。しかし、ペトログラードの場合と同じく、旧帝政軍の士官のうち生命を賭して参戦する者はほとんどいなかあった。

士官候補生側も赤衛隊側も、夜になれば不寝番の見張りを立てて警戒に当たった。両軍が衝突するモスクワ市内は不気味な無人の町となっていた。鉄道の主要駅からも人影が消えていたが、駅の照明だけは煌々と灯っていた。ボリシェヴィキ派の若い労働者は書いている。「銃声が響き続けていた。銃声は四方八方から聞こえ、完全に包囲されている感じだった」[12]。始めのうち、彼らは街灯が映し出す影に向かって発砲していたが、「次第に目が暗闇に慣れて、前方に動くものが見えるようになった」。

一〇月二八日の夜、初めて砲撃の音が聞こえ、翌日になると急激に砲声が強まった。クレムリンに陣取る士官候補生部隊はボリシェヴィキの拠点であるエイネム工場を目標に砲撃し、ボリシェヴィキ側は「雀が丘」からクレムリンを狙って撃ち返した。この砲撃によってクレムリンの歴史的遺跡が被った被害の規模は後の第二次大戦中にドイツ軍が与えた被害を上回ったと言われている。作家のイワン・ブーニンはアルバート通りを少し外れた義母のアパートにいたが、そこから動けない状態だった。「日中は砲撃音が絶えなかった。手榴弾と榴散弾の破裂音、ライフル銃の銃撃音も続いた。たった今、霰《あられ》か雹《ひょう》が激しく屋根を打つような音が聞こえたが、どんな武器の弾なのかは分からない。もう真夜中近い。寝室のドアは洋服ダンスで塞いだが、恐ろしくてベッドに入れない」[13]。新聞が発行停止になっていた間に、とんでもない噂が広まった。馬鹿々々しいような希望的観測もあった。一一月一日、オレンシニコフはペトログラードから逃れてきた技術者から次のような話を聞いた。「ケレンスキーに忠誠を誓う部隊がすでにペトログラードを占領支配しており、レーニンとその一味はオーロラ号に乗って逃亡し、クロンシュタット要塞に逃げ込んだということだ[14]」。

モスクワの電話交換局は三〇〇人ほどの士官候補生部隊によって守られていると考えられていた。そこで、攻撃側の赤衛隊と兵士の一団は迫撃砲を撃ち込んで先ず建物の外側に築かれたバリケードを破壊した。二発目の迫撃弾は電話局の屋根を直撃した。赤衛隊は建物への突入に成功し、防衛側に向かって大声で降伏を促し、ライフル銃の台尻で部屋々々のドアを叩いて歩いた。最後には、三階の窓から白旗が降られるのが見えた。一部では銃撃戦が続いていたが、士官候補生の少年たちが姿を現わして降伏した。その数は全部で二〇〇人足らずだった。「連中は全員が士官候補生だと聞かされていたが、目の前に並んだ姿を見ると、多数の民間人も含まれていた。庇付きの学生帽を被った若者もいた。全員が恐怖に震える顔つきだった[15]」。彼らが降伏して姿を現わした時、革命側の兵士たちは殴りかかり、大声で脅したり、呪ったりした。兵士たちは、クレムリンを一時占拠していた革命側の第五六連隊が降伏して外に出た時、機銃掃射を受けてなぎ倒されたという話を聞いていたのである。赤衛隊はむしろ士官候補生たちに同情的だったが、兵士たちは承知しなかった。「まだ子供だからとしても、それが何だって言うのだ？　この期に及んでも、いずれは『閣下』と呼ばれる存在になりたいと思っている連中ではないか？」。

パウストフスキーは士官候補生部隊が降伏した時の様子を一一月二日の日記に書いている。「士官候補生たちは電話交換局の外壁に沿って整列していた。帽子は皺くちゃに崩れ、制服は漆喰の粉末で灰色に汚れていた。少年たちの多くが立ったままライフル銃にもたれて居眠りをしていた。黒い革の上着を着て、武装していない男が何人かの赤衛隊員の護衛を引き連れて近づいて来た。すると、士官候補生たちの指揮官らしい士官が一歩前へ出て、帽子と拳銃を投げ捨てた。士官候補生たちもそれに倣ってライフル銃と弾帯を投げ出した。ライフル銃と弾帯が小山のように積みあがった。武器を放棄した士官候補生たちはゆっくりと歩き去っていった。折れたり砕かれたりした枝をぶら下げた街路樹の菩提樹が、霜にまみれ、煙を浴びて立っていた。壊れかかった街灯の電球が大通りを照らし、プーシキン記念像までの道筋を示していた。街路には切れた電線が重なってとぐろを巻き、電柱からぶら下がった部分は風に揺られて歩道に当たり、不快な音を立てていた。黄色い歯を剝き出しにした馬の死骸が市電の線路を塞いで横たわっていた。しかし、後の内戦期に見られるような憎悪に満ちた雰囲気はまだ生まれていなかった」[16]。

ボリシェヴィキのクーデターに反対する最初の蜂起はペトログラードから遠く離れた場所で起こった。ボリシェヴィキが冬宮を奪取した日の翌日にあたる一〇月二六日、アレクサンドル・ドゥートフ大佐の率いる小部隊がウラル山脈の南端に位置するオレンブルグ市を占拠したのである[17]。人口五〇万強のオレンブルグはオレンブルグ・コサックの本拠地だった。ドゥートフ大佐は市内に戒厳令を布告し、ボリシェヴィキとの戦争を宣言した。大半が士官によって構成される二〇〇〇人程度の手勢しかいなかったが、オレンブルグはシベリアとの通信交通を支配する要衝の位置にあった。ドゥートフ大佐はウラル山脈の東側地域で唯一人の正統なコサックの頭領として良心的に憲法制定議会選挙の準備を進めていた。

オレンブルグからさらに東方のシベリアでは、グリゴリー・セミョーノフ大佐が一一月一八日にヴェルホネウディンスク市を拠点としてボリシェヴィキ独裁反対の蜂起を起こした。セミョーノフ大佐を支持したのは配下のトランスバイカル・コサック部隊とブリヤート連隊だった。これらの部隊はセミョーノフ大佐が彼よりもさらに残忍なロマン・フォン・ウンゲルン＝ステンベルグ男爵とともに訓練してきた軍勢だった。セミョーノフは水牛の角のような口髭を蓄えた心身ともに頑強な人物で、教養もなく、残忍だったが、その疑い深そうな眼光には抜け目ない農民の知恵が宿っていた。一方、ウンゲルン＝ステンベルグはバルト海沿岸貴族の出身で、精神病質の知識人だった。

一九一三年にモンゴルを訪れたロシア人旅行者のブルドゥーコフは、その地でウンゲルン・ステンベルグ男爵に遭遇した時のことを書いている。ブルドゥーコフによれば、男爵は何かに取りつかれた苦行僧のような軍人だった。「痩身で、みすぼらしく、身汚い人物で、黄ばんだ無精ひげを生やしていた。色褪せた眼の冷たい視線は狂人を思わせた。着ていた制服は汚れ放題で、ズボンは擦り切れ、長靴には穴が開いていた。彼はアムール地方から馬に乗ってやって来てモンゴルを横断しているロシア軍の士官だったが、宿にも泊まらず、着替えも持たず、食糧さえ携えていなかった。普通の人間とは思えなかった」[18]。男爵に会った者の誰もがその眼つきを覚えていた。それは氷のように冷たい眼で、相手の心の中を見透かすような印象を与えた。頭は異常に小さかったが、肩幅は広く、腕は長かった。

ウンゲルン・ステンベルグの軍歴に関する報告書は容姿に関する記録よりもずっと好意的だった。欠陥があるとすれば、そのすべての原因は一つの短所にあった。「彼の唯一の深刻な悪習は絶えざる飲酒だった。酔いに任せて、士官の名誉とは相容れないような行動をすることもあった」[19]。さらに、ウンゲルン・ステンベルグには規則や官僚主義を軽蔑する傾向があった。書類事務を嫌うあまり、公式の通信文書をすべてストーブに投げ込むこともあった。

一二月三一日、シベリア横断鉄道を東進する列車がチタに近づきつつあった。数人のボリシェヴィキ党員が一等車両の専用車室で来るべき一九一八年を祝って酒盛りを続けていた。彼らはシベリア横断鉄道を支配下に置いたものと確信していた。まとめ役は海軍水兵出身のボリシェヴィキで、政治委員のクドリャーシェフだった。彼らの任務はウラジオストックの党組織宛てに二〇万ルーブルの現金を運ぶことだった。ところが、泥酔したクドリャーシェフがアムール鉄道への乗り換えをつい忘れてしまう。彼は列車がダウリアに停車するまでは自分たちが危険にさらされていることに気づかなかった。ダウリアに停車すると、痩せた金髪の士官が部下を引き連れて車室に入ってきた。士官は薄色の眼でじっと見つめながら言った。「海軍の政治委員というのは君か?」[20]。クドリャーシェフは思わず身をすくめながら頷いた。ウンゲルン・ステンベルグ男爵はクドリャーシェフが差し出した書類に目を通し、自分の部下たちに向かって何かを切り捨てるような身振りをし、さらに、クドリャーシェフ以外のボリシェヴィキを指さしながら付け加えて言った。「この屑のような連中は鞭で打ってから放り出してしまえ」。目撃者の話によれば、クドリャーシェフは這いつくばるようにして命乞いをしたが、彼もまた車外の雪原に放り出された。追い打ちをかけるように、ウンゲルン・ステンベルグが銃撃を命じた。クドリャーシェフの一行が運んでいた巨額の現金はウンゲルン・ステンベルグの部下たちに分配された。そもそも、シベリアからヨーロッパ・ロシアに運ばれるすべての物資はウンゲルン・ステンベルグの命令で没収され、競売に付されていた。ウンゲルン・ステンベルグ自身は個人的利益を得ることとなく、また、愛人を囲うようなこともなかった。彼の趣味はダウリアの自宅で数頭の狼を飼うことだった。

バイカル湖以東のシベリアの住民たちは、セミョーノフ、ウンゲルン=ステンベルグ、ボリス・アンネンコフなどの軍閥による過酷な支配の下でロシアのどの地域よりも苦しむことになる。軍閥支配はコサックの頭領による支配という意味で「アタマン体制」と呼ばれていた。

ロシアのすべての地域のうち、ボリシェヴィキ支配に抵抗するための最も有望な拠点となり得るのはドン地方だった。一八一二年、ロシアがナポレオンと戦った祖国戦争に際して、ドン・コサックは騎兵五万人に相当する26個の騎兵連隊を提供した。アレクセイ・カレーディン騎兵大将は一九一七年六月にドン・コサックのアタマン（頭領）に選出され、数週間後には中道右派の立憲民主党（カデット）と同盟関係を結んだが、すぐに後悔することになる。というのも、立憲民主党の指導者たちをはじめ、給料の支給を打ち切られた士官たちがモスクワやペトログラードからドン・コサック地方の中心地ノヴォチェルカスクに大挙して押しかけて来たからである。一方、ウクライナの「中央評議会（ラーダ）」がソヴィエト側の部隊を武装解除しつつも、軍の将校や武装コサック部隊がルーマニア戦線からウクライナを経由してカレーディンに合流することを許している事態を知って、ボリシェヴィキは激怒していた。

カレーディンはボリシェヴィキによる新体制の扱いに不満を抱くコサックたちの帰郷をもちろん歓迎した。大本営のコサック委員会は報告している。「コサックたち、特にソヴィエト政府を認めない前線のコサック兵たちは、自分たちが法の埒外に置かれたかのように感じている。一方、ボリシェヴィキの影響を受けた一般兵士の大半はコサックを侮辱し、憎悪している。コサック部隊への必需品の補給はその順番が最後になるか、あるいは、補給そのものがまったく行われない。飼葉の補給がないために、コサック騎兵隊の馬はほぼ全滅してしまった。フィンランドとペトログラードに駐留するコサック連隊は現在地に留まることを強制されている。トロツキーはコサック連隊の代表者たちに対してコサック連隊を留め置くのは人質として利用するためであると宣告した。新政権は『分割統治』の戦術に訴えて、コサック部隊の統合を何としても阻止しようとしている」[21]。

実は、コサックの統合は同じドン・コサック族の仲間内においてさえ脆弱だった。コサック部隊の内部では士官と兵士の間に緊張関係が生じていた。また、前線から帰還した若者層と故郷の年長者の間にも「父と子の問題」とも言うべき世代間の溝が生まれていた。若者たちは革命の目標に理解を示したが、年長者は伝統主義者だった。さらに、ドン地方について言えば、コサック農民と移住者である非コサック農民の間にも対立関係があった。「余所者」と呼ばれる非コサック農民は土地を持たず、第二級市民の扱いを受けていた。そして、タガンログやロストフ・ナ・ドヌーなどの都市に暮らす工業労働者やドンバス地域の炭鉱労働者はコサックを反動的帝政主義者と見なしていた。

ノヴォチェルカスクで開かれたコサック評議会は一一月二〇日に独立を宣言した。それに対して、現地のプロレタリアートで構成される赤衛隊はロストフを占領し、ドン・ソヴィエト共和国を宣言する。タガンログでは工業労働者たちが五〇人の士官候補生部隊を包囲した。士官候補生側は生命を保証するという了解があったと思い込んで降伏した。しかし、降伏した士官候補生たちは金属工場へ連行され、手足を縛られ、一人ずつ溶鉱炉に投げ込まれた[22]。

一二月二日、カレーディンとその配下の義勇軍がロストフ・ナ・ドヌーを奪回した。ロストフ・ナ・ドヌーはカフカス地方への関門である。ボリシェヴィキ側の対応は迅速だった。海軍航空学校の部隊は中央の海軍革命委員会に緊急連絡を行なった。「カレーディンの蜂起に関して、海軍航空学校部隊は一プード爆弾二〇発（一プードは一六・三八キログラム）と〇・五プード爆弾四〇発の緊急配備を要請する[23]」。「静かなドン」地方が内戦の主戦場になろうとしていた。

ボリシェヴィキの権力奪取に反対する蜂起は各地で多数発生していた。しかし、各地の蜂起は互いに連絡も調整もなく、まるで都市国家を宣言するかのように孤立して発生したので、個別に粉砕されてしまった。一一月一四日にはフィンランド近衛連隊の兵士たちが列車でペトログラードからニジニノブゴロドに派遣され、現地で発生した反革命蜂起の弾圧に当たった[24]。フィンランド連隊の兵士たちは階位制の完全廃止を要求し、政治委員の推薦による昇級制度にさえ反対していた。兵士集会では、士官の宿舎からすべての銀器を没収して国立銀行に納入すべきであると決議し、他の近衛連隊にも同じようにするよう訴えた。これはルーブルの対外価値を維持するために役立つ動きだった。ボリシェヴィキのクーデター以後、僅か一〇日間でルーブルの対ドル相場は半分に下落していた。[25]

シベリアでは、一二月八日になってようやくボリシェヴィキがイルクーツクを奪取した。その日の朝、住民が目を覚ますと、街頭でボリシェヴィキ支持派の兵士たちがパトロールを行なっていた。ボリシェヴィキは誰がイルクーツク市の主人公なのかについての一切の疑問を許さないために、市のすぐ外側にあるエルサレム丘の上に機関銃を数座設置し、鉄道駅の裏側には大砲数門を置いて、砲口を市の中心部に向けた。民族学者でもあった法律家のモイセイ・クロールは書いている。「というわけで、ボリシェヴィキは一滴の血も流さずにイルクーツクを奪取できると思ったかもしれないが、そうはいかなかった。自分たちの体制を守るために、数十人の士官候補生、コサック、士官、政治家らが武器を手にして立ち上がったからだ[26]」。

セレブレニコフも書いている。「士官候補生の小規模な部隊が一人の士官に率いられてやって来た。彼らは完璧に戦闘準備態勢を整えていた。シベリア特有のフェルトの防寒長靴（ヴァーレンキ）を履き、灰色の兵隊外套の上に羊皮の外套を重ね着し、ライフル銃を肩に担ぎ、ベルトには手榴弾を下げていた[27]」。拠点としていた軍事アカデミーから出撃した士官候補生部隊は先手を打って赤衛隊を知事公邸に押し込め、包囲した。赤衛隊側は「戦闘が長引くことを予想せず、まともな糧食を持たなかったので、すぐに飢えの問題に直面した。彼らは水も持っていなかった。一人の勇敢な赤衛隊員がアンガラ川の水を汲みにバケツを持って外に出た。川まで行かれなければ、中庭に積もった雪でもよかった。しかし、士官候補生側の狙い定めた狙撃を受けて倒れてしまった。知事公邸の窓は戦闘初日に撃ち砕かれていたので、建物内は深刻な寒さだった。赤衛隊は床板、家具、絵画など、あらゆるものを燃やして暖を取ろうとした。しかし、最後には降伏する以外に道はなかった[28]」。

街路では多数の民間人が機関銃掃射のために死傷した。「窓から外を眺めていると、時々橇が通り過ぎるのが見えた。橇は赤十字の旗をひらめかせていた。勇敢な人々が通りを橇で走り回って死傷者を収容していたのだ」。イルクーツク市内の戦闘は一〇日間近く続いたが、最後にクラスノヤルスク市のボリシェヴィキ組織が大規模な救援部隊を送り込み、士官候補生部隊を逆包囲して降伏に追い込んだ。

「戦闘に勝利した側は敗北した側に完全な身体的自由を保証した。敗北した側は何ら報復を受けずにイルクーツク市内に留まることも、市を離れることもできることになり、双方の代表者が合意文書に署名した。イルクーツク市のボリシェヴィキはこの合意を順守したと言ってよいだろう[29]」。しかし、イルクーツクよりもさらに東方で蜂起したセミョーノフ軍部隊に合流しようとしてイルクーツクを離れた反ボリシェヴィキ派の人びとは、別の赤衛隊グループがバイカル湖循環鉄道沿線の各地に検問所を設け、反革命分子を捕えて多数を処刑していることを知らなかった[30]。

騒乱と略奪に関する噂はいたるところで囁かれていた。ラキエルは書いている。「ベレーツとハリコフでは、何か狂気じみたことが起こっている。しかし、最悪なのはベッサラビア各地の暴動である。今のところ、ポグロムの波はオデッサまで及んでいないが、オデッサでも暴動の勃発が予想される[31]」。

ウラル地方のイルビットでは、一一月末になって略奪が始まった。予想どおり、最初のターゲットは「シベリア酒造」と呼ばれる醸造所だった。醸造所はたまたまモスクの向かい側にあった。兵士たちが三リットル入りのウォッカの瓶を両手に下げてよろめきながら出てきた。その直後、市場の隣の商店が燃え上がった。学生の一人が記録を残している。「地元の女たちが火を点けて品物を盗み始めた。一〇人ほどの兵士が略奪に加わったが、大半の兵士たちはただ立って眺めていた。そして、時々空に向かってライフル銃を発射した。全員が酔っぱらっていた。通りを挟んだ筋向いにハム、ソーセージ、ブランデー、ワインなどを売る別の商店があり、兵士たちはそこへ向かった。僕もついて行った。店の前には群衆が集まっており、中年の女が大声で繰り返していた。『さあ、この鍵を持ってお行き！店を壊さないでおくれ！』。彼女は店の持ち主だった。もちろん、群衆は彼女の言うことなど聞かなかった。彼らは窓とドアを壊して押し入った。商店主の女は鍵束を地面に叩きつけて立ち去った」[32]。

この時期、誰よりも報われない任務を課されていた人物は旧帝政軍の最後の総司令官ニコライ・ドゥホーニン将軍だった。ドゥホーニンはコルニーロフ事件後に急速に昇進して総司令官に任命されたが、彼をよく知るウェーヴェルによれば、「上品で、物静かで、有能だが、あまり強烈な印象を与えない人物」[33]だった。

一一月八日、レーニンは停戦と和平交渉のためにドイツ軍当局と接触することをドゥホーニンに命令した。ドゥホーニンはその前に連合諸国と接触する必要があると言って時間を稼ごうとしたが、その過程でソヴナルコムをロシアの正統政府として認めないと言明せざるを得ない立場に追い込まれる。レーニンはすぐにドゥホーニン将軍を解任し、代わりにクルィレンコ少尉を最高司令官に任命する旨を全軍に通知した。

一一月二〇日、ボリシェヴィキ党員のクルィレンコは、バルチック艦隊の水兵やフィンランド近衛連隊とラトヴィア近衛連隊の予備大隊の兵士ら三〇〇〇人余りを引き連れてモギリョフの大本営に赴いた。鉄道労組（ヴィクジェル）の労働者もボリシェヴィキ部隊の移動を阻止しなくなっていた。ドゥホーニン将軍は、車で脱出してはどうかという提案を拒否して、モギリョフ駅まで出向き、クルィレンコに投降した。それはきわめて愚かな行為だった。ブィホーフ修道院に囚人として収容されていたコルニーロフ、アレクセーエフ、デニーキン、ルコムスキー、その他の将軍たちの逃亡をドゥホーニン将軍が黙認したことを知って水兵たちが激高していることを忘れてはならなかった。

クルィレンコはドゥホーニンを自分の車両に招き入れて保護しようとした。しかし、クロンシュタット要塞から来た水兵たちは獲物を求めて車両を襲った。彼らはドゥホーニンをプラットフォームに引きずり出し、殴り倒し、衣服を剝ぎ取り、「銃剣で刺して持ち上げ、死体にして切り刻んだ」[34]。ボリシェヴィキはドゥホーニンの死を得意の冗談にした。「ドゥホーニンの本部で誰かの書類を調べる」という言い回しは士官を処刑するという意味のスラングになった。

一週間後、新大本営はカレーディン、コルニーロフ、ドゥートフなどに同調する可能性のあるすべての上級将校に対して厳しい警告を発した。「全ての指揮官に警告する。反革命的活動を行う者、それに同調する者は容赦なく罰せられるであろう。有罪と認められた者はその地位を解任され、軍事革命法廷に引き渡される」[35]。クルィレンコは、また、すべての士官に肩章を取り外すよう命令した。肩章は抑圧の象徴として、怒れる兵士たちの憎悪の的だった。

人々が飢えに苦しむ冬の季節が近づくにつれて、世の中の気分に明らかな変化が生まれつつあった。若いジャーナリストのコンスタンチン・パウストフスキーは書いている。「二月革命が生み出した漠然たるロマンチシズムや世界中の人間が幸福になるという希望は雲散霧消してしまった」[36]。そのパウストフスキーは、コサック風の大げさな口髭を蓄えた老獪な作家ウラジーミル・ギリャロフスキーが羊皮の帽子を被って編集部の部屋に入って来てしゃがれ声で言った言葉を伝えている。「やあ、嘴の黄色い青二才の諸君！　社会主義者諸君！　滅びゆくリベラル派諸君！　君らはロシア国民が何たるかを知らない。まるで愚かな老婆クルデューコヴァ夫人のようだ。[*1]　私はロシア国民を知っている。ロシア国民は難局の凌ぎ方を君らに教えてくれるだろう(37)」。

＊1　クルデューコヴァ夫人はイワン・ミャートレフの滑稽小説『クルデューコヴァ夫人の外国体験』（一八四〇〜四四）の主人公で、言葉の滑稽な誤用で有名なマラプロップ夫人のロシア版。

# 第10章　嬰児殺しとしての民主主義圧殺　一九一七年一一月〜一二月

レーニンがドゥホーニン将軍にドイツ軍との交渉開始を命じたことが伝わると、その反響がすぐに現れた。戦線を離脱して帰郷する兵士の動きが津波のように広がったのである。和平が近いとすれば、いち早く地元に帰って地主や教会から獲得した土地の配分にあずかりたいと思わない農民兵士はいなかった。

「戦線を離脱した兵士の大群がロシアの鉄道路線沿いに溢れかえり、目に入るすべての物を無造作に破壊している。自分たちが乗る列車に関しても、盗める物は盗み、壊せるものは壊すという有様だ。列車の屋根の金属板を剝ぎ取ることさえ厭わない。スハレフスキー市の市場では、列車の洗面台、鏡、座席から切り取った赤いビロードの布切れなどが盛んに取引されているという。蛮声を張り上げ、アコーディオンを鳴らし、機関銃を乱射する兵士たちを乗せた列車が駅に入ってくると、駅長や駅員はさっさと職場を放棄して逃げ出すのが常となっている(1)」。

トロツキーは兵士たちにも多少の贅沢を味わう権利があるとして、彼らが旧一等車の座席からビロードの布切れを引き剝がして包帯代わりにすることを許容していた。一方、レーニンは兵士による破壊それ自体を歓迎した。ボリシェヴィキがロシア全土で権力を掌握し、維持するための唯一のチャンスは暴力を通じてすべてを白紙状態に戻し、過去に復帰する可能性を消し去ることだ、というのがレーニンの年来の信条だった。

すでに九月の段階で、レーニンは「階級闘争の最も先鋭的な形態は内戦である」[2]と書いている。レーニンによれば、七月蜂起はまさにプロレタリアートが内戦に最も近づいた瞬間だったが、実際に内戦を開始したのはブルジョアジーであり、その合図となったのがコルニーロフの反乱だった。抗争を仕掛けたのは反動派の方であるとする主張は、言うまでもなく、ボリシェヴィキの宣伝にとって必要だった。レーニンが明確に認識していたように、「革命的プロレタリアートが大衆を動かし、大衆を闘争に巻き込むに当たっての強みは議会内の闘争よりも議会外の闘争の方にあり、その意味で内戦はきわめて重要だった」。つまり、憲法制定議会の選挙を通じてボリシェヴィキが権力を握ることは不可能であると認識していたレーニンは、「内戦を通じて権力を掌握する方がはるかに現実的だ」と考えていたのである。言い換えれば、内戦は権力を掌握するための手段としてボリシェヴィキが当初から想定していた道筋だった。しかし、レーニンは憲法制定議会の選挙を当初から無視する姿勢は取らなかった。そんなことをすれば、すべての社会主義派政党が反ボリシェヴィキ路線で結束してしまうからである。憲法制定議会をいったん成立させ、その後で解散させる方がずっと容易な道程になるはずだった。

レーニンは一一月にボリシェヴィキがペトログラードで権力を握った直後から「階級の敵」に対する憎悪と暴力を煽り始め、「人民の敵」という言葉もすでに使っていた[3]。これは「集団的テロル」というレーニンの意図的な戦略の始まりだった。フランスのある研究者は分析している。「レーニンの『集団的テロル』は単に社会的暴力を導入するだけでなく、断固たる決意に基づいて理論化された積極的暴力政策を、社会全体を組み直す手段として、いかなる制限もなしに、実行に移そうとするものだった」[4]。

レーニンは自分に反対する意見が出ると、それを背信または妨害と見なして激怒したが、一〇月二九日、レーニンを真に激昂させる事態が出来した。国家公務員がボリシェヴィキの権力奪取に抗議してゼネストを宣言したのである。すべての省庁で文書が錠をおろした金庫にしまい込まれ、金庫の鍵は持ち去られて秘匿された。最悪だったのは、国立銀行、財務省、民間銀行などが通貨の発行を拒否し、ソヴナルコムの権威を否定したことだった。ボリシェヴィキは、一か月半の間、なす術もない情況に追い込まれるが、最終的には赤衛隊がすべての銀行を占拠し、その日の午後には、全銀行の国有化が宣言された。そして、翌日には、「国民経済最高会議」が設立される。

トロツキーは外務人民委員だったが、一一月九日になって初めて外務省に顔を出し、全職員を集めて宣告した。「私が新しい外務人民委員のトロツキーだ」[5]。職員の間から皮肉な笑い声があがった。トロツキーは仕事に戻るよう命じたが、ほぼすべての職員が帰宅してしまった。職場にとどまったのは、他の省庁の場合と同じく、門番、伝書使、秘書の一部だけだった。

次に、トロツキーはすべての在外ロシア大使館にフランス語の電報を送り、大使館員たちが新政府に従う意向があるかどうかを返信するよう命じた。「新政府の政策に仕えることを拒否する者は解雇される。文書や資料はソヴナルコムの指示を実行することに同意した職員に引渡すものとする」[6]。電報にはフランス語で「外務人民委員トロツキー」と署名されていた。上級外交官のうち職にとどまった者はほとんどいなかった。

結局、ボリシェヴィキはすべての省庁と主要な政府部門に自分の党の政治委員を送り込まざるを得なくなった。一方、公務員側も仕事を再開しなければならなくなった。公務員はソヴナルコムへの忠誠宣言に署名するか、それとも革命裁判所に出頭するかの選択を迫られたからである。帝政時代の上級公務員の多くが職を捨て、若い出世主義者、または野心的な民間人がそれに取って代わった。彼らは無知で無教養な場合が少なくなかった。レーニンは問題が起こることを予測していたが、そのレーニンでさえ、結果として生じた混乱と腐敗の実態を知って衝撃を受ける。機会便乗主義者たちは有能な行政官ではあり得ても、彼らが仕える体制に忠実であることは滅多になかった。ラデックは部下の一人に漏らしている。その部下は秘密の反体制派だった。「知ってのとおり、私の部下は誰ひとりとして信頼できない。実は、彼らは全員が右翼支持派だ。だが、私は彼らの首根っこをしっかりと握っている」(7)。

鉄道労働者の労組「ヴィクジェル」は複数政党による連立政府を要求したが、レーニンはいかなる妥協も拒否した。そして、ボリシェヴィキ党中央委員会のメンバーからの忠告さえも受け入れずに、ソヴナルコム内閣のすべての会議を自分の思い通りに支配した。「全ての権力をソヴィエトへ」のスローガンを掲げてクーデターを実行したにもかかわらず、ソヴィエト執行委員会を無視することも平気だった。ソヴィエト執行委員会の議長だったカーメネフはそれに抗議して辞任するが、それでも事態は少しも変わらなかった。レーニンはまるで砕氷船のように突進した。カーメネフを解任し、代わりにスヴェルドルフを議長に据えただけだった。スヴェルドルフはソヴィエト執行委員会をソヴナルコムのためのゴム印にしてしまった。

ボリシェヴィキ派以外の新聞はすべて発禁となった。すると、各紙はその翌週には編集人の名前を変えて再発行を試みるが、すぐに再び発禁処分を受けるという具合だった。唯一の例外は『ノーヴァヤ・ジーズニ』紙だった。その紙上ではゴーリキーがレーニンとボリシェヴィキ独裁制を歯に衣着せずに批判していたが、どういうわけか同紙は翌年の七月まで生き残った。しかし、七月に入ると、レーニンは「内戦期に入った今、『インテリゲンチャの悲観主義』をこれ以上許容することはできない」[8]として『ノーヴァヤ・ジーズニ』の廃刊を命令した。

一一月一二日、ようやく憲法制定議会選挙の投票が始まった。この選挙の実施については、レーニンさえも口先だけとはいえ支持していた。そもそも、ボリシェヴィキが繰り返し臨時政府を批判した理由のひとつは臨時政府が憲法制定議会の実現を先延ばしにしていることだった。ボリシェヴィキ党の内部でも、穏健派は憲法制定議会の意義を本気で信じていた。また、反ボリシェヴィキの各会派にとっては、憲法制定議会選挙は一党独裁国家の成立を阻止するための最後の機会だった。独裁国家が成立してしまえば、その指導者は皇帝ニコライ二世よりもさらに専制的な人物になる恐れがあった。独裁国家が他でもないマルクスの好敵手だったミハイル・バクーニンは警告したことがある。「最も熱心な革命家であっても、もし全権力を握るようなことになれば、一年も経たないうちに皇帝をも凌ぐ専制君主になる恐れがある」[9]。

ヨーロッパ・ロシアから東シベリアに至るまでの広大な国土面積を有する国では、選挙は投票だけで長い時間が必要だった。そのうえ、今回は婦人参政権が認められたという意味で前例のない投票だった。一部の地域では、いまだに極右勢力や聖職者が投票に介入して選挙を操作しようとしていた。ドン地方でも、コサック連隊の中佐だったフィリップ・ミローノフが一一月一五日に地元の投票所に出かけた経験を書き残している。ミローノフは社会革命党の左派党員でもあった。「投票所を仕切っていたのは言うまでもなく教会の司祭だった。司祭は、長い髪の毛を束ねもせずに、投票箱の隣に座り、投票に来る者全員に『四番リストに投票しなさい』と囁きかけていた。四番リストには、カレーディン将軍の主宰する一派に属する候補者名が書かれている。そこで、私は二番リストに投票すると言い返してやった。二番リストは社会革命党である。すると司祭の仲間たちが獣のような大声で私を罵倒し始めた。連中は私のことをボリシェヴィキだと思ったようだった[10]」。

前例のない選挙だったが、違反行為や歪曲行為は従前と同じに横行した。選挙の結果もすんなりとは受け入れられなかった。ボリシェヴィキ党は、この間に支持を拡大していたにもかかわらず、得票が一〇〇〇万票にとどまったことに落胆失望した。一〇〇〇万票は全投票数の二五パーセントをやや下回る数字だった。社会革命党（エスエル）は全投票数の三八パーセントに相当する約一六〇〇万票を獲得した。ただし、この数字は誤解を招く恐れがあった。というのも、エスエルの右派と左派は修復不能な分裂状態にあり、ほとんど別個の二政党の観を呈していたのである。ただし、決定的分裂はごく最近のことだったので、投票には反映されなかった。エスエル左派がボリシェヴィキとの共闘もあり得ると考えるに至っていたことを考慮すれば、ボリシェヴィキとエスエルの獲得票数は必ずしも正確な政治地図を表現していなかった。しかし、投票数が明確に示した事実がひとつあった。それはボリシェヴィキがみずから主張するほどの支持を得ていないという事実だった。特に、ロシア北部の主要都市におけるボリシェヴィキの得票率は低調だった。

立憲民主党（カデット）が予想以上に善戦したことはレーニンを苛立たせた。特にペトログラードとモスクワで、カデットは大きな支持層を集めていた。支持層は中流階級だけではなかった。社会の混乱と犯罪の増加に恐れをなしていた大衆が貧困層を含めてカデットに投票したのである。「庶民を含む大多数の人々が帝政時代の秩序ある社会に戻りたいと思っている[11]」。オデッサのエレーナ・ラキエルは投票の始まる三日前にそう書いている。「毎晩のように銃声が聞こえるが、私たちはもう銃声に慣れてしまって、聞こえてもただ寝返りを打つだけでまた眠り込んでしまう。私は日ごとに右傾化しており、やがては帝政主義者に戻ってしまうかも知れない。しばらく前まではエスエル支持だったが、今は全面的にカデット支持だ。うちの女中とコックもカデットに投票したと言っている。秩序を回復するにはカデットを支持するしかないというわけだ」。

政治的な両極化はメンシェヴィキその他の中道左派政党への支持率の激的な低下を意味していた。ただし、支持率を低下させた原因は、中道左派各党の選挙メッセージの曖昧さにもあった。旧秘密警察オフラーナの長官だったグロバチョフは指摘している。「社会主義派の各政党が何を望んでいるのかはほとんど誰にも理解できなかった。ロシアの大衆は完全に何も知らされていなかった[12]」。

ボリシェヴィキは時を移さずに選挙結果への不信を表明し、選挙のやり直しを要求した。個々の当選者に関するリコール権を主張しただけでなく、憲法制定議会そのものを無視する構えさえ見せたのだった。一一月二〇日、ソヴナルコムは憲法制定議会の開会延期を発表し、二三日にはボリシェヴィキ派の軍事革命委員会がタヴリーダ宮殿で会議中だった選挙管理委員三人を逮捕し、スモーリヌィ女学院の革命本部に連行した。ソヴナルコムが後任の選挙管理委員に任命したのはボリシェヴィキのモイセイ・ウリツキーだった。ウリツキーは後に秘密警察チェーカーのペトログラード支部司令官になる人物である。

ボリシェヴィキによる恥知らずな妨害に対して、反ボリシェヴィキの各党は共同して抗議デモを組織し、タヴリーダ宮殿を包囲した。ボリシェヴィキはこのデモを反革命活動と断定し、立憲民主党（カデット）を非合法化するとともに、同党の指導者たちを「人民の敵」として逮捕し、ペトロ・パヴロフスキー要塞に監禁してしまった。レーニンは、また、都市部における深刻なパン不足について、その責任をブルジョア投機業者に帰して非難した。都市部におけるパンの配給はすでに一人当たり四分の一ポンドにまで減らされていたが、減量された配給の内容はパンと呼べるような代物ではなかった。ラキエルは書いている。「連中は藁とふすまを材料として、恐るべきパンを焼き始めた。そのパンの耳はあまりにも硬くてナイフでも切れない代物だった。しかも、藁の切れ端が歯に挟まって不愉快このうえなかった」[13]。都市の住民に食料を供給できない政府が長続きしないことはレーニンも理解していた。もっぱら都市労働者の支持に依存する政府はなおさらだった。

一二月四日、レーニンはスモーリヌィ女学院内の防御設備つきの部屋にこもり、ラトヴィア人の警護兵に守られつつ、フェリックス・ジェルジンスキーに向かってブルジョアジーによる妨害活動に対する痛烈な不満を漏らした。その翌日、ボリシェヴィキは従来の「軍事革命委員会」に取って代わる秘密警察組織「チェーカー」(「反革命、投機行為、怠業行為と戦う全ロシア非常委員会」の略称)を設立した。レーニンはジェルジンスキーを新組織の長官に任命し、次のように情勢を分析した。

「ブルジョアジーは最も凶悪な犯罪を敢行する準備を整えつつある。社会からの脱落者や堕落分子を買収し、酒を飲ませて暴動を起こさせようとしている。高位の聖職者、銀行家など、ブルジョアジーを支持する勢力は自分たちの仕事を怠業し、社会主義的改革を実現しようとする政府の政策を挫折させる目的でストライキを組織しつつある。彼らは食料の配分まで妨害し、数百万人を飢餓に陥れようとしている」[14]。

しかし、食料の配分を妨害するためにブルジョアジーがどのような手段や方法を使っているかについての具体的な説明は欠けていた。レーニンは同じ月の月末にブルジョアジーとの戦争を宣言するが、その際にも具体的な説明はなく、ただ「ブルジョア富裕層とそれに寄生する連中およびブルジョア知識人などに対する死を賭しての戦争」という言葉が踊っているだけだった。レーニンは戦いの相手を「シラミ、蚤、毒虫、寄生虫」[15]などと呼んで非人間扱いしたが、それは階級的ジェノサイド宣言に等しかった。

フェリックス・ジェルジンスキーは痩せた長身のポーランド人で、没落貴族の出身だった。エル・グレコの絵に現れる青白い苦行僧のような顔つきで、奇術師風のまばらな顎鬚と半眼に閉じた眼を特徴としていた。彼は本物の狂信者で、信条のためならば自分の健康を犠牲にすることも厭わなかった。ボリシェヴィキの幹部たちは誇りと恐怖と賛嘆の念を込めて言っていた。「フェリックス・ジェルジンスキーは革命のためなら自分の母親さえも容赦しない」[16]。ジェルジンスキーは、後に盟友となるスターリンと同様、若いころには司祭になるための教育を受けたが、その後、キリスト教の信仰と激しく対立するようになる。あらゆる敵と裏切り者の仮面を情け容赦なく剝ぎ取る決意は固く、あたかも強迫観念のようだったが、後の後継者の一部のように流血への嗜癖を有するわけではなく、殺害や拷問は他人に任せていた。決して賄賂を受け取らない清廉潔白な人物で、いかなる特権にも反対するという純粋な姿勢を維持することによって欲望を制御していた。最低レベルの配給量を超える食料には手も触れず、暖房のない事務室の床の上で兵隊外套にくるまって寝るという生活を送っていた。

喫煙を別にすれば、ジェルジンスキーの唯一の弱点は詩への傾倒だった。詩はスラヴ民族の想像力をかき立てる最高の芸術形式だったが、ドナルド・レイフィールドによれば、チェーカーの職員たちとセルゲイ・エセーニン、ウラジーミル・マヤコフスキー、アレクサンドル・ブロークなどの詩人たちとの間に急速に醸成された相互的感応はまことにもって驚くべきだった。チェーカーの職員たちは自己犠牲と暴力が組み合わさって生まれるロマンチシズムに酔い痴れていた。チェーカーが発行する詩文集の中に死刑執行担当者の詩が掲載されている。

最大の歓喜、最上の音楽。

それは命と骨の砕ける音。
だからこそ、眼がかすみ、
胸の中で情熱が沸き立つとき、
宣告文に書き添えたくなる揺るぎない言葉はこうだ。
「壁に向かって立たせよ！　撃て！」[17]。

チェーカーの職員は自分たちを「革命の剣と炎」と呼んでいた。この定義は、自然的正義や生命尊重などの人間的理想よりも自分たちの大義を優先するボリシェヴィキの理想化された冷酷さを表現していた。ジェルジンスキーは精神的に純粋な若者を集めてボリシェヴィキのエリートを養成したいと思っていた。航空兵が着る黒革の上着を部下に支給したのも、その思いからだった。黒革の上着は帝政期に生まれたばかりのロシア空軍の兵士のために英国が供給したものだった。革の長所は、羊毛とは異なり、チフスを媒介するシラミを寄せ付けない点にあった。

ジェルジンスキーはチェーカー職員の理想像を「燃える心、冷静な頭脳、汚れのない手」を有する人間だとしていた[18]。しかし、レーニンは現実的だった。犯罪歴のある者、殺人の経験者、精神病質者などがチェーカー組織にもぐり込むことをレーニンは覚悟していた。たしかに、チェーカーには塹壕で虐待を受けた兵士、革命のどさくさに紛れて監獄から解き放たれた囚人などが在籍していた。出身の民族についても、チェーカー職員の過半数は非ロシア人だった。ポーランド人、ラトヴィア人、ユダヤ人をはじめ、ザカフカス地方のアゼリア人、アルメニア人、グルジア人などが多かった。ジェルジンスキーの二人の補佐役、ヤーコフ・ペテルスとマルチン・ラーツィスは二人ともラトヴィア人だった。ペテルスは第一次大戦が始まる前にロンドンに亡命していたが、一九一一年に警官三人の殺害事件とシドニー・ストリート包囲戦事件に関与して初めて世間の注目を浴びた人物だった。

ラトヴィア人兵士はボリシェヴィキによるクーデター直後の重大な時期にレーニンの身辺警護隊として重要な役割を果たしたが、そもそも、対独戦の最中だった一九一五年、帝政軍の大本営がクールラントからの亡命ラトヴィア人を集めてライフル銃部隊八個大隊を編成したのが始まりだった。ラトヴィア人ライフル銃部隊はリガ周辺とダウガヴァ川流域の防衛戦に動員され、膨大な損傷を被りつつも、きわめて勇敢に戦った。しかし、ロシア人指揮官による扱いへの不満が高まり、帝政軍が瓦解し始めた一九一七年夏には、兵士の大多数と一部の士官さえもがボリシェヴィキ支持に傾き始めた。秋に入り、ドイツ第八軍が攻勢に出てラトヴィアとエストニアを占領すると、ラトヴィア人部隊はペトログラードまで退却せざるを得なくなる。ペトログラードでは、待ち構えていたかのように、ボリシェヴィキがラトヴィア人兵士に協力を求めてきた。反ボリシェヴィキ派は言いそやした。「レーニンが革命を実現し得たのは、ユダや人の頭脳とロシア人の愚かさとラトヴィア人の銃剣のおかげだ[19]」。

反ユダヤ主義はロシアのほぼすべての地域と階層に深く浸み込んでおり、ボリシェヴィキ党の内部にさえ蔓延していた。しかし、黒百人組主導の殺人ポグロムを頂点とする帝政期の反ユダヤ主義がそれに怒ったユダヤ人の青年たちをボリシェヴィキの腕の中に追い込んだのはむしろ自然の成り行きだった。この事情が内戦期には憎悪の悪循環を生むことになる。右翼支持派の軍幹部、コサック、ウクライナ民族主義者らがさらに大規模なポグロムを引き起こすのである。

右翼支持者の間ではユダヤ人のほぼ全員がボリシェヴィキだと信じられていたが、これは重大な間違いだった。たとえば、スモレンスクではユダヤ人の社会主義派政党各派が社会革命党（エスエル）およびメンシェヴィキと組んで反ボリシェヴィキの選挙ブロックを形成していた[20]。ユダヤ人が強盗に襲われる頻度は非ユダヤ人に比べて二倍の多さだった。ユダヤ人を襲う現地守備隊の兵士や通りすがりの脱走兵はボリシェヴィキの同調者という場合が多かった。ボリシェヴィキが「ブルジョア」として侮辱し、攻撃する相手には大商人だけでなく、貧しいユダヤ人の小売店主も含まれていた。

臨時政府は三月にユダヤ人の解放を宣言したが、ベラルーシでは多くの農民が反ユダヤ主義の偏見を持ち続けていた。つまり、小麦粉の不足も物価の高騰もユダヤ人が物資を退蔵し、投機で儲けているためというわけだった。ソヴィエトの指導部もユダヤ人に対する暴力を黙認しているかのように見えた。[21] 一一月末から一二月初めにかけて、兵士たちがユダヤ人の社会主義派政党各派の事務所を襲撃して破壊し、会議を妨害し、その場に居合わせた人々を「ブルジョア!」、「ユダヤ人!」などと怒鳴りつけ、ライフル銃の台尻で殴るという事件が多発した。食料不足がさらに悪化して人々の怒りが激化すると、ボリシェヴィキ指導部までもが人々の怒りの矛先をユダヤ人に向けようとした。

レーニンはそれまで鉄道労働組合(ヴィクジェル)が提案する連立政権の構想を拒否していたが、一二月に入ると、社会革命党(エスエル)左派との共闘を視野に入れるようになる。共闘すれば、過激な政策を敢行してもその責任が分散されるし、何よりも、レーニンは農民層の支持を失いたくなかった。エスエル左派に言わせれば、「農民層こそが革命戦争の歩兵部隊」だったからである。

最近になって右派と袂を分かったばかりのエスエル左派は、「大衆の自発性」[22]を支持することを義務とする観点からボリシェヴィキとの共闘を受け入れた。土地制度改革に関するエスエル左派の政策をレーニンが恥知らずに模倣したこともエスエル左派を後押ししていた。一二月一二日、エスエル左派はボリシェヴィキが独占していたソヴナルコム内閣に参加し、あまり重要でない人民委員のポストをいくつか獲得する。これに対して他の左派政党各派が激しい批判を浴びせると、エスエル左派は入閣こそが自分たちの政策を実現しつつボリシェヴィキの独裁を抑制する唯一の方法であると反論した。彼らはボリシェヴィキが今後一貫して自分たちの単独支配を主張することを予想しておらず、したがって、ボリシェヴィキの独裁支配がいかなる力学をもって展開するかをまったく理解していなかったのである。

ソヴナルコム内閣への入閣は果たしたものの、エスエル左派の人民委員たちは蚊帳の外に置かれる場合が少なくなかった。ウクライナではエスエル左派の人民委員ミハイル・ムラヴィヨフがボリシェヴィキのやり方に対する激しい不満を漏らしている。ウクライナでは、アントーノフ＝オフセエンコがレーニンの指示に従ってエスエル左派との何らの協議もなしに「カレーディン派」と「資本家の妨害分子」の大量逮捕を行ったからだった。エスエル左派の指導部は農民への土地分配を進めようとしていたが、そのためにはボリシェヴィキの国有化政策と戦わなければならなかった。何よりも、エスエル左派が抑制したかったのは、ジェルジンスキーによる「人民の敵」の大量逮捕だった。エスエル左派に配分された人民委員のポストのうち最も重要なポストは、イサーク・シュテインベルグが務める司法人民委員だった。

憲法制定議会を支持する運動を展開していた政治家たちをチェーカーが逮捕したことがあった。すると、司法人民委員のシュテインベルグが彼らを釈放させた。その翌日にあたる一二月一九日の朝、ジェルジンスキーはスモーリヌィ女学院におけるソヴナルコムの閣議の席上でシュテインベルグを非難して、憲法制定議会派の釈放は「チェーカーを辱め、士気を挫こうとする行為[23]」であると決めつけた。シュテインベルグはソヴナルコムの決定を無視したとして譴責され、チェーカーの決定を覆す権限はソヴナルコムのみにあると宣告された。

シュテインベルグは勇敢に抵抗し、エスエル左派の党員をチェーカーの主要ポストに任命することを要求した[24]。ジェルジンスキーはこれを拒否したが、結局、ソヴナルコムは四人のエスエル左派党員がチェーカーに参加することを認めた。そのひとりピョートル・ヴャチェスラフ・アレクサンドロヴィッチはジェルジンスキーの副官として迎えられた。ジェルジンスキーは、自分でも驚いたことに、このアレクサンドロヴィッチがむしろ気に入った。しかし、翌年になってエスエル左派がついにボリシェヴィキとの訣別に踏み切ると、ジェルジンスキーは、突然危険な振る舞いに及んだ愛犬を射殺するかのように、自分の手でアレクサンドロヴィッチを射殺してしまった。

一九一七年一二月は、また、始まりかけた内戦の焦点が急に南部に移ったことでも注目すべき時期だった。ソヴナルコムがウクライナ中央評議会（ラーダ）とドン地方のコサック頭領カレーディンの反乱に対して宣戦を布告したのである。ブィホーフの修道院に囚われていた将軍たちはあわやというところで脱出し、ドン地方の首都ノヴォチェルカスクに向かっていた。自分がコサックであることを誇らかに宣言していたコルニーロフ将軍は変装を嫌い、列車で旅することさえ拒否した。彼は、信じられないことながら、肩章つきの帝政軍の制服を身にまとい、灰色の軍馬にまたがって出発した。その周囲はテキン族騎兵の護衛部隊によって固められていた。その騎兵たちも大きな毛皮帽を被っていたので、一行が何者であるかは遠くからでもすぐに見て取ることができた。

コルニーロフ以外の将軍たちは変装について苦情を言わなかった。ルコムスキー将軍は豊かな口髭と皇帝風の顎鬚を剃り落とし、ドイツ語風のアクセントを気取った。ロマノフスキー将軍は年齢を顧みずに少尉の制服を着て変装し、マルコフ将軍は生意気な当番兵の振りをした。将来、南部における白衛軍の総司令官になる恰幅の良いデニーキン将軍は三等車の列車で移動しながらポーランド人貴族を装っていた。[25]

コルニーロフはテキン族騎兵の護衛部隊とともに一四〇〇キロメートルにおよぶ長途に踏み出した

が、途中で何度も待ち伏せ攻撃を受け、頻繁に戦闘を繰り返した。ギリシャ時代の昔、黒海の対岸まで逃げ帰ったというクセノフォンの逃避行にも等しい長旅だった。一行に遭遇した赤衛隊がコルニーロフを取り逃がした場合には、一行の次の行き先と思われる土地の赤衛隊に電報で情報を伝え、迎え撃つよう指示した。コルニーロフとテキン族の騎兵隊が最後に遭遇した手強い赤衛隊は武装列車部隊だった。将軍の乗馬は銃弾に倒れ、護衛のテキン族兵士たちもついに戦意を喪失した。コルニーロフは護衛部隊を解散させ、個別に逃走してカスピ海の彼方の故郷に帰還するよう指示した。コルニーロフ自身は他の将軍たちの例に倣って農民に変装して別の列車に乗り込み、ようやくノヴォチェルカスクに到着した。ヴィホーフに囚われていた将軍たちのうち、一番遅れてドン地方の首都に到着したのがコルニーロフ将軍だった。

ノヴォチェルカスクの遥か先を目指してコルニーロフと同じ地域を移動していた人物がもうひとりいた。第八軍でコルニーロフの政治委員を務めていたヴィクトル・シクロフスキーである。シクロフスキーはザカフカス戦線のペルシアに派遣され、部隊の退却と解散を監督するよう指示されていた。シクロフスキーは書いている。「バクーの近くでカスピ海を見た。他のどの海とも違う冷たい緑色をしていた。ラクダの群れが軽い足取りで歩いていた[26]」。

シクロフスキーはチフリス（現トビリシ）に到着して書いている。「チフリスに着いた。チフリスは貧乏人のモスクワとでも言うべき良い町だ。街頭から銃声が聞こえる。興奮したグルジア人兵たちが空に向けて発砲しているのだ。連中は人を撃つことができない。それが国民性なのだろう。グルジアの未来主義芸術家たちと一夜をともに過ごした。良い連中だった。芸術家たちはチェーホフの姉妹よりももっとモスクワを恋しがっていた[27]」。シクロフスキーはチフリスから二日間の列車の旅を経てタブリーズに至り、タブリーズからさらに移動を続けて、砂漠と塩水沼沢地に囲まれたウルミア市の第七派遣騎兵軍団本部に到着した。

騎兵軍団は戦闘員と支援要員を合わせて約六万人の規模だったが、彼らはここしばらく糧食の支給を受けていなかった。そこで、必要に駆られて駐留地附近で羊や穀物を徴発し、その結果、現地の住民を飢餓に追い込んでいた。第一次大戦中にペルシアの人口の三分の一は飢餓と病気で死亡したが、これは第二次大戦中のどの国よりも高い割合だった。

シクロフスキーはクルディスタンの一部とアゼルバイジャンの一部を含むこの地域をロシアが一〇年にわたって占領したことがもたらした惨状を知ってひどいショックを受けた。この地域には、ペルシア人、アルメニア人、タタール人、クルド人、ネストリウス派のアイソール人（アッシリア人）、ユダヤ人などが混住していた。「これら諸民族の関係は太古の昔から順調ではなかったが、ロシア人がやって来ると事情が変化した。つまり、さらに悪化したのである」[28]。シクロフスキーはロシアの兵士たちが何の譴責を受ける恐れもなしに恐るべき犯罪を行う現場を目撃した。なかでも、ザバイカル地方出身のコサック部隊が最悪だった。「軍隊仲間では、彼らは『黄色い恐怖』と呼ばれていたが、それは制服のズボンの縞が黄色だったからだけではなかった。文字通り木の根、草の根だけで生きられる馬に乗って移動するザバイカル・コサックは浅黒く日焼けした幅広い顔をして、勇猛果敢だったが、残酷なところはまさにフン族だった。彼らの残酷さは無意識に発揮されるようだった。あるペルシア人によれば、ザバイカル・コサックはサーベルで人を切りつける時も、サーベルを握っている自覚もなしに、まるで鞭を振るうかのように乱暴に切りつけるのだ」[29]。

ロシア兵が最大の憎しみを込めて残酷に扱った相手はクルド人だった。クルド人がロシア軍の列車を転覆させて車両を襲うと、ロシア兵は恐るべき報復に出た。シクロフスキーは書き残している。

「聞いた話によれば、ロシア軍がクルド人の村に突入すると、村の女たちは、顔にも、胸にも、腰や太股にも汚物を塗り付けて強姦されまいとした。しかし、ロシア兵は女たちの身体の汚物をボロ布で拭って強姦したということだ(30)」。

「旅の途中で繰り返し目にしたのは、略奪され、破壊された村々と村民の死体だった(31)。これまでの生涯で目にした死体は少なくないが、村々の死体は日常生活の姿をとどめたまま殺害されたという点で特異だった。彼らは戦死したわけではなかった。誰かがライフル銃の性能を試そうとして、まるで犬のように彼らを撃ち殺したのだ。ひとりの農民の死体の顔の上に猫が乗っていた。猫は全身の毛を逆立て、その小さな口で死体の頬を不器用に齧っていた(32)」。

ペルシア国内にいるロシア軍の動員を解除し、兵士を帰郷させるというシクロフスキーの任務は、多くの兵士が銃の返還を拒否したために複雑なものとなった。兵士たちはこの国で銃と引き換えに何が手に入るかを知ってしまったのである。女性を人間扱いする文化のない国の話だった。ショックを受けたシクロフスキーは説明している。「東方諸国では、ライフル銃、特にロシア製のライフル銃は宝物の扱いだった。ロシア軍の撤退が始まった頃、ペルシアのバサールではライフル銃一挺が二〇〇〇ルーブルから三〇〇〇ルーブルで売買されていた。弾薬は三ルーブルだった。比較のために言えば、ペルシアやカフカス地方からロシア軍兵士が拉致してきた女の値段は、たとえばフェオドシアの奴隷市場では処女が四〇ルーブル、非処女が一五ルーブルだった。その値段を払えば、女は一生涯自分のものになる。ライフル銃を売らないという選択はあり得なかった」。ゴーリキーもこの野蛮な奴隷売買に言及している。ゴーリキーによれば、テオドシアではザカフカスから連れてこられた女がひとり二五ルーブルで売られていた(33)。

軍部の腐敗はカスピ海のロシア艦隊にも蔓延していた。カスピ海艦隊はロシア軍が撤収するために必要な輸送手段だったが、ボリシェヴィキ党に属するハッチコフという名の士官が策略をめぐらして同僚の支持を集め、自分が司令官に就任した。司令官になったハッチコフは鉄道会社が所有していた船舶と護衛艦船を接収して、乾燥果物の運搬と取引を始めた。シクロフスキーが後にバルチック艦隊の司令官から聞いたところによれば、「ハッチコフは最後にはロシアのカスピ海艦隊を英国に売り渡す手助けをした[34]」。

英国はこの地域に関してかなりの利害関係を有していた。バクー油田も重要だったが、ペルシア戦線とメソポタミア戦線では、英国軍がトルコ軍と直接対峙していた。したがって、ニコライ・ユデーニッチ将軍のロシア軍がこの地域から撤退することは英国にとって戦略的な脅威だった。トルコ軍と対峙していた英国軍師団とインド軍師団の右翼が北側からの攻撃に直接さらされるからである。ユデーニッチ将軍麾下二〇万名のロシア軍の妨害を受ける恐れがなくなれば、トルコ軍はカスピ海南岸を通って中央アジアに押し出し、英印軍の側面に回り込んで英国領インドを脅かす可能性を獲得するのである。

ロンドンの英国陸軍省とシムラのインド軍司令部は、バグダッドの総司令部との協議を経ずに、現地召集兵を含む特別編成の三軍団を訓練してトルコ軍の前進を阻止することを決定する。しかし、この戦術を実現するには、アルメニア人、アゼルバイジャン人、アイソール人、クルド人、グルジア人、トルクメン人、ロシア人など、互いに反目しあう民族の調整を図る必要があった。ライオネル・ダンスタヴィル少将の軍はバスラからペルシア東部を横切ってエンゼリに進出し、カスピ海西岸のバクー油田を確保することになった。ウィルフレッド・マレソン少将の部隊の任務はカスピ海東岸地帯を確保することだった。特に重要な戦術はブハラからサマルカンドに至る中央アジア鉄道の確保であり、その目標はペルシアの町メシェドの確保だった。三軍団の中で最も小規模なマッカートニー少将の部隊はロシア領中央アジアの奥深くに位置するタシケントを目指して進軍した。

ライオネル・ダンスタヴィル少将は当時の軍人の定番である口髭を蓄えた典型的な英国軍将官の風貌をしていたが、実は同時代の人びとよりも遥かに独創的な人物だった。ダンスタヴィルは作家ラドヤード・キプリングの学校友達であり、キプリングの小説に登場する主人公「悪童ストーキー」のモデルだった。冒険家であり、優秀な言語学者でもあったダンスタヴィルは、自分の英国軍部隊に可能な限り多数のオーストラリア人、ニュージーランド人、南アフリカ人、カナダ人などの士官と下士官を入隊させようとした。これらの人びとは普通の英国人よりも自立心が強く、進取の気風に富むというのがダンスタヴィルの見解だった。しかし、残念ながら西部戦線の部隊から彼らを選別して引き抜き、ロンドンからバスラまで移動させるには予想以上に長い時間がかかった。結局、ダンスタヴィル少将とその部隊は一九一八年の初夏になってようやくバクーに到達することになった。バクーに到着したダンスタヴィル軍はボリシェヴィキ部隊、コサック部隊、そしてトルコ軍による大虐殺を逃れてきたアルメニア人部隊との間に、あり得ないような同盟関係を結んで、遥かに優勢なオスマントルコ軍を相手にバクー市の防衛戦を戦うことになる。[35]

# 一九一八年

# 第11章　旧体制との訣別

## 一九一八年一月～二月

一九一八年が明けたが、レーニンは新年早々から苛立ちを募らせていた。生涯で最初の暗殺の危機に見舞われたのである。一月一日の夕方、刺客気取りの二人の男がレーニンの乗る運転手付き乗用車に向かって発砲した。その時、レーニンの心を占めていた最大の問題は、一月五日に開会が予定されている憲法制定議会を何とかしてやり過ごす方法だった。出席すべき代議員が集まる前に議会の無効を宣言するやり方はあまりにもリスクが多きかった。タヴリーダ宮殿での開会行事をどう扱うべきかについても決心がつかなかった。宮殿は憲法制定議会の開会行事のために赤や茶色の色調の毒々しい装飾で飾られていた。レーニンは、滅多にないことだったが、同志たちに助言を求めた。ウリツキーとセルゲイ・グーセフが開会式を混乱に追い込んで解散させるという案を唱えると、最初のうちレーニンは怒って提案を受けつけなかったが、考えた末に二人の提案を採用した。

一月五日は非常に寒い日だった。道路の脇には雪が高く積み上げられていたが、天候は快晴だった。空が澄んでいたのは、工場が燃料不足のために操業を停止していたからだった。赤衛隊とバルチック艦隊水兵で構成されるパトロール隊がサーベルと銃剣付きのライフル銃で武装して道路を封鎖し、憲法制定議会を支持する勢力のすべてのデモ行進を阻止していた。社会革命党（エスエル）の代議員だったウラジーミル・ゼンジーノフは書いている。「憲法制定議会の開会日のことは誰も忘れないだろう。そもそも市全体が軍事演習場に変わってしまったかのような雰囲気だった」[1]。スモーリヌィ女学院の警備を担当するラトヴィア人ライフル部隊は、ボリシェヴィキ本部が攻撃される事態に備えて補強された。ただし、首都守備隊の兵士は動員されなかった。守備隊兵士の圧倒的多数が憲法制定議会を支持していたからである。憲法制定議会開催支持のデモ隊を阻止し、解散させる作戦には赤衛隊と水兵だけが動員された。ソヴナルコムは「すべての権力を憲法制定議会へ」というスローガンは今や反革命派のスローガンであると宣言していた。

ついに、リテイニー大通りでデモ隊と警備兵の部隊が衝突した。英国の作家でジャーナリストのアーサー・ランサムによれば、死者一五人、負傷者一〇〇人を出す衝突だった。死者の中には憲法制定議会に出席すべき代議員も含まれていた。激昂したゴーリキーは、一九〇五年にガポン神父の率いる行進を帝政軍が銃撃した「血の日曜日」事件に劣らぬ暴挙として、この弾圧に抗議した。タヴリーダ宮殿の周囲にはバリケードが築かれ、入り口には数挺の機関銃と二門の大砲が据えられて、入場する代議員たちを威嚇していた。アーサー・ランサムなど、僅かな数の外国人ジャーナリストが居合わせたが、彼らは憲法制定議会の代議員に選出された一五人の立憲民主党（カデット）党員が姿を見せないことを不審に思っていた。外国人ジャーナリストには思い及ばないことだったが、カデット党の代議員一五人全員が数人のエスエル党右派の代議員とともにすでに逮捕されていたのである。

ウリツキーとグーセフが提案した作戦のために動員されたひとりの若い女性ボリシェヴィキが自分に割り振られた役割を書き残している。「グーセフは私のような若者、つまり秘書やタイピスト、伝書使、清掃係などを集めてホイッスルと玩具のガラガラを持たせ、タヴリーダ宮殿の外交官用バルコニー席に座らせた。グーセフ自身はバルコニー席の後ろのカーテンの陰に座っていた。会場に到着した代議員たちは水兵によって迎えられた。青い上着の水兵たちは腰に機関銃の弾帯を巻いて完全武装していた。案内係ならぬ水兵に迎えられた代議員たちがクロークルームに行くと、そこにも水兵がいて外套を預かろうとした。代議員たちは外套を預けずに、着たまま議席に座り、周囲を見渡していたが、すでに十分に怯えていた」[2]。

レーニンは演壇のすぐ横の席に座っていた。禿げ上がった頭部が議場のどこからも見える位置だったが、自分が主役を務めるつもりはなかった。レーニンの指示を受けて、スヴェルドロフが開会を宣言し、宣言の中で最高の権限は全露ソヴィエトにあることを全代議員が認めるよう要求した。議場にいたボリシェヴィキ派の代議員、水兵たち、赤衛隊員の全員が拍手喝采したが、エスエル党右派の代議員たちは石のように沈黙したままだった。しかし、「インターナショナル」を唱和する時には彼らも起立して歌わざるを得なかった。

議長選挙が行われ、長々と続く開票作業を経て、エスエル党右派の指導者チェルノフが憲法制定議会の議長に選出された。時間はすでに深夜に近かった。レーニンはわざとらしく欠伸をして、いかにも眠そうな振りをした。チェルノフの長々しい演説は用心しすぎているかのようだった。憲法制定議会よりも全露ソヴィエトの方が上位にあるというスヴェルドロフの主張を認めることを慎重に避けるための用心深さだった。チェルノフに続いてメンシェヴィキの指導者ツェレテリが演説した。ツェレテリはまたもや演説の上手さを発揮した。

その時、グーセフがカーテンの陰から合図を送った。バルコニー席の若者たちと議場の水兵たちが大暴れを開始した。ゼンジーノフは書いている。「夜の議事は耐え難い雰囲気の中で展開した。我々代議員は荒れ狂う傍聴者に取り巻かれていた[3]」。バルコニー席を占めていたグーセフの手勢が「ホイッスルを吹き、ガラガラを鳴らし、叫び始めた。彼らは階下の代議員たちに向かって、『英国やフランスからいくら貰っているのだ?』とか、『戦場へ帰れ!』などと怒鳴っていた」[4]。チェルノフは騒ぎを鎮めようとして怒鳴り返した。「外交官用のバルコニー席にいる同志諸君! 騒ぎをやめなさい。やめなければ、排除命令を出すぞ!」。バルコニーから返って来たのは嘲笑だった。「俺たちの排除を誰に命令しようというのだ? 水兵にでも命令するのか?」。

ボリシェヴィキ派のひとりの代議員が立ち上がって、憲法制定議会は全露ソヴィエトが最高権力であると認めることを拒否したことによって反革命組織になったと宣言した。これを合図に、ボリシェヴィキ派の代議員が全員議場から立ち去った。すぐに、エスエル党左派の代議員もそれに続いた。水兵たちはあからさまに欠伸をしながら残った代議員たちを取り囲み、ライフル銃を振り上げつつ、反革命分子と呼んで罵った。代議員のひとりが慌てて午後五時までの延会を提案し、提案が採択されて、代議員たちは列をなしてタヴリーダ宮殿を出て行った。憲法制定議会は閉会となった。レーニンが軽蔑を込めて「ブルジョア民主主義」と呼んだシステムは一二時間も持続することを許されなかった。これはリベラル派や社会主義派知識人の敗北を意味していた。開放的精神が冷酷で偏狭なボリシェヴィキに立ち向かっても勝ち目はなかったのである。

その日、一月六日の午後遅く、逮捕されていた臨時政府の閣僚たちはペトロ・パヴロフスキー要塞の獄舎に移送された。そこにはすでにカデット党の代議員二人、シンガリョーフとココーシキンが収監されていたが、二人は病気に罹ったのでマリインスキー病院の囚人棟に移された。翌日の夜、一〇人ほどの水兵がマリインスキー病院に押し掛けて大声で叫んだ。「奴らをぶっ殺して二人分のパンの配給を節約しようじゃないか!」。後になって、水兵たちは一九〇五年蜂起に加えられた弾圧への報復を望んだと語っている。

戦時でも平時でも、数秒の差で運と不運が別れることがあった。逮捕された憲法制定議会の代議員の中にウラジーミル・ドミートリィェヴィッチ・ナボコフがいた。ナボコフは臨時政府閣僚会議の事務局長で、ミハイル大公の退位宣言の下書きを書いた弁護士でもあった。逮捕後の混乱の中で護送にあたっていた赤衛隊がナボコフを廊下に放置したことがあった。その一瞬を衝いて、ナボコフは施錠されていないドアを見つけて戸外に脱出した。抜け目のないナボコフは時を移さずに事を運んだ。従者のオシップに命じて衣類を鞄に詰めさせている間に、コックにキャヴィアのサンドイッチを作らせた。後に作家となる長男を含めて、家族はすでにクリミアに避難していた。子供たちが赤衛隊に召集されることを防ぐための避難だった。ナボコフは列車に飛び乗ってクリミアの家族の許に急いだ。[5]

ボリシェヴィキは、前年の夏にケレンスキーが死刑を復活させた時には激しく反対したが、一月八日、反革命の扇動を行なう者および強制労働に抵抗し、あるいは回避しようとするブルジョアを対象とする死刑の導入を決定した。その後、死刑の対象は無許可のビラ貼り、脱税、外出禁止令違反、逮捕に抵抗する商人などにまで拡大される。[6]「人民の正義」を求めるプロレタリアートの怒りがあまりにも激しいので、その要求に逆らうことはできない、というのが死刑復活に関するボリシェヴィキの説明だった。

翌月、レーニンは、裁判その他のいかなる司法手続きもなしに拷問し、処刑する権限をチェーカーに与えた。山のように膨大な取り扱い件数を抱えるチェーカーにとって、事件をいちいち捜査するよりも容疑者を死刑に処する方がはるかに簡単だった。チェーカー職員の労働時間は長かったが、無限の権限を握って容疑者を拷問し処刑するという仕事への応募者は後を絶たなかった。ジェルジンスキーの部下は二年以内に男女合わせて二万人に達した。

飢餓と逮捕の恐怖におののく首都ペテルブルクを何とか脱出して、地方の辺鄙な土地に行けば、比較的安定した生活ができるかも知れないと考える人々もいた。しかし、そのような人びとも結局は苦い失望を味わうことになる。ボレル家の人びとは首都を脱出して、ようやくサラトフに到達したが、現地の革命委員会はブルジョアジーに対して巨額の罰金ないし「拠出金」を課していた。もし、支払わなければ、地元のチェーカーに告発され、検挙される恐れがあった。

「連中は拷問と処刑のありとあらゆる方法を編み出していた。当時は決して大都市ではなかったサラトフでも、連日数百人が逮捕投獄された。囚人の数が多すぎて通常の監獄では収容できず、民間の大きな建物を何棟か接収して監獄として使っていた。拷問の手口は中世のやり方そのものだった。囚人の『手袋』を脱がすという拷問があった。沸騰した熱湯に手を浸させ、その手から皮膚を剝ぎ取るという拷問だった。背中の皮膚を剝いでベルトにするという拷問もあった。骨を砕いたり、炎で身体を焼いたりする手口もあった。ヴォルガ川の流れの中央部にブルジョアを収容するための艀が浮かべてあった。船底に穴が開いていて水が浸み込んでくる艀に運の悪い人々が連れてこられ、食糧も与えられずに放置される。人々は必至で水を掻き出さざるを得ないが、生き延びられるのは数日間に過ぎない。発狂して自殺する者もいた。持ちこたえた人々もしだいに体力を失い、艀は少しずつ沈み始め、ついには数百人を載せたまま沈没してしまう」[7]。フランス革命から始まったこの「沈む艀（ノワイヤード）」の刑罰はサラトフだけでなく各地で広く用いられた。クロンシュタット要塞では、水兵たちが囚人をワイヤーで縛ったうえで艀に載せ、船底に穴をあけて沈めた。犠牲者の死体はフィンランドの海岸に流れ着くのだった。

バルチック艦隊であれ、黒海艦隊であれ、その水兵たちが採用する「赤いテロル」については、それを抑制することは誰にもできなかった。「投機取締り部隊」を編成した水兵たちは鉄道の駅で待ち構えて、手当たり次第に乗降客の荷物を没収した。誰に被害を訴えても無駄だった。品物を没収されたある人物は水兵集団の指揮者について証言している。「一味の首領は高い頬骨をした水兵で、ベルトにはモーゼル拳銃を挟み、片方の耳に錫の耳飾りを下げていた。木製のスプーンを使って粥を食べたり、塩漬けの魚を食べたりしていたが、自分からは口も利きたくない様子だった」[8]。兵士たちの気に入りの任務は逃げようとするブルジョアの変装を見破って処刑することだった。ある水兵グループは列車を捜索中に逃走中のアバレシェフ将軍を発見して拘束した。将軍は労働者に変装していたが、すぐに見破られたのである。持参していたトランクを開けさせると、一番上に帝政軍時代の勲章のついた肩章が詰められていた。兵士たちは将軍を列車から引きずり降ろし、線路わきで射殺した[9]。

多くの水兵にとって、見境なしに行なう階級的報復は使命のようなものだった。一月中旬、オデッサに駐留していた黒海艦隊のボリシェヴィキ派水兵は、カデット党の士官候補生、士官、ウクライナ民族主義者たちを相手に銃撃戦を引き起こした。当時、オデッサには失業状態の士官が少なくとも一万一〇〇〇人はいたと推定される。エレーナ・ラキエルは日記に書いている。「たった今、逮捕された士官が私の目の前を連行されていった。長身の若い士官だった。気の毒だ。港に投錨している巡洋艦アルマース号に連行されるものと考えられる。連中は逮捕した犠牲者をアルマース号に連行して、拷問したうえで殺害し、死体を海に投げ込んでいるという話だ」[10]。翌日、逮捕された士官のアパートを捜索していた水兵たちのひとりがサーベルを使ってベッドの下や戸棚の下を探った後で、そのサーベルをエレーナ・ラキエルたちに見せて、自慢げに言った。「これはチュームナヤ・ヒル号の士官から没収したサーベルだ。持ち主は逮捕してすぐに始末してやったさ」。

「殺したりして気の毒に思わないの? 同じロシア人同士でしょう」

「反革命分子を殺したからといって、どうして気の毒に思わなければならないのだ？ アルマース号の甲板から海に投げ込んで何人も始末してやったよ」

南部地域で残虐行為が行われているという噂はすぐにモスクワに達した。作家イワン・ブーニンの友人で、クリミア半島のシンフェロポリから最近帰ってきた人物が、現地では「言語に絶するほど恐ろしい事態」が起こっていると報告した。「兵士や労働者は膝まで達する血の中を歩いている。ある年老いた大佐は生きたまま蒸気機関車の火室に投げ込まれて焼き殺された」[11]。一月一四日には、黒海艦隊のボリシェヴィキ派水兵たちがエフパトリアで約三〇〇人の犠牲者を蒸気船ルーマニア号の甲板から海に投げ込んで殺害した。腕や足の骨を折ってから投げこんだのである。「すでに負傷していた最も高い階級の将校は他の犠牲者たちとは分離されて、船のボイラーに頭を先にして投げ込まれた。輸送船トルエヴォール号では、士官たちを船底からひとりずつ吊り上げ、生きたまま手足を切り取って海に投げ込んだ」[12]。テオドシアとセヴァストポリでも同様の残虐行為が行われていた。ヤルタではブルジョアと見なされた犠牲者たちを桟橋に並ばせて射殺した。それはチェーホフの最も有名な短編小説『子犬を連れた貴婦人』の舞台となった桟橋だった[13]。

ペトログラードとモスクワでは、隠匿された武器または潜伏する士官を摘発するための家宅捜索という名目での掠奪行為が当局の黙認を得て横行していた。チェーカーの指導者ペテルスによれば、ペトログラードでブルジョアの住宅を捜索する業務の志願者を募集したところ、「二万人もの労働者、水兵、赤軍兵士が集まった」[14]。街頭では、赤衛兵、水兵、兵士らが身なりの良い通行人を無造作に呼び止め、衣服を脱いで提出するよう要求した。糊のきいたシャツを着た男、帽子を被った女は自動的にブルジョアと見なされた。どの都市でも、眼鏡をかけて街頭に出ることは危険な行為になった。眼鏡はブルジョアの象徴として侮辱され、強盗の餌食となったからである。モスクワに住むパウストフスキーは書いている。「この乱暴な時代には誰もが眼鏡の人物を疑いの目で見るようになった」[15]。中流階級の人々は外出する際に古着を着て身許を隠そうとした。男たちは農民に見えるように髭剃りをやめた。強盗がうろつく夜間の外出は危険極まりない冒険だった。強盗のかなりの割合を占めるのは動員を解かれた兵士だった。ペトログラードのチェーカー長官だったウリツキーでさえ、夜の街頭で銃口を突きつけられて身ぐるみ剝がれたことがあった。

ボリシェヴィキ当局がワインの没収を命じたので、時には兵士の小隊全員が住宅に押し入ってワイン貯蔵蔵を捜索した。ワインなどのアルコール飲料が見つかるや、兵士たちは時を移さず痛飲して泥酔するのである。時には消防署から救急隊を呼ぶ必要が生ずることもあった。救急隊は、眠り込んだ兵士たちを起こし、あるいは兵士同士の摑み合いを止めるために、冷水を浴びせかけ、酔ったあげくの暴動を防ぐために、残りの酒瓶をすべて打ち砕かねばならなかった。

失職した士官たちには給料が支給されなかったが、最初のうちは軍隊食堂の前の列に並んで食事をとることを許されていた。提供される食事は、鰊の頭と骨を煮込んだスープ、馬肉のシチュー、凍って腐ったジャガイモなどだった。しかし、その特権もすぐに廃止され、士官たちは鉄道駅の荷物運びなどの仕事をして稼がざるを得なくなった。元士官を公務員として再雇用することが禁止されたからである。その頃、ボリス・サヴィンコフが地下組織を設立しつつあるとの噂がボリシェヴィキ当局の耳に入った。元士官のほぼ全員が新体制に敵意を抱いていることを知っていたボリシェヴィキは陰険な作戦を採用した。元士官たちは居住地のチェーカー事務所に出頭して登録するよう命じられ、もし登録しなければ処罰されると脅かされた。そして、登録するために出頭すると、その場で逮捕されるのである。逮捕者の数が急増して収容能力が不足すると、空きを作るために逮捕者の一部が処刑された。元兵士だけでなく、すべての住居とその住人、用務員、門番なども地区ごとに登録する制度が採用された。そのうえで、赤衛隊が街区を包囲して封鎖し、その間にチェーカーが家宅捜索を行なって元士官やブルジョアの疑いのある市民を摘発した。脱出を計画していたある弁護士は書いている。「ペトロ・パヴロフスキー要塞からは不気味な一斉射撃の銃声が頻繁に聞こえてくる。首都の住民は明日を恐れている。飢餓とともに死に神が大鎌を振りかざして近づいて来るのが見えるからだ[16]」。

市民の経済活動が破綻した結果、ペトログラードの街頭には三万人を超える売春婦が現れた。その半分ないし三分の一は良家の娘たちだった。米国の無政府主義者エマ・ゴールドマンは、育ちの良い良家の娘たちがネフスキー大通りの街頭に立って「一切れのパン、一個の石鹸、一枚のチョコレートを得るために体を売る様子」を見て衝撃を受けている[17]。街頭に立つ売春婦とは別に、政治委員のハーレムに身を売る娘たちもいた。政治委員たちはサンクトペテルブルク時代の宮殿風の豪邸に売春婦を集め、コカイン・パーティーを開いて大騒ぎをしていた。豪邸の広間には大きな剝製の熊が名刺入れの盆を捧げて立っていることがあった。まるでルイ一六世時代の家具調度だった。

生活のためにやむを得ず春を売る素人娘とは違って、職業的な売春婦はその勝ち誇ったような、ある意味では革命的な立ち居振る舞いによって、一見しただけでそれと見分けられた。オデッサのエレーナ・ラキエルは一月二二日付けの日記に書いている。「町の中心部に行ったら、私のすぐ前を三人の売春婦が歩いていた。厚化粧で、恐ろしく派手な格好をしていた。その時、向こうから身なりの良い魅力的な若い婦人がアザラシの毛皮のコートを着て歩いて来た。すると、売春婦のひとりがその婦人の顔に唾を吐きかけ、三人は声を張り上げて笑いこけた[18]」。

財産を失った上流階級または中流階級の人々をボリシェヴィキは「旧体制の人々」と呼んでいたが、それはフランス革命当時の「過去の人々（シドゥヴァン）」に相当する呼び名であり、さらに、旧支配階級を人間扱いしないというボリシェヴィキの心情を反映した呼び名でもあった。「旧体制の人々」の大多数は宝石類や帝政時代の勲章、ドレスや制服など、手許に残る持ち物を闇市で売り、あ

「旧上流階級」の女たちが手許に残る最後の財産をモスクワの街頭で売る姿

るいは物々交換に供して僅かな金を稼ぎ、食料を入手しなければならなかった。イワン・ブーニンはモスクワの街頭で目にした光景を書き留めている。「トヴェルスカヤ街で、哀れな老将軍が物売りをしていた。老将軍は銀縁の眼鏡をかけ、黒い毛皮の帽子を被っていたが、弱々しく、おずおずとして立つ姿はまるで物乞いをする乞食のようだった[19]」。ただし、旧貴族階級の中には運のよい人々もいた。昔からの召使が地方の領地から密かに食料を運んでくれたり、公共の食堂に再就職した元料理長が便宜を図ってくれたりする場合がそうだった。ロシア人の必需品だった紅茶は入手困難な貴重品となっていた。そこで、人々はニンジンの皮を乾かして紅茶の葉の代わりにした。銀行が国有化される前に預金を引き出すことができた幸運な人もいたが、その場合も、一般の市民と同様に際限なく長い行列に並ばねばならなかった。春までには、普通の労働者が入手できる食料は一日当たり三〇〇カロリー程度に低下した。ペトログラードは文字通り飢えつつあった。

旧体制時代から続く集合住宅では、門番や管理人を委員とする住宅委員会が設置され、その委員会に居住地域に関する全権が与えられた。住宅委員会によって指名された住人は強制労働を免れることができなかった。「旧体制の人々」がシャベルや鍬を持たされ、仕事の始めと終わりには名前を呼び上げられて、道路の雪を掻き、氷を割り、ゴミを掃除する作業は屈辱的だったが、見張りの赤衛兵や見物人たちはその姿を見て大いに留飲を下げたのである。[20] 旧体制の人々にとっては、レーニン主義者たちの言う階級戦争の厳しい成り行きを垣間見せられる瞬間だった。彼らは、自分の家の中でさえプライバシーを保つことができなくなった。ボリシェヴィキは中流や上流の家庭が暮らす住居の一角に貧困層の家庭を入居させたが、それは住宅の公平な分配という方針にとどまらず、階級的報復を実行する分かり易い方法であり、階級の敵たるブルジョアジーの日常生活を監視する方法でもあった。

貴族階級とブルジョア階級の多くがペトログラードに留まっていたのは、ボリシェヴィキ体制が自身の生んだ無政府状態の中で遠からず崩壊するであろうと信じたからだった。しかし、憲法制定議会が解散され、その直後にカデット党員の二人が病院のベッドで残忍に殺害される事件が起こると、それまで首都に留まっていた人々も逃亡せざるを得ないとの結論に達する。ボリシェヴィキによる一〇月クーデターの前後に早くも脱出した人々は比較的容易にフィンランドに到達し、そこからスウェーデンに渡り、最終的には西部戦線の終戦とともにベルリンやパリに亡命することができた。また、南部の実情を知らずにペトログラードやモスクワを脱出して南部を目指した人々の大部分は、クリミアかキエフかノヴォチェルカスクまで逃れれば生き延びられるだろうと考えていた。ドン地方ではコルニーロフ将軍やアレクセーエフ将軍を中心に「義勇軍」が編成されつつあるという噂も流れていた。これこそロシアが無政府状態から救われる場所だと彼らは自分に言い聞かせた。

ボリシェヴィキはウクライナと南ロシアの支配権を失った場合の危険を充分に認識していた。そこで、アントーノフ＝オフセエンコを司令官としてハリコフを本拠地とする南部戦線軍を新たに編成し、同時に、急ごしらえの「ウクライナ人民共和国」を設立した。「人民共和国」は「中央評議会（ラーダ）」に取って代わるべき国家機構だった。アントーノフ＝オフセエンコはカレーディン将軍を主要な敵として、赤衛隊、バルチック艦隊水兵、旧帝政軍から徴募した歩兵などの混成部隊をキエフに向かって進軍させた。この混成部隊の指揮官はエスエル左派に属する職業軍人のミハイル・ムラヴィヨフ中佐だった。ムラヴィヨフはまずポルタヴァを攻略し、そこで捕虜とした士官と士官候補生を全員処刑した。さらに、キエフに向かう途中、クルティの戦いで五〇〇〇人強のウクライナ軍を打ち負かした。

キエフに住むロシア人たちは、ウクライナ人がロシアとの戦いに立ち上がることを予想していなかった。ロシア人はウクライナ固有の文化と歴史を故意に無視し、ウクライナ人の愛国主義を冗談と見なしていたのである。伯爵でもあったドミートリー・ハイデン将軍は書いている。「細部に至るまで同じ様式のサーカス興業が繰り返された。彼らの軍隊は突拍子もない制服を着せられていた。フルシェフスキーがソフィア広場で組織した最初のパレードでは、ウクライナ劇場で上演されたことのある歴史劇『ドナウ河畔のザポロジェーツ・コサック』の舞台衣装が用いられた[21]」。作家のイワン・ナジーヴィンも同じように面白がり、同時に苛立ちながら書き残している。「フルシェフスキー教授と作家のヴィニチェンコ、そしてオーストリアのスパイたちが上演するオペレッタは歴史上の事件をテーマとし、配役には奇抜な衣装を着せている。そのオペレッタにはゴーゴリの著作から抜け出してきたようなザポロジェーツ・コサックがチラッと姿を見せ、また、一房の髪の毛を残して頭髪を剃り上げた勇敢な戦士も登場する。誰もが楽しめる上演だった[22]」。

一月一五日、ムラヴィヨフのいわゆる第一革命軍と第二革命軍は総勢四〇〇〇人の規模でドニエプル川東岸に到達し、一〇日間にわたってキエフに砲撃を加えた。ムラヴィヨフはレーニンに電報を打って戦果を誇っている。市内数か所の宮殿、教会、そして、特に、フルシェフスキーの自宅を破壊したことが自慢だった。ウクライナ側の抵抗は孤立した狭い地区に押し込まれた。一月二七日の朝、ウクライナ人民共和国の陸軍相は言明した。「キエフの情勢は安定している。もはや恐れるには当たらない」[23]。一方、フルシェフスキーの率いるウクライナ中央評議会（ラーダ）は西のジミトールに逃亡した。

キエフに残っていたロシア軍の元士官たちはこの戦闘への参加を拒否していた。彼らはボリシェヴィキや赤軍を憎んではいたが、一方、ウクライナ軍の黄色と青の旗の下で戦う気にもなれなかった。ウクライナの「中央ラーダ」はドイツ寄りだったからである。しかし、元士官たちの中立的姿勢は彼らの安全にはつながらなかった。目撃者によれば、ムラヴィヨフの赤衛隊が「ホテルやアパートから気の毒な士官たちを引きずり出し、『ドゥホーニン本部』へと引き立てて行った。『ドゥホーニン本部』とはマリインスキー公園につけられた皮肉な別名で、ボリシェヴィキの気に入りの処刑場だった」[24]。

ムラヴィヨフの赤衛隊は処刑の合間に強奪騒ぎを引き起こした。強奪は「略奪者から略奪せよ」というレーニンのスローガンによって正当化されていた。そして、多くの場合、強奪には殺害と強姦がともなっていた。[25]ペトログラードやモスクワからキエフに避難してきていた旧体制の人びとを襲えば、豊かな獲物を確実に獲得することができた。地理学者のニコライ・モギリャンスキーは彼のアパートに押し入って来た二人組の強盗の様子を書き残している。「ひとりは行儀のよい誠実そうな少年で、明らかにもうひとりの大人の指図で動いていた。大人の方はペトログラードのプチロフ工場の労働者だった赤衛隊員で、士官たちを処刑したことを自慢していた。機関銃の弾帯を両肩からぶっちがいに掛けたその男は憎悪と復讐心を漲らせていた。酒臭い口から出る言葉は脅迫の言葉だった。『連中を全員見つけ出して始末してやる。反革命の士官どものことさ』。男はそう言って拳銃を構え、想像上の犠牲者に銃口を向けて狙って見せた[26]」。

ロシア地理学会のある幹部は記録している。「きわめて残忍なやり方で大量処刑が行われている。犠牲者を裸にしたうえで後頭部に銃弾を撃ち込む、あるいは銃剣を突き立てるというやり方である。その前に拷問が行われることは言うまでもない。処刑はムラヴィョフ軍の本拠地である宮殿の前庭と宮殿裏のマリインスキー公園で行われることが多い。そこには恐るべき光景が広がっている。広場や公園のそこかしこに裸の死体が転がっており、死体の間を犬がうろつき回っている。積もった雪は血で赤く染まっている。多くの死体の口には『赤い切符』が押し込まれており、死体の手を見ると指が十字を切る形に組まれている[27]」。ウクライナの赤十字によれば、ムラヴィョフの部下が処刑した約五〇〇〇人の犠牲者の三分の二は元士官だった。

運よく逮捕も処刑も免れたハイデン将軍は書いている。「大学の解剖室には殺害された元士官の死体が大量に持ち込まれ、丸太のように積み上げられている。人々が密かにやって来て、親族の死体を見つけると隠れるように持ち出して墓地に運んで行く。ヴィクトル・イワノヴィッチ将軍とその息子が殺害されたことは分かっている。グスレフスキー将軍も殺害された。グスレフスキーについては、その娘がムラヴィョフに頼み込んで赦免を得たが、すでに遅すぎた。若いドマントヴィッチ大佐と八〇歳の退役将軍ルィダエフスキもアパートから連行され、街頭で射殺された[28]」。

キエフの全人口が恐怖にさらされていた。ある市民は書いている。「夜は暗く、空虚で、恐ろしい。いたるところを兵士がうろつき回り、だらしない服装とぼさぼさの髪をして、怒鳴り声で歌っている。ごく稀に武装パトロール隊が通り過ぎる。あちこちでライフルの銃声が響き、機関銃の音もする。市民は恐怖に震えて自宅に引きこもり、懸命に耳をそばだてるのみである[29]」。

# 第12章 ブレスト・リトフスク講和　一九一七年一二月〜一九一八年三月

レーニンが休戦を目的として最初にドイツ側と接触したのは一九一七年一一月だったが、その後の対独交渉は伝統的な外交方式とは全く違うものとなった。今回、ソヴィエト側はドイツ軍東方総司令部の所在地ブレスト・リトフスクにあるオーバー・オストと呼ばれる城塞に代表団を送り込んだが、その代表団の構成はごく控えめに言っても異様だった。

代表団のメンバーのひとりは一般の兵士だった。その兵士はほとんど物を言わず、相手を誰彼なしに睨みつける癖があった。別のひとりはバルチック艦隊の最下級の水兵だった。さらに、オブーホフという名の生意気で自信たっぷりな若い労働者とアナスタシア・ビツェンコという名のエスエル左派党員も代表団のメンバーだった。アナスタシア・ビツェンコは一九〇五年に帝政軍の将軍を暗殺したことのある元テロリストだった。交渉の席で実際にプロイセンと渡り合った幹部は三人のユダヤ人だった。ひとりは学識豊かな革命派知識人のアドルフ・ヨッフェ、二人目はトロツキーの義兄弟にあたるレフ・カーメネフ、三人目は「封鎖列車」でレーニンと一緒にスイスからの帰国したグリゴリー・ソコーリニコフだった。

出発前の代表団一行を乗せた車がペトログラードのワルシャワ鉄道駅に向かう途中、ヨッフェとカーメネフは代表団に農民のメンバーが入っていないことに突然気づいた。そこで、徴発して使っていたその自動車を街角で止め、いかにも農民らしい毛深い老人を呼び止めた。ロマン・スターシコフという名のその農民は駅へ行く途中だと言うので、ヨッフェとカーメネフは乗って行かないかと誘いをかけた。[1] スターシコフは二人に向かって「バーリン（旦那さん）」と呼びかけ、慌てて「タヴァーリシチ（同志）」と言い換えた。そこで、ヨッフェは男の政治的立場を確かめるべく質問をした。自分は村の隣人たちと同じくエスエル派だというのがスターシコフ答えだった。

「エスエルの左派か、それとも右派か？」

スターシコフはしばらく考えてから、この場に相応しいうと思われる答えを言った。

「もちろん左派だよ、同志諸君。エスエル左派だ」

そう答えながら、スターシコフは一行の車の向かう先が自分が帰郷するために列車に乗ろうとしているニコラエフスキー駅ではないことに気づいて慌てふためいた。しかし、代表団に同行してブレスト・リトフスクの和平交渉の場まで行けば何か良いことがあると説得されて、この不思議な運命の展開を楽しむ気になり、ゆったりと座席に座り直した。

ロシアが依然としてドイツとの戦争状態にある間にロシア帝政軍の残存戦力を解体したことはボリシェヴィキの無謀な賭けだった。しかし、レーニンは政治闘争を勝ち抜くにはドイツとの戦争に終止符を打つことが必須の条件であると確信していた。息抜きの時間を確保してボリシェヴィキの権力を固めるためには、是が非でも講和が必要だった。ボリシェヴィキの戦略は、ロシア革命と和平宣言が実現すれば、それに続いてヨーロッパの全域で革命の動乱が発生するという確信に基づいていた。

レーニンとトロツキーは、ドイツとの和平交渉に加わることをフランス政府と英国政府に呼びかけたが、予想どおり、この提案に対する回答は石のような沈黙だった。レーニンは次に国際世論に向けて「和平の布告」を公表した。連合諸国を混乱させ、特に英仏両国の国民を刺激してストライキと反乱を起こさせることが狙いだった。

鉄道事情が混乱していたために、ロシア代表団がブレスト・リトフスクに到達するには二日を要した。ドイツ軍東部戦線の名目上の総司令官は陸軍元帥たるバイエルンのレオポルド公だったが、オーバー・オスト総司令部で実権を振るっていたのは才気縦横の参謀総長マックス・ホフマン少将だった。鼻眼鏡のホフマン少将は大柄の大食漢で、滑らかな肌をしていた。ドイツ代表団の団長は知性溢れる魅力的な人物の外相リヒャルト・フォン・キュールマン男爵だった。キュールマンは永続的平和を本気で望んでおり、勝利願望に取りつかれたベルリンの将軍たちよりもはるかに開明的だった。

他の同盟国、すなわち、オーストリア＝ハンガリー帝国、ブルガリア、オスマン帝国の代表団が揃うまでにさらに数日間待たねばならなかった。しかし、すでに休戦協定が成立していたので、待機時間はボリシェヴィキにとっては、むしろ好都合だった。その間にヨーロッパ各地で革命が勃発すれば、ボリシェヴィキは窮地を脱することができると思われたからである。そこで、ボリシェヴィキは無人地帯に残るドイツ軍部隊に革命を煽るパンフレットを配布し、さらにブレスト・リトフスクの現地でもパンフレットをばら撒いた。それを見て、ドイツ参謀本部のホフマンは最初のうちこそ面白がっていたが、やがて怒りの表情を見せた。

一二月七日の晩、レオポルド公は各国代表団を招いて晩餐会を開いた。儀礼を重んじるレオポルド公は自分の右側の席に「シベリアの監獄から解放されたばかりのユダヤ人」ヨッフェを座らせた。(2) ヨッフェの右側は皇帝カール一世が治めるオーストリア＝ハンガリー帝国の外相オトカル・グラフ・

チェルニン・フォン・ウント・ツー・チュデニッツだった。ヨッフェはこのチェルニン外相に向かって「打ち解けた口調で」本音を漏らした。「我々は貴君の国でも革命を起こすことができると思っている」。オーストリア＝ハンガリー帝国の絶望的な国内事情を知っていたチェルニンはその夜の日記に書き込んでいる。「親切なヨッフェの手を借りるまでもなく、我が国にも革命は起こるだろう」。

年老いた農民スターシコフは疎らになった白髪と顎鬚の隙間から大量の食糧を口に運び、生涯で最高の時を過ごしていた。ドイツ人の給仕が白ワインか赤ワインかを尋ねられると、スターシコフは隣に座るエルンスト・フォン・ホーエンローエ公に向かって言った。「赤と白では、どっちが強いのかね？　儂は赤でも白でも構わない。どっちでも、強い方が飲みたいだけだ」[3]。この風変わりな客たちの晩餐会でホーエンローエ公の向こう隣りに座っていたのは「無口で控えめな白髪頭の小柄な暗殺者」アナスタシア・ビツェンコだった。

交渉が始まると、すぐにヨッフェは自分が成功を収めたと確信した。同盟諸国はヨッフェの「無併合の和平」提案に同意しているように見えたからである。しかし、ドイツはすでに占領していたバルト諸国とポーランドを手放すつもりはなかった。民族自決を謳うボリシェヴィキの宣言を引用しつつ、後日現地で国民投票を実施すればドイツ軍が現在の地歩を確保することが正当化されるに違いないと確信していたからだった。

西欧地域で革命が勃発する見込みがほとんどないことが判明すると、レーニンは休戦交渉にも不安を感じ始めたようだった。トロツキーは、休戦交渉に英仏両国を巻き込むための予備交渉を呼びかけることを提案した。ボリシェヴィキには何としても時間を稼ぐ必要があった。そこで、レーニンは爾後の交渉を引き継ぐべき代表団長としてトロツキーをブレスト・リトフスクに送り込んだ。列車でブレスト・リトフスクに到着したトロツキーは「眼鏡をかけた革命の小悪魔」カール・ラデックを同伴していた。そのラデックは到着する列車の窓から蜂起を扇動するビラをばら撒いてドイツ軍の兵士たちを困惑させた。

トロツキーはきわめて優れた弁舌家だった。ドイツ語など数か国語を駆使してあらゆる問題を論じ、すでに出ていた結論を覆したり、黒を白と言いくるめたりするのが得意だった。トロツキーは引き延ばし戦術の一部としてキュールマンを抽象的かつ哲学的な議論に巻き込んで最初の数日間を過ごした。一方、キュールマンの長期計画は、民族自決の原則を利用して、バルト諸国、ポーランド、ウクライナをドイツの衛星国とすることにあった。ところが、パウル・フォン・ヒンデンブルク元帥とエーリッヒ・ルーデンドルフ将軍に代表されるドイツ軍最高司令部が痺れを切らして介入して来た。最高司令部は春季攻勢に備えてドイツ軍数師団の西部戦線への移動を急いでいた。狙いは米国が参戦する前に英仏軍を叩き出すことにあった。一方、チェルニン外相はドイツよりも酷い飢餓状態に苦しむオーストリア＝ハンガリー帝国のためにひたすら和平を望んでいた。

予想外の出来事が起きたのはその時だった。ウクライナ中央評議会（ラーダ）から派遣されたウクライナ代表団が現れたのである。ボリシェヴィキの立場は悪化した。当時、ウクライナでは、ムラヴィヨフのロシア軍がキエフに迫っていた。ウクライナの民族主義者たちはペトログラードからやって来るボリシェヴィキの支配下に入るよりもドイツ軍の占領下で生きる方がはるかにマシだと判断して、一月一一日付けで「ウクライナと同盟諸国との和平条約」を締結した。ウクライナがドイツの保護国となることを意味するこの事態はボリシェヴィキにとっては深刻な打撃だった。一方、ドイツの立場は、和平交渉についても、必需品の調達についても、大いに強化された。直ちに一〇〇万トンの食糧をウクライナから調達することが可能となったことから、ドイツ帝国政府とオーストリア＝ハンガリー帝国政府の国内向けの立場は大幅に補強され、国内で革命が勃発する可能性は消滅した。

一月五日、ちょうどペトログラードでボリシェヴィキが憲法制定議会を粉砕しようとしていた頃、ブレスト・リトフスクでは、ホフマン少将が将来の国境線を示す地図を和平会議に提示した。それはドイツ軍最高司令部が想定する国境地図だったが、ロシアにとっては大いなる屈辱を意味していた。というのも、バルト諸国、ポーランド、フィンランド、ウクライナからのロシア軍の撤退を前提とする地図だったからである。後にドイツ自身が受諾を強いられ、永続的な恨みを抱くことになるヴェルサイユ条約に比べてもはるかに過酷な一方的決定だった。トロツキーは新たに設立される国家については国民の意思を明らかにするための住民投票が必要だと論じた。まさに同じ日の晩にタヴリーダ宮殿でボリシェヴィキが強行した民主主義の圧殺を考えれば、「そんなことがよくも言えたものだ」と言われても当然の議論だった。

トロツキーはこの国境地図を携えてペトログラードに帰還した。国境地図はボリシェヴィキ中央委員会にとって胸糞の悪い衝撃だったが、レーニンはいかに屈辱的な条件であってもすべての条件を受諾する決意だった。それがボリシェヴィキの権力を存続させる唯一の方策と思ったからだ。ブハーリンを中心とする中央委員会内の反レーニン派は、ドイツ側の条件を受け入れることは世界革命の希望を放棄するに等しいと考えていた。彼らはドイツ軍の占領に抵抗するためのゲリラ戦を提案した。ゲリラ戦による抵抗はヨーロッパ全域で同情を集め、ロシア支持につながる蜂起を促すであろう。火のような扇動者マリア・スピリドーノヴァを指導者とするエスエル左派もブハーリンと同じ考えだった。しかし、彼らは間違っていた。

レーニンは外部からの支援は期待できないと思っていた。少なくとも当面はいかなる支援も来ないであろう。その一方でドイツの戦争機構に抵抗することは問題外だった。下手に抵抗すれば、バルト諸国だけでなく、ペトログラードとロシア中央部の大部分を失うことになるであろう。トロツキーの帰還に合わせて開催された中央委員会では、ブハーリンと革命戦争推進派が最大部分を占めていた。トロツキーは、レーニンの議論の正しさを認めざるを得なかったが、世界革命の希望を捨てることもできなかった。そこで、トロツキーは「戦争でもなく、和平でもなく」という前代未聞の立場とスローガンを提案する。具体的には、再びブレスト・リトフスクへ赴いて戦争の終結を宣言し、そのうえでドイツ側が提案する協定文書への署名を拒否し、会議場から退出してペトログラードに戻るという戦術だった。こうすれば、ドイツは平和国家ロシアに対する悪辣な侵略国家と見なされるだろうとトロツキーは論じた。

レーニンはトロツキーが言うような芝居がかったパフォーマンスは何の成果も産まないことを知っていた。ボリシェヴィキが果たすべき義務は成功した革命を救うことであり、すでに始まっている内戦に勝利して革命の命をつなぐことだった。レーニン独特の言い回しによれば、「ブルジョアジーを絞め殺さなければならない。そのためには両手を自由に使えるようにしておく必要がある[4]」というわけだった。しかし、少数派のレーニンとその支持者たちが、ブハーリンら多数派の勝利を阻止するためには、トロツキー派を支持する以外に選択肢はなかった。

トロツキーは一月一五日にブレスト・リトフスクに戻ったが、戻ってみると、ドイツ側の姿勢は前よりも強硬になっていた。ボリシェヴィキがキエフを占領した以上、ドイツがウクライナ中央評議会（ラーダ）と結んだ協定は無効であるとトロツキーは主張したが、同盟諸国はこの主張をあっさりと退けて、応酬した。同盟諸国の軍隊はムラヴィヨフの赤衛隊やクロンシュタットの水兵部隊をあっという間に蹴散らすことができるだろう。ホフマン少将はロシア側代表のひとりであるカール・ラデックの落ち着きのなさに苛立っていた。ラデックはドイツ軍とオーストリア軍に在籍するポーランド人兵士にはポーランドの独立を志向する自由を認めるべきだと論じ、テーブル越しに身を乗り出してホフマン少将の顔に煙草の煙を吐きかけたりした。しかし、同盟諸国とウクライナ中央評議会（ラーダ）との協定の無効を訴えるトロツキーの主張と同様に、ラデックの子供じみた行動も無意味だった。

トロツキーは知らなかったが、過剰に楽観的になっていたペトログラードのボリシェヴィキはツァールスコエ・セローの放送局からドイツ向けの放送を開始していた。ドイツのケーニヒスベルク放送局が傍受したその放送は、ドイツ軍兵士に反乱を起こすよう扇動する内容だった。反乱を起こし、皇帝ヴィルヘルムを殺害し、ドイツ軍総司令部の将軍たちを殺害し、自分が属する連隊の上官たちを殺害し、そのうえで独自にボリシェヴィキとの和平協定を結ぶように教唆扇動する放送だったのである。(5) 激怒したドイツ皇帝は穏健派のキュールマンの言葉に耳を貸さなくなった。そして、ラトヴィア人のライフル銃連隊がいなければレーニンの体制は崩壊するという情報を得て、ヒンデンブルク元帥とルーデンドルフ将軍の強硬路線を全面的に支持するようになる。

二月九日、ドイツ皇帝はキュールマンに命じて、二四時間以内に回答すべき最後通牒としてのドイツ側の和平条件をトロツキーに提示させた。期限内に回答がなければ、停戦協定を破棄するという通告つきだった。ベルリンでも、ウィーンでも、ストライキの波が拡大しつつあるという事実を前にして、ドイツ側の決意は弱まるどころか、むしろ強固になっていた。翌日、トロツキーはみずから妙手だと思っていた「和平でもなく、戦争でもなく」という切り札を持ち出した。まず、ボリシェヴィキ革命に反対する勢力を激しく非難し、次いで同盟諸国に対する戦争の終結を宣言し、しかし、併合をともなう和平条約への署名は拒否すると言明した。

同盟国側の代表団はしばらくの間信じられない面持ちで言葉もなく座っていたが、ついにホフマン少将が爆発した。「前代未聞の馬鹿々々しい発言だ！」。トロツキーはたった今相手方に与えた衝撃の効果を味わいながら、ロシア代表団を率いて会議場を立ち去った。しかし、トロツキーはすぐに自分が重大な誤りを犯したことを思い知らされる。レーニンに対しては「ロシアが戦争終結を宣言すれば、ドイツは攻撃に出ることはできないだろう」[6]と語っていたのだったが、ドイツ側のヒンデンブルクとルーデンドルフはホフマン少将に命じて東部方面軍による侵攻を準備させていた。

トロツキーと代表団はペトログラードに帰還し、英雄として歓迎された。しかし、二月一六日、キュールマンはドイツ皇帝の命令を受けて、二日後の正午に戦闘を再開するとロシア側に通告してきた。これを聞くと、レーニンは今からでも可能ならばドイツ側の休戦条件を全面的に受諾して調印する意向を示す。しかし、トロツキーはドイツのバルト海管区軍が実際に侵攻を開始するまで待つという方針を主張した。そうなれば、ドイツ帝国主義の侵略を世界に訴えて非難することができるからだった。ドイツ国内の革命を誘発するにはそれで十分だろうとトロツキーは依然として信じていた。レーニンは当然ながら納得しなかったが、そのレーニンの主張は依然として少数派だった。

翌日、ドイツ軍の飛行機が停戦ラインを越えて終日偵察飛行を行った。そして、二月一八日の朝、灰緑色の制服を着たドイツ軍歩兵師団と槍騎兵連隊が停戦ラインを越えて東側に雪崩れ込んだ。槍騎兵は特徴的なコテ型のヘルメットを被り、槍旗をなびかせていた。侵攻はバルト海を臨むリガ湾から黒海沿岸のドナウ・デルタに至るまでの全戦線で始まっていた。ドイツ軍とオーストリア＝ハンガリー帝国軍はウクライナにも侵攻し、初日にわずか数時間でドヴィンスクを陥落させた。無人となったドヴィンスクの街路にドイツ軍の長靴の音が響いた。抵抗は全面的に崩壊した。六〇〇人のコサック部隊がドイツ軍中尉の指揮するわずか六人の小隊に降伏するという有様だった。

翌日、ブレスト・リトフスクの城砦にいたホフマン少将の許にレーニンとトロツキーからの電報が届いた。一旦は拒否した和平条件を受諾するという内容の電報だった。これを最高司令部に報告したホフマンに対して、ルーデンドルフはできるだけ緩慢に反応するよう指示した。その間に侵攻を継続するためだった。ホフマンは、過去数週間ボリシェヴィキによって翻弄され、侮辱されたような気がして大いに苛立っていたが、ようやく気が晴れた思いだった。「シャーデンフロイデ（他人の不幸を痛快に感ずる気分）」を味わっていたのである。ホフマンの有名な文句が記録されている。「これは今までに経験したことのないような滑稽な戦争だ。少人数の歩兵部隊に機関銃を持たせて列車に押し込み、次の駅に送る。すると歩兵部隊はボリシェヴィキを捕虜とし、さらに次の駅へと進む。ともかくも、この戦術は新奇で魅力的だ」(7)。

二月二一日、ソヴナルコムがドイツ側の和平条件を公式に受諾したという通告がベルリンにもたらされた。しかし、その二日後、ドイツ軍はペトログラードを目指してバルト海沿岸を北上する作戦を開始し、同時にウクライナへの侵攻を再開した。そして、この軍事行動を背景として、ドイツ側はさらに過酷な和平条件をスモーリヌィ女学院に送りつけた。すわわち、これまでにドイツ軍が占領した全地域の領有権を要求したのである。停戦当初のドイツ側の和平条件を直ちに受諾すべきだったとするレーニンの主張の正しさが証明された形になったが、それはレーニンにとって何の慰めにもならなかった。レーニンは英仏両国に軍事支援を要請すべきであると提案した。しかし、ソヴナルコムがすべての条約締結を拒否し、対外債務の無効を宣言したことを考えれば、支援要請は控えめに言っても時期を失していた。ブハーリンとその支持者グループはレーニンを非難して辞任し、エスエル左派はレーニンを「裏切り者のユダヤ人」と呼んで切り捨てた。それに対してレーニンは戒厳令を布告し、労働者部隊を招集して塹壕を掘らせ、ペトログラードからの撤退準備命令を発する。パニックに襲われた市民の脱出騒ぎが始まり、どさくさ紛れの略奪行為が勃発した。

三月三日、ついにブレスト・リトフスク条約が調印された。条約調印はロシア国内では屈辱的と見なされたが、この条約がボリシェヴィキの権力維持を可能としたことを考えれば、レーニンによる巧妙なパワーポリティックス外交の成果でもあった。ドイツにとっては最も大きな、そして、最も安価な勝利だった。飢餓から救われるとともに、戦争の継続が可能となったからである。ドイツの領土は戦前の三倍に拡大した。しかし、この和平条約は両国の悲劇的な未来を内包する条約でもあった。というのも、ドイツの民族主義派にとっては、次の戦争が起これればヨーロッパ・ロシアとウクライナをドイツの植民地にすることができるという野望を与えたからである。

旧体制下のフィンランド大公国では、一九一七年一〇月にケレンスキー政権が実施した選挙で左派が政権を失い、その結果、内戦が起ころうとしていた。その直後にペトログラードでボリシェヴィキによるクーデターが発生すると、内戦の危機はさらに拡大した。一九一七年一一月二日、レーニンはロシア帝国内の諸民族の民族自決権を宣言する。宣言に際して、レーニンはボリシェヴィキの同志たちに説明した。もし、民族自決権を認めなければ、「共産主義の名を借りた大ロシア・ショーヴィニズムとして非難されるであろう[8]」。実は、レーニンは、来るべき世界革命が実現すれば、国境線や民族的アイデンティティーなどは無意味になると信じていたのである。新暦一一月一五日、保守的な元老院（セナーティ）の主導の下で、フィンランド議会が独立を宣言する。ボリシェヴィキが提供した機会をフィンランドの民族主義運動右派が摑み取ったのである。

元老院を支持する市民義勇軍の白衛部隊と赤衛隊の間ですぐに武力衝突が始まった。新暦一九一八年一月一七日、ヘルシンキで現地の共産党が「フィンランド社会主義労働者共和国」の樹立を宣言する。首都ヘルシンキを始めとするフィンランド南部の主要工業都市から七万人の赤衛兵が集結した。そのうち約二〇〇〇人は若い女性だった。赤衛隊は集団を組んで中流階級の暮らす家々を襲い、シカやヘラジカを撃つために住民が保有するライフル銃を押収した。ただし、赤衛隊の武器の大半はロシア軍の兵士から提供されるか、あるいは国境を越えてペトログラードから運び込まれたものだった。

保守派の指導者たちはヘルシンキを脱出して北へ逃れ、オストロボスニア地方西岸の町ヴァーサで反共臨時政府を樹立する。首班は元老院議長のペール・エヴィンド・スヴィンフーヴドだった。臨時政府を支える支持層はスウェーデン語を話す旧支配階級、革命の混乱を恐れる中流市民層、そしてフィンランド北部および中央部の農場主や独立農民だった。スヴィンフーヴド政府は男爵の爵位を持つカール・グスタフ・マンネルヘイム中将を軍事司令官に任命した。ロシア皇帝軍の騎兵連隊将校であり、戦争中に軍団司令官に昇進していたマンネルヘイムは、臨時政府の軍司令官に任命されると、まず白衛隊に命じてフィンランド西部にいたロシア軍を武装解除し、さらに、徴兵制を導入した。

スウェーデン政府は厳正中立を維持する方針だったが、国内の保守派はフィンランドの白衛隊を支援すべく、戦争経験のない義勇兵一〇〇〇人程度を集めて旅団を編成した。そして、二月に入ると、第二七狙撃大隊が氷結したバルト海をドイツの砕氷船に先導されて横断し、フィンランドのボスニア湾に到達する。ドイツ軍の兵士として戦っていたフィンランド人の狙撃兵たちもマンネルヘイムの白衛軍に加わり、経験者として指導に当たった。カレリア地方の南部では、二人の元狙撃兵部隊士官が新たに部隊を編成し、フィンランド赤衛隊を支援する目的でやって来るロシア人ボリシェヴィキを追い返そうとした。白衛軍には兵士の教育訓練に当たるべき経験豊かな中核部隊が存在したが、赤衛隊にはそのような中核部隊はなかった。フィンランド人はヨーロッパの戦争に動員されなかったからである。

ブレスト・リトフスク条約成立の六日後、英国海軍は海兵隊の小規模部隊をロシア北部のムルマン

フィンランドとバルト諸国

スクに上陸させた。戦争中に英国がロシア帝国軍に向けてムルマンスク港に送り届けた軍事支援物資を守るためだった。英国に支援部隊の派遣を要請したのは、実はムルマンスク市のソヴィエトだった。すぐ近くの国境を越えてフィンランドの白衛軍が攻撃してくることを恐れての派遣要請だった。英国側にも動機はあった。フィンランド国内で親ドイツ派が勢力を増すことを懸念したのである。いずれにせよ、英国軍部隊のムルマンスク上陸はロシア内戦に対する列国の干渉の最初の一歩だった。

二月の第二週、皇帝軍に派遣されていた英国軍事使節団がようやくペトログラードを離れて帰国する運びとなった。使節団は一年ほど前にレーニンが帰国を果たしたペトログラードのフィンランド駅から列車に乗って出発したが、内戦状態のフィンランドに入るや赤衛隊と白衛隊の戦闘に直面して行く手を阻まれる。しかし、「幾分かは当惑しながらも」(9)フィンランドの白衛隊を支援していたドイツ軍部隊に助けられ、スウェーデンのストックホルムを経由してノルウェーに到達し、最後は船便でスコットランドのアバディーン港に上陸して帰国を果たした。

フィンランド国内では、二月に入って赤衛隊が無謀とも思われる攻勢に出たが、保守派は何とかその攻勢に持ちこたえていた。そして、三月初め、一万七〇〇〇人に増強されたマンネルヘイムの白衛軍が反撃に出て、ヴァーサから南進し、首都ヘルシンキに迫った。最大の激戦は工業都市タンペレをめぐる攻防戦だった。赤衛隊側はこの要衝を断固守り抜く決意だった。マンネルヘイム軍は三月末までにタンペレを包囲したが、その後も激戦が続いた。マンネルヘイム軍側では、狙撃兵連隊とスウェーデン義勇兵部隊が甚大な損傷をこうむったが、三月二八日の木曜日にはタンペレ市内に突入した。マンネルヘイムは陣容を立て直すために前進の一時停止を命じ、その間に砲兵部隊が避難民の密集する市の中心部に砲撃を加えた。四月五日、最終的な攻撃が始まった。赤衛隊側は男女部隊が入り乱れて市庁舎に立て籠もり、最後の抵抗を試みたが、指導部の大半は氷結した湖を渡って脱出した。

白衛軍を指揮するマンネルヘイム将軍は、当初、捕虜を射殺しないと約束していたが、実際には残忍な報復行為を実行していた。内戦の戦闘では双方が八〇〇人前後の戦死者を出したが、マンネルヘイム軍は捕虜として拘束した赤衛隊員のうち、フィンランド人一〇〇〇人、ロシア人二〇〇人を銃殺した。さらに、一万人前後の捕虜を行進させて、満足な屋根もない囚人キャンプに送り込んだ。野晒しにされた捕虜のうち一二二八人が病気や栄養不足で命を失った。

マンネルヘイム将軍の希望に反して、スヴィンフーヴド元老院議長はすでにベルリンと接触し、ドイツ軍による軍事支援を要請していた。帝政ロシア軍の将軍だったマンネルヘイムは自尊心を傷つけられたが、自分を抑えて、つい最近まで戦っていた敵軍の支援を受け入れざるを得なかった。「勝利したドイツ軍からフィンランド政府の要請に応じて派遣された部隊がフィンランドの地に上陸したが、これはボリシェヴィキの悪党どもとの我々の戦いを支援するためである。今やドイツ軍と我々は戦友であり、その友情は内戦の戦闘で流される血によって固められるであろう。ドイツ皇帝とドイツ国民に対してフィンランドが常に抱いてきた友情と信頼はさらに強固になるものと確信している[10]」。

リュディガー・グラフ・フォン・ゴルツ中将の率いるバルト海管区師団とオットー・フォン・ブランデンシュタイン大佐の率いる派遣軍を合わせて一万三〇〇〇名のドイツ軍がフィンランド白衛軍の迅速な勝利に貢献するはずだった。ゴルツ中将はフィンランドを「赤の恐怖支配[11]」から解放することをドイツ軍の使命と見なしていた。しかし、「頭脳と心情の両面から[12]」フィンランドへの介入を決意したルーデンドルフ将軍には別の目的もあった。南西のエストニア、北のフィンランドの両方向からペトログラードに睨みを利かせること、それがルーデンドルフの目論見だった。これにより、西部戦線で予定どおりに英仏軍に対する春季大攻勢を開始した場合に、東部戦線で不都合が生ずる事態を予防することができるという計算だった。さらには、フィンランド湾の北岸と南岸の両方にドイツ軍の半永久的な基地を確保することを可能にする構想も視野に入っていた。

ゴルツ中将とブランデンシュタイン大佐のドイツ軍はヘルシンキ西方の海岸に上陸して首都を目指し、四月一三日にヘルシンキを占領した。フィンランド白衛軍の勝利を決定づけたのは、ペトログラード北方のカレリア地峡の町ヴィボルグをめぐる攻防戦だった。ヴィボルグはヘルシンキを失った赤衛隊が首都としていた町で、逃げ場を失ったフィンランドの左派避難民が大量に流れ込んでいた。四月二三日、白衛軍はヴィボルグを包囲し、ペトログラードからの援軍や武器の流入を遮断した。海路を使って辛くも脱出できたのは赤衛隊の幹部だけだった。タンペレ攻防戦と同様に、白衛軍からも多数の死傷者が出た。十分な訓練を受けていない徴集兵の被害がとりわけ大きかった。

白衛軍は四月二九日にヴィボルグを占領するが、その直前に酒に酔った赤衛隊員たちが三〇人ほどの白衛軍捕虜を射殺するという事件が起きた。犠牲者にはフィンランド議会の保守派議員二人も含まれていた。これとは別に、中流階級のフィンランド人の多数が自宅で殺害されていたことも判明した。町を占領した白衛軍はタンペレ戦と同様に残虐な報復措置を行った。一二〇〇人ほどのロシア人とフィンランド人が捕えられて処刑され、その後も八〇〇人が郊外の四人キャンプに放置され、野晒しにされて死亡した。

両派の残虐行為を比較すれば、左派による場合の方が小規模だったように見える。しかし、ゴルツ中将によれば、ヘルシンキの北東に位置するコウヴォラ市では右派の人々が手足を縛られたうえで首まで地中に埋められ、頭に藁を積み上げて火を点けられるという事件があった。フィンランド内戦では戦闘に勝利した側が激しい残虐行為に及ぶという事態が繰り返された。結局、四か月にわたる内戦が終結した時点での死者は合わせて約四万人に達したが、そのうち一万二五〇〇人ほどは捕虜となっていた赤衛隊員だった。

ブレスト・リトフスク条約締結からフィンランド内戦に至る時期に、バルチック艦隊は賞賛すべき行動を示したが、一方、ボリシェヴィキは極めてグロテスクなやり方で自分たちの正義を主張した。四月初め、ドイツ帝国艦隊の一部がヘルシンキを目指して北上したが、それはフィンランドの首都を確保するとともに凍結したヘルシンキ湾に閉じ込められているバルチック艦隊の分遣隊を捕縛するためだった。ペトログラードに駐在していた英国海軍の連絡将校フランシス・クローミー大佐はそう報告している。同じくヘルシンキ湾の氷に閉じ込められていた英国潜水艦の乗組員の証言によれば、ロシア艦隊の乗組員は腐敗しており、投げやりになっているということだった。「軍規や道徳を守ろうとする気配はどこにもない。艦上には夜も昼も若い女たちの姿がある。士官たちは公金を着服し、政府物資の食糧を横流ししている。飢餓に苦しむ陸上では食料の買い手に事欠かないからだ。水兵たちも角砂糖一〇個と交換に好きなものを何でも手に入れている[13]」。

ロシア艦隊の現地司令官アレクセイ・シチャースヌィ大佐は艦隊を沈めるべきか、救出すべきかの選択を迫られていた。救出するためには、氷結したフィンランド湾を横切って対岸のクロンシュタットまで艦隊を移動させる必要がある。シチャースヌィはドイツ軍が来れば全員が吊るされると警告して、意気阻喪していた乗組員たちに活を入れ、砕氷船を動かして戦艦六隻を救出した。三月一二日の夜のことだった。戦艦に続いて巡洋艦五隻と駆逐艦五九隻、潜水艦一二隻も脱出に成功した。

「氷結フィンランド湾横断航海」として有名になる快挙を果たしたシチャースヌィは英雄として迎えられたが、五月二七日になって、トロツキーの命令により逮捕されてしまう。新任の傲慢な軍事人民委員に反抗したことが理由だった。トロツキーはシチャースヌィに反逆罪の嫌疑をかけ、みずから起訴手続きを行なった。シチャースヌィが自己の栄光を目的としてバルチック艦隊とソヴナルコムの間に楔を打ち込もうとしたと非難し、次のように述べた。「ブレスト・リトフスク条約は印刷されて公表されており、誰でも読むことができる。海軍に関して何らかの秘密協定があるという議論はすべて白衛軍が捏造した全くの作り話である。ブレスト・リトフスク条約は両国の艦隊が所属港に留まるべきことを定めている[14]」。

革命法廷はシチャースヌィに有罪判決を下した。「シチャースヌィは英雄的行為によって自分の評判を高めようとしたが、それはソヴィエト政府に敵対しようとする意図に基づいていた[15]」。六月二二日、シチャースヌィの銃殺刑が執行された。メンシェヴィキの指導者マルトフはその処刑を「冷血な殺人による血腥い喜劇」と呼んだ。後任の新司令官はトロツキーに報告している。「シチャースヌィの処刑は指揮官たちを意気阻喪させている。しかし、士気の低下は具体的な形としては現れていない。乗組員たちは落ち着いている。ただし、適切な説明がなされることを希望している[16]」。

ブレスト・リトフスク条約が締結されたのは三月の第一週だったが、バルト海南岸のドイツ軍はすでにその時点でエストニア国境のナルヴァまで残り二〇〇キロメートルの地点に進出していた。ナルヴァからペトログラードまでは一五〇キロメートルの距離に過ぎない。その一週間後、ボリシェヴィキ指導部はソヴィエト政府の本拠地をペトログラードからモスクワのクレムリンに移した。レーニンはモスクワが好きになれなかったが、旧帝国の各地と連絡を取るにはモスクワの方が便利であり、しかも、ペトログラードはルーデンドルフの目論見どおり、南北両方向からの脅威に晒されていた。

首都移転とほぼ同時に変更された点が二つあった。三月に開催された第七回党大会で「ボリシェヴィキ」の名称が「共産党」に変更され、社会主義者の国際組織「第二インターナショナル」も「共産主義インターナショナル」(略称コミンテルン)に改称された。ただし、ボリシェヴィキの呼称は日常会話のレベルでは使われ続けた。同時に、ソヴナルコムは旧来のグレゴリオ暦を廃止し、西欧世界と同じユリウス暦を採用した。この措置により、ロシア国民は一挙に一三日飛び越えて前に進むことになった。

政府に見捨てられたペトログラードは暗黒の中で飢餓に苦しむ悲惨な都市となった。この元首都から出られなくなったポーランド人が書き残している。「配給カードを持っていても、最悪の品質のパンのかけら、これも最悪の品質の油、凍って腐ったジャガイモしか手に入らない。飢えた貧乏人たちが食料を探してゴミ箱をあさっている。そのゴミ箱に住み着いたネズミは恐ろしい進度で増殖し、一方、犬や猫は姿を消した。街路や広場や橋の上には餓死した馬の死骸が転がっている(17)」。テフィーも書いている。「ペトログラードは死の町になってしまった。街路には馬の死骸が横たわり、時には人間の死体も見える。夜になると、怯えた顔つきの人々が馬の死骸に忍び寄り、馬肉を切り取って逃げて行く(18)」。ペトログラードはソヴィエト政権下の二か月間に完全に変わってしまった。個人商店はすべて閉まり、窓は割れ、あるいは塗りつぶされて、街路には人影もなく、死の町の様相を呈していた。「広場の記念像は当局の手で取り払われ、残った台座の上に革命の英雄や有名人の醜い石膏像が立てられていた。住宅は埃にまみれ、街路にはゴミが溢れ、石畳の道路は穴だらけとなり、僅かに生き残った辻馬車や共産党幹部の自動車が苦労してやっと通過して行く有様だった(19)」。

工場も操業停止に追い込まれていた。燃料不足も一因だったが、原材料の消滅という原因が大きかった。飢えた労働者が原材料を盗み出して売り払ってしまうのである。市内には電気もなく、ガスもなく、照明用の油もなかった。割れた窓から浸み込んでくる厳しい寒さの中で唯一残った照明は積もった雪に反射する星明りだった。ヴィクトル・セルジュはそれを「原始の明かり」と呼んでいる。

ドイツ軍の進撃と占領地域（1918年3月~11月）

「人々は凍った家の中で暮らし、動物のねぐらのような片隅に身を丸くして眠った。昼も夜も着たままの毛皮の外套には悪臭が染みついていた」[20]。暖を取るための小さなストーブを持つ幸運な人々もいた。丸い形が太った腹を思わせることから「ブルジョア」と呼ばれた鋳鉄製のストーブで、薪の代わりに書籍や壊れた家具の破片を燃やすのである。時には床材を剝ぎ取って薪とすることもあった。燃やす物がなくなれば、盗んでくる他に手はなかった。垣根や無人の家屋を壊して材木を盗み取るのである。ヴィクトル・セルジュは書いている。「火こそが命、パンと同じだ」。

暖房のない石の街では、水道管も下水管も凍結した。貴族の旧宅を接収して二階を居室としていたクロンシュタットの水兵たちがいたが、彼らは床に穴を開けて便所としていた。汚物は一階に落ちて行く仕組みだった。しかし、寒さが少しでも緩むと、建物中に恐るべき汚臭が漂ったばかりか、病毒が蔓延した。

ヴィクトル・セルジュは無人の大使館や大邸宅に入り込んだ最下層の浮浪者たちの様子を書き残している。「悪党どもは中庭から屋敷に侵入して住み着くのである。外から発見されないように明かりを使わない用心深さだった。彼らは貯蔵庫で見つけたコニャックを飲みながらカード遊びに興じたりした。女も混ざっていた。『可愛いリンゴのカートカ』、『蛇のドゥーニャ』、『丸鼻の小さなコサック娘マルファ』などと名乗って唇を真っ赤に塗った娘たちが邸宅のタンスから盗み出した贅沢だが汚れた下着と有名メーカー製のドレスを身にまとい、時々は真っ暗な窓から首を出して外を覗いたりした」[21]。今や、ロシア帝国の首都は死滅し、ピョートル大帝が開いた西欧への窓は閉じてしまった。その窓は夏の終わりまでにはチェーカーの手で釘付けにされることになる。

# 第13章 極寒を衝いて進軍する義勇軍

## 一九一八年一月〜三月

旧皇帝軍が崩壊する前の最後の参謀総長だったアレクセーエフ将軍は、謙虚で正直な人物として誰からも尊敬される存在だった。しかし、ウランゲリに代表される威勢の良い騎兵隊出身の多数派の将軍たちとは違って、アレクセーエフ将軍は歩兵の出身であり、実は馬が好きではなかった。大尉として騎兵隊幹部養成学校の教官を務めていた頃のアレクセーエフについて、軍人たちの間に伝わる有名な話があった。それはアレクセーエフが訓練に際して騎乗する馬を提供された時のことだった。「いや、馬は不要だ。ありがとう。私は急いでいるので失礼する」。そう答えて、アレクセーエフは徒歩で足早に立ち去ったと言われている。(1)

コルニーロフ事件後、アレクセーエフはあらゆる手を尽くして、逮捕された士官とその家族を支援しようとしていた。人々の大半が自分のことだけを心配していたこの混乱の時期に、アレクセーエフは政治家や実業家との人間関係を生かして救援基金を設立し、さらには、ボリシェヴィキ独裁と戦うための軍事組織の必要性を説得して回っていたのだった。

二月革命からボリシェヴィキによる一〇月クーデターにかけての時期、旧軍の士官や将校の大部分は無関心な態度を取っていたが、その後の新体制で階級戦争の実態が明らかになるにつれて、軍人の姿勢にも変化が現れた。ペトログラードやモスクワに残っていた若い士官たちは、独自の情報網を通じて、ドン地方で反革命軍が形成されつつあるというニュースを耳にした。さらに、南方に移動するための偽の身分証明書、資金、切符などを入手するに当たっては、アレクセーエフ将軍の組織その他の機関からの支援が得られるという情報も入って来た。非常に勇敢で機略縦横の看護婦が現れて、ドン地方への移動を希望する士官たちに大袈裟な包帯を施し、医師の命令で療養のために南方に送られる傷病兵を装わせて列車に乗せるという作戦を実行したこともあった。

一一月中旬にノヴォチェルカスクに到着したアレクセーエフはすぐに四〇人程度の士官を集めて軍事組織を編成した。コルニーロフその他の将軍たちがブィホーフ修道院の監獄を脱出してノヴォチェルカスクに現れるずっと前の話だった。一一月末にはアレクセーエフの組織は三〇〇人規模の「義勇軍」に成長していた。しかし、最初のうち、アレクセーエフは「義勇軍」のメンバーに給与を支払うことができず、食糧を配るにとどまった。資金はすべて武器弾薬と装備の購入に充てなければならなかった。

カレーディン将軍も当初はコサックの頭領（アタマン）としてアレクセーエフの義勇軍を支持し、歓迎した。しかし、一般のコサックの大半は戦闘にうんざりしており、義勇軍がドン地方に存在すること自体を快く思わなかった。義勇軍の存在がドン地方に戦争を引き込むことを恐れたからである。赤衛隊がロストフを占領し、次にノヴォチェルカスクを脅かすと、アレクセーエフは直ちにカレーディンを支援するために小部隊を提供した。一二月九日、アレクセーエフ配下の士官軍部隊は、少数の戦闘意欲の高いコサック兵とともに、ノヴォチェルカスクの占領に成功する。このノヴォチェルカスク戦を以って内戦の開始とするのが大方の見方である。

カレーディン将軍は、反動的であるとの評判とは裏腹に、コサック社会に改革を導入した優れた指

M.V.アレクセーエフ将軍

導者だった。非コサックの住民がドン地方の政治と行政に参画することを許容したのである。ドン地方が独立を宣言して以来、非コサックの住民は政治と行政に参画する権利を奪われていたが、カレーディンはこれを不正義と見なして、その誤りを正したのだった。しかし、非コサックの住民側には依然としてコサックに対する敵意が残っており、また、戦線から帰還する若いコサック兵たちの左翼志向も問題だった。

アントーノフ＝オフセエンコを司令官とする赤衛隊の二軍団はロストフとノヴォチェルカスクを目指して進んでいた。しかし、ドン地方のステップ地帯を戦場とするその戦闘には独特の困難が伴っていた。エスエル左派のユーリ・サブリンを指揮官とする第一軍団は主としてモスクワ出身の赤衛隊員によって構成され、黒海艦隊の水兵によって補強されていた。その任務はドン地方のステップ地帯の北側を封鎖したうえでノヴォチェルカスクを攻略することだった。一方、ルドルフ・シヴェルスが指揮する第二軍団はドンバス地方から進軍し、西のアゾフ海沿岸を経てロストフを奪回しようとしていた。

モスクワで士官候補生部隊と衝突した事件を除けば、赤衛隊はまだ本格的な戦闘を経験していなかったので、前線帰りのコサック兵との実戦については、当然ながら不安があった。しかし、ラトヴィア人の指揮官エドゥアルド・デューンによれば、「赤衛隊の労働者の多くはコサック兵に対して一九〇六年と一九〇七年に経験した懲罰遠征の恨みを晴らそうと決意していた」[2]。指揮官のデューンは世間知らずの中尉で、実は「ボリシェヴィキでも何でもなかった」。彼は磨き上げた長靴と肩章付きの制服姿で集合場所に現れて兵士たちを驚かせた。肩章は外すべきだと皆が忠告したが聞き入れなかった。しかし、実際の戦闘ではデューンは先頭に立って勇敢に戦い、部下の信頼を獲得した。

デューンが指揮する三〇〇人ほどの部隊の最初の任務はルーマニア戦線から帰還するコサック兵の武装解除だった。もともと自前の武器を携え、自前の乗馬を引いて出征したコサック兵の武装解除は一触即発の危険な任務だったが、コサック兵の乗った列車を引き込み線に誘導して孤立させるという鉄道労働者の巧妙な支援によって、武装解除はおおむね順調に実行された。その後、ドンバス地方の炭鉱労働者が補充兵として赤衛隊に志願して来た。また、非コサックの農民たちも赤衛隊に同情的で、食糧を差し入れてくれることもあった。ただし、農民自身が戦闘員として志願することはなかった。勝利するのは経験豊かな白衛隊の士官とコサック兵の側だろうと農民たちは予想していたからだった。

ドン地方の広大なステップ地帯は氷に閉ざされており、赤衛隊には騎兵部隊が欠如していたので、戦闘は鉄道線路に沿っての小競り合いの積み重ねという形で展開された。白衛隊の列車が停車している地点に赤衛隊を乗せた列車が近づくと、家畜輸送車両に乗っていた赤衛隊の兵士たちが飛び降り、ライフル銃を構えて、どこまでも続く平坦なステップの凍り付いた地面に列を作って伏せる。デューンは白衛隊との最初の遭遇戦の様子を記録している。デューンの部隊は緊張して相手の接近を待ち構えていた。ひとりが叫び声を上げげた。「士官の連中だ。肩章が光るのが見える」。しかし、それよりも前にデューンは相手が主として士官によって構成される部隊であることに気づいていた。身を伏せることもなく、発砲もせずに進んでくるところがいかにも士官らしかったからである。赤衛隊側が滅多矢鱈にライフル銃を撃ち始めても、敵部隊の前進は止まらなかった。機関銃の掃射が始まったが、すぐに止んでしまった。デューンは書いている。「敵の姿をこれほど間近に見るのは初めてだった。銃弾が耳をかすめる音で身体が震えた(3)」。しかし、その時、列車の警笛が三度鳴り響き、それを合図に白衛隊は列車を目指して後退していった。ステップに置き去りにされることを恐れて、士官たちは指揮

「鉄路の戦い」
1917〜18年の冬、赤衛隊（武装労働者）と復員兵の献身的な努力によって、ボリシェヴィキは中央ロシアの大半を制圧した。

官の怒声を無視して列車に駆け戻って行った。

その少し後で、デューンの部隊は二人の若い士官と一人の看護婦を捕えた。三人は赤衛隊の接近に気づかずに、橇で移動していたのである。しかし、捕虜たちへの対応は紳士的だった。デューンは士官たちの武器を没収したうえで三人を釈放したのである。「立場が逆だったら連中は僕を釈放しただろうか?」(4)。デューンは後にそう自問している。「リハーヤ付近の戦闘で我が方の負傷者が受けた扱いを思えば、当然、答えは否だろう」。リハーヤの住民は近郊の丘を指さして証言した。「あの小山の上に赤衛隊員が生き埋めにされた共同墓地がある」。この戦闘では捕虜もいなければ、負傷者も残らなかった。捕虜も負傷者も死者として扱われたのである。「白衛隊の士官たちは捕虜の存在を認めなかった」。コルニーロフ将軍自身も捕虜を許容すべきではないと明言している。

デューンはさらに記録している。「ある時、駅と駅の中間地点で列車が停車した。線路脇の電信柱に三人の死体が縛りつけられているのが見えたからだ。死体は血まみれで、パンツと縞の水兵シャツ以外には何も身に着けていなかった。長靴も履いていなかった。一人は血まみれの水兵帽を斜めにかぶせられており、他の二人の水兵帽は足元に落ちていた」。赤衛隊は三人の死体を電信柱から解き放ち、線路脇の土手に埋葬した。

「我々はもちろん階級的な憎悪を感じた」とデューンは続けている。「しかし、それは人間を残忍野蛮な殺人者に変えてしまうような個人的な怒りの感情とは違っていた。その意味では、我々は敵の白衛軍よりも恵まれていた。連中に階級的憎悪があるとすれば、我々には普遍的正義という大義があるからだ(5)」。デューン個人に関して言えば、それはおそらく間違いではなかった。しかし、残忍な殺害は決して一方的ではなかった。

一月一四日、義勇軍の戦線の内側にあるタガンログ市で、労働者が蜂起した。激しい市街戦が展開された。労働者は数の上では義勇軍を圧倒していたが、十分な武器を持たなかった。蜂起は制圧され、怒り狂った士官候補生部隊が一〇人ほどの労働者を捕えて、鼻を削ぎ落し、眼を刳り抜いたうえで、犬を捨てるように穴の中に投げ込んで生き埋めにした。(6) 一月二〇日にシヴェルスの赤衛隊と水兵部隊がタガンログ市を奪回し、報復が始まった。義勇軍の士官たちと士官候補生たちは、安全な退去を保証するという条件で降伏したが、市内の病院から傷病兵が引き出され、街頭で処刑された。五〇人ほどの士官が手足を縛られて、バルト鉄鋼所の溶鉱炉に投げ込まれた。その他、多数の義勇軍隊員が処刑されたが、処刑はサーベルで切り殺すという方法で行われた。弾薬を節約するためか、あるいは、赤衛隊員の復讐心を満足させるための処刑方法だった。

一月末になっても、アレクセーエフの義勇軍の勢力は、がっかりするほど小規模なままだった。登録した人数は、士官、士官候補生、学生などを合わせて三〇〇〇人程度に過ぎなかった。安全な場所を求めて南部にやって来た士官は数千人を下らなかったが、彼らは義勇軍に参加しようとはしなかった。登録した義勇軍兵士の平均年齢は若く、彼らは家族の邸宅や農園が革命派の農民や赤衛隊に破壊されたことに対する復讐心に燃えていた。皇帝による独裁制の復活を望む反動的な帝政主義者も多数残っていた。憲法制定議会の復活に望みをかける少数派もいたが、彼らはほとんど「赤」同様の存在と見なされていた。

主導権をめぐっても激しい対立があった。義勇軍を立ち上げたのはアレクセーエフだったが、コルニーロフは自分が総司令官になるべきだと主張した。主張が通らなければドン地方を捨ててシベリアに退去するとさえ脅迫した。彼はアレクセーエフがケレンスキー政権の命令で自分を逮捕したことを未だに許していなかった。当時、アレクセーエフは悲劇的な混乱を整理して、上級将校を革命法廷から救出することを第一義にしていたのだった。最終的に成立した合意によって、コルニーロフが義勇軍の現地司令官となり、アレクセーエフは義勇軍の政治、財政、行政に関する責任者を務めることになった。その時、アレクセーエフの肉体には、やがて彼の命を奪うことになる癌がすでに発症していた。アレクセーエフは、また、ボリス・サヴィンコフを外国政府との交渉に当たる責任者に任命した。ただし、当時の義勇軍はまだ国外のいかなる勢力とも接触していなかった。

コルニーロフとアレクセーエフの関係はその後も改善されなかった。しかし、コルニーロフが傲慢な態度で意図的に挑発していた相手はアレクセーエフだけではなかった。立憲民主党（カデット）の政治家たち、なかでも、毛嫌いしていたミリューコフに対してもコルニーロフは傲慢不遜だった。ところで、反ボリシェヴィキの将軍たちのほぼ全員が犯していた重大な過誤があった。それは「赤」だけでなく、ドイツに対しても半永久的に戦争を続けなければならないという頑固な思い込みだった。この信条がコサックを含む元兵士とほぼすべての農民を敵に回すことになったのである。

カレーディンも、また、サブリンやシヴェルスの指揮する赤衛隊の前進に抵抗する決意のコサックが少ないことに心を痛めていた。コサックの大多数はただ平和裡に自分の土地を耕作したいと思っていたのである。一月二八日、アレクセーエフはカレーディンに書簡を送り、義勇軍は単独ではこれ以上ドン地方を防衛できないと警告した。「ドン・コサック自身に名誉ある伝統を守ろうとする意志が欠如していることが義勇軍に耐えがたい重荷を負わせることになっており、戦闘の継続を困難にしている[7]」。クバン川付近に展開していたボリシェヴィキ軍第三九師団が北上を開始したために、義勇軍は脱出経路を絶たれる恐れがあった。カレーディンはアレクセーエフに義勇軍を現地に留めるよう懇願したが、コルニーロフとアレクセーエフは反ボリシェヴィキの大義を消滅させないためには義勇軍を温存する必要があるという点で意見が一致していた。

カレーディンは一部のコサック士官の動きに手を焼いていた。ボリシェヴィキ軍への抵抗を促すカレーディンの呼びかけに公然と反対を唱える士官がいたのである。エスエル左派に属するフィリップ・ミローノフ中佐は一月二五日に次のように書いている。「カレーディン将軍と副官ボガーエフらの率いる軍事政権の足許が不安定になっている。前線帰りの士官や兵士の掌握に失敗したためだ。ウスト・メドヴェーディツカヤ、カーメンスカヤ、ウリュピンスカヤなどのコサック村にはすでに軍事革命委員会が存在しており、カレーディン将軍の軍事政権を認めないばかりか、カレーディンの辞職を要求している[8]」。

一月末、義勇軍の本拠地たるロストフとドン地方の首都ノヴォチェルカスクの両市が陥落の危機に瀕していた。革命派のコサック士官ゴルーボフ中佐が数百人の部下を率いて赤衛隊側に寝返り、カレーディン派の幹部をサーベルで惨殺し、その指揮下にあったコサック・パルチザン部隊をほぼ全滅させた。ノヴォチェルカスクは無防備状態となり、カレーディン自身も戦意を挫かれる事態となった。旧暦の一月二九日、カレーディンはドン地方政府の面々に向かって「話し合いはもう沢山だ」と告げ、隣室に退くと心臓を撃ち抜いて自殺してしまった[9]。カレーディンに代わってアナトリー・ナザーロフ将軍がコサックの新頭領に選出されたが、ドン地方を防衛し、独立を維持するための戦力は大幅に低下していた。

ナザーロフとは軍幹部学校以来の知り合いだったミハイル・スヴェーチン将軍は書いている。「頭領のポストを引き受けたことについてナザーロフを祝福すると、彼は苦笑いしながら、『断れきれなかったのさ。コサックの土地が僅かでも残っている限り、誰かが責任者として頭領の職杖《しょくじょう》を引き継がねばならないというわけだ』と答えた[10]」。スヴェーチンがナザーロフに今後の方針について質問すると、その答えはこうだった。「すでに現地指揮官のポポフ将軍に対して、コサックの小集団を集めて部隊を編成し、ドン地方を出てジモーヴニキに移動するよう命令している」。ポポフは一五〇〇人の部隊を引き連れて出発しようとしていた。スヴェーチンが自分もポポフ軍に合流したいと申し出ると、ナザーロフは移動行程の厳しさを警告した。「糧食を運ぶ荷車もなければ、従者もいない。君にあるのは一頭の馬と鞍だけ、持ち物も鞍袋に入る分だけだ」。さらに、ナザーロフは義勇軍に対して、ボリシェヴィキ軍への抵抗の終焉を宣言した。「義勇軍は解散して、各人が帰郷すべき時が来た」と言明したのである。

新暦の二月二三日、シヴェルスの指揮する赤衛隊がロストフに入城し、その二日後にはサブリンの指揮する赤衛隊がノヴォチェルカスクに対する最終的攻撃を開始した。赤衛隊は列車から飛び降り、移動用の調理台も降ろし、長い列を作ってステップの雪原を前進した。あたりを見回しても、「敵の姿は何処にも見えなかった」とデューンは書いている。「遥か遠くにコサックの村が見えた。男女のコサックが用心深くこちらを見張っている様子だった。やがて、ノヴォチェルカスク大聖堂の金色の丸屋根が見え始め、次いで街並みそのものも見えてきた。誰もが沈黙したまま戦闘の予感に緊張していた」[11]。すでにノヴォチェルカスクの城門に到達していた偵察部隊が手を振って前進を促した。

翌朝、ノヴォチェルカスクに留まっていた義勇軍側のスヴェーチン将軍は市内の様子を見ようとして表に出たが、通りには人影がなかった。ただ、大聖堂に向かう大通りを行く騎兵隊の姿が見えた。それはボリシェヴィキ側に寝返ったゴルーボフ中佐の騎兵部隊だった。スヴェーチンは慌てて自宅に駆け戻り、制服を隠し、妻にも宝石類を隠させた。街路の人通りは途絶えていた。撤退を拒否して市内に留まっていたナザーロフ将軍はコサックの頭領としてコサック会議に出席した。すると、ゴルーボフ中佐が部下を引き連れて議場に乱入し、着席したままのナザーロフに向かって怒鳴った。

「国家機関の代表者が入場する時には起立して迎えたらどうだ！」[12]

「わしはドン地方の全コサックによって選出されたコサックの頭領だ」とナザーロフが言い返すと、ゴルーボフはずかずかと近寄り、ナザーロフの制服から肩章を剝ぎ取ったうえで、逮捕させた。二日後、ナザーロフはゴルーボフの命令で銃殺された。

スヴェーチンはボリシェヴィキ軍がノヴォチェルカスク占領後に開始した残虐行為を書き留めている。市内には多数のコサック軍将校や義勇軍の士官が残っていたが、その多くが処刑された。かなりの年配に達していたイワン・オルロフ将軍は肩章のない羊皮の外套を着て街路を歩いているところを呼び止められた。「彼らは名前も尋ねずにその場で将軍を射殺した。市内では銃声が絶えなかった。負傷兵たちは入院先の病院から引きずり出され、丸太のようにトラックに積み込まれて、ゴミ捨て場に運ばれた。数人が射殺され、残りは放置されて死を待つのみだった」。

ノヴォチェルカスクを失った義勇軍はロストフからも退去し、クバン・コサックの支援を期待して南下し、ドン地方の深奥部まで撤退した。逃れた先はカフカス地方だったが、そこでは冬の厳しい寒さと飢餓が待っていた。第三九師団を含む遥かに優勢な赤衛隊も待ち構えていた。しかし、カフカス以外には逃げ道は残されていなかった。

アレクセーエフ将軍はロストフを退去する直前に妻に宛てて書いている。「愛するニュータへ！一握りとなってしまった我が部隊は、コサックから一切の支援を得られないまま、どこに行っても見捨てられようとしている。ドン地方を去ることになれば、さらに困難な状況に追い込まれるだろう。神のみぞ知る行き先を目指して徒歩による長距離の移動を余儀なくされるだろう。私がどんな立場に立たされているか、君には理解できるだろう。しかし、私としては、この混乱の中でも内心の不安を押し隠し、平静を装わねばならない。何よりも辛いのは君と娘たちに関する情報がないことだ。君たちに会って幸運を祈る接吻を交わす機会もなしに、私は行方定めぬ旅に出発せねばならない。しかし、致し方ないことなのだ。二度と帰宅することができず、愛する家族にも二度と会えないのが私の運命だとしたら、私が君と娘たちへの思いをいつも胸に抱いていたことをどうか忘れないでくれ。もし、私が死ぬ運命なら、私は最後の瞬間まで君たちのことを思いつつ死ぬであろう」[13]。

新暦二月二三日、シヴェルス将軍の赤衛隊がノヴォチェルカスクに入城した。義勇軍は市から退去し、凍結したドン地方の平野を退却していった。赤衛隊側は二機の飛行機を投入して追撃したが、追撃は効果を発揮せず、義勇軍は危機を脱してオルギンスカヤのコサック村に到達した。ただし、義勇軍の存在は隣接するコサックの村々に多大な不安をもたらしていた。住民たちは当然ながら赤衛隊による報復措置を恐れたのである。

コルニーロフが指揮することになった義勇軍は世界の戦争の歴史の中でも極めて不自然で不均衡な構成の軍隊だった。総勢三七〇〇人ほどの義勇軍には、コルニーロフ、アレクセーエフ、デニーキン、ロマノフスキー、ルコムスキー、マルコフなどの将軍が三六人、大佐が一九九人、中佐が五〇人、大尉と中尉と少尉が二〇三八人、士官候補生が四三七人いたが、一般の兵士は八八〇人に過ぎなかった。[14]コルニーロフは小集団の集合体だった義勇軍をマルコフ将軍が率いる士官連隊、コルニーロフ連隊、ドン・コサックを主体として構成されるボガエフスキー将軍麾下のパルチザン連隊、ユンカー大隊などに再編成した。大砲八門を擁する砲兵部隊もあった。大砲八門のうち二門は赤衛隊からウォッカと引き換えに買い入れたものだった。ところが、義勇軍には、部隊に加えて一〇〇〇人に近い非戦闘員集団が随行していた。ロストフに残してくることができなかった政治家や妻たちを主とするこの随行者集団は深刻な足手まといだった。つまり、列を作って徒歩で移動する際も、一日に進める距離はせいぜい三〇キロメートルまでに限られた。厳冬期にはさらに短い距離しか進めなかった。二輪馬車もないわけではなかったが、馬車を利用できるのは負傷者と重病患者に限られていた。

義勇軍の最大の弱点は騎兵部隊の欠如だった。二月二六日にポポフ将軍がドン・コサックの騎兵隊を伴ってオルギンスカヤに現れた時、義勇軍の将軍たちは義勇軍に合流するよう懇願した。しかし、ポポフはドン地方から離れれば自分の騎兵隊は維持できないことを知っていた。翌日、義勇軍はオルギンスカヤを離れ、カフカス地方の奥にあるスタヴローポリを目指して移動を開始した。この作戦は妥協の産物だった。というのも、将軍たちの間では行き先や目標に関する合意が存在しなかったのである。デニーキンとアレクセーエフをはじめとする一部の将軍たちはクバン地方の首都エカチェリノダールを占領し、そこを反ボリシェヴィキ勢力の拠点基地にしたいと考えていた。

義勇軍は未知の土地への進出を英雄的冒険と見なしていた。しかし、そこで待ち構えている苦難がどれほどの大きさかを知れば心が震えたであろう。いずれにせよ、義勇軍がここまで生き残れたのは、ボリシェヴィキ側に重大な失策があったおかげだった。ボリシェヴィキ軍は義勇軍とポポフ将軍の騎兵隊の両者が荒野に逃亡することを許したのである。義勇軍の進軍は緩慢だったが、ボリシェヴィキ軍は新暦三月六日になってようやく義勇軍の長い隊列に追いつくことができた。レジャンカ付近で赤衛隊と第三九師団兵士の混成部隊が義勇軍に追いついたが、逆にマルコフ将軍の士官連隊が小川を渡って追跡軍の側面に回り込んできた。ボリシェヴィキ軍は包囲を破って脱出したが、この戦闘で多数の士官と兵士が義勇軍に捕えられた。コルニーロフは軍事法廷を開いて処刑する意向だったが、もし捕虜が説得に応じて義勇軍に加わる意思を表明すれば命を助ける方針に変更した。しかし、義勇軍の若い士官たちの一部が復讐心から捕虜に鞭打ちを加え、約六〇人の農民出身兵士を虐殺してしまった。三日後、義勇軍は西に方向転換してクバン地方に入った。クバン地方にはボリシェヴィキ軍も存在したが、現地のコサックの多くは義勇軍を支援する姿勢を見せていた。数か所のコサック村では義勇軍に志願する若者も現れた。しかし、一方で、貧困層のコサックや非コサック農民の抵抗を

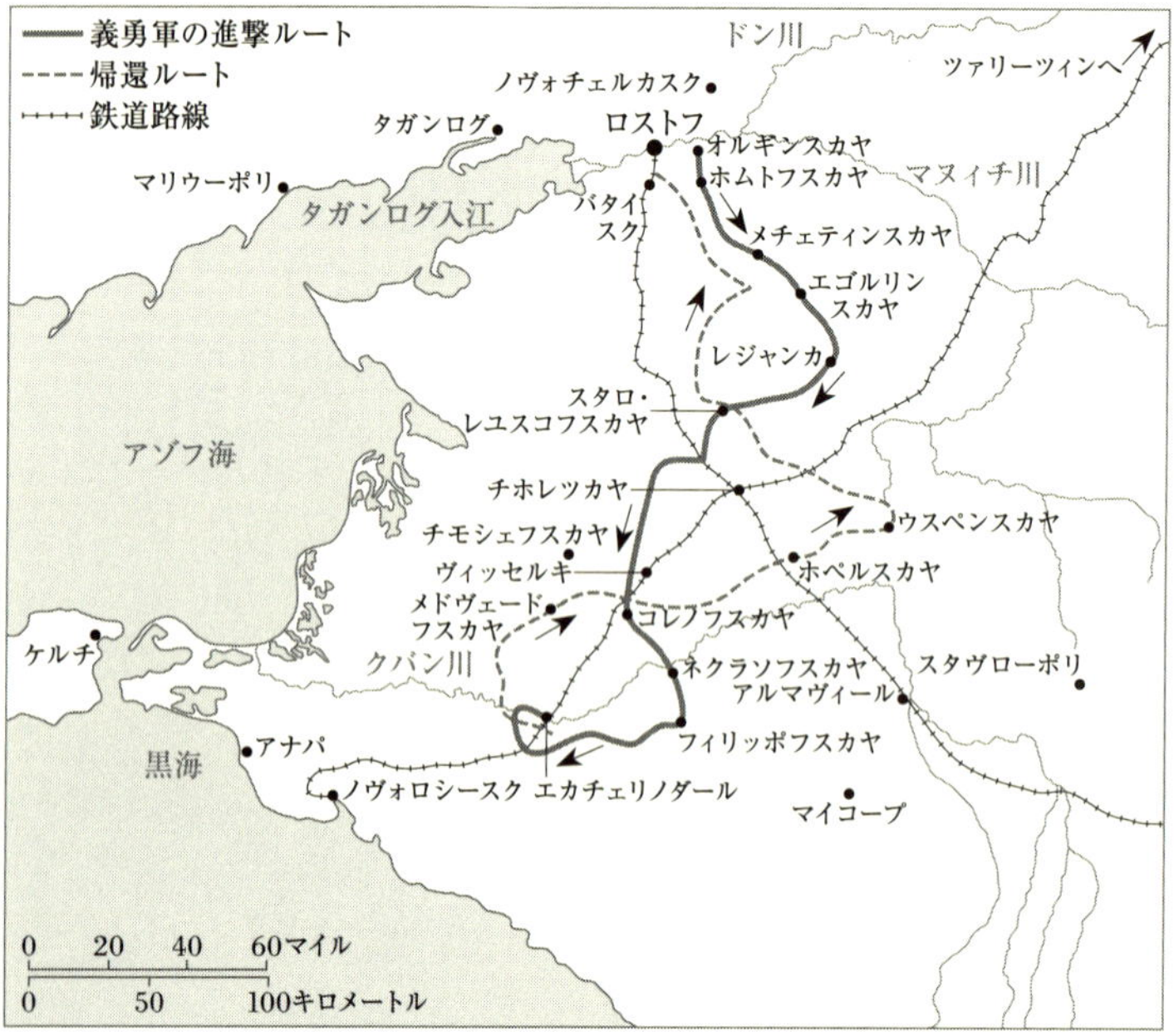

極寒を衝いての進撃 第一次クバン作戦

武力で排除しなければならない場合もあった。

最大の戦闘はコレノフスカヤ市付近で勃発した。義勇軍は小規模なボリシェヴィキ軍との戦闘を予想していたが、実際に遭遇したのは赤衛隊と水兵部隊を合わせて一万人規模の大軍だった。義勇軍側は武器弾薬が不足していたが、コルニーロフは退却するどころか、敵の装備を奪取すべく、危険を冒して戦闘に突入した。戦闘は四日間続いた。義勇軍は四〇〇人の戦死者を出しながら、予想に反して勝利を収め、三月一七日にはコレノフスカヤ駅を占領した。コレノフスカヤ駅には義勇軍が必要とするあらゆる種類の物資が保管されていた。ただし、戦闘の結果として僅かでも負傷者が出れば、貴重な輸送手段である二輪馬車は負傷者輸送の用に供さなければならないのだが、今回の戦闘の損傷率からすれば、負傷者の上に負傷者を積み上げて運ばなければならない事態だった。スプリングのない二輪馬車が道路の穴に嵌って揺れるたびに、運ばれる負傷兵の苦痛は増大した。


ペトログラードでボリシェヴィキのクーデターが起こった直後の危機的な時期に、クバン地方には適切な指導部が存在しなかった。そればかりか、ペルシアやトルコの前線から帰還する途中でクバン地方を通過する数万人の部隊がこの地方に相当の被害を与えていた。ヴィクトル・シクロフスキーが派遣されて動員解除に当たった部隊である。帰還する兵士たちの大半はボリシェヴィキに同情的だった。クバンに入った義勇軍の将軍たちは、クバンの首都エカチェリノダールが赤衛隊に占領され、コサック部隊が排除されたとの情報に接したが、対応する作戦については合意に達しなかった。アレクセーエフとデニーキンはエカチェリノダール攻撃を主張したが、コルニーロフは義勇軍には攻撃するだけの十分な戦力がないと判断していた。

コルニーロフが下した命令は南下してマイコープを攻略するという作戦だった。ただし、将軍はマイコープ周辺の赤衛隊の戦力を正確に把握していたわけではなかった。義勇軍は戦力を回復するための休息も与えられず、部隊を再編成する機会もないまま、間断なく続く戦闘に追われることになった。肉体的に疲労困憊し、十分な食料もなく、負傷者と病人が増え続けて、兵士も、随伴する民間人も、激しく消耗していた。山岳地帯の厳しい寒さから身を守るための羊皮も靴も不足していた。増水した川を渡った後も衣服や靴代わりに足に巻いた布切れを乾かす間がなかったので、凍傷に苦しむ者が激増した。

義勇軍は絶望的な状態に近づきつつあったが、ついに新暦の三月二二日、はるか遠くから聞き違えようもない味方の砲声が聞こえてきた。敵を回り込んで進んでいる間に偶然にもクバン・コサック軍に合流したのである。クバン・コサック軍の指揮官は有名なヴィクトル・ポクロフスキー大佐だった。大佐は対独戦では飛行機のパイロットだったが、今は白衛隊の騎兵部隊指揮官として数々の戦果を上げ、それが補充兵の募集に大いに役立っていた。赤衛隊や通過する復員兵たちの蛮行と強盗行為を見聞きした現地のコサックたちは、納屋や牛小屋に隠してあったライフル銃を持ちだし、自家用の馬に鞍をつけて、次々にポクロフスキー大佐の騎兵隊に馳せ参じていたのである。

両軍が出会った時、義勇軍とポクロフスキーのクバン・コサック軍はほぼ同じ規模だった。コルニーロフはついに念願の騎兵部隊を手に入れたのだった。しかし、我こそはロシアの将来の指導者であると自負していたコルニーロフはポクロフスキーとその他のクバン評議会（ラーダ）のメンバーに対して軽侮と紙一重の傲岸な態度で接した。そのため、コサックの指導者達はコルニーロフの下で働くことを拒否する寸前の心理状態だった。関係者の必死の交渉が水面下で進められ、その結果、やっと両者の協議が実現し、合意が成立した。

コルニーロフは両軍を合わせ、エカチェリノダールを目指して急速に前進した。しかし、エカチェリノダールは白衛軍側の予測をはるかに上回る一万八〇〇〇人の赤衛隊によって守られていた。今回、赤衛隊の水兵部隊や労働者部隊は市内の固定した防衛地点を守っていたので、平野部での遊撃戦よりも安定した心理状態だった。四月一一日の朝、コルニーロフ軍はマルコフ軍の渡河を待たずに攻撃を開始した。それ自体が予定外のことだったが、両部隊間の通信連絡の不備によって状況はさらに悪化することになる。赤衛隊と義勇軍は死に物狂いの戦闘を展開し、双方が重大な損傷をこうむった。戦闘激化の原因は主として防衛側の赤衛隊が勇敢に戦ったことにあった。コルニーロフは猛攻撃をいったん中止し、消耗した義勇軍部隊に一日の休息を与えた。アレクセーエフとデニーキンは激戦後の部隊に適切な回復期間を与えるための退却を要請したが、コルニーロフは再度の攻撃を命ずる予定だった。大量の弾薬を消費したこの激戦に是非とも勝利してエカチェリノダールを奪取しなければならないと彼は主張した。コルニーロフは決して譲らなかった。

コルニーロフの勇気は傲慢さの表れでもあった。自分を殺害できる敵は存在しないと自負しているかのようでもあった。かつて、アレクセーエフは、コルニーロフは獅子のように勇敢だが、その頭脳は羊のように小さいと言ったことがある。この言葉はコルニーロフの墓碑銘となった。コルニーロフは猛烈に反対する部下の助言を退けて、赤衛隊の砲撃部隊から丸見えの地点に立つ白塗りの農家に攻撃の指令本部を設置した。その翌日、四月一三日の朝、赤衛隊の砲弾が指令本部を直撃した。コルニーロフは部下の参謀たちとともに瓦礫の下に埋もれて死亡した。デニーキンはコルニーロフ死亡の情報を伏せようとしたが、噂はその日のうちに広がり、義勇軍は崩壊寸前の状態に陥った。

アレクセーエフは直ちにデニーキンをコルニーロフの後任の総司令官に指名した。そして、総司令官の交代は結果として事態の改善につながったと友人に書き送っている。「デニーキンとは完全に意見が一致している。私たちはどんな問題でも協力して解決にあたっており、それがすべての人々に利益をもたらしている。もし、コルニーロフの指揮が続いていれば、我々が確保しているものすべてが危機にさらされ、果たすべき大義の実現が脅かされているだろう」[15]。実際に、アレクセーエフとデニーキンの関係は至極順調だった。しかし、気の優しい大男のアントン・デニーキンにコルニーロフの危険なカリスマ性は望むべくもなかった。

コルニーロフの死に衝撃を受けて士気を喪失した義勇軍にとっては回復のための休息が必要であると判断して、デニーキンは北へ向かっての迅速な退却を命令した。一方、赤衛隊はコルニーロフの遺骸をエカチェリノダール市内で公開焼却して勝利を祝ったが、その勝利を充分に生かして義勇軍を追い詰めようとはしなかった。コルニーロフ軍の幹部だったひとりの士官が書いている。「義勇軍は半ば崩壊した状態で長い間さまよい歩いた。敵に包囲され、常に危険にさらされての移動だった。移動に際しては、戦闘部隊の最後尾に血まみれの負傷者を乗せた荷車が長い尻尾のように続くのが常だった。列の長さが数キロに及ぶこともあった。負傷者を置き去りにすることはできなかった。戦闘では敵味方ともに残忍だった。義勇軍は敵の捕虜を射殺していた。負傷した捕虜も残忍に殺害した。立場が入れ替わった時にも慈悲を乞う資格を失うような殺し方だった。状況はさらに悪化し、疲労の極に達した義勇軍にとって負傷者の荷車の列が重大な負担になり始めた。ついに、数百人の重傷者をあちこちに置き去りにせざるを得なくなった。置き去りにされた負傷者の大半はそこで死亡した。生き延びた者は僅かだった。負傷者を犠牲にし、自分たちも超人的な努力を重ねつつ、義勇軍は辛くも敵の包囲を突破し、ようやくドン地方に帰着した」[16]。

義勇軍はクバン地方の確保にこそ失敗したが、軍隊としての存続を維持することはできた。ドン、クバン両地方のコサックを糾合してボリシェヴィキへの抵抗に向かわせたことは重要な成果だった。

一方、勝利を収めたと思い込んだ赤衛隊側の報復は最悪の様相を見せた。コサックの住むグンダロフスカヤ村に到達した赤衛隊の先遣部隊は何をしても罰を受けないと思い込んで略奪を開始し、少女を含む女性を次々に強姦し、住宅や店舗に放火して回った。この蛮行に報復しようとするコサックと学生の集団が立ち上がって赤衛隊を攻撃した。有名なグンダロフスキー蜂起である。この蜂起に参加した人びとを中心に編成された部隊は「グンダロフスキー連隊」と呼ばれることになる。

暴力的報復の不可避的な悪循環が始まった。新たに義勇軍に参加したひとりの士官が書いている。「どちらの側も敵の捕虜を生かしておかなかった。ただし、我々は捕虜を銃殺することを禁じられ、処刑にはサーベルか銃剣を使うように指示されていた。貴重な弾薬は戦闘のために使わねばならなかったからである」[17]。オデッサのエレーナ・ラキエルは義勇軍の士官だった友人から聞いた話を書き残している。「ボリシェヴィキは捕虜とした義勇軍の士官を生き埋めにしている。一方、義勇軍は捕虜とした赤衛隊士官を生きたまま火刑にしている」[18]。

トルストイの親友だった作家のイワン・ナジーヴィンはロシア南部で戦う義勇軍の上級士官たちから聞いた話を書き残している。「敵側では、水兵たちがもっともよく戦う。彼らは必死で立ち向かってくる。中国人兵士も猛烈な戦士たちだ。しかし、赤軍本来の兵士は弱い」[19]。赤衛隊側で戦う「中国人国際部隊」は戦争中に皇帝政府によって塹壕掘りや輸送業務のために動員された中国人によって構成されていた。南ロシアでは、ボリシェヴィキのイオナ・ヤキールが約六〇〇人の中国人大隊を指揮していた。

ナジーヴィンは続けて書いている。「敵味方の双方で、相手に対する憎悪は極端に高まり、相手を人間として認めない段階にまで達していた。コサック村を占領した赤衛隊は手当たり次第に略奪し、あらゆる年齢の女性を強姦し、弾丸を惜しみなく使って住民を処刑した。一方、コサック側も赤衛隊に激しい憎悪を抱いており、特に水兵部隊と中国人部隊を目の敵にしていた。敵の捕虜に対しては、銃掃除用の鉄の棒で殴り殺したり、肩まで地面に埋めて首をサーベルで切り落としたり、性器を切り取ったうえで何十人も並べて木に吊るしたりした。降伏したいと思う者がいても、降伏することは不可能だった。白衛隊は残忍なやり方で捕虜を処刑していたが、その捕虜の中には無理強いされて赤衛隊に組み込まれていた友人や潜在的な味方も含まれていたに違いない」。

アレクセーエフ将軍も妻宛の手紙に書いている。「内戦は常に残酷なものだが、私たちロシア人の内戦は特に残酷だ。ボリシェヴィキは一般の労働者と農民の水準よりも高い水準のものをすべて破壊しつつある。最低水準以上の人間に対する彼らの敵意は驚くべきものだ。ボリシェヴィキに対する人々の復讐心を抑え、報復を止めることは極めて困難だ。この残忍な内戦の恐怖は対外戦争の恐怖をはるかに上回っている。これが辛い現実なのだ[20]」。

コサックの青年層も別の理由で姿勢を変えつつあった。前線帰りのコサック兵たちはボリシェヴィキの宣伝扇動に動かされ易い傾向にあったが、実際に帰郷してみると、村の年長世代は家父長制の価値観を堅持しており、青年層を把握する力も衰えていなかった。ボリシェヴィキへの同情を捨て切れなかった若者たちも、都会から村々にやって来て穀物や家畜を奪ってゆくボリシェヴィキの食糧徴発隊に接して目を覚まされた。徴発隊を遠隔地まで派遣するには費用も苦労も大きかったので、都会に近い村ほど食糧徴発隊の被害を受け易かった。コサック農民は生産物を市場に出さなくなった。市場への途中、または市場に着いてから、産物を奪われることを恐れたからである。さらに、当局の徴発隊を詐称するギャング集団に食料を奪われる事態も発生していた。

セヴァストポリで義勇軍に参加する機会を待っていた旧帝国軍の砲兵隊士官アレクサンドル・マホーニンの許にかつての忠実な従卒から手紙が届いた。その元従卒はすでに故郷の村に帰還していたが、ある時、ボリシェヴィキの集団がやって来て彼が飼っている牝牛を供出するよう要求した。「この牝牛は私に残された財産のすべてであり、しかも、末の子供には牝牛の乳が必要なのだと私は連中に言ってやった。すると、連中は言い返した。『いいだろう。それでは、お前の子供が牛の乳を必要としないようにしてやろう』。そして抵抗する私の腕から末の子供を奪い取り、子供の頭を壁に叩きつけた。そうやって連中は私の牝牛を連れ去った。残されたのは子供の死体だった[21]」。

食糧徴発隊に対するコサック農民の恨みと怒りは日増しに高まっていた。ノヴォチェルカスクから五キロの距離にあるクリヴャンスカヤ村ではグンダロフスカヤ村と同様の反ボリシェヴィキ反乱が始まった。三月末、村のコサック農民たちは食料の徴発にやって来た連中を叩き出し、コサック部隊の大尉だったフェティストフが三〇〇人ないし四〇〇人のコサックを糾合してノヴォチェルカスクを急襲し、占領してしまった。共産党指導部と赤衛隊はすべて逃走した。

スヴェーチン将軍は書いている。「ノヴォチェルカスク市内に歓喜の声が広がった。しかし、次は防衛態勢を固めねばならなかった[22]」。そこで、将軍は市内に隠れて生き延びていたコサックの将校たちを集め、頭領の邸宅に防衛本部を置いて準備に入った。街頭には市の防衛に参加する志願者を募るポスターが張り出された。「コサックの歩兵五〇〇〇人、騎兵数百騎が集った。これは一五〇〇人規模のポポフ将軍の部隊を上回る規模だったが、ポポフ将軍にはコサックの頭領としての権威が備わっていた」。まもなく、コサック総会が開催され、新たな頭領にガッチナの第三騎兵軍団司令官だったピョートル・クラスノフ将軍が選出された。しかし、義勇軍の指導部は尊大な態度のクラスノフの機会便乗主義に反感を抱いていた。特に、クラスノフがウクライナを占領しているドイツ軍との交渉を提案した時には、反感が強まった。

アレクセーエフ将軍の名前に因んで設立された
アレクセーエフ連隊の司令官V. G.ブイージン大佐と副官を務めた妻のV. I.ブイージナ

義勇軍が厳冬の北カフカスで苦しんでいた頃、別の場所でミハイル・ドロズドフスキー将軍に関する英雄譚が生まれていた。ドロズドフスキー将軍はルーマニア戦線にいた時にアレクセーエフ将軍が新しい軍団を設立しようとしている話を聞き、できるだけ多数の士官と兵を集めてウクライナを横断して合流する意向をアレクセーエフに伝えた。そして、二月二六日、ドロズドフスキーは主として士官からなる一一〇〇人の部隊を指揮して出発し、武装解除しようとするルーマニア軍の来襲を振り払って一二〇〇キロメートルを走破し、ついに四月二一日、ロストフに到達して同市を占領した。極めて時宜を得た動きだった。次いで、ドロズドフスキー軍はクリヴァンスカヤのドン・コサック軍に合流し、首都のノヴォチェルカスクの防備に当たった。極寒を衝いての義勇軍の進軍とドロズドフスキー軍の長征は合わせてロシア南部における白軍神話の源泉となった。

第14章

# ドイツ軍の進撃 一九一八年三月〜四月

三月三日にブレスト・リトフスク講和条約の署名調印が終わると同時に、ドイツ軍とオーストリア＝ハンガリー帝国軍は東方への進撃を開始した。両国民が緊急に必要とする食料の確保が目的だった。三月七日、ドイツ軍はオデッサへ一八キロメートルの地点まで迫り、オデッサ市民は脱出を迫られたが、脱出する前にムラヴィヨフ指揮下の赤衛隊と水兵部隊から残忍な仕打ちを受ける事態を恐れることになる。

エレーナ・ラキエルは書いている。「私たちは土曜日以来一睡もしていない。『革命税』を支払わないブルジョアは続々と逮捕されつつある[1]」。今もなお、旧軍の士官その他の容疑者はオデッサ港に係留中の巡洋艦アルマス号に連行されて処刑されていた。しかも、赤衛隊は戦艦からオデッサ市を砲撃すると脅迫していた。白髭の老鉄道労働者と怯えた顔の若い兵士がアルマス号に連行されようとした時、船着場に集まっていた群衆が赤衛隊に向かって大声で抗議し、二人の釈放を求めた。「すると、突然、耳を聾するような一斉射撃の音が響いた。水兵を満載したトラックがやって来て、群衆に向けて発砲したのである。人々がバタバタと倒れるのが見えた。少女が地面に倒れ、ひとりの紳士が少女を踏みつけて逃げようとしていた。少女は鋭い叫び声を上げた」。

1918年3月、キエフに入城するドイツ・オーバーオスト軍師団
キエフ占領はブレスト・リトフスク条約の調印後にドイツ軍が敢行した
バルト諸国、ベラルーシ、ウクライナ占領作戦の一環だった。

三月一二日、ドイツ軍の将校団が市内に入り、共産党中央執行委員会に対して、すべての赤衛隊勢力を市内から直ちに退去させるよう警告した。スパイクつきのヘルメットを被ったドイツ軍将校が交渉を終えて会場から姿を現わすと、集まっていた大群衆が歓声を上げた。「ドイツ軍士官たちが階段を下りてきた。その背筋は銃を掃除する鉄の棒のように真っ直ぐだった。突然、群衆が辺り憚らずに『ウラー（バンザイ）！』と叫び、帽子を空中に投げ上げ、拍手を始めた。ドイツ軍士官たちは驚いて群衆に向き直り、身体を折ってお辞儀をし、自動車に乗って立ち去った。すると、今度は建物のバルコニーに数人のボリシェヴィキ幹部が姿を現わし、そのひとりが拳銃を振りかざして叫んだ。『今すぐ解散せよ。さもないと撃つぞ』。群衆は恐怖にとらわれ、四方八方へ走って逃げた」。その二日後、ドイツ軍が行進して市内に入って来た。「ドイツ軍がオデッサに来た。ドイツ軍は故郷に帰って来たように静かに入城し、大通りに野砲を設置した(2)」。

ドイツ軍がキエフに進駐した時、群衆のひとりとしてそれを目撃したドミートリー・ヘイデンは書いている。「金属の塊のように整然としたドイツ軍の隊列が独特のヘルメットをかぶり、顔には勝利者の誇りを浮かべて市内に入って来た。ボリシェヴィキがいなくなったことはもちろん喜ばしいが、三年間も敵として戦ってきた相手のドイツ軍が国家評議会近くのソフィア広場に集まって主人顔をしているのを見ると恐怖を感じないではいられなかった」[3]。多くの人びとが感じた複雑な気持ちは、当時まだ青年だったウラジーミル・ナボコフも書き残している。「ボリシェヴィキは消えた。そして、奇妙に物静かなドイツ軍がボリシェヴィキに取って代わった。ロシアの愛国者たちは、同胞たるロシア人から迫害される恐怖を免れたという動物的な安堵感を得た一方で、外国軍、特にドイツの侵略軍に生殺与奪の権利を握られたという不安にとらわれて動揺していた」[4]。

チェーカーに逮捕される恐れのある共産党支配地域から脱出しようとしていた人々にとって、乗った列車が国境の町オルシャを越えてドイツ軍占領下のウクライナに入った瞬間は感動的だった。ウラジーミル・フォン・ドライエル少将は書いている。「列車が境界を越えた途端、すべての車両で『ウラー！』の歓声が沸き起こった」[5]。多くの乗客が叫び声をあげ、抱き合い、窓の外のドイツ兵に向かってハンカチを振った。石炭入れのバケツに似たヘルメットを被るドイツ兵たちは特に感動もなく列車のロシア人乗客を眺めていたが、一方で「乗客たちはドイツ兵を救世主であるかのように感じていた」。

急激に貧窮化し、無法地帯化するモスクワやペトログラードから逃れて来た人々の眼には、ウクライナの穏やかな繁栄は陶然たる理想郷のように映った。テフィーがキエフの街頭で眼にしたのは「ここ暫く見たこともないような素晴らしい世界だった。忘れていた夢が蘇ったかのような世界に来て、あり得ないような、胸の高まるような、むしろ幸せすぎて怖いような気持ちだった。パン屋の戸口では、肩章をつけた士官たちが立ったままケーキを頬張っていた！」[6]。

キエフの人口は急増しつつあった。しかも、中流ないし上流階級の人々が続々と流入して来たために、金をいくら積んでも空き部屋が見つからない状態だった。皇帝の宮廷に属していたような人でさえ、眠るための安楽椅子が見つかれば幸運な方だった。パウストフスキーも書いている。「当時のキエフの生活は大災害の最中に開かれた晩餐会のようなものだった。喫茶店もレストランも営業しており、街全体が零落した大富豪の屋敷という印象だった。スケートリンクでは眼の大きなキエフ美人たちが将校と組んでローラースケートに興じていた。賭博場や売春宿も開いていた。ベッサラブカ地区ではコカインが大っぴらに売られ、春を売る十代の娘たちが通行人の袖を引いていた」[7]。

ここでも大多数の士官たちは、義勇軍に加わるよりも、酒と賭博の自堕落な生活の方を選んでいた。彼らは、詩人、作家、歌手、女優などと交わって、借金を重ねつつもナイトクラブやカフェなどで夜の歓楽を楽しんでいた。キエフでは強盗に襲われる心配もなかった。

一方、地理学者のモギリャンスキーによれば、「救世主たるドイツ軍の兵士たちは、毎朝、食料品店のショーウィンドウの前に集まっていた。そこには子豚の揚げ物、ガチョウの肉、アヒルの肉、鶏肉、ベーコン、バター、砂糖、各種ケーキなどが陳列されており、配給カードがなくても買うことができた。ドイツ兵たちに特に人気があったのはベーコンだった。彼らは美味しいウクライナ産ベーコンの巨大なスライスを貪るように噛みしめるのだった。身体が脂肪に飢えていたに違いなかった」[8]。

ドイツ軍指導部はウクライナ中央評議会（ラーダ）との合意事項を無視する決断を下していた。ウクライナ側が約束した物資の供給が不可能であることが判明したからだった。四月一八日、穀物生産者協会の会長コチュベイ公を黒幕とするクーデターが仕組まれ、ウクライナ・コサックの頭領（ヘトマン）のスコロパツキーを首班とする新体制が発足した。自身も穀物生産者協会の幹部だったドミートリー・ヘイデン伯爵によれば、「事前に仕組まれていた喜劇は全体として順調に運んだ」[9]。ウクライナ・コサックの正装を身にまとったスコロパツキーが首班に指名されるのと時を同じくして、ドイツ軍はペトリューラ、ヴィニチェンコ、ゴルーボヴィッチなど、従来のウクライナ指導者を逮捕した。

パヴロ・スコロパツキーは、一七〇八年にイワン・マゼッパに代わってザポロージェ・コサック軍の頭領の座に就いたスコロパツキー家の末裔だった。「まだ乳母の膝の上にいた頃から『ヘトマン』の称号で呼ばれていたパヴロ坊や」[10]は自分の家系を常に意識する少年として育ち、貴族階級の慣習に従ってサンクト・ペテルブルクでの騎士見習いを経て皇帝直属の近衛騎士連隊に勤務した。当時の同僚には後のスヴェーチン将軍やマンネルヘイム将軍がいた。スコロパツキーは、優雅で非常に礼儀正しい人物だったが、頭能明晰とは言えなかった。その意味ではドイツ軍の傀儡として最適だったのである。妻は非常に裕福なドゥールノフ家の出身だったが、今はソヴィエトの支配地域にいて身動きのできない状態だった。ドイツ軍はソヴナルコムに圧力をかけてスコロパツキーの妻を釈放させた。スコロパツキーはドニエプル河畔の宮殿に住むことを拒否し、前ウクライナ総督の邸宅で暮らすことを選んだが、周囲の人間からは依然として「最も傑出したヘトマン閣下」[11]の称号で呼ばれていた。

義勇軍の非公式の対外窓口だったスヴェーチン将軍はかつての同僚であるスコロパツキーを訪問した。スヴェーチンが見るところ、スコロパツキーはドイツ兵歩哨のささげ銃の敬礼に不快感を覚えている様子だった。「警護は万全のようだな」[12]とスヴェーチンが言うと、スコロパツキーは悲しげに答えた。

「僕は連中の囚人なのだよ。僕は富農と地主階級のいわゆる『穀物生産者協会』によって選ばれたことになっているが、実質的にはドイツ軍によって選ばれたとも言える。ドイツ軍はペトリューラらの社会主義的実験よりもヘトマン国家たるウクライナを望んでいるのだ。しかし、今はドイツ軍によロパツキーは考えていた。

る高圧的支配にも耐えなければならない。ドイツ軍による支配をもたらした根本的な責任はボリシェヴィキにある。僕の個人的見解では、この戦争はドイツの全面的勝利によって終わるだろう」。米国が太平洋を越えてヨーロッパに兵員と武器を送り込むにはあまりにも長い時間がかかるだろうとスコロパツキーは考えていた。

キエフに留まっているロシア軍人の多くがスコロパツキーを裏切り者として非難していることをスヴェーチンが旧友として本人に告げると、スコロパツキーは答えた。「連中は僕がドイツ軍の庇護を受けているとして非難しているが、連中自身も実は同じようにドイツ軍の庇護下にある。そもそも、キエフに留まっていられるのはドイツ軍に身を売ったからに他ならない。良心があるならロシアのための戦いに参加すべきではないのか?」。

スヴェーチンとスコロパツキーは穀物と油脂を求めるドイツの要求についても話し合った。スコロパツキーは言った。「ドイツ軍は必ず代価を支払う。しかし、今は金銭よりも穀物の方が重要だ。ドイツ軍兵士は毎週一人当たり三キロの食糧を故郷の家族に送ることが許されている。農民は我々の通貨よりもドイツのマルクの方を喜んで受け取るそうだ」。

スコロパツキーは明らかに農村の実情に疎いようだったが、ブレスト・リトフスク交渉でドイツ側の首席代表だったホフマン少将は少しも幻想を抱いていなかった。「我々がウクライナに関心を寄せるのは次の収穫時期までの話だ。収穫時期を過ぎれば、ウクライナなどどうなっても構わない」[13]。ドイツ帝国を養うための食料徴発を困難にしていた問題はドイツ軍自身にもあった。ドイツ軍兵士が自分と家族のために勝手に食料を略奪していたのである。一方、地主と農民の間にも問題があった。地理学者のモギリャンスキーは書いている。「多くの場合、地主たちは農民との紛争を解決するためにドイツ軍を利用した。衝突が深刻な事態に発展した時には、ドイツ軍は砲兵隊を出動させざるを得なかった」[14]。大抵は農民側が無力感を味わいつつ妥協することになった。ある農民がモギリャンスキーに言ったことがある。「旦那、俺たちに何ができると言うのだ? ドイツ軍は乾草を要求し、一プード当たり一ルーブル支払うと言うが、乾草一プードのコストは八ルーブルもするのだ。脂肪も一ポンド一ルーブルで買い上げると言うが、チェルニゴフの市場に行けば一ポンド五ルーブルで売れる品物だ」。モギリャンスキーが聞いた話によれば、武力行使に訴えるという点ではドイツ軍よりもオーストリア＝ハンガリー帝国軍の方がさらに悪質だった。

キエフ市内の正常で安定した生活は決して長続きしない運命だった。スコロパツキー体制が外国軍隊の銃剣に全面的に依存していたからである。「ドイツ軍が去れば、スコロパツキー体制はトランプの家のように崩壊するだろう」。旧秘密警察オフラーナの長官だったグロバチョフは予言している。ペトログラードを逃れて、最終的にキエフにたどり着いたグロバチョフは、数人の旧オフラーナ職員を集めて活動していた。地下に潜入したボリシェヴィキがドイツ軍の去る日を待っていることも分かっていた。いずれはウクライナも内戦の波に呑み込まれるであろう。そもそも、白衛軍の支配が長持ちする見込みはなかった。

しかし、ドイツ軍支配地域の非現実的な雰囲気の中で、ロシア南部に帝国を再建するという異常な夢が生まれていた。スヴェーチンはヘトマンの宮殿の大理石の床に描かれたウクライナの地図を見て驚いた。その地図によれば、ドンとクバンの両地方がウクライナに含まれていたからだった。驚きを口にすると、スコロパツキーは、クバン地方ではウクライナ語が話されていると主張した。スヴェーチンはクバン地方でウクライナ語を話す人口は僅かな少数派に過ぎないと指摘した。一方、ノヴォチェルカスクでは、アタマンのクラスノフが各地のコサック軍団を糾合してドン・コサックを盟主とするコサック連邦を結成するという夢想に取りつかれていた。

そのクラスノフは、ドイツ軍にへつらったと見なされて、元国会議長のロジャンコや義勇軍指導部の激怒を招いていた。ドイツ軍がウクライナを横断し、さらに前進しロストフ・ナ・ドヌーに迫ったために、アントーノフ＝オフセエンコの赤衛隊勢力は東ウクライナとドンバス地方から押し出され、コサック地域に移動しつつあった。クラスノフは赤衛隊勢力に抵抗すべく、ロシア軍が戦争中にルーマニア戦線と南西戦線のためにウクライナに設置していた兵站庫の中身を手に入れようとしていた。クラスノフ軍と義勇軍が協調する準備は完全に整っていた。クラスノフはデニーキンを伝染病から救ったのは自分だと冗談めかして言ったこともある。デニーキンに送った兵器はすべてドン地方の水で消毒済みという意味だった。クラスノフは、さらに、ドイツ皇帝ヴィルヘルム二世に宛てて親書を送った。対ボリシェヴィキ戦争への支援を訴える親書だったが、あたかも皇帝から皇帝に宛てた親書のような調子だった。

ヴィルヘルム二世陛下、

現在、偉大なるドン・コサック軍団はその統治地域の九〇パーセントからボリシェヴィキの匪賊を駆逐済みであります。我々はアストラハンおよびクバンのコサック軍とも連係しており、彼らがそれぞれの地域からボリシェヴィキ勢力を駆逐し次第、偉大なるドン・コサック軍団、セヴァストポリのカルムィク族を含むアストラハン軍団、クバン・コサック軍団を糾合して連邦国家を結成する予定であり、さらには、北カフカスの諸民族およびテレク軍団もこれに参加する見込みであります。この度、私がアタマンのジモーヴォイを派遣して陛下に要請申し上げるのは、偉大なるドン・コサック軍の統治地域を独立国家として承認下さること、また、アストラハン、クバン、テレク、北カフカスをも、それらの地域が解放され次第、独立国家として承認下さることであります。新たな国家の名称は「ドン・カフカス連邦国家」となるはずであります。

陛下には、さらに、サラトフ地域のカムィシンおよびツァリーツィンならびにヴォロネジを偉大なるドン・コサック軍団の統治地域として承認するようお願いしたい。これは戦略的な必要性に基づく要請であります。偉大なるドン・コサック軍団は域内の需要を満たした上で、余剰となる物資、すなわち、パン、穀物、小麦粉、漁業産品、羊毛、植物性と動物性の脂肪、煙草、家畜、ワインなどをドイツ帝国に優先的に供給する所存であり、引き換えにドイツ帝国から農機具、化学薬品、皮革製品、生産用の薬剤、化学設備および紙幣印刷設備を含む工業設備の供給を希望するのであります。(15)

この親書に我慢ならなかったのは前国会議長のロジャンコだった。自身も立派な髭と体格に相応しい過剰な自尊心の持ち主だったロジャンコはクラスノフに書簡を送りつけている。「偉大なるドン・コサック軍団アタマンのクラスノフ殿。貴君がドイツ帝国皇帝に送った親書なるものの写しを入手した。この写しを私の許に届けた匿名の人物によれば、親書はリヒテンシュタイン公爵に託してベルリンに届けられたという話だが、もし、このドイツ皇帝宛の親書が実際に貴君によって書かれ、貴君によって送られたとするなら、貴君はヘトマンのスコロパツキーと同様に、ドイツ皇帝の臣下になり下がったのであり、貴君がロシアの大義に尽くしているとは到底考えられない(16)」。

二日後に返信が届いた。「ロシア民主共和国市民ミハイル・ウラジーミロヴィッチ・ロジャンコ殿。ドン・コサック軍団アタマンからの命令として、貴君が偉大なるドン・コサック軍団の統治地域から三日以内に退去することを要請する*1(17)」。

モスクワに滞在していた英国の情報機関員ロバート・ブルース・ロックハートはクラスノフの実像についての評価を書き残している。「クラスノフはロシアの富裕階級の大多数と同様に機会便乗主義者であり、今日は親独的だが、明日は連合諸国の側に味方するというタイプである」[18]。キエフでは、ウクライナ駐留ドイツ軍の参謀総長ヘルマン・フォン・アイヒホルン元帥がロシア軍の兵站庫に残る兵器をクラスノフが入手することを容認したスコロパツキーに異議を唱えなかった。しかし、アイヒホルン参謀総長はその兵器が義勇軍の手に渡ることには断固として反対だった。「なぜなら、義勇軍はドイツとの和平交渉を拒否しているからだ」[19]。

かつてはレーニンと同盟関係にあった社会革命党（エスエル）左派も対独和平交渉には反対の立場を取っていた。サブリン軍団に属していたエドゥアルド・デューンは書いている。「すべての赤軍部隊はソヴィエト当局の命令に従ったが、エスエル左派の部隊は例外だった。エスエル左派とボリシェヴィキとは意見が一致していなかった。我が軍団の司令官ユーリー・サブリンもエスエル左派だった」[20]。しかし、エスエル左派の部隊はドイツ軍と衝突して勝ったためしがなかった。

エスエル左派であり、革命派のコサックだったミローノフ大佐はロジャンコと同じ観点からクラスノフを全面的に否定していた。「不倶戴天の敵であるオーストリア＝ハンガリー帝国軍とドイツ軍がドン・コサック地域に侵入して来た。今や、コサックの頭上には、農奴制だけでなく、将軍たちの指揮杖とドイツ軍の軍規がのしかかっている」[21]。しかし、ミローノフは、また、赤軍の指導部に対しても革命派の部隊の行動について警告している。「一部の革命派部隊はしばしば人民の財産を略奪または破壊し、女性や子供に暴行を加えている。一部の鈍感な同志の気まぐれのためにコサックの村が焼失することも稀ではない」。ミローノフによれば、これは反革命派を利する行為に他ならなかった。

ミローノフは、さらに、ツァリーツィンの北カフカス地区軍事委員会に接触して、問題をトロツキー同志に伝えるよう要請した。「軍事人民委員のトロツキー同志がドン地方を政治的な意味でどのように考えているのかを知りたい。モスクワから派遣されてやって来る政治委員たちはドン地方の日常生活の実態も知らず、この地方のメンタリティーも知らない。その種の政治委員たちのせいで、ドン地方の半分が反革命勢力の支配下にとどまっている。そういうわけで、トロツキー同志からの明確な回答を希望する。ドン地方をどのように扱うつもりなのか？コサックが独自の軍事組織を設立して、中央と協力しつつ反革命勢力を駆逐する権利を認めるつもりがあるのか？ソヴナルコムにそのつもりがあるなら、現在の『特別政治委員』たちを直ちに罷免し、コサックの中央執行委員会に独立の指揮権を与えるよう強く要請する」[22]。

その頃、モスクワでは、エスエル左派のメンバーがソヴナルコムから離脱する動きが始まっていた。ブレスト・リトフスク条約に反対し、レーニンが対独「革命戦争」を拒否したことに抗議する辞任だった。ただし、エスエル左派はチェーカーその他の執行機関には留まっていた。エスエル左派はドイツ軍の進出に対して激しい敵意を抱き、また、いわゆる「余剰穀物」を農民に供出させるために村々を襲撃する食糧徴発隊の活動にも反発していた。農民階級の代表を自任するエスエル左派は、当初、土地を農民に分配するというレーニンの政策を歓迎していたが、その政策が土地の全面的国有化のための戦術的策略に過ぎないことに気づかなかった。しかし、農村における階級闘争という共産党の概念、すなわち、貧農と富農（クラーク）の階級対立という構図があまりにも図式的で、複雑な現実を反映しないことは分かっていた。そして、赤衛隊と農民との死闘の拡大という噂が広がるにつれて、冷酷な階級闘争と情け容赦ない処罰というレーニン派のレトリックに対して警戒心を強めつつあった。

　ドイツ軍進出の圧力を前にして首都をペトログラードからモスクワに移した結果、これら両都市の違いが鮮明になった。レーニンはロシア正教の色彩の強い古都モスクワのスラヴ派的雰囲気を好まなかった。冷徹な近代主義者だったレーニンは、黄金の玉葱型ドームと古色像然たる胸壁を特徴とするクレムリン宮殿で暮らしたり、働いたりすることを嫌悪していた。トロツキーも、また、モスクワやクレムリンは革命的独裁とは相容れない場所だと思っていた。

　一年間も放置された上、昨年秋には戦闘の舞台となったクレムリンは悲惨な状態だった。そこで、レーニンは暫定的にクレムリンに近いホテル・ナショナルを生活と執務の場所としていた。その後、ソヴナルコムのためにクレムリン内の元老院ビルが補修され、隣接してレーニン用の住居が用意されると、妹と妻のクループスカヤをともなって入居した。レーニンの護衛に当たったのは以前と同じラトヴィア・ライフル連隊の兵士たちだった。ただし、レーニンは愛人のイネッサ・アルマンドに会うこともやめなかった。二人はクレムリンまたはアルバート街の外れのイネッサ・アルマンドのアパートで誰にも邪魔されずに会っていた。アルマンドはブハーリンらの左派と同様にブレスト・リトフスク条約に強く反対していたが、レーニンは彼女の精神と判断力を高く評価していたので、条約問題を持ちだしてアルマンドと対立することを避けていた。

　クレムリン内に入居したレーニンは、ロマノフ朝風の夕食の席で旧体制の召使たちが双頭の鷲をあしらった食器で野菜スープと粥（カーシャ）を配る様子をなかば面白がったが、音楽に関しては帝政時代との違いに拘泥した。スパスキー門の時計の時報のメロディーも「神よ、皇帝を守り給え」から「インターナショナル」に変更させた。

レーニンとトロツキーはともに頑固な思想家だったが、同時に現実主義者でもあった。二人は無能な熱狂的信者よりも、忠誠心に多少の疑問はあっても有能な「専門家」を採用する必要性をすでに悟っていた。同様に、他の多くの政治委員たちも、この体制を維持するためには誰であれ優秀な人材を採用せざるを得ないことを理解していた。というわけで、この頃に中枢部の高級官僚として採用されたボルマンは実は白衛軍の秘密の支持者だった。ボルマンは一九一八年三月以降、マヌイルスキー、ラコフスキー、ラデックその他の幹部とともに働いていた。

高級官僚の多くがそうだったが、マヌイルスキーもボリシェヴィキによる支配が長持ちするとは思っていなかった。彼は数度にわたってボルマンに漏らしている。「いずれ我々は全員処刑されてしまうだろう。だが、そうなる前にきちんとけじめをつけてやる。ブルジョアジーを痛い目に会わせてやろう」[23]。ボルマンがブルジョアジーを殺戮しなければならない理由を質問すると、マヌイルスキーは答えた。「我々の側が将来再び権力を奪い易くするためさ。いずれにせよ、世界中のブルジョアジーの数が少なくなれば、それだけ世の中は良くなるはずだ」。

ボルマンはクレムリンに近いメトロポール・ホテルに居を構える「全く新しい種類の官僚グループ」の出現に気づいていた。「彼らはホテルの安価な部屋と安価な食堂に惹かれて集まって来ていた。ホテルの食堂の食事は不味かったが、それでも市中で食べるよりははるかにマシだった」[24]。クレムリンで深夜まで続く会議の熱狂的な雰囲気に流されつつ、政治委員の大多数は質素な生活を送っていた。ただし、305号室の経済官僚ユーリ・ラーリンだけは優雅な生活を楽しんでいた。ボルマンは書いている。「ラーリンは他の連中とは違っていた。彼の所には十分な食料があり、それも高級食材ばかりだった。彼は両手に麻痺があり、口許も変に歪んでいたが、この気味の悪い男は二人の黒い瞳の女性にかしずかれて暮らしていた。女性たちは優雅にかいがいしくラーリンに仕えていた」。新任のドイツ大使の副官だったクルト・リーズラーが言及している共産党官僚は恐らくラーリンのことだったと思われる。「共産党官僚の間に腐敗が広がっていた。自堕落な生活習慣、特に女性を求める飽くなき欲望は目に余るものがあった[25]」。

ボルマンはメトロポール・ホテルで出会う共産党幹部の大半がロシア人ではないことにも驚いている。「彼らは外国にやって来て、あるいは、少なくとも何の思い入れもない国にやって来て、自分のための実験を行い、人民を実験室のウサギのように素材として扱っている。人民の実生活とは無関係な態度を彼らが取っているのはそのせいだろう。しかも、共産党幹部の大半は自分たちの実験が長く存続するとは思っていない。『ここに座っていられる間にあれこれ出来るだけ多くの実験をやっておこう』などと彼らが本音を漏らすのを何度も聞いたことがある[26]」。

ボルマンは少なくとも数回にわたってソヴナルコムの会議の傍聴を許された。「緑色のラシャ布で覆われたテーブルが四角形に並べられ、一六人ないし二〇人の委員がテーブルに着き、他の人びとは壁際の椅子やベンチに座っていた。レーニンは四角の一辺に一人で座り、トロツキーはその後ろの壁際に立っていた。チチェーリンは窓枠に寄りかかり、放心した様子で夕陽の当たる教会のドーム群を眺めていた。レーニンは自分が何をしているのか、何をしたいのかを明確に意識している人間の表情をしていた。その眼には狡猾な微笑が浮かんでいた。レーニンを見ると、どういうわけか、北ロシアから来た商人を思い出すのだった。レーニンは確信を持って会議を進め、問題点を解説し、出席者の意見を聞き、決定事項を秘書に口述していた[27]」。

ボリシェヴィキは当時のロシアで規律を維持している唯一の政党だったが、同時に臨機応変に事態に対応できる組織でもあった。三月半ば、ボルマンがホテル・メトロポールで偶然にブルガリア人のクリスチャン・ラコフスキーに行き会った時、ラコフスキーはボルマンにウクライナとの和平交渉代表団に加わってクルスクに行く気がないかと持ちかけた[28]。代表団の責任者はマヌイルスキーと民族問題人民委員のスターリンだった。ドイツ軍がウクライナを占領した直後の話で、中央評議会（ラーダ）がまだ存在を認められていた。

ボルマンは代表団の出発場所であるクルスク駅に指示された時間に出かけて行った。その時に眼にしたスターリンの様子をボルマンは書きつけている。「スターリンの顔は目立たなかったが、その眼は不愉快そうで、怒りの表情さえ見えた。頬の辺りには痘痕があった。上着の下に暗青色のビロードのシャツを着ていた。スターリンは黙って座ったまま動こうともしなかった。一方、ロシア人のマヌイルスキーは浅黒い皮膚をした敏捷で小柄な人物で、キエフ近郊の農村の出身だと言っていた。代表団の『専門家』たちは混乱して、どうすれば良いかも分からない様子だった。ほとんどが中年の男たちだったが、若いユダヤ人がひとりラコフスキーの周りをうろついていた。制服の短い上着に乗馬ズボンという服装で、長靴を履いたその青年は代表団の秘書官を務めるチェーカー職員のザイツェフだった」。

一行はクルスク駅で待ち続けたが、そうするうちに、そもそも鉄道当局との連絡が取れていないことが判明する。代表団の乗る特別列車が用意されていなかったのである。「結局、スターリンがクレムリンに電話をかけ、どういうわけか、ラトヴィア人ライフル銃部隊の司令官に実情を話した。クレムリンから鉄道への圧力がかかり始めたに違いないが、我々はそれからさらに二時間も待たねばならなかった。ようやく特別列車の用意ができた頃、ボリシェヴィキ軍事組織の元司令官だったポドヴォイスキーがクルスク駅に来て、我々の列車に乗り込んできた。当時、ポドヴォイスキーはドイツ軍およびハイデマク勢力[*2]と戦う現地部隊の司令官だった。ポドヴォイスキーは自分の部隊内の規律を回復するために銃殺刑を復活させねばならなかった経過を語った。そのポドヴォイスキーには、恐るべき形相をした赤毛の巨漢水兵が随行していた。一行は列車内の食堂車に集まっていたが、食堂車の内装やしつらえは帝政時代のままだった。すると、突然、巨漢の水兵が白いテーブルクロスについて非難の声を上げた。『こんなブルジョア趣味はすぐにやめるべきだ。ポドヴォイスキー同志や本官などは、プロレタリアと同じ水準の生活をしている。もし、ソヴィエト政府のために働く人間なら、白いテーブルクロスで食事をするような真似はすべきでない』。私が革命派の水兵に出会ったのはこれが初めてだった。列車がクルスクに到着すると、事態はさらに深刻化する。いかなる権威も認めないという意味で独立愚連隊とでも呼ぶべき現地の水兵部隊は代表団の到着を知って大いに動揺していた。彼らは代表団に詰め寄って、『いったいどんな和平に調印しようと言うのか? この地で我々はブルジョアジーとハイデマクを相手に命を懸けて戦っている。諸君はその邪魔をしに来たのではないか? 諸君が何者かを確かめる必要がある』などと詰問した[29]」。

代表団に対する水兵部隊の反感と疑惑が弱まることはなかった。「クルスクに到着した最初の日、水兵部隊の一部が代表団への襲撃を計画しているとの情報がマヌイルスキーの許に寄せられた。市内には数百人の水兵がいたが、マヌイルスキーは怯むことなく、直ちに二〇人のラトヴィア人兵士を率いて水兵部隊の本部に押しかけた。おそらくは水兵部隊に対して厳しく対応したのであろう。その場で数人の水兵が射殺されたという噂が流れた。この出来事の後、水兵部隊が代表団の仕事に介入する事態は起こらなかった[30]」。

その後、代表団は早々にクルスクから引き上げた。ドイツ軍がペトリューラと中央評議会(ラーダ)のメンバーを逮捕し、スコロパツキーを傀儡に据えたという情報を耳にしたからである。ところが、帰路、モスクワのクルスク駅に到着するや、赤軍の食糧徴発隊に行く手を遮られ、荷物検査に応じるよう要求された。代表団を護衛していたラトヴィア兵部隊が徴発隊に詰め寄って怒鳴り返した。

「我々にどんな検査が必要だと言うのだ？　そもそも、革命を始めたのは我々なのだ！」[31]。徴発隊は自分たちの隊長に助けを求めた。しかし、ラトヴィア人兵士たちはまるで君主のように振舞ったとボルマンは面白げに書き残している。「ラトヴィア人兵士たちは『文句があるならクレムリンに来い。歓迎するぜ』と言いながら、食糧徴発隊の隊長を押し退けて代表団一行を前に進めた」。

＊1　クラスノフとロジャンコの間に交わされた手紙のやり取りは非常に興味深いので、ここにすべて再録したいところだが、残念ながら再録には膨大なページ数が必要である。
＊2　ハイデマクはウクライナの武装勢力で、もともとは一八世紀にポーランドの支配に抵抗すべく反乱を起こした農民軍だった。ハイデマク軍の兵士は頭を半分剃り上げ、残った髪を長い房にして縛り、羊皮の帽子から出して垂らしていた。

# 第15章　国境付近の攻防戦　一九一八年春と夏

ドイツ軍とオーストリア＝ハンガリー帝国軍に領土の一部を奪われるという悲劇のみならず、国内各地で反革命勢力が反旗を翻すという混乱状況を前にして、モスクワの共産党指導部が苛立ちを募らせたことは驚くに当たらなかった。特に大都市を中心として発生した絶望的な食料不足は、プロレタリアート自身をも動揺させ、ボリシェヴィキに対する信頼そのものを揺るがせ始めていた。ところが、共産党指導部は自分たち自身の失敗と責任を認めようとせず、事態の責任を「飢餓と大衆の無知」[1]に帰そうとしていた。

英仏を中心とする協商諸国が今後の政策の検討に入る前から、レーニンは欧州戦争が終わった時に新生の「ロシア社会主義ソヴィエト共和国」が期待し得る事態について少しも幻想を抱いていなかった。西欧諸国はその資本主義的、帝国主義的本性からして、生まれたばかりの社会主義国家が自衛手段を獲得する前に扼殺しようとするに違いなかった。そのソヴィエト共和国の政治指導部ソヴナルコムは、約二万人のラトヴィア人ライフル銃師団を別とすれば、仮想敵国の侵略から国を守るために訓練された兵力を保有していなかった。そればかりか、長い国境線のあちこちで勃発している反乱に対処する兵力さえも十分ではなかった。

すでに触れたように、英国海軍はムルマンスクに海兵隊を上陸させていた。ロシア皇帝軍に送った支援物資を収蔵する兵站基地を守るためだった。しかし、五月に入って、その小規模な守備隊を補強するために英国軍が三七〇〇人の海兵隊と六〇〇〇人の歩兵部隊を追加派遣した。すると、レーニンとトロツキーはこれに反応し、ソヴィエト領土に外国の軍隊が駐留することを許さない態度を明らかにした。しかし、皮肉なことに、英国軍守備隊の最初の作戦行動は、国境からムルマンスクに至るまでの地域を占領していたフィンランド白衛軍を駆逐する作戦に参加してソヴィエトの赤衛隊を支援したことだった。

ムルマンスクとアルハンゲリスクの両地域を含む北部ロシアに駐留する英国軍の規模は、最終的に一万八四〇〇人の規模に達した。これに加えて、米国、カナダ、フランス、セルビア、イタリアなどの連合諸国がこの一年間に小規模な部隊を派遣して来ていた。米国大統領ウッドロー・ウィルソンは、一九一八年初頭の段階では、ロシアへの介入に断固反対する立場だったが、しだいに国務長官ロバート・ランシングの影響を受けて、ムルマンスク防衛に賛同する姿勢に転換していた。介入に伴う危険については、英国軍の参謀総長で陸軍元帥のヘンリー・ウィルソン卿が明確に指摘していた。「地上戦への武力介入にひとたび参加すると、介入の規模を制限する歯止めが効かなくなる」[2]。しかし、ムルマンスク上陸が始まって一年を経過した頃、ウィルソン卿はロシア現地の協力的勢力を見捨てて冷酷なボリシェヴィキの思いのままに任せることはできないとの判断を根拠として、英国軍部隊の引き揚げ時期を引き延ばす政策を正当化した。それ以来、英国の介入政策はほとんど変わらなかった。ウィルソン卿はアルスター（北アイルランド）出身の英国人だったが、ロンドンに出て来てからは敢えてアイルランド訛りを用い、それを誇りとしていた。自分が英国人であることを認めようとしなかったのである。ビルマ戦線で顔に傷を負ったために、英国陸軍で最も醜い顔の士官と言われてい

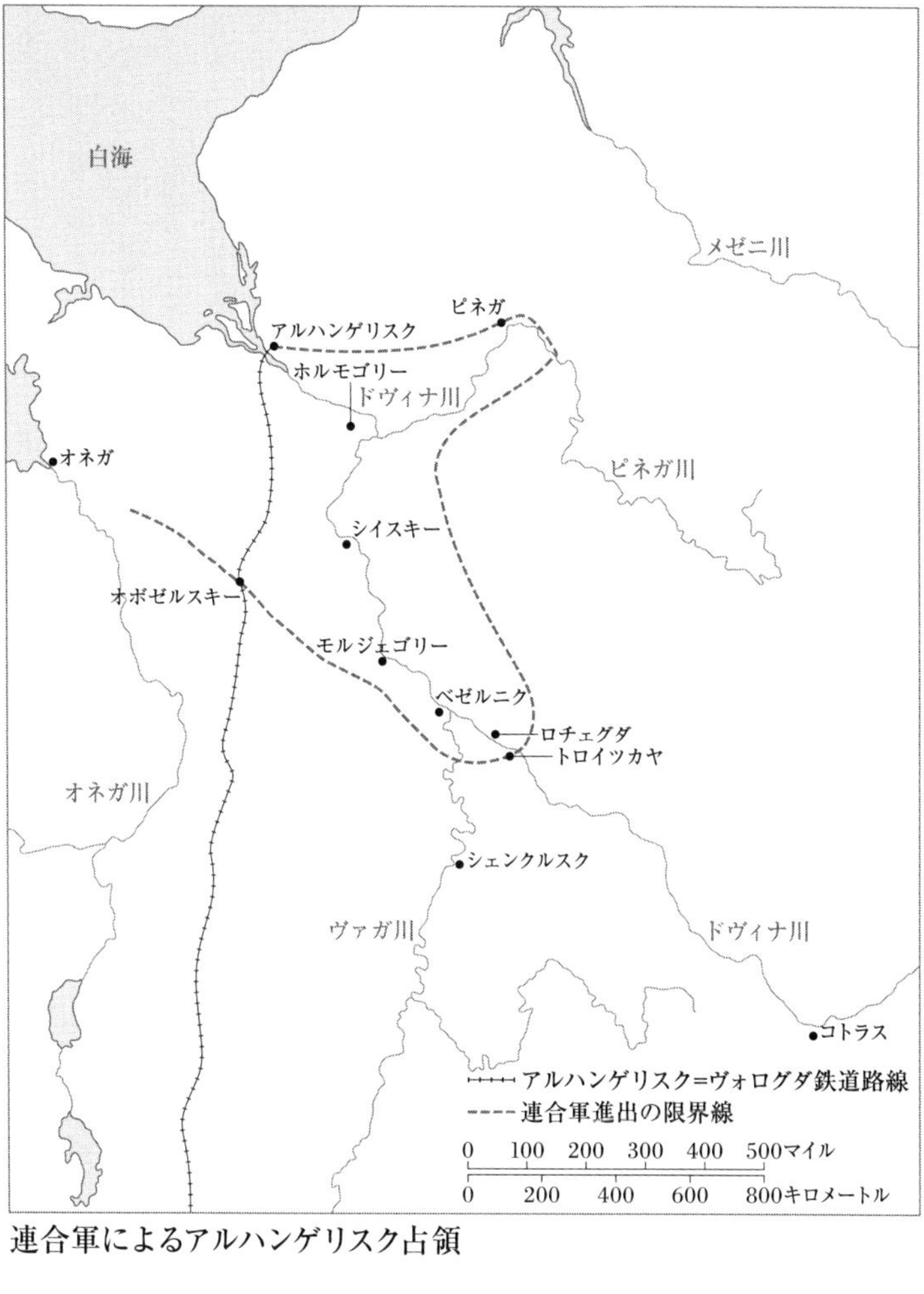


連合軍によるアルハンゲリスク占領

たが、虚栄心とは縁遠い人物で、決して政治家におもねることがなかった。

英国軍がムルマンスクに上陸した当初の意図は純粋に防衛的であり、その事情はメイナード少将麾下の補強部隊が到着した後も変わらなかった。しかし、連合国軍による八月のアルハンゲリスク占領に続いて各地で反ボリシェヴィキのクーデターが起こると、やや攻撃的な戦略への転換が始まる。英国軍司令官プール少将は非常に高圧的な表現で命令を発し、戒厳令を発動した。そして、北部ロシアで独立を宣言した地域政府の指導部をぞんざいに扱い、ヴォログダを目指して南進する作戦の準備に取り掛かった。地図上の計画によれば、反ボリシェヴィキの白衛軍勢力がウラル地方から西へ進出し、アルハンゲリスクから南下する連合国軍部隊とヴォログダで合流するという作戦だった。

ムルマンスクとアルハンゲリスクを統治する行政当局はモスクワ中央から何らの支援も受けられず、職員に給与を支払うこともできない状態だった。小規模な鉱業と漁業だけに依存する地方行政府はクレムリン政府に対して五〇〇〇万ルーブルの資金援助を要請したが、ソヴナルコムはその要請を無視し、ただ連合国への抵抗を命ずるのみだった。しかし、地方行政府側には戦う武器も兵力もなかったので、次のようにモスクワに通告した。「もし、モスクワからの支援が得られないのなら、我々は連合国に支援を要請するほかない[3]」。

モスクワに着任した新ドイツ大使のヴィルヘルム・フォン・ミルバッハ＝ハルフ公爵は四月にベルリンに提出した報告書の中でレーニン体制の弱点を指摘している。すなわち、ボリシェヴィキは首都モスクワの支配に関してラトヴィア人ライフル銃連隊の力に全面的に依存しているという指摘だった。一方、ブレスト・リトフスク条約交渉でロシア側代表を務めたヨッフェは「ソヴィエト大使」としてベルリンに着任し、ウンター・デン・リンデン通りの旧帝政ロシア大使館に入った。ユダヤ人ボリシェヴィキのひとりとして、ヨッフェは旧秩序の転覆を希望していたが、周囲からはまるで冗談の一部のように扱われていた。

レーニンはドイツに魅力を感じていた。ロシア革命を世界革命に転化させるための鍵を握る国としてドイツを見ていただけではなかった。意外にも、レーニンはヴィルヘルム二世のドイツ帝国が第一次世界大戦に際して採用した国家資本主義に対して羨望と称賛を感じていたのである。(一方、英国ではドイツの国家資本主義は「戦時社会主義」と見なされていた。ドイツでは長靴を二足以上所有することが禁じられたという話が伝わったからである)。レーニンはドイツの体制を国家社会主義のための優れたモデルと見なしたていた。「最も近代的な機械産業と厳密な会計、厳格な管理に基づいて、規律と組織を重視する確固たる共同労働」[4]を旨とするドイツをレーニンは尊敬していた。それは混乱状態にある現在のロシアでは夢に過ぎなかったが、レーニンはドイツ式の体制をロシア国民に強制する決心を固めていた。

エストニアについて言えば、一年ほど前、リヴォフ公のロシア臨時政府はエストニアにとって独立への第一歩となるような措置、すなわち、国境線の策定とマーペエフ(州評議会)の設立を認めていた。しかし、エストニアの域内には依然としてかなりの数のロシア兵が駐留しており、それを背景として、ボリシェヴィキが事実上の支配権を握っていた。ただし、一九一七年が終わる頃には、ボリシェヴィキに対するエストニア人の支持が急速に低下し始めた。その結果、選挙ではボリシェヴィキが敗北するが、それでもボリシェヴィキは「労働者大衆の利益」を最優先するという理由で選挙結果を認めなかった。[5]さらに、ドイツ人の地主階級とエストニア人のブルジョア階級が結託して陰謀を企んでいるという疑惑を持ち出して選挙を否定した。大量逮捕が始まった。しかし、ラトヴィアからドイツ軍が攻め込んできたために、ボリシェヴィキ軍はエストニアから撤退せざるを得なくなる。ドイツ軍はロシア国境のナルヴァを目指していた。

ドイツ軍によるエストニア占領は「バルト貴族」と言われる階層からは当然ながら歓迎されたが、エストニア人の反感と愛国心を刺激したことも明らかだった。中世チュートン騎士団の末裔である「バルト貴族」は耕作地の半分近くを所有する地主階級でもあった。

大きな意味を持つ象徴的な動きとして、一九一八年二月二三日、エストニアの独立が宣言され、エストニア州評議会が臨時政府として権力を掌握した。独立を支えた軍事力は、ボリシェヴィキに対抗すべく秘密裏に設立されていた「エストニア国民師団」だった。二月末、ドイツ第八軍によってエストニアのほぼ全土が占領された時、エストニア国民師団と首都レヴァル（現タリン）の白衛軍部隊は中立を維持することを条件に現地で存続することを許されたが、四月に入るとドイツ軍によって武装解除される。エストニア臨時政府も廃止され、「バルト貴族」の行政機関が権力を掌握した。「バルト貴族」政府はバルト三州をまとめて「ドイツ・バルト公国」を創設する計画だった。この計画はドイツ軍のゴルツ将軍とルーデンドルフ将軍にも支持されたが、西部戦線でドイツ軍が敗北したために失敗に終わった。同時に、フィンランドをドイツ系の君主国にしようとする夢も潰えてしまった。

四月五日、東へ九〇〇〇キロ離れた旧ロシア帝国の東端に位置するウラジオストックに日本海軍の陸戦隊大隊が上陸を開始した。表向きは同市で日本の民間人三人が殺害されたことへの対応策だったが、実際には、この殺害事件は大陸進出を目指す日本の野心を実現する第一歩のための口実だった。日本はすでに歩兵二個師団を朝鮮半島に派遣しており、さらに、海軍陸戦隊を満載した巡洋艦二隻がウラジオストック港内で待機していた。英国海軍も、当時の同盟国だった日本を支援するために、巡洋艦サフォーク号から五〇人の海兵と水兵を上陸させた。さらに、米国が戦艦ブルックリン号の海兵隊員を上陸させた。太平洋地域で日本と競合関係にあった米国は、すでにリヴォフ公の臨時政府に技術支援を提供することによってロシア国内での影響力を獲得しており、鉄道建設部隊を派遣してシベリア横断鉄道の維持改良にも貢献していた。

シベリア横断鉄道はまもなく本格化する内戦で図らずも重要な役割を担うことになろうとしていた。国際的な介入をともなう内戦だった。もともとロシア帝国はオーストリア＝ハンガリー帝国と同様の多民族国家だった。一九一四年、ロシア帝国内にいたチェコ人たちは同じスラヴ民族としてロシア軍への入隊を志願し、オーストリア＝ハンガリー帝国軍と戦うことを選んだが、敵のオーストリア軍にも多数のチェコ人兵士が在籍していた。彼らは帝国内で徴兵され、不承不承に入隊したチェコ人であり、機会さえあればロシア軍に投降したいと願っていた。ロシア軍の捕虜になったチェコ兵はロシア側のチェコ軍団に志願して入隊した。ロシア軍の制服を着たチェコ軍団の本拠地はウクライナにあった。

旧ロシア帝国軍は一九一七年秋に崩壊するが、チェコ軍団は結束と規律を維持していた。大戦が連合国側の勝利に終われば、オーストリア＝ハンガリー帝国が解体され、その結果、チェコが独立国となるという希望が高まっていた。しかし、ロシア国内に存在した四万人強のチェコ軍団の扱いについては、連合諸国の間で合意が成立していなかった。フランスはチェコ軍団をフランス国内に呼び寄せ、西部戦線の補強に当てようと目論んでいた。一方、英国はチェコ軍団をロシア国内に留め置き、東部戦線でドイツと戦う戦力の一部として利用しようとした。米国のイルクーツク総領事は英国の立場に全面的に賛同して、ワシントンに報告している。「チェコスロヴァキア軍団については、当初の予定通りにフランスに送り返すのではなく、ロシア国内に留め置くことが絶対に必要である。全員がロシア語を話すチェコスロヴァキア軍団を現状のまま無傷で維持すれば、ロシア国内に再び対独共同戦線を構築する場合に連合国軍の中核部隊として機能させることができるだろう」[6]。

やがてシベリアに派遣される予定のフランス軍部隊で司令官を務めることになるモーリス・ジャナン将軍は、チェコの指導者トマシュ・マサリクから後に聞いた話を書き残している。すなわち、アレクセーエフ将軍がマサリクに対してチェコ軍団をドン地方に移動させるよう要請したが、マサリクは「いかなる形であれ、帝政復活のための協力はしたくない」としてアレクセーエフの要請を断ったというのである[7]。マサリクが恐れていたのは、敵側のオスマン帝国が戦争を継続している以上、チェコ軍団を黒海経由で救出することは極めて困難であるという事実だった。

一九一八年三月、ロシア側の抵抗もむなしく、ドイツ軍が易々と進撃してくる事態に直面して、レーニンとソヴナルコムは自分たちの軍事的非力を痛切に実感し、その結果、チェコ軍団を国内に留め置きたくないと考えるに至っていた。そこで、チェコ軍団がシベリア横断鉄道でウラジオストックに移動し、そこから連合国側の船舶で西ヨーロッパに帰還するという案を承認した。チェコ軍団を小分けにしての東への輸送が始まり、長いシベリア横断鉄道沿線の各地にチェコ人兵士の姿が見られるようになった。ところが、チェコ人兵士の乗る列車の運行が各地のソヴィエト当局によって意図的に妨害される事態が起こる。ソヴィエト当局はドイツ人とオーストリア人の戦争捕虜に対する共産主義宣伝を意図して、彼らの輸送を優先している様子だった。イルクーツクに駐在する米国のハリス総領事によれば、新外交人民委員のゲオルギー・チチェーリンは四月二〇日付けで次のように通達していた。「ドイツ人の戦争捕虜をできるだけ速やかに西に向けて輸送せよ。一方、チェコ軍団はその場に留め置くこととする」[8]。

ソヴィエト当局はチェコ軍団の武装解除を進めようとしていたが、チェコ軍団側はボリシェヴィキと同盟諸国との関係に疑いの目を向けていた。彼らはボリシェヴィキの手でオーストリア軍に引き渡され、反逆者として扱われることを恐れたのである。その時、軍事人民委員となっていたトロツキーが驚くべき失策を犯した。武装解除に応じないチェコ人兵士の逮捕を命令したのである。ソヴィエト当局とチェコ軍団の間に摩擦が生じ、それがユーラシア大陸各地の騒動に拡大した。

ソヴィエト権力はドン地方南部と北カフカス地方でも圧力にさらされていた。ミローノフがトロツキーに警告していたように、赤衛隊と水兵部隊がコサックの村々で略奪と暴行を繰り返したことがドン地方とクバン地方のコサック部族の憤激を招いたのである。

「大コサック連邦国家」設立の夢を抱いていた頭領（アタマン）のクラスノフはすでに四万人のコサックを集めて軍団を創り上げていた。ロストフ・ナ・ドヌーまでの西側地域はドイツ軍によって固められていることを知っていたクラスノフは、自分の軍団をヴォロネジに向けて北進させた。一方、コンスタンチン・マモーノフの指揮する強力なコサック騎兵部隊はヴォルガ川を目指して北東方向に向かい、ステップ地帯を横切って、ツァリーツィンを攻撃する作戦だった。マモーノフは白衛軍の司令官としてユデーニッチ以来最大のヴィクトリア朝風の口髭を有する優れた指揮官だったが、軽騎兵部隊は都市の攻略戦には適さないことから、配下の部隊は痛い目に会うことになる。ただし、英国の軍事使節団はマモーノフを英国風紳士として高く評価していた。「彼は優秀なスポーツマンであり、モスクワの自宅では猟犬の群れを飼育していた」[9]。ツァリーツィン攻防戦はその後も繰り返されるが、ヨシフ・スターリンが当地の首席政治委員として防衛に当たっていたことから、「ツァリーツィン攻防戦」はソヴィエトの政治的宣伝の好材料となり、スターリンは神話的英雄として称えられ、やがて、ツァリーツィンの名称も「スターリングラード」に改称される。

ツァリーツィン駐留赤軍第一〇軍の
政治委員ヨシフ・スターリン

六月二二日、デニーキン将軍率いる義勇軍九〇〇〇人強がクバン地方に戻ってきた。首都エカチェリノダールを奪取するための再度の攻撃を試みるためだった。エカチェリノダールはコルニーロフ将軍が殺害された場所だった。アレクセーエフ将軍を始めとする白衛軍の指導者たちはデニーキンに対してこの作戦を中止し、ヴォルガ川沿いに北上してチェコ軍団に合流するよう説得したが、デニーキンの決意は固かった。デニーキンはクバン地方に義勇軍の確固たる基地を建設し、周囲のコサック連隊と緊密に連携することを狙っていた。さらには、「エカチェリノダールに接近しようとした前回の戦闘の惨酷な五日間」の復讐を果たそうと決意していた。[10] その戦闘で、義勇軍は「兵力の四分の三と英雄的指導者コルニーロフ将軍の遺体を残して」敗退したのだった。しかし、いずれにせよ、一九一八年にデニーキンは兵力をヴォルガ川中流地域に集中することに失敗する。それは、アレクセーエフ将軍が強調するように、白衛軍側にとって重大な機会の喪失を意味していた。

工業都市アルマヴィルでは、白衛隊の将兵だけでなく、アルメニア人やペルシア人の避難民も共産党勢力によって殺害されていた。デニーキンはもともと好んで危険を冒すタイプの軍人ではなかったが、現在は北カフカスに留まっている八万人規模の赤衛隊および水兵部隊の存在がデニーキンの心に重くのしかかっていた。それに比べて、デニーキンの兵力はかなり小規模だったが、期待どおりにクバン・コサック軍団が合流して補強された義勇軍は八月半ばにはエカチェリノダールが砲撃の射程に入る距離まで前進した。義勇軍の士官のひとりが書き残している。「今回、義勇軍は現地住民から支持されていた。義勇軍に対する住民の姿勢は、彼らがボリシェヴィキ軍と身近に接した後で劇的に変化していた[11]」。

赤衛隊勢力は何度かの戦闘で敗北を繰り返した挙句、統制が取れなくなり、大混乱のうちにエカチェリノダールから撤退した。クバン川に架かる橋の近くの監獄に捕虜として囚われていた白衛隊の六人の士官は赤衛隊が算を乱して逃走する様子を目撃した。六人は「氷上の進撃」作戦で負傷し、退却に際して放置されて捕虜となっていたのである。白衛隊側が赤衛隊兵士の捕虜や負傷者をすべて殺害したことを考えれば、この六人の捕虜は奇蹟的に丁重な扱いを受けていたが、その存在は一部の赤衛隊水兵には知られていた。六人のひとり、パーヴェル・コンスタンチノフは書いている。「赤衛隊は際限なく続く荷車の列を作って撤退して行った。荷車にはあらゆる物が無秩序に積み込まれていた。野砲もあれば、羽根布団つきのベッドもあり、サモワール、野外用調理セット、高級自動車、弾丸の箱、身の回りの品々なども積まれていた。混乱の中での絶望的な撤退だった。慌てふためいて撤退して行く人々を動かしていたのは、義勇軍が来れば情け容赦なく仕返しを受けるだろうという恐怖だった。もちろん、密かに白衛隊を支持する市民たちも赤衛隊が撤退する姿を見守っていた。彼らは意地の悪い歓びを感じながら息を詰めて、その時が来るのを待っていた。我々は必死の願いを込めて、近づいて来る砲声に耳を傾けていた」[12]。

撤退する赤衛隊の行列の最後尾が見えた時、捕虜の六人はついに危機を脱したと思って安堵した。赤衛隊の水兵たちが襲ってきたのはその時だった。水兵たちは六人の士官のことを忘れていなかったのである。彼らは六人を監房から引きずり出し、橋を渡って対岸に連行すると、日が暮れるのを待って、処刑するために道路脇に並ばせた。コンスタンチノフは肩を撃ち抜かれて倒れ、激痛で身体が麻痺したまま、何とか死んだふりをして横たわっていた。水兵たちは倒れた六人が死んだかどうかを確かめるために銃剣でつつきに来た。水兵たちが立ち去るまで待って、コンスタンチノフは近くの農民の小屋まで這って行って助けを求めた。すでに夜明けに近く、ちょうどデニーキンの部隊がエカチェリノダールに突入しようとしていた。再会した義勇軍の同僚士官や「氷上の進撃」作戦当時の指揮官たちはコンスタンチノフの変わり様に驚き、本人と認めるまでに時間がかかった。

デニーキン軍はエカチェリノダール奪還作戦に勝利し、赤衛軍はカフカス地方奥深くのスタヴローポリとピャチゴルスクまで退散した。この作戦でデニーキン軍を助けたのが赤衛隊の背後で活躍したアンドレイ・シュクーロ大佐の騎兵隊ゲリラだった。巧妙かつ苛烈な指揮官だった三一歳のシュクーロには熱心な追随者がいた。その親衛隊は狼の毛の帽子を被っていたことから「狼百人隊」と呼ばれ、大佐の旗印には狼の頭が描かれていた。「シュクーロは新兵の募集についても強引だった。信頼できる数人のコサック騎兵と喇叭手一人を連れてコサックの村々を訪れ、全村民を広場に集めて、『コサックの諸君、この村からの徴兵を宣言する。二時間後にすべてのコサックは馬に乗って教会前

狼の毛皮の帽子を手にする
アンドレイ・シュクーロ大佐

に集合せよ』と宣言するのだった」[13]。

デニーキン将軍は彼の戦略を批判する人々に対して次のように反論した。「九月に第二次クバン作戦を実行すれば、義勇軍は現在の四倍の規模に増強され、赤衛隊勢力を全カフカス地方から駆逐することができるだろう」。しかし、南進ではなく北進するというデニーキン軍の作戦が戦闘の帰趨を変えるかどうかは誰にも確言できなかった。むしろ、現実には見込み薄と思われた。

第一次世界大戦が最終段階を迎えると、ロシア帝国の国境地域にも複雑な変化が生じ始めた。また、中東地域でも、オスマン帝国の崩壊が深刻な結果をもたらしつつあった。西ヨーロッパ戦線では塹壕戦が焦点となり、耳目を集めていたが、メソポタミア戦線のイラクでも、また、トルコ軍、ロシア軍、英国軍によるペルシア占領作戦でも、激戦が繰り返されていた。

英国がカフカス地方南部とカスピ海地域に展開する特殊部隊三軍団のひとつを率いていたライオネル・ダンスタヴィル少将は冬の間に部隊の本隊に先行して独自の偵察作戦を敢行した。メソポタミア遠征部隊から選抜した六〇人弱の偵察部隊とともに、フォード社製の自動車とトラックに乗って雪に覆われた東ペルシアの山脈を越え、一九一八年二月末にカスピ海沿岸のエンゼリ（バンダレ・アンザリー）に到達した。エンゼリはペルシアの港町だったが、当時は四〇〇〇人のボリシェヴィキ軍が支配していた。ボリシェヴィキ軍の指揮官は、ブレスト・リトフスク条約締結以降のソヴィエト国家はトルコともドイツとももはや戦争状態ではないとの判断から、英国軍を帝国主義的侵略軍と見なして歓迎しなかった。そこで、ダンスタヴィル少将はハマダンまで引き返して本隊との合流を待たざるを得なかった。しかし、その間に、少将は英国およびペルシアの豊富な資金を活用して地域の飢餓状態を緩和し、ハマダン付近の道路の補修を実現した。

ダンスタヴィル軍の本隊がバスラから到着するまでに三か月以上が必要だったので、少将がエンゼリを占領したのは六月二七日になってからだった。その時にはトルコ軍の先鋒部隊がすでにバクーまで六〇キロメートルの地点まで迫っていた。当時バクーの防衛に当たっていたのはアルメニアの赤衛隊だったが、この部隊はいささか訓練不足だった。

バクーの支配権は依然としてボリシェヴィキの手中にあったが、ダンスタヴィル少将は七月半ばに先遣部隊をバクーに派遣した。トルコ軍の接近は重大な脅威だったので、市を支配するボリシェヴィキ当局は防衛態勢の強化を迫られ、渋々ながら英国の帝国主義軍部隊および現地のコサック部隊の協力を受け入れざるを得なかった。現地コサック部隊の頭領（アタマン）はラーザリ・ビチェラホーフ大佐だった。ダンスタヴィル軍はロールスロイス社製武装自動車を戦力とする大規模な自動車部隊を擁していたので、四台の武装自動車を戦力強化のためにコサック部隊に提供した。

当時、バクー市はステパン・シャフーミャンを首班とするソヴィエト政権が支配していたが、その統治は他のどこにも見られないほど穏健だった。バクーではチェーカーの活動さえ極めて控え目であり、これまでチェーカーに摘発され、処刑された者は横領犯の二人だけだった。バクーのボリシェヴィキ軍政治委員の中には若き日のアナスタス・ミコヤンがいた。ミコヤンはその後六〇年にわたってボリシェヴィキ指導部内に起こるすべての変転を生き抜き、最後は自分のベッドで穏やかな死を迎えることのできた数少ない共産党指導者のひとりだった。

しかし、共産党主体のバクー市当局は食糧不足の問題を少しも改善できず、また、泥酔したあげくにイスラム教徒を虐待するアルメニア人部隊の乱行を止めることもできなかった。ついに、七月二五日、エスエル右派、メンシェヴィキ、アルメニア革命連盟（ダシナク党）の三者が「中央カスピ海独裁政権」を名乗って無血クーデターを決行し、ボリシェヴィキの支配を排除した。武装自動車を有するビチェラホーフ大佐のコサック軍もこのクーデターを支持した。ボリシェヴィキは権力を失ったが、逮捕されることなく、放っておかれた。

同じ頃、カスピ海の東岸では、ドイツ軍がボリシェヴィキの協力を得てトルキスタン産綿花の全量をクラスノダルスク港に集めて買い上げようとしていた[14]。しかし、英国軍情報部士官のレジナルド・ティーグ＝ジョーンズ大佐が現地同調者の支援を得て綿花の積み出し阻止に成功する。大佐らは輸送船宛てに偽の暗号信号を送り、いったん積み込んだ綿花の梱包を陸揚げして、空荷でアストラハン港に引き返すよう指示したのである。さらに、この指示が撤回されないよう、通信システムを妨害することも忘れなかった。

カスピ海よりさらに東方のアラル海、ウズベク、キルギスの一帯はウラル南部の戦闘によって分断され、悲惨な状態に陥っていた。「追い詰められた原住民は犬や猫を食べて生存を維持していた」(15)。イルクーツクのハリス総領事は次のような報告を耳にした。「ブレスト・リトフスク条約が締結されると、ボリシェヴィキはドイツ軍とオーストリア軍の戦争捕虜を釈放したが、釈放された捕虜たちは飢餓に苦しむことになった。シルダリア砂漠地方のキルギス人放牧民の間でも食料不足が深刻化し、その結果、タシケントには奴隷市場が開設された。実際に一五人ほどの若い娘が台上に立たされて売れるところを目撃したが、うち一人の売価は一五〇〇ルーブルだった」。口減らしのために親が自分の娘を売りに出していたのだ。

英国軍はカスピ海西岸地域に戦力を集中する作戦を開始し、バグダットの英国軍司令部は海軍の戦力を内海のカスピ海でも活用する作戦に注目し、四インチ砲を装備したフライ級砲艦を分解して陸上輸送する可能性を検討した。この案が不可能と判明すると、砲艦から取り外した砲だけを陸上輸送してカスピ海に現存する船舶に装備する案が浮かび上がった。しかし、駱駝による弾薬の輸送には限界があった。駱駝一頭の運搬能力は四・七インチ砲弾八発程度に限られたからである。結局、七月に入って、カスピ海を航行する武装商船団を編成し、エンゼリに水上飛行機用の基地を建設する作戦が決定された。目的は「英国海軍の制海権を他国に譲らない」ことにあった(16)。それはバクー油田をトルコとドイツから防衛しようとするダンスタヴィル軍の作戦でもあった。

七月末、デイヴィッド・ノリス准将は小型舟艇でバグダッドを出発し、チグリス川を遡った。乗組員はチグリス川を拠点とする英国海軍小艦隊から選抜された数人の士官と水兵で、艇長のディクソン軍曹はスコットの南極探検隊に参加したことのある探検家だった。ボンベイからバスラまで運ばれる大砲は別途陸上輸送されることになった。ノリス准将はカスヴィーンでダンスタヴィル少将に出会

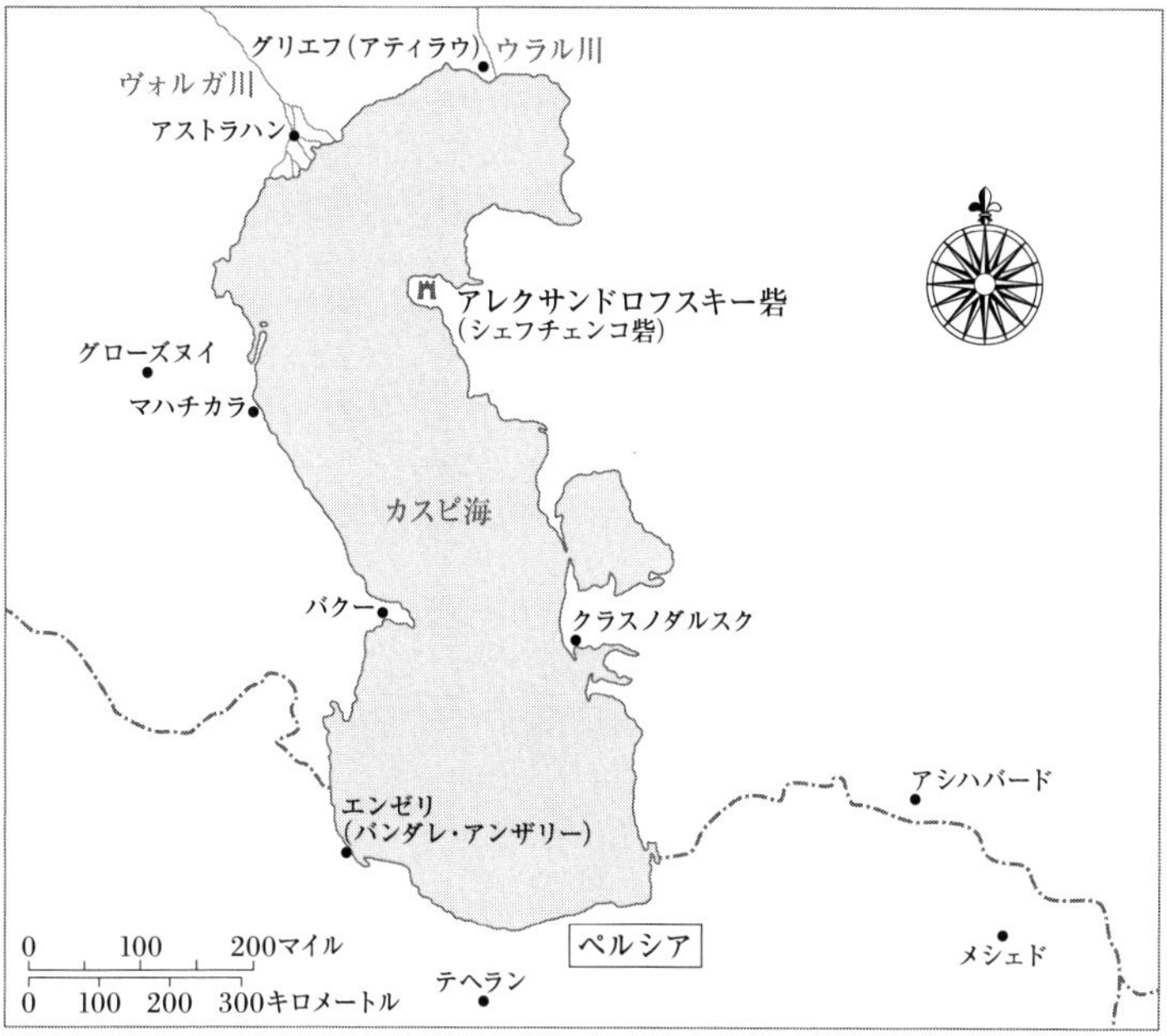
グリエフ(アティラウ)
ウラル川
ヴォルガ川
アストラハン
アレクサンドロフスキー砦
(シェフチェンコ砦)
グローズヌイ
マハチカラ
カスピ海
バクー
クラスノダルスク
アシハバード
エンゼリ
(バンダレ・アンザリー)
0
100
200マイル
0
100
200
300キロメートル
ペルシア
メシェド
テヘラン

カスピ海地方

い、さらに探検家のガートルード・ベルにも出会った。

七月二六日、タタール人部隊を加えて一万四〇〇〇人強に増強されたトルコ軍がバクー半島を包囲し、その五日後には攻撃を仕掛けてきた。バクー市内はパニック状態になり、アルメニア人主体の部隊は逃走し、市の防衛はもっぱらコサック兵部隊に委ねられた。トルコ軍の復讐を恐れるアルメニア人市民数千人が我先に蒸気船に乗ろうとして大混乱を演じた。コサック部隊の指揮官ビチェラホーフは単独では勝ち目がないと判断して退却の準備を始めたが、その時、予想外の展開が訪れた。

ボリシェヴィキ部隊はすでに野砲とともに後退し、バクー港から海路アストラハンに脱出しようとしていた。その時、部隊の政治委員の一人グリゴリー・ペトローフの許に敵部隊は徒歩で進撃してくるとの情報が入った。興奮しやすい性格だったペトローフは気持ちを翻し、野砲を船に積み込む作業を中止して、部下に発砲を命じた。すると、驚くべき事態が起こった。攻撃してきたトルコ兵たちが踵を返して逃走したのである。ビチェラホーフ大佐は部下のコサック兵を糾合して、逃走する敵を追撃した。

一週間以内に、ダンスタヴィル軍の先鋒部隊がバクーに到達した。英国軍の士官と下士官はアルメニア人主体の赤衛隊を懸命に訓練し、二倍の兵力の敵軍を相手に立ち向かえる戦力に鍛え直した。その際、英国人士官たちを驚かしたのは、塹壕内に多数のアルメニア人女性の姿を見たことだった。英国軍ライフル銃連隊のウィリアム・リース＝ロス大佐は書き留めている。「彼女たちは無防備な状態で後方に留まるよりも男たちとともに前線で戦う道を選んだのである」[17]。そして、多くの場合、女性兵士の方が男性よりも勇敢だった。別の海軍士官によれば、「バクーの街はロシア人、タタール人、アルメニア人の奇妙な混在状態だった。街並みも中途半端な状態で、ロンドンのストランド街にも劣らぬ立派なビルディングの隣にみすぼらしい掘っ立て小屋が並んでいた」[18]。

英国軍第三九歩兵旅団からの援軍が到着して一〇〇〇人規模に増強されたダンスタヴィル軍はアルメニア人部隊を掩護するための配置についた。一方、ステパン・シャフーミャンやペトローフなどのボリシェヴィキ幹部はアストラハンに向けてバクーを脱出しようとしていた。彼らは、ある日の夜半、小型舟艇の船団を組んでバクー港を出港した。その動きを察知して、武装蒸気船アストラバード号が船団に突入し、最後通牒として警告を発した。しかし、返答がなかったので、アストラバード号は砲撃を開始し、砲弾の一発が船団の一艘に命中した。船団はバクー港に引き返したが、波止場に係留された船団を捜索すると、略奪した物品の他、誰もが必要とする銃砲や弾薬も発見された。脱出しようとしていたボリシェヴィキ幹部たちは逮捕収監されたが、どういうわけか、ミコヤンは逮捕を免れた。

八月一七日、ダンスタヴィル少将が武装蒸気船クルーガー号でバクー港に入港した。クルーガー号はその一か月後に英国カスピ海艦隊の旗艦となる予定だった。当初、ダンスタヴィルは上から白、青、赤のロシアの伝統的な三色旗を掲揚させたが、それがデニーキンの白衛軍と同じ反革命派の旗印であるとの指摘を受けて、上下を逆にして、赤、青、白の三色旗に変更した。この時は誰も指摘しなかったが、それはセルビアの国旗だった。ダンスタヴィルは自分が置かれていた奇妙な状況を楽しんでいる様子だった。「英国の船舶がこれまで一度も航行したことのないカスピ海を航行する最初の将官として私が乗船する船の名前クルーガー号は旧敵南アフリカ大統領の姓であり、出港したのはペルシアの港、掲げる旗はセルビア国旗、使命は革命下のロシアの町に暮らすアルメニア人集団をトルコ軍から救出することにあった」[19]。

九月一日の日曜日、バクー市を支配する「中央カスピ海独裁政権」に対して英国軍は次のように通告した。「アルメニア人部隊がこれまで以上の勇気を奮って戦わなければ、トルコ軍は好きな時にバクー市内に侵入してくるだろう。もし、住民側に戦う意思がなく、自己防衛の能力がないなら、降伏条件の交渉に入るべきである。その場合、英国軍は撤退するであろう[20]」。「中央カスピ海独裁政権」はこの通告に反発して、もし敗北するようなことがあれば、その責任は英国軍にあると反論した。なぜなら、「アルメニア人は勇者のうちの勇者」だからだった。

九月一四日、六週間続いた戦闘の末に、寄せ集めの部隊を束ねて戦ったダンスタヴィルの努力も及ばず、ついにトルコ・タタール軍が防衛線を突破してバクー市内に突入してきた。ダンスタヴィル少将は戦力の五分の一に当たる一八〇〇人を失っていたが、バクー港が直接に砲撃を受ける事態になった時には配下の部隊を脱出させるべしとの命令を受けていた。そこで、北スタッフォードシャー第七大隊に後衛を委ねて前線から退去し、船でエンゼリに向かった。数千人のアルメニア人避難民が行動を共にした。

バクー市内の混乱の中で、囚われていたボリシェヴィキの政治委員たちは処刑される寸前だったが、ミコヤンの指揮するアルメニア兵部隊によって解放された。蒸気船トルクメン号に乗船した政治委員たちは、船長に向かってカスピ海を北上し、ボリシェヴィキの拠点となっているアストラハンに向かうよう指示したが、アストラハンに到着した時点で逮捕される事態を恐れた船長は黙って進路を東に取り、対岸のクラスノダルスクを目指した。船長のこの決断が結果として有名な「政治委員二六人の虐殺」事件を引き起こすことになる。二六人のうちの二人はレーニンの親友だった。モスクワはこの事件を「英国の戦争犯罪」として非難した。的外れの非難だったが、それでも「英国の戦争犯罪」事件は以後長年にわたって共産主義者の記憶に残ることになる。

バクー攻略戦とその陥落に際して発生した市民の殺害事件と強姦事件は酸鼻を極めた。レジナルド・ティーグ＝ジョーンズ大佐は日記に書き記している。「無防備になったバクーの市内にトルコ兵とタタール兵が入って来て、哀れなアルメニア人市民に対して男、女、子供の区別なく残虐で野蛮な行為を繰り返した」[21]。この時に虐殺されたアルメニア人の数は五〇〇〇人から二万人の間と言われているが、実数はおそらく七〇〇〇人前後と推定される。タタール兵にとっては復讐の好機だった。同じ年の初め、バクー市のアルメニア軍は市内に住むイスラム教徒のタタール人市民のほぼ全員を殺害していたからである。トルコ軍はタタール兵部隊に対して殺害されたタタール人一人につき三人のアルメニア人を殺害して復讐する好機であると唆した。一方、ビチェラホーフ大佐の率いるコサック部隊は海岸線沿いに逃れて北上し、ペトロフスクに到達した。ペトロフスクは現在のマハチカラ、すなわち、ダゲスタンの首都である。コサック部隊はペトロフスクから海路逃れるための船団を集めることができた。

ティーグ＝ジョーンズ大佐によれば、バクー攻防戦において、ダンスタヴィル軍は最終的な敗北にもかかわらず、はるかに優勢な敵軍に対峙してできるだけ長く持ち堪えるという最高の称賛に値する働きをした。乏しい兵力をもって重大な課題を達成したのである。

バクーにおけるトルコ軍の勝利は短命だった。一週間後にパレスチナのメギドで英国軍のアレンビー将軍が大勝利を収めたために、トルコ軍はバクー油田の開発に着手することもできなかった。そして、一か月後、中東地域の戦争は休戦を迎える。バクーからトルコ軍が撤退すると、現地指導者たちは再び英国に支援を要請した。第二七インド師団がただちに進駐して油田の防備につき、英国海軍は俄作りの船団を組んで、海軍旗を翻しつつバクー港から出港した。アストラハンに近いヴォルガ河口に基地を置くソヴィエト艦隊と戦うためだった。

# 第16章 チェコ軍団と社会革命党(エスエル)左派の反乱

## 一九一八年五月〜六月

一九一八年一月にペトログラードで開設されるはずだった憲法制定議会がボリシェヴィキの策謀によって阻止されて以来、社会革命党（エスエル）右派は支持母体である東部の農村地帯、特にヴォルガ川流域地域に避難していた。しかし、その地域の農民層の動向もエスエル右派に失望をもたらしていた。確かに、農民層は選挙になればエスエルに投票したが、エスエルの蜂起や反乱には加担しようとする動きを見せなかったからである。ところが、五月に入ってシベリア横断鉄道の沿線でチェコ軍団が問題を起こすと、世論の振り子は反共産主義の方向に大きく揺れ始める。

五月一四日、ウラル山脈の麓のチェリャービンスク市でハンガリー人の戦争捕虜とチェコ軍団の間に醜悪な衝突が発生し、数人の死者が出た。ドイツ軍やオーストリア＝ハンガリー帝国軍の戦争捕虜の間にも、チェコ軍団に対する怒りが高まっていた。彼らは、ブレスト・リトフスク条約が締結された以上、帰国できるはずだと思っていたからである。帰国を妨害しているのはシベリア横断鉄道の沿線に居座っているチェコ軍団だと彼らは信じていた。チェリャービンスク市のソヴィエト当局は衝突に関与したチェコ人兵士数人を逮捕した。ところが、チェコ軍団が押しかけてきて、銃をかざして囚人を釈放させ、勢いに乗じてチェリャービンスクを占領してしまった。

それを聞いて激怒したトロツキーは、先ず、モスクワにあったチェコ国民評議会の幹部たちの逮捕を命令し、次いで、チェコ軍団を列車内に閉じ込めるよう指示した。チェコ軍団の兵士には、赤軍に参加するか、労働大隊に送られるかの選択を迫ることになった。ところが、チェコ軍団は五月二二日になって武装解除を拒否した。すると、五月二五日、トロツキーは重大な通達を発した。「鉄道に関与するすべてのソヴィエト職員はチェコ軍団兵士の武装解除を行うべし。これは重大な責任をともなう任務である。鉄道施設または列車内で武器を携行するチェコ人兵士を発見した場合は、その場で射殺せよ。武装した兵士を一人でも含むチェコ人部隊があれば、その部隊の全員を列車から降ろし、捕虜収容所に収容せよ。各地の軍政治委員はこの命令を直ちに実行すること。命令に抵抗する者に対しては教訓を与えるべく、信頼できる部隊を派遣しつつある。武器を置いたチェコ人兵士は兄弟として扱われるであろう[(1)]」。チェコ人兵士にとっては退路を断つような命令だった。彼らは「兄弟扱い」というトロツキーの言葉を信用しなかった[*1]。

　トロツキーの通達が発せられた日の翌日、チェコ軍団はシベリア中央部のノヴォニコラエフスクを占領し、これを手始めにシベリア横断鉄道沿線の町を次々に奪い取った。五月末の数日間に、共産党勢力はチェコ軍団によってヴォルガ川西方のペンザからも、ヴォルガ河畔のシズランからも、西シベリアのトムスクからも追い出された。

　情報は鉄道用電信によって燎原の火のように伝わり、エスエル右派や旧軍士官グループがチェコ軍団と連絡を取り合い、共同作戦の調整を始めた。モスクワやペトログラード市内に潜んでいたエスエル右派その他の反ボリシェヴィキ勢力も、チェコ軍団が反乱を起こしたという情報によって俄かに元気づき、ヴォルガ地方やウラル地方を目指して移動を開始した。現地にできるかも知れない何らかの新政府に参加しようとしたのである。

チェリャービンスクとオムスクの中間地点にある静かな町クルガンの駅に、チェコ軍団を乗せた二両の列車が西から到着した。反ボリシェヴィキ派の現地市民のひとりが書いている。「背が高くハンサムな若い兵士たちが列車を降りて市内の通りを行進した。灰色の軍隊外套をきちんと着こなし、帽子に赤白のリボンをつけたチェコ軍団の兵士たちは、薄汚れた制服を着たソヴィエトの保安部隊とは対照的だった」。共産主義支配の打倒を望んでいた一二〇人ほどの現地グループが直ちにチェコ軍団に接触すると、チェコ軍団は彼らに武器を提供した。「我々は一五人から二〇人の小集団に分かれて共産党勢力の拠点を急襲した。不意を衝かれた共産党勢力の大半は抵抗らしい抵抗もせずに投降したが、トボル川鉄橋の守備隊と監獄の守備隊は激しく抵抗した。監獄には反ボリシェヴィキ派が大量に収容されていたからだった[2]」。

解放されたヴォルガ川沿いの町のうち最も重要な拠点はサマーラだった。エスエルの大物だったヤーコフ・ドヴォルジェーツは書いている。「ペンザとシズランの両市をチェコ軍団が占領したというニュースは電光のような速さで広まった[3]」。六月八日の早朝五時にサマーラの町に侵攻したチェコ軍団は共産党員として名指しされた人々を射殺し始めた。「チェコ軍団は町中に分散して展開した。有名なボリシェヴィキ幹部の死体が何体も大聖堂前の庭園に放置された。誰かがこの種の野蛮な行為を止めなければならなかった。私は疲れてはいたが、エスエル本部まで出かけた。すると、チェコ軍団との間にすでに連携が成立していることが分かった」。実は、反革命派の士官グループと反帝政派のエスエル右派との間には最初から深い亀裂が存在していた。エスエル右派は鉄道労働者組合と密接な関係にあり、そのスローガンは「ボリシェヴィキを打倒して、憲法制定議会を実現せよ！」だったが、一方、反革命派の士官グループは民主主義を信用せず、ひたすら軍事独裁制の成立を狙っていた。

ドヴォルジェーツはサマーラの議事堂前の広場で旧軍の士官たちと裕福な市民たちが解放を喜ぶ姿を目撃した。彼らはボリシェヴィキが皇帝アレクサンドル二世の銅像を覆い隠すために建てた板囲いを引き倒しているところだった。取り囲んで見物していた群衆の間から「万歳！」の叫び声を上がった。ボリシェヴィキの捕虜たちが議事堂に連行されてくると、群衆の間から呪いと威嚇の罵声が飛んだ。ドヴォルジェーツはリンチが始まることを恐れて発言した。「私は議事堂の扉を開き、チェコ軍団の兵士たちにボリシェヴィキの捕虜を保護して中に入れるよう指示した。そして、階段の最上段から群衆に向かって、『法と秩序を回復しようとしている今、過剰な行動は許されない。ボリシェヴィキの捕虜たちも裁判にかけるべきだ』と呼びかけた(5)」。しかし、この呼びかけは反革命派の旧士官たちには受け入れられなかった。その理由のひとつは、ドヴォルジェーツがユダヤ人だったことにあった。

「ズィビン中尉の指揮する士官の集団が広間で私を取り囲んだ。誰がいつ任命したかは知らないが、いつのまにか士官グループの指揮官になっていたズィビン中尉が私に向かって大声で脅かすように『誰の許しを得て発言したのか説明せよ！』と言った。それはユダヤ人の出る幕ではないという仄めかしだった。衝撃を受け、怒りに燃えて、私も大声で『君の口出しこそ許されない！』と言い返した。私はエスエル右派の幹部として、また、委員会を代表して発言したのだ。発言する権利はズィビン中尉や士官グループにではなく、私にこそあることを知るべきだ。この出来事を通じて、私は士官グループが信頼できないことを確信した(6)」。

エスエル右派はサマーラに「憲法制定議会議員委員会」（略称「コムーチ」）という名の独自政府を設立した。しかし、ドヴォルジェーツは政治部門ではなく軍事部門が支配権を握る事態を恐れていた。兵士たちのピカピカの制服と「コムーチ」幹部の「みすぼらしい上着と膝の突き出たズボン」との対比が力関係を象徴するかのように見えた。「クーデターの翌日、士官連中は旧体制の制服で正装して街頭に現れた。勲章をつけ、軍帽を被り、肩章も昔のままだった」[7]。

六月一〇日、別の士官グループが三五〇人の兵士を引き連れて現れた。「国民軍」の萌芽となる部隊だった。この集団の幹部のひとりはガルキン大佐を名乗る胡散臭い陰謀家で、彼は自分たちの計画の中身を「コムーチ」に明かすことを拒否した。しかし、幹部の中には戦争の全期間を通じて強い印象を残した指導者ウラジーミル・カッペル大佐のような人物もいた。ドヴォルジェーツによれば、「国民軍の下級兵士たちは明らかに指揮官たちを嫌っていた。それは徴用された兵士だけでなく、志願兵についても同じだった。赤軍とボリシェヴィキに同情的な兵士も少なくなかった。理由は、国民軍の士官たちが体罰制度を再び導入したからだった」。

しかし、カッペル大佐だけはまったく別だった。カッペルはその謙虚さと部下と苦楽を共にする決意によって部下から慕われる数少ない白軍士官だった。貧しい騎兵隊士官だった若い頃、カッペルは国会議員の娘オリガと駆け落ちしたが、それはオリガの父親が彼を娘婿として認めなかったからだった。その父親はすぐに自分の間違いに気づかされる。第一次大戦が始まると、青年カッペルは参謀本部の副官として戦略を大いに学び、前線に派遣されてからもその能力を発揮した。カッペルは心理戦に通じており、「カッペル戦術」は心理作戦の別名となった。例えば、物音を立てず、発砲もせずに敵に接近する方が敵を狼狽させ、混乱に陥れるという意味で効果的であるという戦術はカッペルが編み出したものだった。一九一九年にシベリアで将軍に昇進した後も、カッペルはライフル銃を手許から離さず、部下の兵士と同じ糧食で生活した。

当然ながら、「コムーチ」はロシア各地の反ボリシェヴィキ勢力についての情報を把握し、連携を確保しようとしていた。たとえば、オレンブルグ・コサック部隊の頭領（アタマン）であるデュートフがサマーラを訪れた時には、まず駅頭でパレードを行って歓迎し、さらに本部で歓迎の祝宴を開いた。ドヴォルジェーツによれば、「国民軍の幹部は『反ボリシェヴィキの勇敢な闘士』を歓迎することを神聖な義務と見なし、デュートフを『ナポレオン風の独裁者』になり得る人物と思い込んでいたようだった」[8]。しかし、実際には、選挙によってオレンブルグの首領に選出されたデュートフはコサックの指導者の中でも最も穏健な人物だった。「小柄で小太りのデュートフは青色のカフカス風上着(チョハー)を着て、大佐の階級を示す銀の肩章を付け、コサックのサーベルを帯佩していたが、いつも伏し目勝ちで、眉毛の下から鋭い眼光で見上げる癖があった」。デュートフの最初の要求は資金と武器だった。「彼はコサックの目的は憲法制定議会の設立にあると説明した。コサックこそが革命の真の擁護者であるというわけだった」。

ウラジオストックに最初に到達した一万二〇〇〇名のチェコ軍団の兵士たちはロシア軍のミハイル・ディテリフス将軍の指揮下に入った。この兵士たちによれば、ラドラ・ガイダ将軍の率いるチェコ軍団に対する攻撃に使用されている大砲と砲弾はウラジオストック市郊外に連合軍が配置した武器を赤軍が奪取したものだった。

連合国軍側の兵力も増強されつつあった。日本軍は新たに三個師団を上陸させ、米国もマニラから歩兵部隊二個連隊を投入し、フランスはインドシナの植民地部隊一個大隊を派遣した。英国は香港駐留のミドルエセックス連隊第二五大隊とクエッタ駐留のハンプシャー連隊第九大隊の二部隊を上陸させた。まもなく、カナダからも一個旅団が到着する予定だった。極東地域における国際的な反ボリシェヴィキ勢力の増強は、ハルビンを拠点として中国鉄道を支配していたドミトリー・ホルヴァート将軍を勇気づけた。ホルヴァートはイワン・カルムィコフを首領とするウスーリ・コサックの支援を取りつけて「臨時全露政府」を設立し、みずから首班に就任したことを宣言した。この「臨時全露政府」は社会革命党（エスエル）のピョートル・デルベールを首班とする「臨時シベリア政府」のライバルとなった。

連合国軍勢力はウラジオストック市を支配下に置いたが、それは一種のクーデターによるものだった。チェコ軍団が市内に溢れ、シベリア横断鉄道の沿線各地でチェコ軍団がボリシェヴィキ軍を排除している状況に励まされて、連合国軍の代表者たちはソヴィエト当局の排除に踏み切ったのである。六月二九日、わずか数時間の戦闘の末に「チェコ軍団は市当局の要塞を急襲し、逃げ遅れたソヴィエト幹部の隠れ家を摘発した」。その一週間後、「連合国軍はウラジオストック市を保護下に置くことを宣言した。そして、ウラジオストック市民と連合国軍兵士を独墺の戦争捕虜、スパイ、密使などから守ることが目的であると説明した」。これはまったくの虚言だった。独墺の戦争捕虜、スパイ、密使などは存在しなかったからである。この宣言には、連合国軍の本当の標的だったボリシェヴィキについては何の言及もなかった。

カルムィコフの率いるコサック軍とディテリフス将軍の指揮するチェコ軍団が合流し、両軍は共同作戦によってウラジオストック市の内外に残っていたボリシェヴィキ勢力を排除した後に西へ向かった。イルクーツクを目指して進むガイダ将軍のチェコ軍団に合流するためだった。チェコ軍の軍服を着用したディテリフス将軍は信心深い人物で、司令部用の列車にイコンと蠟燭を配置した専用の礼拝用車両を連結させていた。英国軍の連絡将校レオ・ステヴェニ少佐はディテリフス将軍に心酔し、自分の車両を将軍の車両に連結させて同行した。[9]

バイカル湖の南西側の岸に位置するシベリアの大都市イルクーツクの住民は東西両方向からチェコ軍団が接近しつつあるという情報を耳にして動揺していた。[10] 信頼できる唯一の軍事力はマジャール人の戦争捕虜から選抜された部隊だったが、「イルクーツ市民はマジャール兵部隊の存在にむしろ苛立っていた。元は戦争捕虜だった連中が支配者顔をして市内を跋扈していることに我慢ならなかったからである」[11]。

イルクーツはボリシェヴィキ派にとっての重要拠点でもあった。ボリシェヴィキ派はイルクーツを拠点として、チタを本拠地とするセミョーノフのコサック軍に対抗していたのである。「セミョーノフ軍が満洲から攻勢に出てトランスバイカル鉄道のボルズィア駅を占領したことを知って、イルクーツクのボリシェヴィキは警戒心を高めていた。当時の新聞には『各地で頭を持ち上げる反革命のヒドラ』という類の記事が頻繁に掲載されていた。恐慌状態になったボリシェヴィキ派は西からやって来るすべての列車を捜索し、乗客の身体検査を行った。皇帝と皇太子がトボリスクの収監所を脱出して極東に向かっているという噂も流れていた」[12]。

六月一四日、イルクーツク市内に潜んでいた旧軍士官の秘密組織がクーデターを試みた。彼らは市の南端にある鉄道橋を襲うと見せかけて、別の本隊が市の南部にあった監獄を襲撃し、収監されていた一〇〇人前後の旧軍士官と政治犯を解放したのである。「工場の汽笛が鳴った。労働者に武装を促す警告の汽笛だった。しかし、武装した労働者が工場から繰り出したところで士官グループによって武装解除されてしまった」[13]。ところが、旧士官グループのクーデターは失敗に終わった。マジャール人とドイツ人の戦争捕虜部隊がボリシェヴィキ部隊に合流し、自働車に機関銃を装備して反撃に出たからだった。旧軍士官グループのクーデターを鎮圧した後、ボリシェヴィキは市内の食料供給の統制を開始した。統制はドイツ人とオーストラリア人の戦争捕虜のためにデンマークが供給していた食料にも及んだ。デンマークの副領事は抗議したが、捕虜収容所に残っていたのはボリシェヴィキ軍への参加を拒否した捕虜だけだった。彼らは放置され、餓死に追い込まれた。

ラドラ・ガイダ将軍

七月一一日、ガイダ将軍のチェコ軍団とコサック部隊がイルクーツクを占領した。抵抗の動きはほとんどなかった。「ドイツ軍とオーストラリア軍の制服を着た戦争捕虜を主体とする」赤軍部隊はすでに前日に市外へ退去していた。[14] 略奪できるものはすべて略奪し、イルクーツク川にかかる橋を爆破した上での退去だった。チェコ軍団の司令官ラドラ・ガイダ将軍はオーストリア=ハンガリー帝国時代以来の複雑な背景を抱える人物だった。ルドルフ・ガイドルとして生まれた場所はダルマチア王国、父親はフランツ・ヨーゼフ皇帝軍の士官だった。父親にならって軍人となったが、一九一五年にボスニアで捕虜となると素早く立場を変えてモンテネグロ軍に大尉として加わった。一年後にモンテネグロ軍が崩壊すると、ロシアに逃れ、セルビア人大隊に参加するが、セルビア人大隊も崩壊し、チェコ軍団の士官となった。三年間に四つの軍隊を経験したガイダは有能な指揮官として昇進を続けたが、民主主義者ではなかった。それは大戦後にファシズムに傾倒したことからも明らかである。

この時期の反ボリシェヴィキ勢力にとっての最大の悲劇はボリス・サヴィンコフがモスクワの北東に位置するヴォルガ川上流の町ヤロスラヴリ市で組織した七月六日の蜂起だった。[15] ヤロスラヴリ市はすでに前年からボリシェヴィキに対する抵抗の姿勢を見せており、最近は多数の旧軍士官たちがモスクワからこの町に流入していた。近隣の町ルイビンスクやコストロマで蜂起が起これば連帯する可能性もあった。しかし、チェコ軍団の支援を受けるにはあまりにも遠く北に離れていた。サヴィンコフの「祖国と自由防衛連合」は、また、アルハンゲリスクに上陸する予定のフランス軍の支援を当てにしており、さらには、英国のロバート・ブルース・ロックハートとも密かに接触していた。サヴィンコフは連合国軍が介入を開始すれば彼の組織はボリシェヴィキ幹部を殺害する用意があるとロックハートに持ち掛けていた。しかし、フランス軍はサヴィンコフが先に動くことを要求した。また、ロックハートはロンドンへの報告書に次のように書いている。「サヴィンコフが希望を託する根拠は飢餓状態に対する民衆の不満である。彼は各国間の自由貿易を宣言し、不人気なパン独占制度を廃止することによって農民層の共感を勝ち取ろうとしている。農民に土地を与え、地主には補償するというのが彼の農業政策である」[16]。

アレクサンドル・ペルフーロフ大佐を指揮官とする七月蜂起には約六〇〇〇人の志願者が参加を申し出たが、武器は一〇〇〇人分しかなかった。[17] ヤロスラヴリの鉄道員が作業所で強力な装甲列車を準備したが、ボリシェヴィキ側ではラトヴィア人のチェーカー幹部マルティン・ラーツィスがはるかに強力な装甲列車を指揮してヤロスラヴリを砲撃し、市を炎上させた。二週間余りの期間にわたった戦闘がヤロスラヴリにもたらした破壊は恐るべきものだった。特に市民に絶望をもたらしたのは水道供給の停止だった。共産党指導部は他の都市の蜂起を予防するための見せしめとしてヤロスラヴリを徹底的に攻撃した。七月二一日、ヤロスラヴリの蜂起軍は降伏した。降伏を受理したのはドイツ人戦争捕虜委員会のバルク中尉だった。報復的措置は行わないという保証を得ての降伏だったが、後にチェーカーが得意気に報告しているように、蜂起部隊のほぼ全員が処刑された。

次の反乱はボリシェヴィキ幹部の不意を衝いてクレムリンのお膝元で発生した。エスエル左派がブレスト・リトフスク条約締結に抗議してソヴナルコムから脱退して以来、レーニンは静穏な生活を送っていた。レーニンはエスエル左派の抗議を形式的な意思表示に過ぎないと見なしていた。たしかに、エスエル左派は依然として政府機関の重要ポストに残留していた。たとえば、一月にキエフを攻略し、ドイツ軍が侵攻するまでオデッサを支配していたエスエル左派のムラヴィヨフはヴォルガ川流域を固める東部戦線軍団の総司令官に就任していた。また、リャザン出身の三三歳の農民で、ジェルジンスキーの副官となっていたエスエル左派のピョートル・ヴィャチェスラフ・アレクサンドロヴィッチも特に不満の意思を表明していなかった。チェーカー、特にその武装戦闘部隊には、多数のエスエル左派党員が残っていた。

しかし、エスエル左派の内部では憤激が高まっていた。彼らの怒りはドイツ軍の進駐だけでなく、レーニンの独裁体制にも向けられていた。反対派を弾圧し、食糧徴発隊を組織して農民の穀物を奪う共産党の傲慢さが我慢ならなかった。エスエル左派の指導者マリア・スピリドーノヴァは小柄で繊細な容姿の女性だったが、その意思は鉄のように硬かった。スピリドーノヴァによれば、前年一〇月にエスエル党自身の支援によって成立した現在の政治体制はかつて打倒したケレンスキー政府よりも悪

ロシア革命の女性闘士たち
帝政時代の1907年にネルチンスクの監獄で撮影された6人の女性革命家
左端は後に社会革命党左派の恐れを知らない指導者となるマリア・スピリドーノヴァ

質だった。エスエル左派はソヴナルコムとドイツ帝国主義との連携を粉砕するために世間の耳目を驚かすような挑発的行動に出ようとしていた。必要とあれば、戦争の引き金となることも厭わなかった。権力を奪取することが目的ではなかった。事実、現在のエスエル左派はブハーリンの左翼反対派よりも、むしろアナーキストに近い立場だった。政治的な先祖返りと言ってもよかった。一九世紀に帝政の高官たちを次々に暗殺したナロードニキが彼らの祖先だった。現代のナロードニキにとっての当面の攻撃目標はモスクワ駐在のドイツ大使ヴィルヘルム・フォン・ミルバッハ伯爵だった。

チェーカーはこの陰謀に気づいていなかった。攻撃の実行者に選ばれた三人がエスエル左派の組織内部の人間だったからである。折しも、第五回ソヴィエト大会がボリショイ劇場で開催された。劇場の舞台には「ボリス・ゴドゥノフ」の装置がそのまま残っていた。オーケストラ・ピットには詰めかけたジャーナリストが犇《ひし》めいていたが、そこからは、フットライト沿いに歩くレーニンの姿がよく見えた。レーニンは何か言いながら行ったり来たりしていたが、「時々、両手をズボンのポケットに深く突っ込んだり、黒いチョッキの袖ぐりを両手で摑んだりしていた[18]」。

ミルバッハ大使はオブザーバーとして壁際のボックス席に座っていた。背が高く、髪の毛は薄かったが、口髭を生やし、並外れて高い襟の白いシャツを着ていた。どことなく高慢な雰囲気の人物だった。エスエル左派のボリス・カムコーフが発言し、ウクライナ農民の暴動に対するドイツ軍の弾圧を非難し始めると、ミルバッハは手許の新聞を取り上げて読む振りを装った。カムコーフはミルバッハのボックス席に歩みよりつつ、ドイツ占領軍に対する戦争を要求して叫んだ。「ウクライナの反乱に栄光あれ！　ドイツ占領軍を打倒せよ！　ミルバッハを打倒せよ！[19]」。出席していたエスエル左派党員の全員が立ち上がって呼応し、空中に拳を振り上げた。議場が混乱に陥るのを見ると、ミルバッハは立ち上がり、新聞を座席の前の真鍮の手すりに掛けて、わざとらしく悠揚迫らぬ態度で退席した。

ドイツ軍の占領に抵抗するウクライナの労働者農民を支援することをエスエル左派が要求すると、トロツキーはその要求を断固として拒否し、もし、エスエル左派がその種の支援行動に出れば「扇動工作員」として非難されるであろうと宣言した[20]。第五回ソヴィエト大会は「戦争と和平に関するすべての事項を決定する権限は人民委員会議とソヴィエト中央執行委員会のみに属する」という決議を採択した[21]。出席した各派の代議員数を操作して多数派を確保した上でボリシェヴィキが提出した決議だった。エスエル左派によれば、彼らを直接行動に出ざるを得なくした理由はまさにこの決議だった。

翌日は七月六日だった。ボリショイ劇場は早朝から満席に近い状態だった。オーケストラ・ピットのジャーナリストたちも興奮していた。何かが起こるに違いないと思われたが、陰謀の首謀者を除けば、何が起こるのかを知る者はなかった。議事の開始は遅れに遅れていた。理由は誰にも分からなかった。ただし、エスエル左派の代議員の中には、党首のスピリドーノヴァと側近数人の姿が見えないことに気づいた者もいた。

午後二時一五分を過ぎた頃、一台のチェーカーの公用車がドイツ大使館の前に停車し、二人の若いチェーカー職員が降り立った。二人はともにエスエル左派の党員で、ひとりはヤーコフ・ブリュームキン、もうひとりはニコライ・アンドレーエフだった。玄関に入ると、二人は緊急にドイツ大使に面会したいと述べ、チェーカーの副司令官であるエスエル左派のアレクサンドロヴィッチの署名の入った身分証明書を提示した。身分証明書には司令官ジェルジンスキーの偽造署名も入っていた。ミルバッハ大使の副官リーズラーが二人を迎えて、大使に用件があれば自分が代わって聞き、対処すると応じたが、二人はどうしても直接に大使に会わねばならないと言い張った。大使の親族のひとりが逮捕される可能性があるという作り話が理由だった。その時、ミルバッハ大使が階段を降りてきた。二人の暗殺者はピストルを取り出して撃ち始めた。しかし、あまりにも緊張していたためか、至近距離から撃ったにもかかわらず、銃弾はミルバッハにもリーズラーにも当たらなかった。慌てて投げた爆弾もほとんど危害を与えなかった。ミルバッハが階段を駆け登って逃れようとすると、アンドレーエフが追いすがってミルバッハの後頭部に銃弾を撃ち込んだ。そして、ブリュームキンとともに開いていた窓から庭に飛び降り、泥棒除けのフェンスをなんとか攀じ登って街路へ出ると、待機していた運転手つき自動車に乗って逃げおおせた。

ミルバッハが撃たれてから一時間が経とうとしていた。まだ絶命には至っていなかったが、大使館付きの武官がホテル・メトロポールまで走って外務人民委員のチチェーリンに事件を報告した。クレムリンにいたレーニンの許には電話で報告が届いた。レーニンの秘書のウラジーミル・ボンチ＝ブルエヴィッチによれば、「報告を聞いたレーニンは青ざめるどころか、蒼白になった」[22]。

ドイツ大使暗殺の報に衝撃を受けた共産党幹部たちは急ぎ大使館に駆けつけ、哀悼の意を表した。最初にラデックが、次いでチチェーリンとジェルジンスキーが大使館を訪れた。レーニンはラトヴィア人の護衛に守られていたが、それでもクレムリンから外へ出ることを渋っていた。しかし、ドイツ大使館のリーズラーがレーニンの弔問を要求して譲らなかったので、最終的には断るわけにはいかなかった。ジェルジンスキーはリーズラーからエスエル党左派に属するチェーカー職員の関与を知らされると、その足でチェーカー戦闘部隊の本部のあるポクロフスキー兵営に向かった。ところが、その時、ポクロフスキー兵営ではエスエル党左派の中央委員会が開かれていた。そこへジェルジンスキーが突然乗り込んだことは無分別な軽挙だったが、それでもジェルジンスキーは暗殺犯を直ちに引き渡さなければエスエル左派の幹部たちを射殺すると脅迫した。しかし、人質として囚われたのはジェルジンスキーの方だった。エスエル左派の中央委員会はボリショイ劇場に出かけていた党首スピリドーノヴァの身に危害が及ばない保証としてジェルジンスキーを拘束したのである。

スピリドーノヴァはボリショイ劇場に到着するとすぐに舞台に駆け登り、頭上にピストルを振り回しつつ、「反乱に栄光あれ！」と叫び、支離滅裂な演説を始めた[23]。しかし、その行動は実質的な意味を持たなかった。なぜなら、その時すでにボリショイ劇場はラトヴィア人ライフル部隊によって包囲されており、劇場内のエスエル左派党員は逃げ道を失った容疑者同然の立場だった。エスエル左派の反乱がこの間に達成したことといえば、電信電話局を占領し、ドイツ軍の占領に反対する意思を世界に向けて発信したことだけだった。

スピリドーノヴァの反乱は権力の奪取を意図したものではなく、政治的ジェスチャーとしても、あまり有効ではなかったが、多くの人命を無意味に犠牲に供した事件だった。ラトヴィア人ライフル連隊の司令官ヨアキム・ヴァツェーティスによれば、エスエル左派がその気になれば首都モスクワを掌握することは十分に可能だった。なぜなら、エスエル左派はバルチック艦隊の水兵を主体として「大砲八門、機関銃六四挺、武装自動車四台ないし六台を装備した」二〇〇〇人強の部隊を密かに擁していたが、一方、モスクワ市内に駐留するラトヴィア人ライフル連隊の規模は全体の半分以下であり、それを補助するベラ・クーン指揮下のハンガリー人捕虜部隊も力量不足だった。[24] また、モスクワ守備隊もエスエル左派に敵対する行動を渋っていた。前司法人民委員のスティンベルグによれば、レーニンはラトヴィア人部隊のモスクワ防衛能力に不安を感じており、ヴァツェーティスを呼び出して単刀直入に質問した。「同志よ、我々は明日まで持ちこたえることができるだろうか？」[25]。レーニンは今やヴァツェーティス本人にも疑いを抱き、人民委員たちに対してヴァツェーティスへの監視を怠らないよう要求していた。丸い禿げ頭のヴァツェーティスは強靭な精神の持ち主だったが、政治家でも反逆者でもなかった。しかし、なぜか、レーニンとスターリンの二人に対しては不信感を抱き始めていた。

翌七月七日の朝、モスクワは霧に包まれていたが、ラトヴィア人ライフル銃部隊の数中隊がポクロフスキー兵営を包囲する配置についた。[26] 近くにあった砲兵学校から野砲一門が引き出されて兵営まで射程三〇〇メートルの位置に配置された。一七発の砲弾が発射されたが、そのうちの一発がエスエル左派の中央委員会が会合中だった部屋の隣室に命中して炸裂した。危うく直撃を免れたエスエル党左派の幹部たちは、名誉が守られることを条件として、降伏することに決めた。

エスエル左派党員の逮捕が続いたが、二人の暗殺犯は発見されなかった。逮捕者のうち一〇人あまりが処刑された。チェーカー副長官でジェルジンスキーの信頼が厚かったアレクサンドロヴィッチはジェルジンスキー自身の手で銃殺された。実は、レーニンはジェルジンスキー自身もエスエル左派の陰謀に密かに関与していたのではないかとの疑いを抱いていた。逮捕されたエスエル左派党員の一部はチェーカーのルビャンカ監獄に収監された。ルビャンカ監獄の暗い廊下や監房の鉄製ドアの響きは巨大な船舶の船腹を思わせたので、囚人たちはルビャンカを「死の船」と呼んでいた。鉄製の梯子をさらに深く降りて行くと「エンジン室」と呼ばれる地下室があり、そこが処刑場だった。処刑は囚人を跪かせて後頭部に銃弾を撃ち込むという方式で行われた。しかし、今回の反乱に対する報復的弾圧は予想されるほど残忍なものではなかった。というのも、数多い反乱に直面していた共産党がエスエル左派の一般党員を過度に刺激することを恐れたからだった。

ムラヴィヨフはこの時ヴォルガ戦線の赤軍司令官だったが、直ちにエスエル左派から脱退した。ムラヴィヨフに対して疑念を抱く者は多かったが、レーニンは彼の脱党を知ってひとまず安堵し、人民委員たちにムラヴィヨフへの監視を怠らないよう注意するにとどまった。ムラヴィヨフがその「優れた戦闘指揮能力を発揮して[27]」引き続き赤軍に貢献できるようにするためだった。ところが、モスクワでスピリドーノヴァの反乱が鎮圧された三日後の七月一〇日、ムラヴィヨフと彼に忠実な一〇〇〇人の部隊はスピリドーノヴァの二の舞を演じたのである。ムラヴィヨフは部隊とともにカザンから船でレーニンの生誕地シンビルスクまで下り、ドイツ軍に対する戦争の再開を要求して、チェコ軍団に同調を呼びかけた。しかし、騙されて待ち伏せ攻撃を受け、ピストルを抜く間もなく撃ち殺されてしまう。英国の歴史家エヴァン・モーズリーは記している。「ムラヴィヨフは自殺したと報じられた。しかし、その死体には五発の銃弾の跡と数か所の銃剣の傷があったことから、自殺とは思えなかった[28]」。レーニンとトロツキーは直ちにヴォルガ戦線司令官の後任者を任命した。二人が選んだのは、体制の救済に貢献したラトヴィア人ライフル連隊の指揮官ヴァツェーティスだった。

エスエル左派は、モスクワにおけるスピリドーノヴァの反乱が失敗に終わった後も、ドイツに対する挑発行動を諦めなかった。七月三〇日には、キエフでエスエル左派党員のボリス・ドンスコイが爆弾を使って旧プロイセン軍の陸軍元帥ヘルマン・フォン・アイヒホルンを暗殺した。ウクライナ占領軍の総司令官だったアイヒホルンは攻撃的な軍人ではなく、事務所に座って葉巻を吸いながら思い出話をするのが好きな人物だった。彼はスヴェーチン将軍に向かって言ったことがある。「戦争がその様相を変えてしまったことは残念でならない。昔の兵士たちは優雅な制服に着替えてから戦場に出かけたものだ」[29]。

アイヒホルン暗殺はナロードニキの古い伝統を引き継ぐテロ行為としての最後の例ではなかった。しかし、エスエル左派はこの事件を境にして分解し始め、党員の多くは共産党に加入した。ただし、共産党への入党は将来の偏執狂的なスターリン体制の下で旧エスエル左派党員の身の安全を保障するものではなかった。

ミルバッハやアイヒホルンよりもはるかに高名な大物を殺害する事件が起こったのも同じ年の七月のことだった。それよりしばらく前の四月最後の日、元皇帝と皇妃の一家がウラル地方のエカチェリンブルグに移送された。エカチェリンブルグはヨーロッパとアジアの境界を象徴する町であり、また、ロマノフ朝地代にシベリアの流刑地に向けて長い悲嘆の道をたどる囚人が立ち寄った宿場町のひとつでもあった。元皇帝一家はトボリスクからエカチェリンブルグに移送される途中でラスプーチンの故郷ポクロフスコエ村を通り抜けた。一家は厳重な監視の下にあったが、元皇妃はラスプーチンの生家を見つめてしばらく動かなかった。ラスプーチンの一族は窓から元皇妃の姿を見て取ったが、家から外へ出る勇気はなかった。

ボリシェヴィキは元皇帝ニコライと皇妃アレクサンドラをトボリスクからモスクワに連れ戻してト

ロッキーを裁判長とする見世物裁判にかける計画だったが、新体制に対する国内の脅威が春の間に急拡大し、複数の帝政派集団が元皇帝の救出を企んでいるという噂が広まっていた。最大の脅威は五月末にチェリャービンスクで始まったチェコ軍団の蜂起だった。チェリャービンスクからエカチェリンブルグまでは二〇〇キロメートル程度の距離に過ぎなかった。

元皇帝夫妻と五人の子供たちはエカチェリンブルグのイパーチェフ館に収容された。鉄道技師の住まいだった陰気な雰囲気のイパーチェフ館は目的を意図的に隠蔽する言い方で「特殊目的の家」と改称され、臨時の監獄に改修されていた。外からも中からも覗けないように、家の周囲には木柵が巡らされていた。元皇帝はトボリスクにおける自宅監禁状態に比べてエカチェリンブルグの環境を「まさに監獄だ!」と日記に書いている。[30] しかし、本物のチェーカーの監獄に比べれば、それははるかに快適な環境だった。家族にはそれぞれに部屋が与えられ、夕食後には元皇帝が妻や子供たちに本を読み聞かせることも、トランプのベジーク・ゲームを楽しむことも可能だった。元皇帝はイパーチェフ館に残されていたサルトィコフ=シチェドリンの著作集を見つけだし、そのうちの風刺小説八冊を続けざまに読んで大いに楽しんだ。もっと若いうちにサルトィコフ=シチェドリンの著作に出会わなかったことを残念に感じたほどだった。

晴天とにわか雪が繰り返される春が終わると、シベリアの暑い夏が訪れた。夜はジメジメと湿っぽかったが、水不足が起こり、エカチェリンブルグの町にチフスが蔓延した。元皇帝一家は周囲の敵意に気づいていたが、クロンシュタット要塞の水兵部隊の到着については何も知らされていなかった。水兵たちは五月末にエカチェリンブルグに乗り込み、地元のロシア正教の聖職者四五人を殺害しただけでなく、「女性を襲って強姦し、ブルジョア連中を殺害し、醸造所を襲撃してウォッカを奪って、集まった暴徒に配った」[31]。元皇帝は知らなかったが、退位に際して帝位を譲ったはずの弟のミハイル大公は六月一二日にチェーカーによってペルミの監獄から郊外の森に連れ出されて射殺されていた。ミハイル大公の死体は溶解炉に投げ込まれて処分されたが、チェーカーは大公が「白衛軍」とともに姿を晦ましたという噂を流していた。

六月末、遠方の砲声が元皇帝一家の耳にも届き始めた。チェコ軍団が進撃を開始したのである。元皇帝は六月二九日の日記に書きつけている。[*2]「最近になって二通の手紙がたて続けに手許に届いた。忠実な勢力が救出に向かうので準備せよという内容である。しかし、数日を経過しても何事も起こる気配がない。不確実な状況で待たされる気持ちは拷問に等しい[(32)]」。

チェコ軍団の進撃は地域全体にパニックを引き起こした。北東二〇〇キロメートル足らずの距離にあるイルビットの町では、軍事革命委員会が七月六日付けで通告を発し、ブルジョア層の裕福な住民を人質として拘束し、反革命蜂起の試みがあれば銃殺すると警告していた。軍事革命委員会が張り出したポスターには次のように書かれていた。「反革命勢力はあらゆる戦線で進出している。一方、工場主、地主、商店主その他の寄生分子は我々の町を自由に歩き回っている。裏切り者に告げる。我々一人の命に対してお前たち一〇〇人の命が失われることを覚えておくがいい[(33)]」。

ニコライ二世の日記の最後の日付は七月一三日、内容は病気に苦しむ息子についての記述だった。「今日、アレクセイはトボリスク以来初めて風呂に入った。膝の症状はだいぶ良くなっているが、まだ完全には曲げることができない。天候は順調で快適だが、外部からは何の知らせもない[(34)]」。

元皇帝一家の運命は、同じ地域で収監されていた皇帝の親族の運命と同様に、すでに決まっていた。レーニン、ジェルジンスキー、スヴェルドロフの三人がクレムリン内で話し合い、チェコ軍団が進撃を開始した以上、白衛軍が利用し得るような「旗印」を残しておくわけにはいかないことで合意に達したのである。ロマノフ家の人びとを殺せば聖なる殉教者として扱われ、生存中よりも反革命のために一層役立つことに三人は思い及ばなかった。しかし、レーニン自身は元皇帝一家の殺害、特に子どもたちの殺害に関して責任を問われたくなかった。そこで、責任をウラル地方ソヴィエトに負わせるつもりだった。イパーチェフ館の元皇帝一家は七月一七日の早朝に起こされ、看守によって地下室に連れて行かれた。看守の半数はハンガリー人の国際共産主義者で、隊長はヴァシリー・ユローフスキーだった。病気のアレクセイは歩くことができなかったので、元皇帝が息子アレクセイを両腕で抱えて階段を降りた。ユローフスキーが死刑通告を読み上げ、銃撃が始まった。一家は絶命したが、元皇太子のアレクセイだけは血の海に横たわりつつもまだ息があった。そこで、ユローフスキーは自分のコルト式拳銃を取り出し、少年皇太子の頭部に銃弾を二発撃ち込んだ。

その翌日の夜、エカチェリンブルグから北へ一三〇キロメートル離れたアラパエフスクでは、収監されていたロマノフ家の人びとが臨時の監獄から引き出された。元皇妃の姉のエリザヴェータ・フョードロヴナ大公女も含まれていた。今回はオーストリア人の国際共産主義者が半数を占める看守たちが四人の一行を溢水した炭鉱跡に連行した。抵抗の姿勢を見せたセルゲイ大公はその場で射殺され、残りの全員が半ばまで水没した竪坑に投げ込まれた。しかし、数分後に竪坑の中から水を掻いて泳ぐ音や讃美歌の歌声が聞こえてきた。すると看守たちは竪坑に手榴弾を投げ込んで全員を始末した。「白衛軍」が皇族たちをどこへともなく連れ去ったという馬鹿げた説明がまたもや繰り返された。親族や友人を含めてロマノフ家の関係者全員が殺害された事実は全面戦争開始の宣言だった。「人命の尊厳[35]」とか、罪の意識とか、誠実、潔白などという観念が何の意味も持たない内戦が始まろうとしていた。

＊1 この一年後、米国の「特任領事」がワシントンのランシング国務長官宛てに報告している。「ドイツ政府は、フォン・ミルバッハ駐露大使を通じて、トロツキーに対してチェコスロヴァキア人兵士の武装解除を要請した。これは危機の勃発を早めることになるであろう」(4)。

＊2 ニコライ二世は最近になってボリシェヴィキが行なったグレゴリオ暦への変更を意図的に無視して、伝統的なユリウス暦に固執していたので、この日記の日付は六月一六日となっている。

# 第17章　赤色テロル　一九一八年夏

内戦が始まった原因は何か、内戦があれほど残酷な様相を呈した理由は何か、どちらも議論を避けて通れない問題である。共産党側の主張によれば、内戦以外の選択肢はあり得なかった。赤色テロルはやむを得ない所業だったというわけである。共産党によれば、責任は反革命側にあった。ここでいう反革命側とは、共産党を支持しないすべての勢力を意味していた。共産党指導者の生命を狙う者はもちろん、外国の介入もすべて反革命勢力だった。しかし、内戦におけるテロルは、ほとんど常に、自分たちを少数派として意識する側の行動だった。テロルは自然反射的な反応として始まるが、勝利した側の体制は脅威が去った後も長くテロルに固執するのである。レーニンの場合、テロル政策は一九一七年一二月のチェーカー設立とともに始まった。内戦が明確な形で始まるはるか以前のことである。テロルを通じて人々を従わせる政策は当初は予防的政策だったということになる。しかし、一九一八年八月末、共産党指導者に対する襲撃事件が同じ日に二件発生し、これを引き金として共産党による暴力的支配が爆発的にエスカレートしたのだった。

八月三〇日金曜日の朝、旧ミハイロフスキー砲術学校の士官候補生で二二歳のアウグスト・レオニード・カンネギセルがペトログラード・チェーカーの司令官モイセイ・ウリツキーを狙撃した。その日はウリツキーがみずから密告者に対応する日だった。カンネギセルは密告者としてチェーカー本部の待合室で待ち構えていた。三〇分ほどしてウリツキーが本部に到着し、待合室に顔を出した瞬間にカンネギセルはコルト拳銃を取り出し、ウリツキーの後頭部に銃弾を撃ち込んだ。父親の証言によれば、カンネギセルは親友のペレルストヴェイグがウリツキーの命令で殺害されたことへの復讐を果たしたのだった。しかし、ソヴィエト当局はこの襲撃は大規模な陰謀の一環であると受け止めた。

カンネギセルはチェーカーの建物から飛び出し、自転車に飛び乗って逃走した。チェーカーの隊員たちも必死で追跡した。ミリオンナヤ通りに着いたところでカンネギセルは自転車を捨て、一七番地の中庭に駆け込んで建物の階段を駆け登り、最初の部屋のドアを押し開けて入り込んだ。そこはメリーホフ公の旧宅だった。カンネギセルは洋服掛けに下がっていた上着を取って着替え、変装したつもりで階段の踊り場に出て行った。すると、階下に追跡隊の姿が見えたので、カンネギセルは発砲した。チェーカーの上級隊員だったサンガイロは犯人を生け捕りにしたいと思っていた。他の陰謀参加者たちを明らかにするためだった。そこで、自分の外套を脱いで人間と同じ背丈の植木鉢に着せ、エレベーターに乗せて二階に送り込んだ。犯人に拳銃の弾丸を撃ち尽くさせる狙いだった。ところが、カンネギセルはその外套を剝ぎ取って自分が着込み、階段を使って階下に降りて、追跡者たちに目当ての犯人はもっと上の階に逃げつつあると告げた。しかし、サンガイロは青年の外套が自分のものであることを見逃さず、カンネギセルを逮捕して、尋問のためにチェーカー本部に連行した。

レーニンは七月に起こったエスエル左派の反乱に苛立っていた。エスエル左派の反乱は共産党の立場が脆弱であり、首都を統治する能力さえも疑わしいことを暴露したからだった。レーニンが普段から自分自身の安全について気を配っていたことを考えれば、モスクワの工場視察を予定どおり実行するという決断は異例だった。特に、ペトログラードでウリツキーが暗殺された直後のことである。妻のクループスカヤも、レーニンの妹も、工場視察を中止するよう懇願したがレーニンの気持ちは変わらなかった。

穀物商品取引所での集会に顔を出した後、レーニンは車でモスクワ南部のミヘルソン工場に向かった。レーニンが工場内でいつものように演説をしている間に、工場の外に止まっていたレーニンの車に若い女性が近づいてきて、運転手に話しかけた。レーニンが実際に工場内にいるのかどうかを確かめるためだった。ファーニャ・カプランという名のその女性はヘブライ語教師のユダヤ人の娘で、かつて収監されていた監獄でスピリドーノヴァと同房だった時以来、エスエル党左派の党員だった。もともとは無政府主義者で、一六歳の時に爆破テロの罪状で逮捕され終身重労働刑を宣告されていた。ボリシェヴィキのクーデターが起こり、その後、憲法制定議会が廃止されると、カプランはレーニン暗殺を決意し、志願して社会革命党戦闘団に参加したのだった。

演説が終わって聴衆が工場から出て来はじめた。カプランはレーニンの跡をつけた。レーニンが車に乗り込もうとした時、ひとりの女性が近づいて、駅頭における食糧徴発に関する質問を始めた。その時、カプランがブラウニング拳銃を構えて三度発射した。銃弾の一発がレーニンの腕に、もう一発が顎に近い頸部に命中した。三発目はレーニンに話しかけていた女性に当たった。カプランは走って逃げたが、立ち木にぶつかって立ち止まったところを逮捕された(1)。

撃たれたレーニンは意識不明の状態で車に乗せられ、全速力でクレムリンに運ばれた。一方、カプランはそのままルビャンカ監獄に連行され、ラトヴィア人のチェーカー幹部ヤーコフ・ペテルスの訊問を受けた。彼女はレーニンを狙撃したことは認めたが、拳銃の出所は明かさず、共謀者の存在も否定した。しかし、この事件が英国の陰謀であると確信していたチェーカー本部はその日の夜に英国大使館職員のロバート・ブルース・ロックハートを逮捕し、ルビャンカ監獄に収監し、カプランを同房に入れて二人が知りあいかどうかを確かめようとした。明らかに二人の間には面識がないことが判明すると、カプランはルビャンカ監獄からクレムリンに移送され、いったん地下に幽閉されたうえ、九月三日に中庭に引き出されて銃殺された。処刑の射撃音は自動車のエンジンを空吹かしして隠蔽された。

ペトログラードではカンネギセルへの訊問が続いていたが、八月三一日の日曜日になって、チェーカーの特別部隊が英国大使館を急襲した。チェーカーの目標は英国海軍情報部のフランシス・クローニー大佐だった。クローニー大佐がレーニン政府の転覆を計画していたことは事実だった。大使館のクローニーは雇っていたロシア人スパイ二人（うち一人はチェーカー職員だった可能性がある）の逃走を援護しようとして大理石の大階段の下に立って拳銃で応戦し、銃弾を撃ち尽くしたところでチェーカー側の銃弾に倒れた。他の大使館員や大使館付き武官は逮捕され、連行されたが、後に捕虜交換の形で釈放される。

同じ八月三一日、ジェルジンスキーがモスクワからペトログラードにやって来て、みずからカンネギセルを尋問した。カンネギセルは依然として共犯者の存在を認めず、拳銃の入手方法も明かそうとしなかった。チェーカーはカンネギセルのアパートを捜索して、ケレンスキー臨時政府の関係者、旧帝政軍の将軍たち、社会革命党右派幹部など四六七人の住所録を発見していたが、カンネギセル自身は弱小な「人民社会党」の党員だった。カンネギセルが最終的に「九グラムの鉛の弾」を身に受けて処刑されたのは一二月二一日になってのことだった。この間に彼がどれほどの拷問に苦しんだかは想像に難くない。

レーニンは医師たちの危惧にもかかわらず命を取り留めた。この「奇蹟」はレーニンについて次第に拡大していく個人崇拝の起点にもなった。やがて、レーニンはキリストにも比すべき世俗の聖人となり、一方、狙撃犯カプランは、フランス革命の英雄マラーを刺殺したシャロット・コルデーの成り損ないとして嘲笑された。レーニン暗殺未遂事件に対する体制とその追随者たちの道徳的な憤激はヒステリックな段階まで高まっていた。「世界のプロレタリアートの親愛なる指導者である同志レーニンに加えられた傷害に対しては必ず復讐を果たさねばならない！」[2]。

陰険な秘密警察幹部だったウリツキーさえもが殉教者の扱いを受けた。ある目撃者は書いている。「ウリツキーの葬儀は実に派手だった。遺体は贅沢な天蓋馬車に乗せられ、町中の街路を数時間にわたって練り歩いた」[3]。葬列に参加したボリシェヴィキたちはそれぞれの組織の制服で身を包み、各種のポスターを掲げていた。ポスターには「我々の指導者一人の命につき数千人の敵の首を！」、「労働者階級の敵全員の胸に銃弾を！」、「英仏資本の傭兵どもに死を！」などのおどろおどろしい文句が書かれていた[4]。共産党系の新聞各紙も同様に復讐を求める論調で満ちていた[5]。

脅迫は言葉だけでは終わらなかった。ペトログラードのチェーカーは司令官を暗殺された復讐として五〇〇人の人質を処刑した[6]。人質を詰め込んだ二隻の艀がフィンランド湾の沖合に曳航され、艀ごと海底に沈められた。海岸に打ち上げられた死体から見ると、彼らの両手は有刺鉄線で結束されていた。クロンシュタット要塞とペテロパヴロフスキー要塞でも合計一三〇〇人の四人が殺害され、新たに六二二九人の人質が逮捕された。さらに、ヤロスラヴリ、スームィ、ピャチゴルスク、プスコフ、スモレンスクなどの地域でも現地のチェーカーが独自に復讐のための処刑を行なったことを得意気に報告している。その際、社会革命党の党員だけでなく、反ボリシェヴィキと見なされる者は誰でも処刑の対象となった。ニジニーノヴゴロドでも、四一人が処刑され、新たに七〇〇人が人質として一斉逮捕された。

チェーカーは「夜毎の恐怖」という評判を歓迎しているようだった。ユダヤ人の歴史家グリゴリー・アロンソンは書いている。「チェーカー長官のジェルジンスキーはもっぱら夜中に仕事をした。ペテルスも同じだった。平職員の捜査員も、処刑係もその例に従って働いた。尋問官も夜中に容疑者を呼び出して訊問した。裁判も夜中に開かれ、判決も夜中に宣告された。処刑もモスクワ市内の広場またはチェーカーの地下室や物置小屋で夜中に行なわれた」[7]。すでに収監されていた囚人たちの間では、「死の人民委員は夜中にやって来る」という決まり文句が囁かれていた。

この四半世紀後にナチス・ドイツ軍の銃殺隊がロシア国内で行なうやり方を先取りするかのように、チェーカーは囚人をまず全裸にしてから処刑する方式を導入した。衣服を再利用するためだった。全裸にされた囚人は監房の床の上、または掘られた墓穴の縁に跪かされた。処刑係は銃床が木製の重いモーゼル拳銃を持ち上げて、囚人の後頭部に銃弾を打ち込むだけで事足りた。処刑係の中には血の海を作り出す仕事を得意がる者もいたが、無慈悲な殺害を繰り返すことで正気を失う者もいた。後にヒムラーの「特別処刑部隊(アインザッツグルッペン)」隊員に見られるのと同じ現象だった。

赤色テロルはチェーカーによる都市部での逮捕や処刑に限られた話ではなかった。ドン地方の反革命派コサックに対する恐怖と憎悪はほとんど民族絶滅政策に近い無差別的な赤色テロルを生み出していた。チェーカーの元職員だった人物がツァリーツィンの西二二〇キロメートルに位置するモロゾフスキー地区の出来事を書き残している。「この地区の住民は信じられないような流血の時期を経験した。ひとことで言えば、四五歳以上のコサックを皆殺しにしようとする動きだった。年齢の上限はなかった。『連中を絶滅せよ!』というのがモロゾフスカヤ村革命委員会の決議だった。ボグスラフスキーを議長とする革命委員会のメンバーは一日の仕事が終わると議長の家に集まり、泥酔して乱痴気騒ぎをしたあげくに地元の監獄に収監されているコサックを引き出してきて処刑の練習をした。銃弾を撃ち込み、サーベルで切りつけ、短剣を突き刺すなどの練習を楽しんだのである。後に判明したことだが、裁判は一度も行われなかった。ボグスラフスキー家の庭には六七体の遺体が埋められていた」[8]。

モスクワから派遣された共産党員は次のように報告している。「連日、五〇人ないし六〇人が銃殺されている。その背景にあるのは、コサックを一人でも多く処刑すれば、ドン地方のソヴィエト体制はそれだけ強固になるという信念である。コサックとの協議を通じて何らかの合意を達成しようとする試みは何ひとつ行われていない。処刑される囚人のグループが毎日のように連行されて行く光景は正気の沙汰とも思えない。健康な囚人が病人を支え、ライフル銃で武装した護衛部隊が通行人を追い払って通路を確保する。誰もが囚人たちの運命を知っている。コサックの中にもソヴィエト体制を支持する人々がいるが、彼らはこの光景を見て涙を流し、憤激した様子で質問する。『これは現実なのか？ ソヴィエト体制にはこのような恐怖がつきものなのか？ とうてい信じられない』。家宅捜索を行なう革命裁判所の職員たちは、コップやスプーンや皿までも押収するが、それは自宅に持ち帰って使うためなのだ。モスクワから監察隊を呼ぶべきだと言う人もいるが、大多数はコサックの反乱を期待している」[9]。

実のところ、ジェルジンスキー長官による統制は地方のチェーカーにまでは及んでいなかった。地方には自薦でチェーカー職員を名乗る者が少なくなかった。一九一八年八月にチェーカー本部が作成した報告書はクルスクにおける混乱と腐敗を記述している。「クルスク市民はもう三週間もパンの配給を受け取っていない。穀物の徴発に当たるべき臨時の徴発隊が分裂し、相互に衝突を繰り返しているからである。ある徴発隊が別の徴発隊を武装解除しようとした時には銃撃戦が始まり、死者も出た。一部の徴発隊は徴発した穀物をそのまま駅頭で売り捌いて利益を上げている。目撃した市民たちは言うまでもなく憤激している。クルスク市内に駐留する赤軍部隊の規律も乱れている。兵士たちは一部の市民と慣れ親しみ、泥酔して乱痴気騒ぎを起こすだけでなく、市内で一番豪華な家を接収し、押収した自家用車を乗り回している」[10]。クルスクからの別の報告書を総合すると、同地のチェーカー職員と臨時の食料徴発隊が権力を乱用して穀物を横領し、自分で消費し、あるいは販売して利益を得ていたことは間違いなかった。

キエフではペテルスが偽のブラジル領事館なるものを開設し、チェーカー職員を配置してヴィザを求める市民に偽物のヴィザを売りつけていた。ブラジルに逃れるために必死で出国しようとする市民に高額で偽のヴィザを売りつけた上で、買った市民を逮捕していたのである。内戦中にキエフを赤軍から奪取した白軍は赤軍支配下で殺害された五〇〇〇人の市民の死体を発見したと主張している。死体とは別に、七〇〇〇人の市民が行方不明のままだった。チェーカーには二つの優先課題があった。ひとつは犠牲者たちからできるだけ多くの現金と貴重品を回収して共産主義の大義を実現する資金とすること、もうひとつは潜在的な敵対勢力を情け容赦ない階級戦争によって壊滅させることだった。ラーツィスはチェーカー職員向けの指示の中でこれらの課題を明確に示している。「尋問に際しては、被疑者が反ソヴィエト的な言動を行なったことの物的証拠を求める必要はない。まず追求すべきは被疑者の属する階級は何か、どんな教育を受け、どのように生育したか、出身の素性と職業は何か、などである。これらの質問への答えが被疑者の運命を決定する。これが赤色テロルの意味であり、本質である」[11]。捜索によって何らかの証拠が発見された場合、その証拠は有罪を立証するためにのみ使われ、無罪を示す反証となることは決してなかった。

赤色テロルは全国に広まり、特に地方の農業地帯で猛威を振るったが、それは都市部が飢餓に苦しんでいたからだった。一九一八年の夏には、ペトログラードとモスクワで傾斜的な配給システムが導入された。肉体労働者、その他の労働者、ブルジョア階級への配給量にそれぞれ四、三、一の格差が設けられたのである。配給量に関して間違いなく優遇されたのは赤軍兵士と工場労働者だった。労働しないブルジョア階級の配給量は、意図的かどうかは別として、生存に必要な量を下回っていた。彼らが生き残るための唯一の希望はスハレフスカヤ広場に大切な貴重品を持って行って食料と交換することだった。「スハレフカ」はやがて闇市を意味する隠語となる。一方、共産党の幹部、特に人民委員級の幹部のためには、特権的な専用食堂が設けられた。ただし、この格差的な扱いは次第に複雑な変化を遂げることになる。「知的労働者」や「ブルジョア専門家」など、新たに優遇される層が出現するからである。

一九一八年五月、プチロフ工場労働者の代表団がレーニンに面会し、ペトログラードの悲惨な食料事情を訴えた。レーニンは労働者たちに答えて、革命を救うために食料徴発隊に参加するよう呼びかけた。レーニンによれば、食糧不足を克服するためには現在の一〇倍の人数の食料徴発隊が必要だった。しかし、現実には食料徴発隊こそが問題を悪化させていたのである。徴発隊は翌年畑に蒔くべき種籾まで没収し始めていた。恐れをなした農民は没収される前に穀物を隠匿するか、自家で消費するかの道を選ばざるを得なくなっていたのである。

農民の教育水準は決して高くなかったが、それでも、農民たちはボリシェヴィキが彼らを都市プロレタリアートのために働く農奴にしようとしていることに気づいていた。「農産品市場は廃止され、農民から農産物を買おうとする者は迫害された。その結果、都市住民が飢えている一方で、農民は過剰な穀物を何とか自分たちに有利な方法で利用しようとした。すなわち、徴発を免れた農産品は家畜の飼料になるか、アルコールの原料となったのである」[12]。

農民による抵抗は新たな悪循環を生みだした。一九一八年、小麦粉一プードの価格は、ヴォルガ川流域地方では二五ルーブルないし三〇ルーブルだったが、ペトログラードでは一〇〇ルーブルに達していた。共産党の食糧徴発隊は定義の曖昧な「余剰穀物」だけでなく、すべての穀物を没収し始めた。この強圧的な穀物徴発が農業生産を阻害して悲惨な結果を招くという事実をレーニンは受け入れようとしなかった。農民の抵抗に激怒したレーニンの対応は抑圧の一層の強化だった。「貧農層を情報屋に仕立てて、富農（クラーク）を告発させよ」という指示が食料徴発隊に与えられた。しかし、主として都市部の共産党員によって構成される食料徴発隊にとっては、貧農と中農、そして階級の敵たる富農を見分けることは困難だった。また、翌年の栽培のために種籾を保存する必要性も理解できなかった。関心の的はもっぱら与えられた徴発目標を達成することだった。結果として、農民は自分たちが消費する以上の穀物を生産しなくなった。収穫した穀物は大きな土器の甕に入れて地中に埋めるようになった。すると、穀物徴発隊は農民の家族を拷問して穀物の隠し場所を聞き出そうとした。暴力の応酬が始まり、農民は穀物徴発隊を襲撃するようになる。時には隊員を殺害し、胃袋を切り裂いて穀物を詰め込むこともあった。農民側からの警告だった。

ヨーロッパがこれほどあからさまで残酷なテロルを目にするのは宗教戦争以来のことだった。現代の宗教戦争とも言うべきロシアの政治的内戦が今後いかなる経過をたどるのかは予測不能だった。カプランによるレーニン狙撃事件より前の八月二三日、チェーカー幹部のラーツィスは『イズヴェスチア』紙への投稿の中で「伝統的な戦争の慣習」はもはや無関係であると主張している。「我々に敵対して負傷した者はすべて殺害する。これこそが内戦のルールである」。しかし、サーベルで切りつける、ナイフで切り刻む、熱湯をかける、炎で焼く、生きたまま頭皮を剝ぐ、肩章を肩に打ち込む、眼球を刳り抜く、寒中に冷水に沈めて凍死させる、去勢する、内蔵を抉り出す、手足を切り取る、など数々の極端な嗜虐趣味はどこから来たのか？ これらはすべてロシア史上の反乱に関してプーシキンが言った「無意味で無慈悲な」行為への先祖返りだったのか？[*1] それとも、熱狂的な復讐心が政治的憎悪の論理によって新しいレベルにまで高揚した結果だったのか？

＊1「神よ、無意味で無慈悲なロシアの反乱を目にすることがないように我らを守り給え。信じ難いような乱暴な反乱を計画する者は、あまりに若くて人間の何たるかを知らないか、あるいはあまりにも冷酷で自分の命も他人の命も歯牙にもかけないような連中なのだ」。これは極端に暴力的だったエメリアン・プガチョフの乱（一七七三〜七四）についてのプーシキンの評言である（出所は『大尉の娘』二〇〇九年ロンドン版二〇三ページ）。

# 第18章 ヴォルガ川流域の戦闘と赤軍の進撃　一九一八年夏

一九一八年七月は赤軍にとって幸運な月ではなかった。赤軍はサヴィンコフの蜂起を抑えきれずにヤロスラヴリを失っただけでなく、その後も敗北を重ねつつあった。七月二一日にはエカチェリンブルグがチェコ軍団によって占領された。皇帝一家が惨殺された四日後のことだった。その翌日の二二日には、白軍のカッペル大佐が配下の部隊とチェコ兵の一連隊を率いて、レーニンの生誕地シンビルスク（後のウリヤノフスク）を占領した。この作戦を可能にしたのはカッペル大佐の軍が一四キロメートルの距離を秘かに踏破して赤軍の不意を衝いたからだった。七月二二日付けのカッペルの電報には次のように記されている。「午前八時、赤軍の抵抗を排除して、第一サマーラ派遣軍の部隊がシンビルスク市内に侵入した。そして、大量の武器弾薬と砲兵隊用の装備、複数の蒸気機関車、装甲列車一両を鹵獲した。その他、各種の資材を発見したが、まだ数え切れていない[1]」。

モスクワは再びパニック状態に陥った。ヴォルガ川流域に展開する赤軍の士気は崩壊し、新司令官ヴァツェーティスもほとんど成す術のない状態だった。海軍の政治委員に任命されたフョードル・ラスコーリニコフに対しては、砲艦と軽戦艦数隻を率いてニジニーノヴゴロドからヴォルガ川を下り、チェコ軍団に攻められて苦境にある赤軍部隊を支援せよとの命令が下された。ラスコーリニコフは数

赤軍ヴォルガ艦隊。司令官はフョードル・ラスコーリニコフ、
政治委員はラスコーリニコフの妻である作家ラリッサ・ライスナー

日前に結婚したばかりの妻で同じく政治委員のラリッサ・ライスナーを同行して出発した。「女性戦士ダイアナ[2]」と呼ばれた美しい二二歳の女流詩人ライスナーは前線に出た最初の女性政治委員だった。彼女は小型のブラウニング拳銃だけを携えて、恐れを知らない勇敢な偵察員兼工作員として敵地に乗り込み、また、誰よりも荒っぽいバルチック艦隊の水兵たちを前にして教官として政治教育を施したこともあった。この一二年後にライスナーがチフスで死亡した時、トロツキーは彼女を伝説的な英雄として称えている。「ライスナーは巧緻で皮肉な機知と戦士の勇気とを併せ持つオリンピアの女神だった[3]」。

ラスコーリニコフ麾下のヴォルガ艦隊はカザンを目指してヴォルガ川を南下したが、行き先に何が待っているかはほとんど分からなかった。ただし、赤衛隊が完全に士気を失っていることは明らかだった。ライスナーは書いている。「カザンはまだ失われていない。しかし、敗北はほぼ確実だ。住人が逃亡した後の家々のドアが風に吹かれて激しい音を立てている。床には書類や身の回りの品が一面に散乱している。退却ほど惨めなことはない」(4)。八月五日、ウラジーミル・ゼンジーノフが町を立ち退こうとしていた時、ヴォルガ川の方向から一斉砲撃の砲声が聞こえた。「突如として広まった噂によれば、反ボリシェヴィキ軍とチェコ軍団がサマーラから蒸気船で到着したということだった。ボリシェヴィキ側は不意を衝かれて半信半疑の状態だった。しかし、町の上空で最初の爆弾が炸裂した時には、疑いの余地はなかった。ライフル銃の銃声や機関銃の掃射音も聞こえ始めていた」(5)。町の防衛には第五ラトヴィア兵ライフル連隊が当たっていたが、赤軍の指令本部によれば、「カザン要塞を占領していたセルビア国際大隊が敵側に寝返った」(6)。戦闘の混乱の中で、赤軍の総司令官ヴァツェーティスが危うく敵の捕虜になりかけたが、側近の部下たちが避難民の群衆を押し分けて脱出路を確保したので、ヴァツェーティスは危いところで捕捉を免れた。

先陣を切って攻め込んだのはまたもやカッペル大佐の率いる反ボリシェヴィキ国民軍のサマーラ派遣部隊だった。部隊は六隻の武装蒸気船から上陸した。「我が軍の先鋒部隊は正午に町に入った。町の目抜き通りで敵の歩兵部隊と武装自動車隊に遭遇し、戦闘となったが、我が部隊は装甲を打ち抜く弾丸を保有せず、また、砲兵部隊の援護もなかった」(7)。上陸した兵士たちは食事をしていなかったので暑さと疲労で消耗した。食料は乗って来た蒸気船に積んだままで陸揚げしていなかったのである。そこで、カッペル大佐は部隊を町のはずれまで後退させ、翌朝午前四時に再び町の中央部に進出した。その日の終わりに、カッペルはコムーチ（憲法制定議会議員委員会）に報告している。「我が先遣隊はボリシェヴィキを排除し、ボリシェヴィキ部隊が残していった六億四五〇〇万ルーブル相当の金塊と巨額のルーブル紙幣を発見して鹵獲《ろかく》した」[*1]。

翌日の夜、ケレンスキー政府時代の海運相で、ドヴォルジェーツが「コムーチの悪の天才」(8)と呼んだウラジーミル・レーベジェフがこの金塊を蒸気船に乗せてサマーラに運んだ。プロコフィエフはレーベジェフを嫌っていたひとりだったが、数か月後、「友人に誘われて高級娼館を訪れた後で」夜の音楽会に赴き、そこでレーベジェフに出会った。プロコフィエフはその時の様子を日記に書き残している。「カザン占領に際して敵を吊るしたか、とレーベジェフに質問してみた。すると『二〇〇人を銃殺した』という答えが返ってきた。私は驚いて叫んだ。『二〇〇人だって?』。レーベジェフはつけ加えた。『悪党を二〇〇人始末しただけだ』。それから、レーベジェフは音楽会の主催者シンドラーに向かってカリンニコフの曲を演奏するようにリクエストした。レーベジェフは優しい音楽を好む人間だったのだ[9]」。

ブレスト・リトフスク条約の締結を非難されて屈辱を味わい、加えて、チェコ軍団の戦闘能力の高さに驚かされて、手痛い教訓を得た共産党指導部は赤軍の強化に乗り出していた。一方、ドイツ軍に抵抗する革命戦争を主張していたブハーリンの左翼反対派やエスエル左派は職業的軍隊の形成に対して心底から反対だった。武装した工場労働者の赤衛隊を基盤とする市民軍以外の軍事組織は受け入れられないというのが彼らのイデオロギーだった。

手始めに、共産党指導部は能力の高い下士官を昇進させた。その下士官の一部はその後第二次大戦までに最高司令部の将官にまで昇り詰めることになる。特に、ツァリーツィンの戦闘でスターリンやクリメント・ヴォロシーロフの周辺にいた下士官の昇進が著しかった。たとえば、ゲオルギー・ジューコフ将軍とセミョーン・ブジョンヌイ将軍の二人は当時まだ重騎兵隊の軍曹だった。また、セミョーン・チモシェンコ将軍とイワン・コーネフ将軍は砲兵隊員だった。[*2] レーニンとトロツキーは、共産主義が生き残るためには規律と組織だけでなく、赤軍を訓練して戦闘能力を高めることのできる専門家が必要であることを理解していた。農民の反乱を鎮圧するだけでなく、さらに高度の戦闘能力を有する赤軍が必要だった。そこで、レーニンとトロツキーは、階級の敵を信じてはならないという原則にもかかわらず、旧帝政軍の幹部将校の中から人材を起用しようとした。最初は旧体制の官僚を経済専門家として雇用する試みから始まった。共産党員と支持者の間では、将校とか士官とかいう言葉そのものが嫌悪の的だったので、旧体制の将校を雇用する段階に入ると「軍事専門家」なる用語が考え出された。しかし、スターリンとジェルジンスキーは旧帝政軍からの人材起用に全面的に反対だった。

トロツキーはスターリンが軍事問題に容喙《ようかい》することに激しい怒りを感じていた。レーニンはヴォルガ川下流地域での穀物徴発事業を拡大する目的でスターリンをツァリーツィンに派遣したが、スターリンは政治委員の役割を笠に着て、あたかも前線司令官のように振る舞っていた。スターリンは、また、ツァリーツィンのチェーカーを増強し、恐るべき虐殺を行なわせた。

この時期に赤軍の指揮官に任命された将校の一部は、第一次大戦中は旧帝政軍の下級または中級の士官だった。ミハイル・トハチェフスキーやアレクサンドル・ヴァシリエフスキーはその例である。帝政時代にすでに将官だった者も少なくなかった。たとえば、ミハイル・スヴェーチン将軍の弟のアレクサンドル・スヴェーチンは旧帝政軍の将軍だった。後に一九二〇年代に入ると、アレクサンドル・スヴェーチンは赤軍の軍事理論家の筆頭格となり、「ソヴィエト作戦術の父」と呼ばれるようになる。しかし、その二〇年後にはスターリンの粛清によってトハチェフスキーとともに処刑されてしまう。[*3] 内戦が終わるまでの期間に七万五〇〇〇人もの旧帝政軍将校が赤軍に採用されたが、多くは他に職がなかったためであり、また、家族を人質に取られた上で入隊を強要された者も少なくなかっ

M.N.トハチェフスキー。
25歳で軍司令官となり、
後に元帥に昇進するが、
1937年の赤軍粛清に際して
スターリンの命令で処刑された。

た。しかし、圧倒的多数の将校は赤軍に忠誠であり、政治委員に対しても協力的だった。

労働者と農民の軍隊、すなわち「労農赤軍」は志願制だったが、志願者は司令官のトロツキーが期待した数の三分の一にも満たなかった。徴兵制の導入が不可避だった。内戦の拡大にともなって、前線に配置すべき兵員数が急増したからである。ただし、徴兵制の下でも、奨励策としての手当支給は必要だった。もし、奨励策がなければ、徴兵された兵士は最初の機会を見つけて脱走してしまうからだ。軍当局が試みた最初の奨励策は徴兵される労働者農民に対して糧食と衣服以上の利得を保証することだった。そこで、赤軍兵士の留守家族に対して「保護証明書」[11]が発行されることになった。この証明書があれば、食料徴発隊による「土地、家畜、種籾の徴発」を免れることができた。しかし、この特権に「保護証明書」を印刷発行する紙の値打ちほどの価値があったかどうかは疑わしいところだった。

白軍に対抗するためには、赤軍にも騎兵隊が必要だった。特に、ロシア南部とシベリア西部の広大なステップ地帯では、騎兵隊の果たす役割は大きかった。騎兵連隊を旧時代の貴族の遊び事と見なしていたトロツキーも次第に騎兵隊の必要性を認識するようになる。騎乗して疾走するソヴィエト労働者の姿を描いたポスターが至る所に張り出された。労働者は片手に抜き身の剣を振りかざし、赤い星のついた帽子を被っていた。ポスターには、全面におよぶ太文字で「プロレタリア諸君！　乗馬せよ！」というスローガンが印刷されていた。[12]しかし、この呼びかけに応じて騎兵隊に参加する工場労働者は多くなかった。赤軍騎兵隊に応募するのはコサックの貧窮層またはコサック地域に住む非コサック移住者である場合が多かった。

当時はまだ制服がなかったので、赤軍兵士は自前の服装を工夫した。彼らがこだわったのは赤い色だった。経験を積んだ指揮官たちさえ、恥ずかしげもなく女性用の赤い上着を着用していた。兵士たちはシャツや上着を仕立てるための赤い布を探し求めた。上から下まで赤い色の服装で揃えた部隊も現れた。[13]

ロシア国内の捕虜収容所には、ドイツ軍、オーストリア＝ハンガリー帝国軍、ブルガリア軍などの捕虜およそ二〇〇万人がいまだに収容されていたが、トロツキーは早い時期から彼らを赤軍に動員する構想を抱いていた。捕虜たちはすでに訓練された兵士であり、教育して共産主義の大義に賛同させれば、帰国後にも革命思想を広げる役割も果たすことができるのではなかろうか。実際、これらの捕虜の中から、ガル、クレーバー、ルカーチ、ヨシップ・ブロズ・チトーなど、後のスペイン市民戦争で戦う国際旅団の指揮官や組織者になる人材が現れた。ロシア国内の戦争捕虜は一九一八年中に釈放されるが、その際、帰国後に母国で配布するためとして共産主義の宣伝パンフレットが手渡された。ウィーンのオーストリア帝国軍最高司令部は警戒態勢に入った。ロシアで捕虜となった兵士たちが吸い込んだかも知れない「ボリシェヴィキの毒素」がオーストリア国内に持ち込まれないための「思想的検疫」[14]が緊急に必要であると思われた。

ドイツ人の共産主義者で戦争捕虜となっていたルドルフ・ロトケーゲルは一九一八年一月末にモスクワに召喚された。そして、ロシア国内の捕虜収容所を訪問し、ドイツ軍捕虜たちに赤衛隊に参加するよう説得する任務を与えられた。ロトケーゲルその他の宣伝係が用いるべきスローガンがあった。「社会主義の祖国が危機にさらされている！」あるいは「ロシア革命は我らの革命でもあり、我らの希望である！」などというスローガンだった。戦争捕虜の洗脳は執拗に進められた。捕虜となっていたオーストリア軍の少佐は報告している。「ハバロフスクの捕虜収容所では、共産主義の教義を叩きこむアジテーションとプロパガンダ、それにボリシェヴィズムに関する話し合いが日課だった。捕虜の兵士たちは影響を受け易かった。士官の多くが懲罰を恐れて扇動に反論できなかったことも重要だった」[15]。

共産主義当局は、捕虜たちが帰国するよりもロシアに留まる道を選ぶように、あらゆる手を使って説得した。ウィーンの陸軍省に入った情報によれば、「ロシアの収容所では、オーストリアに帰国すればただちに再召集されて前線に送られる、という宣伝が戦争捕虜の間に急速に広まっている。そのため、捕虜の兵士たちは失望し、帰国したいという意欲も失われつつある」[16]ということだった。赤軍に入れば糧食が十分に与えられるという魅惑的な宣伝も行われていた。現に、イルクーツクやトルキスタンを始め、各地の捕虜収容所で赤軍への参加を拒否した捕虜には餓死が待っていた。ツァリーツィンの捕虜収容所では数週間以内にオーストリア＝ハンガリー帝国軍の捕虜四〇〇〇人が餓死している。収容所を管理していた赤衛軍は捕虜が自費で食料を買うことさえ許さなかった。[17] ロシアの戦争捕虜収容所の状況は、共産党が権力の座に就く前から劣悪だった。クラスノヤルスクの収容所では収容された捕虜の五四パーセントが死亡している。ノヴォニコラエフスクの収容所では、捕虜の八〇パーセントが一九一五年の冬にチフスに罹患し、オムスクの収容所では開戦から一〇か月の間に一万六〇〇〇人の捕虜が死亡した。[18] 収容されていた同盟諸国軍の捕虜たちが当時の帝政ロシアの体制を憎み、革命の勃発に安堵したとしても驚くには当たらない。ただし、ドイツ皇帝も、また、ロシア軍捕虜を餓死させるという構想の誘惑に駆られていたことも忘れてはならない。それは残酷なバルバロッサ作戦の先駆ともいうべき構想だった。

白軍や白軍側の歴史学者の主張によれば、国際共産主義とは報酬目当ての外国人傭兵の運動であり、ソヴィエト体制の本質は「外国勢力による侵略」[19] あるいは「国際共産主義者による占領状態」[20] に他ならなかった。しかし、戦争捕虜を洗脳する動きが始まる以前の一九一八年春に、シベリア、ヴォルガ川流域、ロシア南部などの地域では、ドイツ軍およびオーストリア＝ハンガリー帝国軍の戦争捕虜の間で赤軍に加わる動きがすでに始まっていた。たとえば、カザンのチェーカー組織には一六〇人のドイツ人共産主義者が勤務していた。「国際共産主義者」となって赤軍やチェーカーに参加した戦争捕虜の人数に関する推定は四万人から二五万人の幅で大きく分かれるが、これに加えて、ラトヴィア人ライフル銃兵二万五〇〇〇人と多数の中国人が赤軍に参加していたことは確かである。

一九一四年に第一次大戦が勃発した直後から、帝政政府は一五万人以上の中国人労働者を徴募して前線または後方での軍の補助作業に当たらせていた。たとえば、北極圏まで伸びるムルマンスク鉄道では、一万人に近い中国人労働者が働いていた。さらに、極東地方を中心としてロシア国内の各地に多数の中国人が不法滞在していた。[21] これらの中国人は帝政政府の軍事当局によって過酷な扱いを受け、劣悪な生活条件に苦しんでいたので、ボリシェヴィキはそこにつけ入り、彼らを革命側に獲得しようと動き始めた。大多数の中国人はロシア語を話さず、ボリシェヴィキの思想も理解しなかったが、食糧と衣服が与えられることを知ると、赤軍に参加して兵士として戦うことを躊躇しなかった。ただし、シベリアに住み着いていた中国人はボリシェヴィキを支持しなかった。「ソヴィエト当局はシベリア進出と同時に外国人移住者の支持を勝ち取るための政治宣伝を始めなければならなかった」[22]。

ボリシェヴィキによる十月クーデターの直後、中国人の大多数は失業状態だった。その後、一九一八年五月になってモスクワに中国人のボリシェヴィキ政治委員シェン・チェンホを責任者とする中国人向けの求人センターが設置された。中国人を赤軍に参加させる構想はトロツキーの考えでもあった。トロツキーの命令でアレクセイ・シチャースヌィ大佐を処刑した銃殺隊は全員が中国人だった。やがて、中国人は「信頼に足る兵士として前線に送ることができるだけでなく、反乱部隊を制圧し、人質を処刑し、後方における農民蜂起を抑制し、農民から食料を徴発する、などの任務に適することが判明した」[23]。さらに、命令なしに退却する赤軍兵士を逮捕または処刑する督戦部隊にも多数の中国人が採用された。

ロシア側の情報によれば、内戦中に赤軍の兵士として戦った中国人は三万人ないし四万人だが、中国の外交筋はその倍の人数を推定している。求人センターのシェン・チェンホは一〇万人に近い数字を主張している。「中国人の国際共産主義者」だけで編成された部隊も実在した。チェーカーにも中国人隊員だけで構成される「特別部隊」があり、中国人リー・シューリャンが指揮官を務めていた。チェーカーが多数の中国人を採用した理由は、白軍の捕虜を処刑したり拷問したりする場合、ロシア人の隊員はある限度を超えると尻込みするのに対して、中国人隊員は少しも良心の咎めを感じないからだった。捕虜とした将校の肩章を肩に打ち込むという虐待法を考え出したのも中国人だったと言われている。真偽のほどは明らかではないが、この虐待は悪循環を生み、運悪く捕虜となった中国人に対して、コサック部隊と白軍は同様の虐待を働いて復讐したという。「捕虜となることは死ぬよりも恐ろしい[24]」と機関銃手だった中国人のヤオ・シンチェンは言っている。「白軍の悪党どもは中国人兵士に対して特別の憎しみを抱いているからだ。連中は中国人兵士を捕えるとすぐに拷問を始める。耳や鼻を削ぎ落し、眼玉を刳り抜いた後でやっと殺害するのだ[25]」。一九一八年四月に中国大使館が北京に送った報告書には次のように書かれている。「ドン・コサック軍の支配地域では、コサック部隊が中国人をすべて例外なしに逮捕し、誰も知らない場所に移送している。義勇軍の支配地域でも同じことが起こっている[26]」。

中国人を五〇〇人近く集めて中国人大隊を編成したボリシェヴィキの指揮官イオナ・ヤキールは、中国人の規律正しさと勇気を称賛して、彼らが怯むのは騎兵隊がサーベルを振りかざして襲って来る時だけだと言っている。「中国人兵士は命を失うことを何とも思っていない。ただし、給与についてはこだわりがあり、決まった時期に給与を貰うこと、さらに、十分な糧食が支給されることを要求する[27]」。中国人は、さらに、隊員の一部が死傷した後であっても、中国人大隊全体に支払われるべき給与は以前と同じ総額が支給されることを要求した。戦死した兵士の給与をその家族に送金するためだった。ヤキールはこの要求を受け入れた。ただし、中国人たちはヤキールがロシア人兵士に対して中国人兵士の少なくとも三〇倍の給与を支給していることを知らなかった。

一九一八年の夏、ソヴィエト政権の窮地を見て取ったドイツは、政権崩壊を防ぐための支援が必要だろうとの認識に達していた。ここでソヴィエト政権を支えなければ、連合軍が東部戦線での攻勢を再び活発化させるに違いないと恐れたからだった。フランス戦線では、新たに参戦した米国軍がドイッと対峙していた。八月八日には、連合軍が「百日作戦」と呼ぶ大攻勢を開始した。ドイツ政府はミルバッハとアイヒホルンの暗殺事件について騒ぎ立てなかっただけでなく、ロシアに対して攻撃をかけない保証を与えた。そのおかげで、トロツキーはラトヴィア人部隊の残存兵力を西部戦線からヴォルガ川流域戦線に移動させることができた。移動の目的はカザン奪回作戦だった。

七月七日にカザンが白軍の手に落ちた直後、赤軍勢力はスヴャーシスク村の鉄道駅の西方二〇キロメートルの地点まで後退した。ラリッサ・ライスナーもその中にいた。夫のラスコーリニコフは敵に捕らえられたが、すぐに脱出に成功していた。カザン陥落の知らせを受けたトロツキーは激しく反応した。すなわち、四八時間以内に装甲列車を組織し、みずから指揮官として前線に出動したのである。今回の装甲列車は単なる移動司令部ではなかった。ペトログラードから志願して来た二〇〇人の共産党員が同行しただけでなく、無線局、発電機、印刷機、燃料を満タンにした自動車五台、予備の武器弾薬、長靴と制服などを乗せていた。また、脱走兵や戦意喪失者を扱う革命法廷用の車両も連結していた。さらに、後続の列車は騎兵部隊の兵士と騎馬、組み立て式の飛行機さえも運んでいた。前線に到着すると、トロツキーは自分が乗って来た車両をモスクワに引き返させた。退路を断って前線に留まり、兵士とともに戦う意思を鮮明にするためだった。

カザン陥落の数日後、トロツキーとヴァツェーティスは赤軍第三軍に対してペルミからエカチェリンブルグに向かう鉄道線路沿いに前進するよう命令した。第三軍司令部は早まって勝利の報告をしている。「敵は線路を破壊しつつ退却している。プロレタリアートの敵に死を！」[28]。北ウラル戦線の第三軍司令官だったラインゴルト・ベルゼンはバルチック艦隊第一派遣軍から来た、訓練も足りず、規律も低い水兵たちに手を焼いていた。水兵部隊はサルガに橋頭保を築くために派遣されてきたのだが、戦うよりも食糧と待遇改善を要求するデモ行進に時間を費やしていた。乗って来た列車を離れたがらない水兵たちの多くが性病に罹患していると称していた。第一派遣軍部隊は白軍の攻撃を恐れて、近くにいる別の赤軍部隊の支援を要求した。「しかし、ヴェリーキエ・ルーキにいた赤軍部隊の兵士たちはこう答えた。『俺たちは空腹に苦しんでいる。戦闘は七日間続いているが、どこからも支援は来ない。武器弾薬も不足している。徒手空拳で他人を助けることはできない』。そして、彼らの指揮官たちは書類と金を持って逃亡してしまったと説明した。指揮官たちの逃亡は明らかに反逆であり、他の部隊を支援できるような状態ではないというわけだった」[29]。

バルチック艦隊の水兵たちは抗議集会を開き、自分たちは再訓練を受けるためにペトログラードに帰還するという決議を採択した。「この決議が第三軍司令官ベルゼン同志に伝えられると、ベルゼンは水兵全員を集めて前線にとどまるよう説得しようとした。ただし、戦闘部隊としてではなく、前線から逃亡しようとする兵士を押しとどめる督戦部隊として留まるという提案だった。水兵たちはこの提案を拒否し、再訓練を受ければ戦闘部隊として前線に復帰すると主張した。すると、ベルゼンは『諸君を力ずくで留めることはできない。私にできるのは諸君の要求をペトログラードの同志たちに伝えることだけだ』と答えた」[30]。

赤軍の兵士や水兵たちを前線につなぎとめる難しさは北ウラル戦線だけの問題ではなかった。トロツキーもこの問題に気づいていた。そのトロツキーを崇拝していたラリッサ・ライスナーは、スビャーシスクに現れたトロツキーを「救いの神（デウス・エクス・マキナ）」として歓迎した。「トロツキーが傍にいてくれれば、自分の受けた傷など忘れて、弾が尽きるまで戦い続けることができる。なぜなら、トロツキーは我らの奮起を促す聖なる旗手であり、その演説と振る舞いによってフランス革命の最も英雄的な場面を想起させる存在だからだ」[31]。ライスナーに力を与えたのは、トロツキーが部隊の士気を高めるために運んできた武器弾薬だけではなかった。トロツキーの強力なリーダーシップと天才的な組織能力がものを言ったのである。ここで言う「強力なリーダーシップ」とは前線から逃亡しようとする者は、それが兵士であれ、指揮官であれ、連隊政治委員であれ、必ず処刑するという厳しさを意味していた。

カッペル大佐の白軍が背後から奇襲攻撃をかけてきた時、ヴィクター・セルジュによれば、「赤軍はパニック状態に陥った」[32]。たしかに、ヴァツェーティスの部隊は一万人に近い大兵力を抱えていたが、カッペル軍の奇襲攻撃に対して踏みとどまって戦ったのは五〇〇人程度に過ぎなかった。これにはトロツキーも衝撃を受けた。怖気づいた兵士たちはヴォルガ川に逃れ、川岸に係留されていた船舶に先を争って乗り込もうとした。トロツキーがペトログラードから連れてきた二〇〇人の共産党員のうち二七人が逃亡罪で銃殺された。トロツキーは、さらに、カッペル大佐の首に五万ルーブルの懸賞金をかけた。トロツキーが共産党幹部を処刑したのは他の兵士たちを奮い立たせるためだった[33]。ただし、ラリッサ・ライスナーはトロツキーとともに戦った輝かしい日々の思い出を汚すような事態には一切言及していない。

トロツキーは前線の後方に機関銃を据えて、兵士の逃亡を防ぐという督戦方法を採用した。これはケレンスキーが攻勢に出た際にコルニーロフが採用したやり方で、当時はボリシェヴィキが激しく非難した方法だった。勝手な退却を防止するためのこの督戦部隊は共産党員の兵士によって編成されていた。督戦隊方式はやがて赤軍の標準的な慣行となる。この苛烈な督戦態勢に加えて、ラスコーリニコフのヴォルガ艦隊に砲艦が増強され、砲兵隊が到着し、爆撃機も参戦したことで、カザン攻防戦におけるボリシェヴィキ軍の戦力はかなり向上した。ただし、前線に送られてくる水兵たちの士気には依然として問題があった。バルチック艦隊の総司令官からラスコーリニコフの司令部に送られた連絡文書には次のように記されていた。「本日、八月二六日の二〇時に水雷艇旅団の共産党員水兵五〇〇名がスヴャーシスクに向けて出発する。一〇名の士官が同行する。しかし、彼らの士気が十分かどうかは、海軍司令部もクロンシュタット要塞海軍政治委員も保証できない。彼らを厳重な監視下に置くよう忠告する。もし、裏切り者が出たら、裏切り者一人につき少なくとも五人の士官を銃殺することを薦める[34]」。

軍事人民委員トロツキーの護衛を任務とする騎兵隊部隊の中でも、もしトロツキー本人が知れば仰天するような事態が起きていた。ポーランド軍の中尉だったラシチンスキはチェーカーの監獄に収監されていた時期があり、その時に「自由への道は赤軍への参加を通じて訪れる」ことを覚《さと》って、同僚のポーランド軍人を誘って赤軍に志願したのだった[35]。ソヴィエト当局はこの「良心的な同志たち」を歓迎し、彼らを赤軍の一翼を担うポーランド人赤軍部隊であるマゾフシェ・ウーラン連隊に編入した。経験豊かな騎兵隊士官だったラシチンスキはすぐに昇進し、元同僚のポーランド軍人を秘かに自分の部隊に集めた。彼らは機会が到来したらすぐにポーランドに帰還する計画を立て、それを「ポーランド休暇」と称していた。トロツキーの護衛という新任務が与えられた時、ラシチンスキの一味はさらに向こう見ずな計画を思いついた。「トロツキーは赤軍の兵士たちに『戦う総司令官』の印象を与えるために自分の護衛だけを率いて前線の偵察パトロールに出ることがあった。さらには、前線の隙間を見つけて敵陣の後方に入り込むことさえあった」。しかし、トロツキーの誘拐を決行しようとしたその日に赤軍が思いがけなくも前進を開始したために、ラシチンスキらの計画は破綻してしまった。無謀な賭けにともなって自分たちにも降りかかり得た悲劇を避けることになったラシチンスキらは誘拐計画の痕跡を隠蔽した。後に彼らは「ポーランド休暇」を取る機会に恵まれ、最終的にポーランド軍第一コシューチコ連隊に合流することができた。

広大なユーラシア大陸を舞台に繰り広げられた内戦の全般的経緯は一方的ではなく、敵味方の間で大きく揺れ動いた。一方が一連の勝利を収めたとしても、戦場の広さと移動距離の長さから戦線が過剰に長くなり、突如として退却を余儀なくされたり、形勢が逆転したりすることも珍しくなかった。たとえば、チェコ軍団は五月から七月にかけて目覚ましい戦果を上げたが、その後、消耗が進んで、士気も低下した。原因の一部はチェコ軍団が反動派との共闘を好まなかったことにあった。チェコ軍団が好んだ共闘相手は社会革命党（エスエル）だったが、エスエル主導の政治組織コムーチは農民層の支持を失い、従来の影響力をも失っていた。それを見て、チェコ軍団は帰国を目指し始めていた。

同じ頃、確固として、物に動じないヴァツェーティスはヴォルガ川流域地帯の支配を確保し、部隊を新たに展開し直していた。赤軍第五軍の再装備が終わると、トロツキーは復讐を求める激しい演説で兵士たちに怒りと決意を吹き込んだ。「敵をヴォルガ川に沈める時が来ている。カザンに向かって前進せよ！」。九月四日、戦闘がカザンの郊外まで迫ると、市内の兵器廠で働く労働者が白軍支配に抗議して決起した。多数の労働者が殺害されたが、六日後に赤軍が総攻撃をかけると、残っていた白軍は蒸気船に乗ってヴォルガ川の下流へ逃亡した。

カザンを奪回した日の翌日の九月一一日、トロツキーは市内最大の劇場に詰めかけた大群衆を前に演説した。自分のことを三人称で言及する演説の中で、トロツキーはチェコ軍団とヴォルガ川流域地帯で発生したすべての反乱は英仏両国の差し金であると強調した。「連合国軍司令部とカザンを占領していた勢力が企んでいたのはレーニンを殺害し、トロツキーを生け捕りにすることだった。連中はトロツキーとともに当時スビャーシスクの駅に停車していた装甲列車も奪取するつもりだった。レーニンを殺害するためにカッペル軍が派遣され、トロツキーを捕える任務はサヴィンコフとレーベジェフに命じられていた」[36]。実際には、チュルレマ付近の戦闘でトロツキーを捕虜とする寸前まで攻め込んできたのはサヴィンコフではなく、カッペル大佐だった。その時、トロツキーは武器弾薬を積載した敵の列車を破壊して、チュルレマの戦闘に勝利したのだった。トロツキーは、自分を捕え、あるいは殺害しようとした敵の試みが失敗したチュルレマ戦を内戦全体の転換点と見なしていた。

トロツキーは演説を続けた。「その戦闘で、同志トロツキーは危うく生命を失うところだった。同志トロツキーだけではない。もし、チュルレマで敗れていれば、ロシア革命どころか、あらゆる社会革命の命運が絶たれていただろう。敵は力を倍増して、カザンを確保しただけでなく、他の諸都市をも陥れ、モスクワでも、ペトログラードでも、反乱を引き起こしていただろう。チュルレマ戦で我々は多くを失ったが、敵はすべてを失ったのだ」。

翌九月一二日、トハチェフスキーの赤軍第一軍がヴォルガ川東岸のシンビルスクに進出して橋頭保を築き、激しい砲火を浴び、多数の死傷者を出しつつも、長さ一〇〇〇メートルに近い橋を渡り切り、川の両岸を遡ってサマーラを攻略する道を切り開いた。これがコムーチ終焉のきっかけとなった。コムーチの国民軍からは多数の兵士が脱走し、ヴォルガ川を渡って赤軍に投降し始めた。

ヴォルガ川の赤軍艦隊と白軍艦隊の間でも、陸上戦と同様のシーソーゲームが戦われていた。九月一八日、増強されたラスコーリニコフの赤軍艦隊はカザンの下流六〇キロメートルにあるヴォルガ川とカマ川の合流点に進出した。白軍カマ川艦隊の士官は書いている。「装備でも組織でも我々を凌ぐボリシェヴィキ艦隊はバルチック艦隊から回漕された武装高速戦艦で構成されていたが、狭い河川での移動を嫌い、距離を置いての戦闘を好むようだった。赤軍艦隊が恐れたのは我々の機雷だった。我々の機雷は常時配備されていた」[37]。

白軍艦隊は主としてタグボートで構成されていた。タグボートの前甲板に砲を設置して戦艦としたもので、防御盾は俄か作りだった。指揮官は旧帝政海軍の士官だったが、上甲板の照準手、下甲板の装塡手、技術兵は現地の召集兵だった。白軍艦隊はペルミで燃料を補給してヴォルガ川を下り、「前線の地上部隊を支援して、赤軍によるカマ攻略を阻止する任務」[38]に就いたが、現実には地上部隊の支援は困難だった。通信事情が悪かっただけでなく、毎日変わる前線の位置を正確に知ることさえ難しかったからである。

ラリッサ・ライスナーはカマ川の戦場にいて、戦闘の合間の休息時間に後に有名となる著書『前線』の執筆を続けていた。戦艦カシン号でカマ川を下り、クリストーポリ市に上陸した赤軍水兵部隊は同市を占領した。市の郊外には馬の飼育牧場もあった。非凡なるライスナーはすでに乗馬術を習得しており、飼育牧場から数頭の馬を調達して水兵に乗馬を教え、騎馬偵察隊を組織した。

赤軍は内戦の最も危機的な時期を乗り越えて生き延びた。当時の報告書は述べている。「敵に奪われていた重要な地域と場所は秋までにすべて奪還された。ヴォルガ川中流地域の奪還が実現したことで、ソヴィエト国家は一息つくことができた」[39]。赤軍が優位に立つことができた最大の要因はその戦略的な位置にあった。それは一九一九年に白軍が再び盛り返した時にも同様の効果を発揮した。「我々の指導部は中央から周辺に伸びる鉄道網を活用して、部隊をある地点から別の地点に迅速に移動させることができた。ナポレオンの戦術に倣って、戦力を一点に集中して敵軍を粉砕し、敵勢力の結集を防ぐことができたのである」。

*1 金塊を発見したのはチェコ軍団だったというのが定説だが、実際はカッペル大佐の部隊が発見したと見

るべきであろう。いずれにせよ、金塊を失ったことはソヴナルコムにとっての大打撃だった。当時、ルーブルの価値はケレンスキー政府崩壊直前の時期に比べて五分の一に下落していたからである。

＊2 ブジョンヌイは虚栄心が強いことで有名だった。彼の騎兵隊風の口髭は階級が上がるにつれて大きくなっていった。また、銀の筋入りの赤い乗馬ズボンも特徴だった。チモシェンコはイサーク・バーベリの短編『私の最初の鵞鳥』の登場人物サヴィツキーのモデルだった。

＊3 ウェーヴェルはトハチェフスキーが好きになれなかった。「ある日、トハチェフスキーと昼食をともにしたが、彼は陰険で、会った途端に嫌悪感を抱かせるような人物だった。しかし、トハチェフスキーが有能な野心家であり、活力にあふれた軍人だったことは疑いない[10]」。

# 第19章 ヴォルガ川流域からシベリアへの戦線移動 一九一八年秋

一九一八年八月七日にチェコ軍団とカッペル大佐の部隊がカザンを占領した直後、その北東方向に位置するペルミ市の近辺でも別の反ボリシェヴィキ蜂起が発生した。赤軍側を特に狼狽させたのは、イシェフスクとヴォトキンスクにある軍需品工場で労働者が反乱を起こしたことだった。労働者は赤軍に志願することを強制されていた。同じ工場の労働者が同じ部隊で戦うことは認められなかった。反乱を起こした労働者の大半は社会革命党（エスエル）またはメンシェヴィキを支持しており、周辺地域に潜んでいた旧帝政軍の士官たちがこれに加担した。少数派になったボリシェヴィキ派はイシェフスクとヴォトキンスクの町から撤退した。

ベルジンの指揮下でカマ川の北に展開していた赤軍第三軍に反乱の鎮圧を目的としての出動命令が下った。しかし、ソヴィエト政権が全般的に弱体化していたこの時期、鎮圧は容易ではなかった。反ボリシェヴィキ勢力側では、カマ地域のコムーチ（憲法制定議会議員委員会）とサマーラのコムーチとの合体が計画されていた。九月の第二週にヴァツェーティスがカザンを奪回した段階で、イシェフスクとヴォトキンスクの反乱を鎮圧する命令が再度ベルジンに下された。トロツキーは両市の軍需工場を白軍の手に渡さない決意を固めていた。

ベルジンは赤衛隊、バルチック艦隊の水兵、中国人国際共産主義者の混成部隊を派遣した。指揮官はラトヴィア人のユーリ・アプロックだった。しかし、赤衛隊と水兵部隊はカマ川北岸への上陸作戦に失敗し、多数の死傷者を出して退却した。アプロックが増援部隊の派遣を要請すると、ベルジンは直ちに八〇名の増援部隊を派遣すると回答した。加えて、翌日には中国人兵三五〇名を追加派遣する予定だった。増援部隊はヴォトキンスクのやや上流にあるバープキ村に上陸した。増援部隊はよく訓練されていたが、反乱軍は教会の鐘楼に設置した機関銃で攻撃してきた。中国人部隊は追い詰められ、船に乗って退却した。

しかし、赤軍がヴォルガ川中流地域の兵力をさらに増強すると、カマ地域、特にイシェフスクとヴォトキンスクの反ボリシェヴィキ勢力の形勢が不安定化した。反乱軍は、十分な数の志願者が集らないので、強制的な徴兵を開始したが、徴集された兵士の多くは赤軍側に脱走してしまう。原材料の供給が絶たれたために、反乱軍側の軍需工場は自分たちが使う弾薬も十分に生産できなくなった。一〇月初め、イシェフスクの南に位置するカマ川河畔の町サラプールが赤軍の手に落ちる。一一月七日の決戦では、反乱軍は軍楽隊の演奏に合わせて閲兵式のように整然と前進した。ただし、彼らのライフル銃には銃弾が装塡されていなかった。赤軍の中には敵の陣容に怯えて逃げ出す者もいたが、勝敗は明らかだった。赤軍は翌日イシェフスクを占領し、反乱軍はヴォトキンスクに逃れた。しかし、一一月一一日にはそのヴォトキンスクも赤軍の手に落ちた。その日は西ヨーロッパで戦争が終結した日でもあった。

ベルジンを始めとするシベリア＝ヴォルガ戦線の司令官たちは増援部隊として送り込まれる水兵に関して問題を抱えていた。モスクワ宛てのある報告書には次のように記されている。「動員された水兵三〇〇名強が到着したが、その大多数は極めて質の悪い兵士である。彼らを前線に送ることは不可能である。病人や障害者も少なくない。増援部隊を派遣する際には先立って健康診断をするよう当該委員会に指示していただけないだろうか？　現状では、四〇名の集団のうち二八名は病院に送らざるを得ない状態である」[1]。

共産党の官僚たちは増援部隊の人数目標の達成には大いに関心があったが、派遣する兵士の質については無関心だった。バルチック艦隊総司令官のフロレフスキーはモスクワのアントーノフ＝オフセエンコに警告している。「これまでに四〇〇〇名を超える動員兵が到着しており、今も動員兵は毎日到着しつつある。しかし、動員兵は黒海海軍でも白海海軍でも評判がよくない。モスクワから送られてくる武装部隊も同様だ。彼らを前線に送り出すためには、まず政治教育と規律の訓練が必要であり、現在、我々はその仕事に全精力を傾けざるを得ない状況である」[2]。海軍の兵力不足を別とすれば、ヴォルガ前線全体として、今や赤軍は七万名の兵力を確保していた。この兵力にはラトヴィア兵連隊も含まれていた。一方、兵力を送り出した西部戦線は、結果として、ほぼ完全に兵力を失っていた。

コムーチに属する社会革命党にとって、ヴォルガ川中流域のカザンとシンビルスクを赤軍に奪われたことは深刻な打撃だった。農民層は国民軍への参加を拒否するようになり、憲法制定議会のために戦う意義を認めず、ましてや、対独戦を継続しようとするエスエル左派の主張を受け入れようとしなかった。兵士の脱走は赤軍におけるよりも国民軍において重大な問題だった。村々を回って脱走兵を逮捕しようとする国民軍士官の必死の手法はますます過酷になり、反抗する農民の蜂起を呼び起こすこともあった。

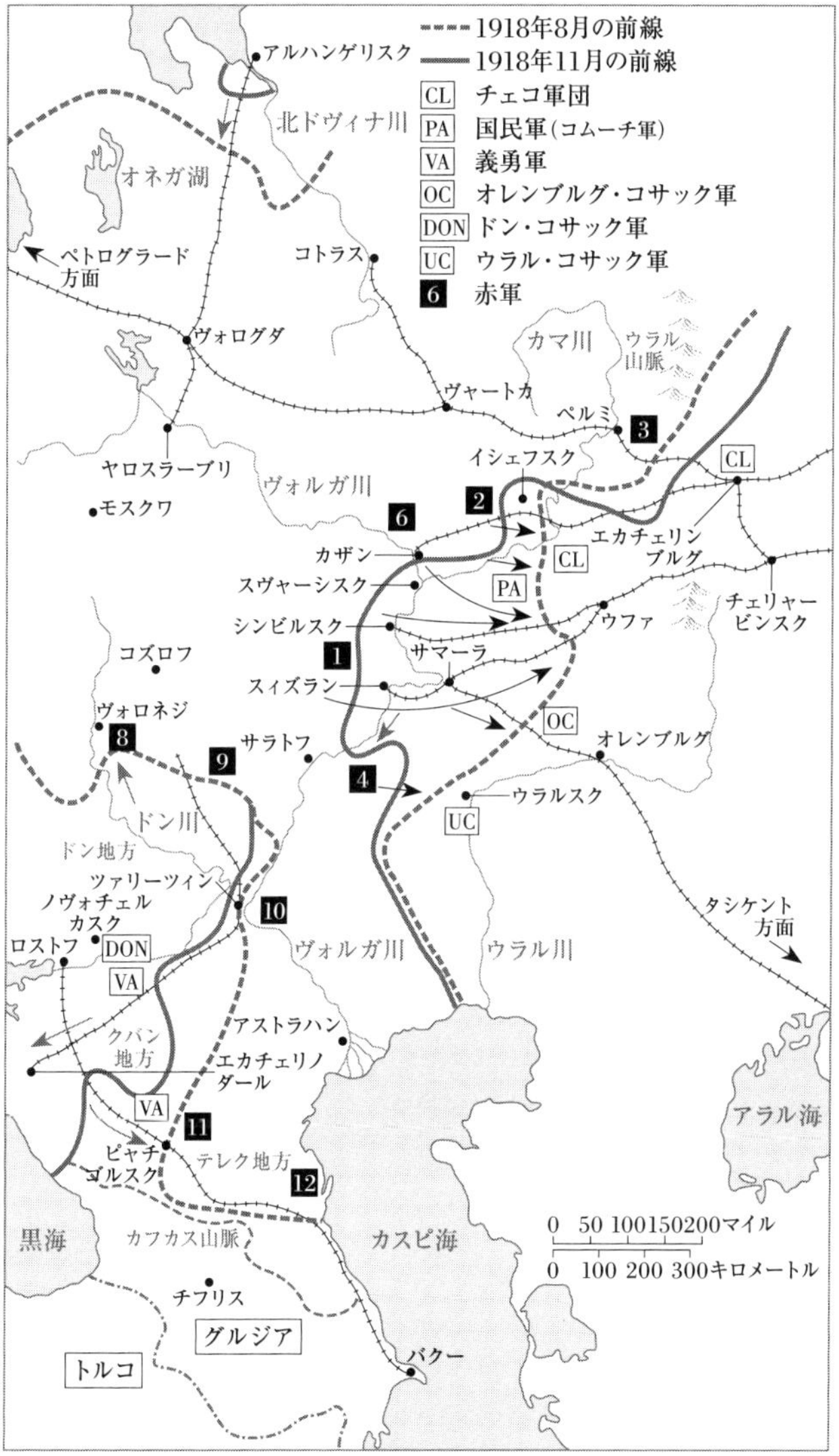


ヴォルガ川流域とカフカス地方(1918年)

白軍側では、カッペル大佐が彼のいわゆる「連合軍」の士気を維持すべく悪戦苦闘していた。その「連合軍」の兵力は一九一八年九月末までに一個師団以下に縮小していた。「勇敢なる兵士たちよ！大いなる苦しみの中から偉大なるロシアが再生しようとしている。諸君の労苦と諸君の流す血が創り出す基盤の上に、歴史は再び偉大なる祖国を築くであろう。諸君の功績はロシアの誠実な市民全員の心に喜びと希望をもたらすであろう。我々は一時的に小規模な後退を経験しているが、後退はすぐに終わるだろう」(3)。大佐はコムーチの崩壊に言及することを避け、「連合国家の権威」を確立しようとするウファの国家評議会を称賛した。ウファ会議の目的はすべての反ボリシェヴィキ勢力を糾合して全露政府を樹立することにあった。

トハチェフスキーの赤軍がシンビルスクを占領して以来、サマーラにおけるコムーチは存続の見通しを失っていた。一〇月七日に赤軍がサマーラを占領すると、コムーチを中心とする社会革命党勢力は五〇〇キロメートル東のウファまで退却した。彼らの唯一の希望は「臨時シベリア政府」や各地の半独立コサック「汗国」を集めてウファで計画されている全露政府を成立させることだった。しかし、コムーチ自身が「ガルキン将軍」などの反動勢力に浸透され、半ば乗っ取られていることを考えれば、社会革命党が主導権を握ることのできる見込みはなかった。社会革命党のヤーコフ・ドヴォルジェーツは「残忍で厚顔な士官たちや反動派の黒百人組*(1-4)」との付き合いについて何の幻想も抱いていなかった。ドヴォルジェーツはウファに行って「冒険主義の不格好な終末」を見るよりも、むしろ赤軍の支配するサマーラに留まりたいとさえ思っていた。しかし、サマーラに留まった場合の自分の運命は知れていたので、ウファに逃れ、そこで「コムーチが生み出した恥ずべききろくでなしの鬼子」(5)を目撃することになる。

ウファの国家評議会は九月八日に開幕したが、出席すべき代議員の多くはまだ現地に到着していなかった。サマーラの国民軍の儀仗隊と頭領ドゥートフ大佐が派遣したオレンブルグ・コサック軍の儀仗隊が整列して到着する列車を歓迎した。シベリア・ホテルで開かれた会議は騒がしかった。二〇〇人以上の代議員が「ボリシェヴィキの支配から解放された地域で結成された様々な政府、政党、民族団体、公共団体」(6)などを代表して集まっていた。全露政府には加わらないチェコ軍団の代表団も姿を見せていた。

セレブレニコフにはよく分かっていたが、会議で何らかの合意に達するためには異常な緊張関係を克服する必要があった。左派に位置する社会革命党はサマーラとヴォルガ川流域を失ったが、まだ金塊を所有しており、チェコ軍団の支持も得ていた。「右派の代表格はシベリア政府の代表団と七つのコサック軍団の政府代表だった。シベリア、ウラル、オレンブルグ、セミレチェンスク、アストラハン、エニセイ、イルクーツクの七つのコサック軍団である」(7)。右翼勢力は、企業や土地を取り戻したいと願う商人や地主階級の支持を得ていた。「忘れられない光景がある。コムーチの国民軍司令官ガルキン将軍の部屋のドアの前に二人の衛兵が直立不動の姿勢で抜剣して立っていた姿である。悪意ある人々に言わせれば、シベリアの社会革命党がかつてグリシン＝アルマーゾフを恐れたように、コムーチの社会革命党はガルキン将軍を恐れており、それゆえに、あれほど気を使っているのだ」。

アレクセイ・グリシン＝アルマーゾフ将軍はオムスクのシベリア臨時政府指導部の中で最も若く、最も有能な人物だった。社会革命党は軍事独裁者になり得る存在として将軍を恐れ、また、自分の地位を確立するために社会革命党を便利な旗印に利用し、いずれは捨て去ろうとしている機会便乗主義者として憎んでいた。そこで、有力な支持団体であるチェコ軍団を使ってグリシン＝アルマーゾフに対抗しようとしていた。しかし、白軍の将校たちはすでにチェコ軍団に対して反感を抱き始めていた。チェコ軍団はシベリアで征服者のように振る舞い、戦果を独り占めしようとしていると感じていたのである。多くの白軍将校と同様に、グリシン＝アルマーゾフもチェコ軍団を嫌っていた。そればかりか、西側連合軍全般に対しても反感を抱いていた。庇護者顔をされることに我慢ならなかったのである。

チェリャービンスクを訪問した時、グリシン＝アルマーゾフは、ワインを少々飲みすぎたせいか、無分別かつ不正確な発言をしたことがあった。「連合国がロシアを必要とするほどにロシアは連合国を必要としていない。戦争の成り行きを決める新兵力を集められるのは、今やロシアだけだから だ[8]」。また、シベリアにいた時にも、チェコ軍団の代表に向かって発言している。「君たちチェコ人は、もしここが気に入らなければ、出て行けばいいのだ」。チェコ軍団と連合軍勢力の圧力に社会革命党が加わって、最終的にグリシン＝アルマーゾフは辞任を余儀なくされる。しかし、白軍の軍事的、政治的風土ではよくある事だが、グリシン＝アルマーゾフの後任者は彼に輪をかけて反動的な人物だった。

ウファ会議は次第にサマーラ派とオムスク派の両極に分裂していった。つまり、憲法制定議会を追求する理想主義派と軍事独裁を求める本格的右派との争いだった。九月二二日に閉幕した時には、あまり納得できない妥協の産物として、五人の全露政府設立準備委員が選出された。シベリア政府のリベラル派からヴォロゴツキーとヴィノグラードフの二人、社会革命党からアクセンチェフとゼンジーノフの二人、加えて、社会革命党の支持者と見なされていたボルドゥィレフ将軍という顔ぶれだった。表面的には社会革命党に有利な構成と思われたが、この全露政府設立準備委員会は短命に終わろうとしていた。

ヴォロゴツキーの任務は全露政府の閣僚会議を新たに立ち上げることだった。この作業には際限ない軋轢と陰謀がつきまとい、ほとんど一五日間を要した。またもや、雰囲気が極度に緊張した。シベリア政府派は社会革命党の見かけ上の優位に反発していた。グリシン＝アルマーゾフの後任としてシベリア政府軍の司令官に就任したイワノフ・リーノフ将軍はただちに将校の肩章を復活させた。新政府との相談は一切なかった。その後、新司令官は続けざまに命令を発したが、「その命令の大部分は軍事的というよりも政治的な意味を帯びていた」[9]。

肩章の復活は白軍の戦闘能力向上にはあまり役立たなかった。一一月の第一週までに、赤軍はサマーラから東に進出し、ボリシャーヤ・ウスチューバ村までの地域を支配下に入れた。ボリシャーヤ・ウスチューバからウファまでは一〇〇キロメートル程度の距離である。退却を強いられた白軍は、退却の途中で上げた戦果については、どんなに小さな戦果でも大々的に宣伝した。たとえば、シェイン大尉の指揮するオレンブルグ・コサック軍百人隊が前進中の赤軍の背後を衝いて一時的退却に追い込んだ時には、大勝利を達成したという話になった[10]。カッペル大佐でさえ、無理やりに祝福すべき戦果を探し出して針小棒大に吹聴する体たらくだった。そのひとつが第一カザン・ライフル連隊による偵察作戦だった。偵察隊は「マキシム機関銃一挺とライフル銃五挺を鹵獲して無事に帰還した」[11]。シベリア政府軍は赤軍がダムダム弾仕様に加工した弾丸を使用しているとして赤軍に警告した。「シベリア政府軍の兵士たちは爆発する銃弾によって負傷しつつある。赤軍の兵士が先端を切断した銃弾を所持していることが分かっている。今後、その種の銃弾を所持して捕虜となった赤軍兵士は情け容赦なく銃殺されるであろう」[12]。シベリアでは、赤軍と白軍の両方が敵兵士の死体を道路の両側に立つ樹木の枝に吊るすというやり方を始めた。すると、その頃、頭数を増やしつつあった狼の群れが飛びついて死体の足を食いちぎった。

戦いはさらに恐怖の様相を深めていった。シベリア・コサック軍団の兵士たちは入隊した瞬間から殺人の手ほどきを受けた。残酷さを身につけさせるためだった。S.A.ザボルスキーは九年後に証言している。「一九一八年一〇月にアタマン（頭領）・アンネンコフの下で軍務に就いた。新兵はそれぞれの百人隊に配属された。私の属する連隊はセミパラチンスク地域に派遣された。トロイツコエ村に向かう途中で小規模な戦闘に遭遇したが、戦闘が終わると、指揮官のゾーチク大尉が、村人全員を一人残らず斬殺し、終わったら村に火を放てと命令した。命令は忠実に実行された」[13]。

コサックのアタマンだったアンネンコフはもともと第一シベリア・コサック連隊に勤務していたが、内戦中にオムスク近郊で自分の小規模な部隊を組織することによって頭角を表した。一九一八年の秋には、部隊を率いて南進し、途中に反抗的な村があれば攻撃して残忍な殺害と略奪を繰り返した。ただし、アンネンコフの部隊では、儀礼は極めて略式で、敬礼は手を軽く振る程度ですましており、「アタマンたるアンネンコフを含めて、すべての将校は互いに敬称の『貴君』ではなく卑称の『君』または『お前』で呼び合っていた」[14]。そのくせ、アンネンコフは大袈裟なことが好きで、配下の各連隊に「死の騎兵連隊」、「青のウーラン連隊」、「アタマンの親衛隊」などの芝居がかった名称を与えていた。士官たちは「前髪の房が片方の眼にかかるアタマン風の髪型」を採用していた。

部下の士官のひとりが後に書いているところによれば、「アンネンコフは優秀な騎兵だった。ライフル銃、拳銃ともに射撃の名手であり、剣の達人であり、体力は無敵で、身体つきはすらりとして、顔つきはハンサムだった。ひとことで言えば、彼は頭の先から足の先まで筋金入りの優れた軍人だった。外見は常に冷静で安定していたので、彼の人柄に魅惑された訪問客は自分の要望が受け入れられたと思い込み、アンネンコフが刺客を差し向けて客の帰り道を襲わせ、始末しようとしているとは夢にも思わなかった。ただし、アンネンコフは優れた戦略家とは言えなかった」[15]。この士官はアンネンコフが、彼自身の後の行動が証明するように、恐るべき精神病質者であったことも付け加えるべきだった。

別のアタマンたるセミョーノフは大きな口髭と疑い深い目つきの人物で、容貌の点ではアンネンコフに及ばなかったが、チタを拠点として睨みを利かせていた。チタはバイカル湖の南岸から五〇〇キロメートルほどに位置するシベリア横断鉄道の要衝だった。セミョーノフの周囲には腐敗堕落した快楽主義的な世界があった。シャンパンが際限なく消費され、オーストリア＝ハンガリー軍の捕虜によって構成される専用の楽団があり、多数の売春婦が出入りしていた。セミョーノフの気に入りの愛人マーシャはハルピンのナイトクラブの歌手だった。マーシャがユダヤ人女性だったことは、セミョーノフが盟友のフォン・ウンゲルン＝ステルンベルグ男爵とは違って頑固な反ユダヤ主義者ではなかったことを暗示している。

ボリシェヴィキの支配を逃れてきた避難民の女性たちにとって、チタは終点の溜まり場だった。旧帝政軍の誇り高い将校階級の妻や娘たちがチタまで来て売春婦に身をやつし、アヘンやコカインの中毒者になることは稀ではなかった。セミョーノフは本質的には旧時代的な悪党で、シベリア横断鉄道で運ばれるすべての物資の一部を掠め取ることによって資金を得ていた。しかし、そのやり方を単独で維持することの難しさが分かっていたので、セミョーノフは日本帝国軍との間に連携関係を取り付けていた。セミョーノフに対する日本軍の庇護は一九四五年に日本が敗退し、セミョーノフが赤軍によって処刑されるまで続くことになる。

シベリア・コサックはもともと反動的な勢力であり、反動的であることを誇りにしていた。彼らは民間の市民、特にユダヤ人を軽蔑していた。アタマンのクラシルニコフは社会革命党が「無知蒙昧の暴力主義者」[16]と見なした人物だったが、食事の席で酒が入ると旧国歌『神よ、皇帝を救い給え』を歌い出すのだった。英国、フランス、チェコなど連合国軍の将校たちは、憲法制定議会の復活を公式に目指しているはずの全露政府設立準備委員会がどうしてクラシルニコフのような帝政主義者のあからさまに反動的な言動を許しているのか理解できなかった。

西から赤軍が進撃して来ると、ウファにあった全露政府設立準備委員会は退去せざるを得なくなった。ウファは前線の戦場都市になろうとしていたからである。退去する先は将来全露政府の本拠地となる可能性のあるエカチェリンブルグかオムスクのどちらかしかなかった。一〇月七日、退去先がオムスクに決定し、その二日後に設立準備委員会はオムスクに到着した。

セレブレニコフの回想によれば、「委員会を歓迎する態勢は特に華々しいものではなかった。駅頭に簡素な歓迎アーチが立てられ、僅かな数の群衆が駅のホームに集まって委員たちを迎えただけだった。数人の儀仗兵も立ち会っていた。私はシベリア政府を代表して公式に準備委員会を迎えた。しかし、委員たちは暫くの間、駅に停車した車両の中で暮らさねばならなかった。当時、暫定的な首都と見なされていたオムスクは人口過剰の状態で、委員会が入居すべき建物はおろか部屋さえも見つからなかったからである。オムスクには各地から大量の避難民が流入していたばかりか、連合諸国の外交団や軍事使節団も続々と到着してそれぞれに入居すべき施設を要求していた[17]」。

全露政府設立準備委員会内部の派閥抗争も悪化の一途をたどっていた。社会革命党は憲法制定議会復活の目標を取り下げようとせず、一方、シベリア政府派やコサック軍団派は独裁制のみが問題解決の道であると主張していた。その間、新政府の国防相候補として最も頻繁に名前が上がったのはコルチャーク提督だった。コルチャークはウラジオストックからチェコ軍団の指導者ガイダ将軍が支配する列車に乗ってオムスクに向かいつつあった。もう一人、頻繁に名前が上がったのはボリス・サヴィンコフだった。どこにでも顔を出すサヴィンコフは当時たまたまオムスクにいたが、彼を「危険人物」[18]と見なしていた準備委員会はサヴィンコフを外交代表としてヨーロッパに派遣し、連合国との交渉に当たらせることを決定した。

コルチャーク提督はオムスクに到着するとすぐにシベリア政府に顔を出すつもりだった。そこで、セレブレニコフはコルチャークを公式に閣僚会議に招待した。提督は背広姿で、秘書を連れて会議に現れ、短い言葉で訥々と挨拶した。セレブレニコフは好印象を持ったが、コルチャークの身辺警護隊長ヴァレンチン・フェデュレンコはコルチャークが自身に期待されている大役には向かないことを秘かに自覚していることを知っていた。「コルチャークは優秀な船乗りであり、偉大な探検家であり、たぐいまれな才能の人である。ただし、癇癪持ちで、忍耐心に欠け、部下の理解が遅いと我慢ならなくなることがある」[19]。

コルチャークは全露政府設立準備委員会の閣僚会議にオブザーバーとして出席し、その会議の席でヴォロゴツキーの発言を聞くことになった。「ヴォロゴツキーは疲れた声で言い放った。新政府を設立しようとした彼の努力が徒労に終わったという内容の発言だった。肉体的にも精神的にも疲れ果てたので、これ以上工作を続けて使命を追求する気はないとまで言った」[20]。そして、ヴォロゴツキーは議長職をセレブレニコフに譲って席を立ち、そのまま部屋を出て行った。「残された人々は陰気に押し黙ったままだった」。この時以降、全露政府設立準備委員会は一種の冗談と見なされる。「放物線」と呼ばれることもあった。

セレブレニコフによれば、「すべての人の眼がコルチャーク提督に注がれていた。まるで、『コルチャークは持ち堪えられる唯一の人物であり、すべては彼にかかっている』と言わんばかりだった。私は会議を代表して彼に提案した。閣僚会議の一員となって全露政府設立準備委員会をこの状況から救出してもらえないだろうか？何分間か息の詰まるような沈黙があったが、ついに提督は私の提案を受け入れた。危機は回避された」。

一一月一七日から一八日にかけての夜、オムスクの街頭にコサックの巡察隊が現れ、全露政府設立準備委員会のうちのリベラル派と見なされるメンバーを逮捕し始めた。セレブレニコフも逮捕されたが、通りかかった別の巡察隊の指揮官によって解放され、無事に帰宅するための合言葉を教えられた。それは「イェルマーク」だった。一六世紀にイワン雷帝の命令でシベリア征服にあたったコサックのアタマン、イェルマーク・チモフェイヴィッチの名前である。翌朝、コルチャークが「最高執政官」に指名された。この「犯罪的クーデター」に対してはコムーチの閣僚会議から批判と脅迫の電報が寄せられた。電報には連合諸国に通報すると書かれていた[21]。

前の晩にクラシルニコフ配下のコサック部隊に銃を突きつけられて逮捕された社会革命党の幹部たちは怒り狂っていたが、必ずしも驚いてはいなかった。ゼンジーノフは書いている。「我々はオムスクに着いたその日から旧シベリア政府の反動的な影響力を感じていた。まるで、政治的陰謀と中傷の森の中に足を踏み入れたような気分だった。シベリアの軍人たちは明らかに反民主主義者であり、帝政主義者さえ少なくなかった[22]」。二日後、ゼンジーノフその他の社会革命党幹部たちはコサック兵の監視つきで列車に乗せられ、中国との国境まで運ばれ、二度と戻って来るなと申し渡されて解放された。

シベリアにおける権謀術数の政治状況を見て、米国のウッドロー・ウィルソン大統領は極度に慎重になっていた。大統領の意を受けた国防長官は米国派遣軍司令官ウィリアム・S・グレーヴズ少将に警告している。「足元に気をつけて進むこと。ダイナマイトの上に並んだ生卵の上を歩くような使命だ。神の加護を祈る[23]」。グレーヴズには大統領自身が起草した覚書が命令として与えられていたが、それによれば、派遣軍の活動は、チェコ軍団をロシアから安全に出国させること、ウラジオストックとムルマンスクに陸揚げされて保管されている一〇億ドル相当の米国軍事物資を保全すること、ロシアの「民主主義勢力」による新政府設立を援助することの三点に限定されていた。

歯ブラシのような口髭を蓄え、縁なし眼鏡をかけて、昔風の校長のような風貌のグレーヴズ少将は米国派遣軍の先遣隊から一か月遅れて九月一日にウラジオストックに到着した。しかし、一一月にヨーロッパの戦争が終結しても、米国のシベリア派遣軍は帰国しなかった。ウィルソン大統領はパリ講和会議の結論が出るまで「日和見政策」を維持するつもりだった。複数の「ロシア政府」のうちのどれを承認すべきか、米国派遣軍をウラジオストックから撤退させるべきかどうかはパリ講和会議の結論を待って決めようと思ったのである。[24]

軍事情況の全般的な悪化を別とすれば、コルチャークが最初に解決すべき目前の問題はシベリア横断鉄道とチェコ軍団車両の問題だった。バイカル鉄道の従業員が「四か月におよぶ給料未払[25]」を理由にストライキに入っていた事実を見落としていたコルチャークは、連合諸国の派遣軍幹部に苦情を申し入れた。フランス軍のモーリス・ジャナン将軍、英国軍のクノックス少将、米国のハリス総領事、日本軍司令部などに「鉄道の組織的運行がチェコ軍団の妨害によって阻害されている」と訴えたのである。「チェコ軍団は自分たちの列車だけが優先的に運行されることを要求している。この状況が続けば、ロシアの鉄道運行は全面的に停止してしまうだろう。その場合には極端な対応を取らざるを得ない[26]」。そもそも、コルチャークをオムスクに届けた列車もチェコ軍団のガイダ将軍が手配したものだった。シベリア横断鉄道の支配権をめぐるチェコ軍団とコルチャークの争いは最終的にはコルチャークの裏切りと処刑につながることになるであろう。

ウラジオストックに上陸したアメリカ派遣軍部隊

もうひとつの問題はチタを本拠地とするアタマンのセミョーノフだった。セミョーノフは一一月二五日にオムスクに着信した電報に次のように書いている。「コルチャーク提督を国家の最高執政官として認めることはできない。この責任重大な職務に相応しい人物として推薦できる候補者はコルチャークではなく、デニーキン将軍、ホルヴァート、ドゥートフの三人である」[27]。東京のモリス大使、イルクーツクのハリス総領事など米国の外交筋はセミョーノフのこの挑発の背景に気づいていた。米国側はかなり前から「日本の過剰なシベリア進出」[28]に重大な関心を寄せていた。モリス大使によれば、「日本はシベリアに何らかの正統な政府が成立することを阻止しようとしているように見える」。日本派遣軍の興梠将軍はセミョーノフその他のアタマンに対してコルチャークに協力しないよう助言していた。日本は、また、中国の東清鉄道を支配下に入れようとしていた。

英国派遣軍の司令官クノックス将軍はスティーヴェニ少佐に命じてセミョーノフがコルチャーク

グレーヴズ少将（中央の椅子）とコサックの頭領セミョーノフ（左の椅子）
グレーヴズはセミョーノフを嫌っていた。

を認めようとしない理由を調査させた。スティーヴェニの調査によれば、「セミョーノフはシベリア横断鉄道を支配下に置き、武器弾薬輸送列車の動きに介入していた。当時、シベリア横断鉄道はオムスク以東の西シベリア地方に展開するコルチャーク軍に軍需品を運んでいたのである」[29]。そのセミョーノフは爆弾テロの攻撃を受けて負傷し、病床で妻のマーシャに介抱されていた。見舞いに訪れたスティーヴェニに向かって鉄道運行への介入をやめると約束したが、スティーヴェニは信用せず、チタに司令部を置く日本軍第三名古屋歩兵師団の司令官大場将軍に直接会いに行った。そして、以後、武器弾薬輸送列車は英国軍将校の管理下で障害なしに運行されるという合意を獲得した。

セレブレニコフはコルチャーク提督のセミョーノフに対する激しい怒りに接して驚いていた。「もし、アタマンのセミョーノフがコルチャーク提督の手に落ちたら、提督は躊躇なくその場でセミョーノフを銃殺していただろう」[30]。追従的な取り巻きたちによって怒りを煽り立てられた提督はついにはあらゆる役職からセミョーノフを解職する命令を下す。しかし、日本軍の暗黙の支持を得ていたセミョーノフはコルチャークの命令を拒否し、オムスクとの連絡を断絶した。コルチャークの思慮に欠けた対応は彼自身の権威を傷つける結果に終わったのである。

さらに明かになったことがあった。コルチャークを始め、シベリア地域の白軍勢力やコサック軍の指導者たちは名目上の味方である日本軍および南側で国境を接する中国当局への対応の仕方を知らなかった。ザバイカル地方、アムール川流域、沿海州など、東シベリア地域の全域にとって、中国は食料と原材料の供給源として決定的に重要だった。しかし、チタのセミョーノフ、ハバロフスクでウスーリ・コサックを率いるカルムィコフ、ウラジオストックのロゾーノフ、モンゴル国境のウンゲルン＝ステンベルグなどの軍事指導者はその帝国主義的な言動によって中国人の間に強い反感を呼び起こしていた。中国人は、ロシア軍閥の指導者たちが「無秩序な軍事的支配」[31]がもたらす荒廃と災厄を利用して、中国に対する「不平等条約」を押し付け、一九世紀末に弱体化した清王朝への侮辱を繰り返した帝政ロシアの復活を図ろうとしていると感じ取っていた。それに反して、反帝国主義的思想を強調しつつ中国当局に対応する赤軍勢力は中国人の眼にははるかに知的な存在に見えた。

最高位の執政官としてコルチャークが直面していた最も緊急の課題は兵力の確保だった。コルチャーク軍の参謀総長は七〇万人規模の兵力が必要と考えていた。しかし、副官のフェデュレンコによれば、シベリアの農民層は「極めて豊か」だが、ボリシェヴィキとの戦闘への参加についてはまったく乗り気でなかった。「農民層の豊かさには驚かされたが、彼らは極めて消極的だった。農民層は我々の戦いには何の関心もないようにさえ見えた[32]」。コルチャークはやむを得ず徴兵制を導入するが、新兵の大多数は最初の機会を見つけて脱走してしまった。

その時、思わぬところから増援軍が現れた。ポーランド兵軍団である。ポーランド兵軍団は最近少将に昇進したカッペルの統合軍団に合流した。カッペル少将は彼らを迎えて挨拶している。「勇敢なるポーランドの兄弟たちよ。諸君を前線に迎えてともに戦った五日間の激戦は重要な軍事的勝利をもたらした。諸君は騎士団のような勇敢さと偉大な精神力を発揮して勝利に貢献してくれた」[33]。母国の独立宣言によって大いに活気づいていたシベリアのポーランド人社会はボリシェヴィキ政府を信用していなかった。「ボリシェヴィキの新聞は我々ポーランド人を皮肉たっぷりに外国人扱いしている」[34]。やがて「シベリアのポーランド軍団」と呼ばれるようになるポーランド人たちは、できるだけ早く帰国して独立ポーランドのために戦いたいと願っていた[35]。

フランス軍のモーリス・ジャナン将軍はコルチャーク軍の参謀総長から好印象を受けなかった。「前回、モギリョフの大本営で会った時には、彼はまだ大尉だった。それ以来、過剰に昇進しすぎたようだ」[36]。それればかりか、ジャナン将軍はコルチャークの取り巻きたち全員を評価していなかった。「各地を旅行して多くの人びとを見てきたが、コルチャークの周囲には信頼できる人間が驚くほど少ない」。最高執政官としてのコルチャーク自身についても、ジャナン将軍は「地上軍の戦術に関して軍事的能力の高さを装っているだけ」のその姿勢に納得していなかった。

一二月二二日の夜、オムスク市内でボリシェヴィキ派の蜂起が発生した。武装した労働者集団にボリシェヴィキの宣伝を信じて寝返った兵士の一団が加わって決起したのである。蜂起軍は監獄を襲って占領し、すべての囚人を解放したうえ、駅を占領して鉄道警備隊の武器を奪取した。しかし、この蜂起はコサック部隊によって鎮圧され、反徒の大部分が予想通りの惨酷さで処刑された。

ただし、蜂起に際して監獄から多数の政治犯が解放された。ボリシェヴィキ派の囚人だけでなく、コルチャークを最高執政官として認めないために最近収監された著名な社会革命党幹部の囚人も含まれていた。オムスク守備隊司令官のブルジェノフスキー将軍は声明を発した。「監獄から不法に解放された囚人は直ちに監獄に戻ること。この命令に従わない者は逮捕した時点で銃殺するものとする」[37]。この命令は解放された囚人たちの間に恐怖を呼び起こした。彼らの多くは全露政府設立準備委員会のために働いていた人々だった。一部は友人の伝手を頼んでコルチャーク政府の司法相にどうすべきかを問い合わせた。返ってきたのは監獄に帰るのが最も安全な道であるという忠告だった。問い合わせた人々は忠告に従って翌日監獄に戻って行った。その晩、酒に酔った白軍士官数人が監房にやって来て一二人の囚人を引き出し、凍結したイルトィッシュ川に連行してサーベルで切り殺した。一二人のうち七人は憲法制定議会を支持する社会革命党右派の議員だった。そのひとり、イワン・フォーミンの遺体には刀傷が一三か所残っていたが、傷のうち五か所は生きているうちに、八か所は死後に切られた痕だった。殺害犯の首謀者は逮捕されたが、すぐに釈放され、アンネンコフがアタマンを務めるシベリア・コサック軍団に逃げ込んだ。

この恐るべき事件はコルチャークを大いに困惑させた。ちょうど、自分が民主主義派であることを英仏両国の派遣軍首脳に印象づけようと努力していた時期だったからである。フランス軍のジャナン将軍はすぐにオムスクを離れてエカチェリンブルグのガイダ将軍に会いに行った。ガイダ将軍はチェコ軍団の儀仗兵とともに駅頭でジャナンを迎えた。長身のジャナンはフランス軍の将軍らしく赤と金色のケピ帽を被り、巨大な熊皮の上着に儀礼用の剣を吊るして駅頭に降り立ったが、エカチェリンブルグの街頭の不潔さに辟易して、その日の日記に記している。「町のいたるところに馬や山羊の糞がころがっている。チフスが流行していると聞いても驚くに当たらない不潔さだ」[38]。ジャナン将軍が初めて会ったガイダ将軍は特徴的な鼻をした人物だったが、驚くほどに若い将軍だった。非常に気難しいという評判だったが、実際に会ってみると、生まれつき軍人としての能力に恵まれているようでもあった。そのガイダはエカチェリンブルグを奪取した後、暗い運命を秘めたイパーチェフ館を自分の指令部として、雪の中で大々的な野外パレードを実施した。一二月八日に修道院の壁の外側で行なわれたパレードでは、軍楽隊が演奏し、軍旗が掲げられ、車輪つきのマキシム機関銃が整列した兵士の前に引き出された。兵士の大半はロシア軍の外套を着込み、コサック風の長い羊皮の帽子を被っていたが、依然としてオーストリア＝ハンガリー帝国軍の長いケピ帽を被っている兵士も少なくなかった。

シベリアには、ガイダ将軍の他にも生来の軍事的才能に恵まれた指揮官がいた。二七歳のアナトリー・ペペリャーエフ将軍である。その兄のヴィクトル・ペペリャーエフはその後コルチャーク政府の首相になり、やがてコルチャーク将軍とともに処刑されるという運命をたどる人物だった。ボリシェヴィキのクーデター以前は帝政軍の中佐だったアナトリー・ペペリャーエフは、生まれ故郷のトムスクで大規模な義勇兵集団を組織し、一九一八年夏にクラスノヤルスクから東進してチタに至り、そこでアタマンのセミョーノフ軍に合流した。そして、シベリア軍団を率いてウラル戦線に出撃し、ベルジンの赤軍第三軍に対峙した。ベルジン軍にはゼン・フーチェンの指揮する中国兵連隊が含まれており、この連隊はマキシム機関銃、コルト銃、ルイス銃などを備えた強力な戦力だった。エカチェリンブルグの北方二五〇キロメートルに位置するニージナヤ・トゥーラで雪中の激戦が戦われた。ニージナヤ・トゥーラをめぐっては数度にわたって攻防戦が戦われ、勝者と敗者がめまぐるしく変転した。赤軍の機関銃手のひとりが書き残している。「我々は弾薬を節約する必要があったので、短時間の射撃を繰り返していた。中国兵のライフル中隊が両側面を援護してくれていた。三〇分が経過したところで、機関銃を手押し車に乗せて森の中に後退した。その時、中国兵部隊の指揮官リ・ツェーヘンが私に向かって、『ここでは死にたくない。我々には白軍を撃破する任務がある。森の反対側のアレクサンドロフカ村まで案内してもらいたい。アレクサンドロフカ村まで行けば、第一七ペトログラード連隊に合流できる』と言った[39]」。

一二月に入って、ウラル戦線の北側に展開していたベルジンの赤軍第三軍はペルミまでの後退を余儀なくされた。これは東部戦線で白軍が達成した数少ない勝利のひとつだった。赤軍は冬季用衣類の不足に苦しんでいた。特に、フェルト靴（ヴァレンキ）の欠如は深刻だった。連隊に相当する規模の兵力が「凍傷と病疫」のせいで一二〇名程度に減少することもあった[40]。フィンランド人義勇兵部隊のある中隊は一六〇名中の七〇名を失った。弾薬を使い果たした砲兵部隊は混乱のうちに退却した。旅団の政治委員は砲兵隊指揮官を司令部に送り返して交代させなければならなかった。赤軍はペルミへの街道を続々と敗走して行った。後にソ連邦元帥になるワシリー・ブリュッヘルは当時パルチザン部隊の指揮官だったが、赤軍第五旅団の指揮権を一時掌握し、いったんペルミまで後退して態勢を立て直すよう命令した。しかし、旅団が命令どおりに動かないことを見て取ると、旅団司令官を逮捕し、参謀長を後任に据えた。

中国兵連隊はペルミへの退却の途中であまりにも多数の死傷者を出したので、新たに地元の新兵を集めて補強しなければならなかった。名称も「中国人国際大隊」に改称した。白軍側ではシベリア軍団とチェコ軍団が進撃を続けていた。「白衛軍の砲兵隊は市街に榴散弾を撃ち込み、市内に潜んでいた反革命勢力もライフル銃で狙撃を始めた。旧帝政軍の士官のうちこれまで赤軍に協力していた連中も我々を裏切って、部下を連れて白軍側に寝返り、市内の武器保管庫を奪い、建物の高層階に機関銃を据えて赤軍を銃撃している。赤軍第三軍はペルミを脱出したが、敵軍は敗走中の第三軍をさらに追撃している。損傷は甚大である。カマ川の渡河に際して、数百人はおろか数千人の赤軍兵士が命を失った」[41]。

ベルジンの赤軍第三軍が敗走する途中、士気を喪失した徴集兵約二万名がシベリア軍団の捕虜となった。コサック軍のこの勝利はモスクワの共産党指導部に衝撃を与えたが、その一方、オムスクではペペリャーエフが英雄となった。社会革命党幹部の殺害と南部戦線におけるウファの喪失から世間の注目を逸らしたいと思っていたコルチャークとその政府にとって、これは好都合な話だった。ペペリャーエフは勢いに乗じてヴャートカまで進撃したいと思ったが、アルハンゲリスクから南進する英国派遣軍にとっては、ヴャートカは過剰に楽観的な目標だった。気温が零度を下回るこの時期、ヴャートカ攻略は正気とは思えない作戦だった。しかし、ペペリャーエフを始め、ほぼすべての人々が来年こそはロシア帝国復活の夢の実現を左右する決定的な戦闘の年になることを予感していた。

＊1「黒百人組」は帝政時代の反動的な帝国主義者の団体で、ロシア民族主義と反ユダヤ主義を標榜するテロリスト集団。皇帝ニコライ二世の庇護を受けていた。

（下巻へつづく）

訳者略歴
染谷徹（そめや・とおる）
翻訳家。主要訳書：モンテフィオーリ『スターリン　赤い皇帝と廷臣たち　上・下』、ファイジズ『クリミア戦争　上・下』、『囁きと密告　スターリン時代の家族の歴史　上・下』、デイヴィス『ワルシャワ蜂起１９４４　上・下』、サリヴァン『スターリンの娘「クレムリンの皇女」スヴェトラーナの生涯　上・下』、モンテフィオーリ『ロマノフ朝史１６１３－１９１８　上・下』（以上、白水社）ほか。


革命と内戦のロシア　１９１７－２１（上）

二〇二五年　五　月　五日　第一刷発行
二〇二五年　六　月二五日　第二刷発行

著　者　アントニー・ビーヴァー
訳　者　© 染　谷　　徹
装丁者　日　下　充　典
発行者　岩　堀　雅　己
印刷所　株式会社　理　想　社
発行所　株式会社　白　水　社

東京都千代田区神田小川町三の二四
電話　営業部〇三（三二九一）七八一一
　　　編集部〇三（三二九一）七八二一
振替　〇〇一九〇－五－三三二二八
郵便番号　一〇一－〇〇五二
www.hakusuisha.co.jp
乱丁・落丁本は、送料小社負担にてお取り替えいたします。

株式会社松岳社

ISBN978-4-560-09163-0

Printed in Japan

# 原注

## 序言

(1)CAC-CHAR　1/3/20-21
(2)同上
(3)Consuelo Vanderbilt Balsan, *The Glitter and the Gold*, p. 123
(4)CAC-CHAR　1/3/20-21
(5)WiR, p. 13
(6)同上，p. 11
(7)同上，p. 4
(8)Teffi(Nadezhda Lokhvitskaya), *Rasputin and Other Ironies*, p. 75
(9)NZ-UT, No.35, 30/5/1917
(10)Second Army, RGVIA 7789/2/28
(11)The Captain's Daughter, p. 203
(12)Charlotte Hobson(編), M.E.Saltykov-Schedrin, *The History of a Town*, p. xiii
(13)Count Dmitry Sheremetev, Douglas Smith, *Former People*, p. 35
(14)NZ-UT, No.35, 30/5/1917

## 第1部◆一九一二～一九一七年

### 第1章◆自殺する欧州——一九一二～一九一六年

(1)Maksim Gorky, NZ-UT, No.4, 22/4/1917
(2)Dominic Lieven's *Towards the Flame*, pp. 313-42
(3)Allan K. Wildman, *The End of the Russian Imperial Army*, Vol. 1. P. 113
(4)NZ-UT, No.4, 22/4/1917

（5）V.P. Kravkov, 14/5/1916, *Velikaya voina bez retushi: Zapiski korpusnogo vracha*, p. 222
（6）RGVIA 2067/1/2932/228
（7）RGVIA 2067/1/2931/465
（8）RGVIA 2031/2/533/38
（9）Kravkov, pp. 202-3
（10）RGVIA 12067/1/2935/348-9
（11）同上
（12）RGVIA 2007/1/26/170
（13）Kravkov, 14/5/16, p. 243
（14）Kravkov, 11/10/16, p. 268
（15）Kravkov, p. 272
（16）V.V.Shulgin, *Days of the Russian Revolution - Memoirs from the Right*, p. 51
（17）同上、pp. 53-4
（18）Sean McMeekin, *The Russian Revolution*, pp. 78-9
（19）RGVIA 2057/1/2937/172
（20）WiR, 47
（21）Shulgin, p. 69
（22）Kravkov, p. 204
（23）V.B. Shklovsky, *Sentimental Journey*, pp. 8-9
（24）V.V. Fedulenko, HIA 2001C59
（25）Kravkov, p. 277

## 第2章◆二月革命——一九一七年一月～三月

（1）D.N. Tikhobrazov. BA-CU 4078150
（2）K.I. Globachev, BA-CU 4077547
（3）M.F.Skorodumov, in Michael Blonov collection, HIA 20003C39 9/12
（4）Peter Kenez, 'A Profile of the Pre-Revolutionay Officer Corps'. *California Slavic Studies*, Vol. 7, 1973, 147; Allan K. Wildman, *The End of the Russian Imperial Army*, Vol 1, pp. 100-2
（5）Maurice Paleologue, *Le crepuscule des Tsars*, p. 556
（6）同上、p. 557
（7）同上、pp. 562-3
（8）George Buchanan, My Mission to Russia, Vol. 2, p. 44

( 9 )Paleologue, p. 563
(10)同上、 p. 47
(11)同上、 p. 564
(12)Shultz, ASF-ARLM 1/R-145, p. 129
(13)Paleologue, p. 586
(14)Globachev, BA-CU 4077547, p. 16
(15)同上
(16)Shklovsky, p. 7-9
(17)Ruthchild, Rochelle Goldberg, 'Women and Gender in 1917', *Slavic Review*, Fall 2017, Vol. 76, No. 3, pp. 694-702
(18)Anonymous, ASF-ARLM W-100, 1/1/310/3
(19)Sergei Prokofiev, *Dnevnik*, 24/2/1917
(20)Richard Pipes, *The Russian Revolution*, p. 275
(21)Louis de Robien, *Joutnal d'un diplomate en Russie, 1917-1918*, p. 10
(22)同上
(23)同上, p. 12
(24)Globachev, BA-CU 4077547
(25)Robien, p. 11
(26)Vladimir Zenzinov, *'Iz zhizni revolyutsionera'*(*From a Life of a Revolutioinary*), p. 11
(27)Vladimir Nabokov, *Speak Memory*, p. 71
(28)Paleologue, p. 587
(29)Robien, p. 13
(30)同上, p. 14
(31)Wildman, *The End of the Russian Imperial Army*, Vol 1, p. 143
(32)Tikhobrazov. BA-CU 4078150
(33)Richard Pipes, *The Russian Revolution*, p. 282
(34)Brian Moynahan, *Comrades 1917*, p. 95
(35)同上, p. 201
(36)Shklovsky, p. 188
(37)Buisson(編), *Journal intime de Nocholas II*, p. 57
(38)Globachev, BA-CU 4077547
(39)同上
(40)Tikhobrazov. BA-CU 4078150

## 第3章◆墜落した双頭の鷲——一九一七年二月～三月

(1) Sergei Prokofiev, *Dnevnik*, 28/2/1917
(2) Eduard E. Dune, BA-CU 4077481
(3) Sergei Prokofiev, *Dnevnik*, 28/2/1917
(4) Wildman, *The End of the Russian Imperial Army*, Vol 1, pp. 153-4
(5) Buisson(編), *Journal intime de Nocholas II*, p. 58
(6) Shulgin, p. 129
(7) Tikhobrazov. BA-CU 4078150
(8) 同上
(9) 同上
(10) Diary of Grand Duke Andrei Vladimirovich, GARF 650/1/55/83-154
(11) Buisson(編), *Journal intime de Nocholas II*, p. 59
(12) Raskolnikov, *Kronstadt and Petrograd in 1917*, i.,1
(13) Donald Crawford, 'The Last Tsar', in Brenton( 編) *Historically Inevitable? Turning points of the Russian Revolution*, p. 88; Pipes, *Russian Revolution*, p. 319-20
(14) Buisson(編), *Journal intime de Nocholas II*, p. 59

## 第4章◆独裁から混沌へ——一九一七年三月～四月

(1) Sergei Prokofiev, *Dnevnik*, 1/3/1917
(2) Helen Rappaport, *Caught in the Revolution*, p. 99
(3) A.I. Boyarchikov, *Memoirs*, p. 39
(4) Grand Duke Andrei Vladimirovich, GARF 650/1/55/83-154
(5) Shulgin, p. 135
(6) Zenzinov, p. 39
(7) ASF-ARLM E-100, 1/1/310/12
(8) Shulgin, p. 119
(9) Pipes, *Russian Revolution*, p. 303; Globachev, BA-CU 4077547
(10) Evguenia Iaroslavskaia-Markon, *Revoltee*, p. 28
(11) Y. I. Lakier diary, BA-CU 4077740
(12) Kravkov, p. 295
(13) Grand Duke Andrei Vladimirovich, GARF 650/1/55/83-154
(14) Tikhobrazov. BA-CU 4078150
(15) Konstantin Paustovsky, *The Story of a Life*, p. 464

(16) Aleksei Oreshnikov, *Dnevnik*, 1/3/1917, p. 108
(17) Paustovsky, p. 489
(18) Cdr Oliver Locker-Lampson, RNAS Armoured Car Division, CAC-CHAR 2/95/2-36
(19) Kravkov, p. 297
(20) Wildman, Vol. 1, p. 242
(21) Tikhobrazov. BA-CU 4078150
(22) WiR, 14; Wilman, Vol. 1, p. 368, n64
(23) Maksim Kulik, *Kubansky Sbornik*, No. 6, 22/9/2015, ASF-ARMI
(24) Maj Gen V. N. v. Dreiser, BA-CU 4077478, pp. 317-18
(25) Locker-Lampson, CAC-CHAR 2/95/2-36
(26) Wildman, Vol. 1, p. 211
(27) Locker-Lampson, CAC-CHAR 2/95/2-36
(28) Evan Mawdsley, *The Russian Revolution and the Baltic Fleet*, p. 16
(29) Mawdsley, p, 1
(30) Raskolnikov, *Kronstadt and Petrograd in 1917*, Vol. 2, p. 1
(31) Lakier, BA-CU 4077740
(32) Makhonin, BA-CU 4077787

### 第5章◆妊娠した寡婦——一九一七年三月〜五月

( 1 ) Herzen, *From the Other Shore*, London, 1956, p. 124
( 2 ) Isaiah Berlin, *From the Other Shore*への序言, p. xv
( 3 ) Ransome, *Autobiography*, p. 275
( 4 ) Victor Sebestyen, *Lenin the Dictator*, p. 273
( 5 ) LCW, Vol. 24, p. 19-26; *Pravda* 7 April 1917
( 6 ) Robert Service, *Lenin*, p. 264
( 7 ) LCW, Vol. 24, pp. 19-26
( 8 ) 'Teffi', *Rasputin*, pp. 105-7
( 9 ) A. A. Brusilov, 引用はOrlando Figes, *A People's Tragedy*, pp. 379-80
(10) Kravkov, p. 316
(11) RGVIA 2031/1/1181/330
(12) Orlando Figes, *Peasant Russia Civil War*, pp. 41-2
(13) Douglas Smith, *Former People*, p. 94
(14) Douglas Smith, pp. 105-7; G. A. Rimsky-Korsakov, *Rossiya 1917 v ego-dokumentakh*, p. 121

(15) Website of Natalia Mikhailovna 'Family Archive' www.domarchive.ru
(16) I. F. Nazhivin, *Zapiski o revolyutsii*, p. 238
(17) Paustovsky, p. 485
(18) Kravkov, p. 312
(19) Shklovsky, p. 60
(20) N. N. Sukhanov, *The Russian Revolution 1917*, p. 161
(21) Kravkov, p. 329
(22) 同上
(23) Wildman, Vol. 1, p. 358, n44
(24) Rudolf Rothkegel, Bundestiftung zur Aufarbeitung des SED-Diktatur, Berlin
(25) Shklovsky, p. 34
(26) Kravkov, p. 329
(27) 同上
(28) M. F. Skorodumov, HIA 2003C39 9/12
(29) Paustovsky, pp. 484-5
(30) Lakier, BA-CU 4077740

## 第6章◆ケレンスキー攻勢と七月情勢——一九一七年六月〜七月

( 1 ) CAC-CHAR 2/95/2-36
( 2 ) 同上
( 3 ) Shklovsky, p. 29
( 4 ) RGVIA 2067/1/3868/244
( 5 ) Sukhanov, p. 380
( 6 ) Locker-Lampson, CAC-CHAR 2/95/2-36
( 7 ) 同上
( 8 ) 同上
( 9 ) 同上
(10) Prokofiev, *Dnevnik*, 1/7/1917
(11) Shklovsky, p. 44
(12) 同上
(13) Wildman, vol. 2, p. 99
(14) Maksim Kulik, *Kubansky Sbornik*, No. 6, 22/9/2015, ASF-ARMI.
(15) Locker-Lampsom, CAC-CHAR 2/95/2-36
(16) McMeekin, pp. 165-9

(17) Sukhanov, p. 429
(18) 同上，p. 431
(19) S. A. Smith, *Russia in Revolution – An Empire in Crisis*, p. 143
(20) Prokofiev, *Dnevnik*, 1/7/1917
(21) Raskolnikov, VII. 1
(22) 同上
(23) Raskolnikov, VII. 2
(24) 同上
(25) NZ-UT, No. 74, 14/7/1917
(26) Raskolnikov, VII. 2
(27) Globachev, 5/7/1917, BA-CU 4077547; Pipes, *Russian Revolution*, p. 412
(28) Service, *Lenin*, p. 282-3

### 第7章◆コルニーロフ——一九一七年七月～九月

( 1 ) Aleksandr Vertinsky, 'Dorogoi dlinnoyu' (The Long Road), p. 27
( 2 ) Shklovsky, p. 62,
( 3 ) Buchanan, *My Mission*, Vol. 2, p. 173
( 4 ) Figes, People's Tragedy, pp. 448-9; Pipes, Russian Revolution, pp. 444, 446-7
( 5 ) Sukhanov, p. 495
( 6 ) 同上，p. 497
( 7 ) Wildman, Vol. 2, pp. 134-6
( 8 ) Alekseev将軍からMilyukovniへの手紙，12/9/1917, Borel Collection, BA-CU 4078202
( 9 ) RGAVMF R-21/1/25/37
(10) Locker-LampsonのFirst Ld Admiraltyへの報告，5/12/17, CAC-CHAR 2/95/73-81
(11) Dreier, BA-CU 4077478
(12) Alekseevの日記，Borel Collection, BA-CU 4078202
(13) RGAVMF R-21/1/25/25-26/36
(14) RGAVMF R-21/1/25/26
(15) RGAVMF R-21/1/25/25-26/36
(16) TsentroflotからKerenskyへの手紙，29/8/1917, RGAVMF R-21/1/25-26/41
(17) 30/8/1917, RGAVMF R-21/1/25/59n

(18) RGAVMF R-21/1/25/15
(19) RGAVMF R-21/1/25/23
(20) RGAVMF R-21/1/25-26/36
(21) RGAVMF R-21/1/25-26/49
(22) Maksim Kulik, *Kubanky Sbornik*, No. 6, ASF-ARMI
(23) RGAVMF R-21/1/24/10
(24) 31/8/1917, RGAVMF R-21/1/24
(25) Tsentroflot議長，Magnitsky, RGAVMF R-21/1/25-26
(26) W. Bruce Lincoln, *Passage Through Armageddon*, p. 423
(27) Borel Collection, BA-CU 4078202
(28) Abramov of Tsentroflot, RGAVMF R-21/1/25/40
(29) Lieutenant Il'in, ASF-ARLM E-27 1/1/109, p. 24
(30) Dreier, BA-CU 4077478
(31) RGAVMF R-21/1/23/7
(32) LCW, Vol. 26, 25

## 第8章◆十月クーデター――一九一七年九月～一一月

( 1 ) John Reed, *Ten Days that Shook the World*, p. 59
( 2 ) THRR, p. 729
( 3 ) I. I. Serebrennikov, HIA 51004
( 4 ) G. A. Rimsky-Korsakov, *Rossiya 1917 v ego-Dokumentakh*, p. 124
( 5 ) LCW. Vol. 26, p. 19
( 6 ) THRR, p. 681
( 7 ) THRR, p. 752
( 8 ) THRR, p. 754
( 9 ) Dmitry Heiden, papers, HIA 75009
(10) Aleksei Oreshnikov, *Dnevnik*, 1/10/17
(11) *Rabochii put'*, No. 33, 1917, Pipes, *Russian Revolution*, p. 479
(12) THRR, pp. 769-70
(13) THRR, p. 685
(14) Buchanan, Vol. 2, p. 201
(15) NZ-UT, No. 156, 18/10/1917
(16) Aleksei Oreshnikov, *Dnevnik*, 16/10/1917
(17) Yelena Ivanovna, 20/10/1917, BA-CU 4077740
(18) THRR, p. 706

(19) THRR, p. 765
(20) Steveni papers, KCMLA
(21) Boyarchikov, p. 42–3
(22) Service, *Lenin*, pp. 306–7
(23) LCW, Vol. 26, p. 236
(24) Antonov Ovseenko, *Zapiski o grazhdanskoi voine*, pp. 19–20; Lincoln, *Armageddon*, p. 452
(25) Knox, *With the Russian Army*, Vol. 2, p. 714
(26) Zenzinov, p. 52
(27) THRR, p. 784
(28) S. A. Smith, p. 150
(29) NZ–UT, No. 174, 7/11/1917

## 第9章◆少年十字軍士官候補生の反撃——一九一七年一〇月〜一一月

( 1 ) Reed, p. 105
( 2 ) 同上
( 3 ) N. I. Podvoisky, *God 1917*, p. 169, Wildman, Vol. 2, p. 304
( 4 ) G.A.Belov, *Doneseniya Komissarov Petrogradskogo Voenno–Revolyutsionnogo Komiteta*, p. 93
( 5 ) 同上、p. 154
( 6 ) Bessie Beatty, *Red Heart of Russia*, p. 226, Pitcher, Witnesses, p. 225
( 7 ) G.A.Belov, p. 154
( 8 ) Knox, Vol. 2, p. 717
( 9 ) M. Philips Price, *My Reminiscences of the Russian Revolution*, p. 154
(10) Aleksei Oreshnikov, *Dnevnik*, 26/10/1917
(11) Eduard E. Dune, BA–CU 4077481
(12) 同上
(13) Ivan Bunin, Collected Edition vol viii, *Okayannye dni* (*Cursed Days*). Memoirs, Articles and Speeches. 1918–1953. Moscow, 2000
(14) Aleksei Oreshnikov, *Dnevnik*, 1/11/1917
(15) Eduard E. Dune, BA–CU 4077481
(16) Paustovsky, pp. 504–5
(17) GARF 127/1/3/28
(18) S. Kuzmin, *Baron Ungern v dokumentakh i materialakh*, p. 270
(19) RGASPI 71/23/220009/1

(20) L. Tamarov, *Nash Put*, No. 10, 14 January 1934
(21) *Protokoly zasedaniy Soveta narodnykh Komissarov RSFSR, Noyabr 1917–Mart 1918*, p. 56
(22) Figes, *A People's Tragedy*, p. 526
(23) RGAVMF R-22/1/5/1
(24) G.A.Belov, pp. 96–100
(25) Pipes, *Russian Revolution*, p. 505
(26) M. A. Krol, *Pages of My Life*, pp. 187–190
(27) Serebrennikov, HIA 51004, p. 40
(28) 同上, p. 61
(29) M. A. Krol, p. 191
(30) Serebrennikov, HIA 51004, p. 46
(31) Lakier, BA-CU 4077740
(32) Federovsky, GAI R-1020/1/2/1–10
(33) WiR, p. 30
(34) N. Dubakina, BA-CU 4077480
(35) 28/11/1917, GARF 127/1/1/34
(36) Paustovsky, p. 507
(37) 同上, p. 511

## 第10章◆嬰児殺しとしての民主主義圧殺――一九一七年一一月～一二月

( 1 ) Paustovsky, p. 513
( 2 ) LCW, Vol. 26, pp. 28–42
( 3 ) Council of People's Commissars Decree, 28/11/1917
( 4 ) Nicolas Werth, 'Crimes and Mass Violence of the Russian Civil Wars, 1918–1921', Sciences Po, 2008
( 5 ) Bunyan & Fisher, *Bolshevik Revolution*, p. 225
( 6 ) N. K. Nikolaev, 4/12/1917, BA-CU 4077869
( 7 ) A. Borman, 'In the Enemy Camp', GARF 5881/1/81/13
( 8 ) NZ-UT, xxii
( 9 ) Daniel Guerin, *Anarchism: From Theory to Practice*, pp. 25–6
(10) RGVA 1304/1/483/86–7; GARO 4071/2/10/21bov,
(11) Lakier 17/11/1917, BA-CU 4077740
(12) Globachev, BA-CU 4077547, p. 132
(13) Lakier 11/12/1917, BA-CU 4077740

(14) LCW, Vol. 26, p. 374
(15) LCW, Vol. 26, pp. 404–15
(16) GARF 5881/1/81/13
(17) Aleksandr Eiduk, in Valerii Shambov, *Gosudarstvo i revolutsii*, p. 17, Rayfield, *Stalin and his Hangmen*, p. 76
(18) Mitrokhin, *Chekisms – A KGB Anthology*, xxiii
(19) J. Scholmer, *Die Toten kehren zuruck*, p. 128
(20) Hickey, Michael C., 'Smolensk's Jews in War, Revolution and Civil War', in Bedrock, Sarah; Liudmila G., and Retish Aaron B., *Russia'sHome Front in War and Revolution, 1914–22*, Vol. 1, *Russian Revolution in Regional Perspective*, pp. 185–97
(21) 同上
(22) Lara Douds, '"The dictatorship of the demoracy"? The Council of People's Commissars as Bolishevik–Left Socialist Revolutionary coalition government, December 1917–March 1918'
(23) 同上
(24) TsAFSB 1/10/52/5–6, Rabinowitch. P. 88
(25) Figes, *A People's Tragedy*, p. 558
(26) Shklovsky, *Sentimental Journey*, p. 74
(27) 同上
(28) Shklovsky, p. 80
(29) 同上, p. 87
(30) 同上, pp. 100–1
(31) 同上, p. 102
(32) 同上, p. 110
(33) Gorky, NZh, 16/3/1918
(34) Shklovsky, p. 104
(35) Lionel Dunstrville, The Adventures of Dunsterfore; Reginald Teague–Jones, The Spy who Disappeared – Diary of a Soviet Mission to Russian Central Asia in 1918; H. Ulman Richard, Anglo–Soviet Relations 1917–21, Vol. I, Intervention and the War; William Leith–Ross papers, NAM 1983–12–71–333; TNA FO 371/8205/9357

## 第2部◆一九一八年

### 第11章◆旧体制との訣別――一九一八年一月～二月

(1) Zenzinov, p. 97
(2) Anon. ASF-ARML, C-15/3/4
(3) Zenzinov, p. 99
(4) Anon. ASF-ARML, C-15/3/4
(5) V. V. Nabokov, pp. 186-7
(6) Melgunov, *Red Terror in Russia*, 1918-1923, pp. 36-8
(7) G. K. Borel, Borel Collection, BA-CU 4078202
(8) Paustovsky, 515
(9) Lt. Gen. M. A. Svechin, BA-CU 1078130, 17
(10) Lakier, BA-CU 4077740
(11) Bunin, p. 38
(12) Melgunov, pp. 89-90
(13) Nabokov, p. 189
(14) Peters, *Izvestiya* 29/8/1919, Melgunov, p. 155
(15) Paustovsky, p. 615
(16) M. K. Borel, Borel Collection, BA-CU 4078202; Globachev, BA-CU 4077547
(17) Goldman, *My Disilusionment*, p. 39; Figes, *Tragedy*, p. 605
(18) Lakier, BA-CU 4077740
(19) Bunin, p. 39
(20) Globachev, BA-CU 4077547
(21) Heiden, HIA 75009
(22) Nazhivin, p. 193
(23) N. M. Mogilyansky, *Kiev 1918*, pp. 36-7
(24) 同上
(25) Anon. ASF-ARML, A-94
(26) Mogilyansky, p. 39
(27) 同上
(28) Heiden, BA-CU 75009
(29) Gubarev, BA-CU 4077582

## 第12章◆ブレスト・リトフスク講和――一九一七年一二月～一九一八年三月

(1) I. G. Fokke, 'Na stsene i sa kulisami brestsakoi tragikomedii', in *Arkhiv russkoi revolutsii*, I. V. Hessen, Vol. 20, pp. 15–17, Wheeler-Bennett, *Brest-Litovsk*, pp. 86–7
(2) Wheeler-Bennett, p. 113
(3) 同上, p. 114
(4) GRASPI 17/1/405/1–13
(5) Wheeler-Bennett, p. 221
(6) 同上, pp. 185–6
(7) Hoffmann, Vol. 1, pp. 206–7
(8) LCW, Vol. 24, pp. 135–9
(9) Steveni, KCLMA
(10) Steinberg, 18/4/1918, HIA XX692
(11) Goltz, p. 48
(12) 同上
(13) Mawdsley, *Baltic Fleet*, p. 150
(14) RGAVMF R-96/1/6/118
(15) Melgunov, *Red Terror*, p. 18
(16) RGAVMF R-96/1/6/124
(17) Memoir of Ambrozy Kowalenko, KCF AW II/1993
(18) Teffi, *Memories*, p. 15
(19) Borel Collection, BA-CU 4078202
(20) Serge, *Conquered City*, p. 30
(21) 同上, p. 32

## 第13章◆極寒を衝いて進軍する義勇軍――一九一八年一月～三月

(1) Lt. Gen. M. A. Svechin, BA-CU 4078130, p. 2
(2) Dune, BA-CU 4077481, p. 77
(3) 同上, p. 86
(4) 同上, p. 92
(5) 同上
(6) Melgunov, *Red Terror*, pp. 88–9
(7) Alekseev Papers, Borel Colletion, BA-CU 4078202
(8) Mironov, RGVA, 192/6/1/2

( 9 )Svechin, BA-CU 4078130
(10)同上
(11)Dune, BA-CU 4077481, 61
(12)Svechin, BA-CU 4078130, p. 26
(13)Alekseev Papers, Borel Colletion, BA-CU 4078202
(14)Kenez i, Red Attack, p. 100
(15)Alekseev Papers, Borel Colletion, BA-CU 4078202
(16)Pavel Konstantinov, GARF 5881/1/106/1-14
(17)Makhonin, Box 33, BA-CU 4077787
(18)Lakier, BA-CU 4077740
(19)Nazhivin, p. 199
(20)Alekseev Papers, Borel Colletion, BA-CU 4078202
(21)Makhonin, BA-CU 4077787, p. 26
(22)Svechin, BA-CU 4078130, p. 14

## 第14章◆ドイツ軍の進撃——一九一八年三月～四月

( 1 )Lakier, BA-CU 4077740
( 2 )同上
( 3 )Heiden, BA-CU 75009, p. 19
( 4 )Nabokov, p. 190
( 5 )Dreier BA-CU 4077478, p. 350
( 6 )Teffi, *Memoires*, p. 124
( 7 )Paustovsky, p. 567
( 8 )Mogilyansky, p. 77
( 9 )Heiden, HIA 75009
(10)Heiden, HIA 75009
(11)Svechin, BA-CU 40781309
(12)同上
(13)Mark R. Baker, 'War and Revolution in Ukraine', in Badcock, iii, p. 137
(14)Mogilyansky, p. 83
(15)27/7/1918, M. V. Rodzyanko, HIA 27003, Box 1
(16)同上
(17)同上
(18)Bruce Lockhart, TNAFO 371/3332/9748
(19)Svechin, BA-CU 40781309, p. 55

(20)Dune, BA-CU 4077481, p. 95
(21)Mironov, RGVA 192/6/1/11
(22)Mironov to SKVO(North Caucaus Military District)Tsaritsyn, RGVA 1304/1/489/108
(23)GARF 5881/1/81/24
(24)GARF 5881/1/81/14
(25)Pipes, *Russian Revolution*, p. 617
(26)GARF 5881/1/81/14
(27)GARF 5881/1/81/51
(28)GARF 5881/1/81/16
(29)GARF 5881/1/81/18
(30)GARF 5881/1/81/25
(31)GARF 5881/1/81/29

## 第15章◆国境付近の攻防戦——一九一八年春と夏

( 1 )29/6/1918, RGASPI 67/1/96/29
( 2 )Lund Collection KCLMA
( 3 )19/7/1918. RGASPI 67/1/96/34
( 4 )LCW xxii, 378
( 5 )Karsten Bruggermann, 'National and Social Revolution in the Empire's West', Badcock, iii, 1, p. 150
( 6 )Ernest Lloyd Harris, HIA XX072, Box 1
( 7 )Pierre Janin Diary, 18/9/18, HIA YY239
( 8 )Harris, HIA XX072, Box 1
( 9 )Lt Col Blackwod to Maj Gen Poole, 14/2/1919, Poole, KCLMA
(10)Pavel Konstantinov, GARF 5881/1/106/1
(11)GARF 5881/1/106/3
(12)同上
(13)Nazhivin, p. 200
(14)Teague-Jones report, 'The Russian Revolution in Transcaspia', TNA WO 106/61: Sinclair Papers, IWM, 67/329/1
(15)Harris, HIA XX072-9.23 Box 5
(16)'The Royal Navy on the Caspian, 1918-1919', *Naval Review*, 8(1), p. 89
(17)William Leith-Ross, NAM 1983-12-71-333
(18)'The Royal Navy on the Caspian', p. 93

(19) Teague-Jaones, *The Spy who Disappeared*, p. 99
(20) 'The Royal Navy on the Caspian', p. 95
(21) Teague-Jaones, *The Spy who Disappeared*, p. 101

## 第16章◆チェコ軍団と社会革命党(エスエル)左派の反乱
一九一八年五月〜六月

( 1 ) Harris, HIA XX072, Box 1
( 2 ) Lenkov, BA-CU 4077747
( 3 ) Yakov S. Dvorzhets, GARF 127/1/3/15
( 4 ) Alfred R. ThomsonからSec of Stateへの書簡，16/8/19, HIA XX 072-9.2.3 Box 2
( 5 ) GARF 127/1/3/17
( 6 ) 同上
( 7 ) Dvorzhets, GARF 127/1/3/21
( 8 ) Dvorzhets, GARF 127/1/3/28
( 9 ) Steveni, KCLMA
(10) S. Lubodziecki, 'Polacy na Syberji w latach 1917-1920. Wspomnienia', *Sybriak*, 2/1934, 42
(11) Serebrennikov, HIA 51004, 69
(12) 同上
(13) To Sec of State, Harris, 29/7/1918, HIA XX 072 Box 1
(14) 同上
(15) Shultz, ASF-ARML, R-145
(16) Bruce Lockhart, 28/5/1918, TNA FO 371/3332/9748
(17) RGVA, 39458/1/9/11
(18) Pustovsky, p. 540
(19) 同上
(20) Steinberg, HIA XX 692
(21) 同上
(22) Pipes, *Russian Revolution*, p. 640
(23) Pustovsky, p. 538
(24) Pipes, p. 641
(25) Steinberg, HIA XX 692
(26) 同上
(27) Mawdsley, *The Russian Civil War*, p. 76

(28)同上
(29)Svechin, BA–CU 40781309, p. 55
(30)Buisson, p. 204
(31)Helen Rappaport, *Ekaterinburg*, p. 36
(32)Buisson, p. 210
(33)Ural exhibition, ASF–ARLM
(34)Buisson, p. 212
(35)Figes, Tragedy, p. 641

## 第17章◆赤色テロル——一九一八年夏

( 1 )Vasily Mitrokhin, *'Chekisms' – A KGB Anthology*, pp. 65–9
( 2 )9/9/1918, RGASPI 67/1/95/134
( 3 )Globachev, BA–CU 4077547
( 4 )Melgunov, *Red Terror*, pp. 40–1
( 5 )RGASPI 67/1/95/31
( 6 )*Cheka Weekly* 20 October(No.5), Melgunov, p. 21
( 7 )Grigory Aronson, *Na zare krasnogo terrora*, p. 46
( 8 )Cossack Department of VtsIK Danilov, GARF 1235/83/8/43–52
( 9 )TsA FSB RF S/d N–217. T.D S. pp. 149–153
(10)Vasily Mitrokhin, *'Chekisms'*, p. 72
(11)Rayfield, p. 71; *Pravda* 25/12/1918
(12)Borel Collection, BA–CU 4078202

## 第18章◆ヴォルガ川流域の戦闘と赤軍の進撃——一九一八年夏

( 1 )GARF 127/1/8/1–2
( 2 )RaskolnikovからReisnerへの書簡，Cathy Porter, *Larissa Reisner*, p. 54
( 3 )Bruce Lincoln, *Red Victory*, p. 188
( 4 )同上，p. 59
( 5 )Zenzinov, *Iz zhizni revolyutsionera*, p. 134
( 6 )RACO, p. 52
( 7 )RGVA 39458/1/7/2
( 8 )GARF 127/1/3/66
( 9 )Prokofiev, *Dnevnik* 26/11/1918
(10)WiR, p. 72
(11)Ural exhibitiion, ASF–ARLM

(12) Boyarchikov, *Vospominaniya*, p. 50
(13) Olga Khoroshilova, 'Red Revolutionary Breeches', *Rodina*, No. 10, 2017
(14) Oe-StA-KA FA AOK OpAbt Akten, Heimkehrergruppe 1918 K358 130078
(15) Maj F. Reder Ritter von Schellmann, Oe-StA-KA NL F Reder, 763(B,C) B763
(16) Oe-StA-KA FA AOK OpAbt Akten, Heimkehrergruppe 1918 K358 130055
(17) Oe-StA-KA, 10 7/7-862, Georg Wurzer, *Die Kriegsgefangenen der Mittelmachte in Russland im Ersten Weltkrieg*, Vienna, 2005, p. 465
(18) Wurzer, p. 111
(19) Marc Jansen, 'International Class Solidarity or Foreign Intervention? Internationalists and Latvian Rifles in the Russian Revolution and the Civil War', *International Review of Social History*, 31(1)(1986), p. 79
(20) I. Bernshtam, 'Storony v grazhdanskoi voine, 1917-1922 gg', in *Vestnik Russkogo Kristianskogo Dvizheniia*, 128(1979), p. 332
(21) Alexander Lukin, *The Bear Watches the Dragon*, p. 60
(22) GAKK R-53/1/3/41
(23) Nikolai Karpenko, *Kitaiskii legion: uchastie kitaitsv v revoliutsionnykh sobytiiakh na territorii Ukrainy, 1917-1921 gg.* (*The Chinese Legion: Participation of the Chinese in the Events in the Territory of Ukraine, 1917-1921*), p. 323
(24) Fyodor Shipitsyn, in *V Boyakh i Pokhodakh* (*In Battles and on the March*), 1959, p. 504
(25) Aleksandr Larin, 'Red and White, Red Army from the Middle Kingdom', *Rodina*, 7(2000)
(26) 同上
(27) Karpenko, *Kitaiskii legion*, p. 323
(28) Telegram 10/8/1918, Ural exhibition, ASF-ARLM
(29) Head of Political Department of Commander of North-Eastern Sector 13/8/1918, RGAVMF R-96/1/6/92-9
(30) RGAVMF R-96/1/6/97
(31) Reisner, *Letters from the Front*, Moscow, 1918; Serge, *Year One*, p. 334
(32) *Year One*, p. 335
(33) Andrei Svertsev, 'Tragedy of a Russian Bonaparte', 16/4/2013, *Russky Mir*
(34) RGAVMF R-96/1/6/70
(35) Col. Jan Skorobohaty-Jakubowski, 'Jak legionisci sybiracy zamierzali

porwac Trockiego?', *Sybirak*, 2(10)(1936), pp. 56–60
(36)RGVA 39458/1/8/1; *Izvestiya*, No. 41, 22/2/1919
(37)Shultz, ASF-ARML R-145
(38)同上
(39)RGVA 39458/1/8/2

## 第19章◆ヴォルガ川流域からシベリアへの戦線移動——一九一八年秋

( 1 )To People's Military Commissar Sklyansky, RGAVMF R-96/1/13/234
( 2 )RGAVMF R-96/1/13/285
( 3 )28/9/1918, RGVA 39458/1/5/36
( 4 )GARF 127/1/3/77
( 5 )GARF 127/1/3/78
( 6 )Serebrennikov, HIA 51004, 125
( 7 )Serebrennikov, HIA 51004, 130
( 8 )Serebrennikov, HIA 51004, 113
( 9 )Serebrennikov, HIA 51004, 117
(10)RGVA 39458/1/5/33
(11)同上
(12)Ural exhibition, ASF-ARLM
(13)S. A. Zaborsky, 19/8/1927, OR RGB 320/18/1/27
(14)OR RGB 320/18/1/26
(15)同上
(16)Zenzinov, *Iz zhizni revolyutsionera*, p. 143
(17)Serebrennikov, HIA 51004, p. 154
(18)同上
(19)Fedulenko, HIA 2001 C 59
(20)Serebrennikov, p. 162
(21)Telegram from Komuch ministers 18/11/1918, GARF 193/1/1/18
(22)Zenzinov, p. 154
(23)Lyon papers, US Red Cross, HIA 74096
(24)American Expeditionary Force, HIA XX 546
(25)GARF 193/1/6/19
(26)Kolchak, 24/11/1918, GARF 195/1/18/1
(27)GARF 193/1/3/19
(28)Telegram Morris to Harris, 23/12/1918, Harris, HIA XX 072-9.23 Box 5

(29) Steveni, KCMLA

(30) Serebrennikov, HIA 51004, p. 173

(31) Yuexin Rachel Lin, 'White Water, Red Tide: Sino-Russian Conflict on the Amur, 1917-20'

(32) Fedulenko, HIA 2001 C 59

(33) 13/12/1918, RGVA 39458/1/5/38

(34) S. Lubodziecki, 'Polacy na Syberji w latach 1917-1920. Wspomnienia II', Sybirak, 3-4 (1934), pp. 5-18

(35) Situation report by Jozef Targowski, High Commissioner of the Republic of Poland in Siberia, PIA 701-002-024-337

(36) Janin Diary, HIA YY 239

(37) Serebrennikov, p. 183

(38) Janin Diary, 26-31/12/1918, HIA YY 239

(39) Fyodor Shipitsyn, 'V Odnom Stroyu', pp. 498-513

(40) Military commissar of the 5th Brigade Zonov, RGASPI 67/1/99/44

(41) Fyodor Shipitsyn, 'V Odnom Stroyu', p. 513

# 略号

AFBS-RB◆ブリヤート共和国連邦公安局公文書館
（ブリヤート共和国ウラン・ウデ）
ASF-ARLM◆ソルジェニーツィン財団公文書館
（全ロシア記憶図書館、モスクワ）
BA-CU◆バフメーチェフ公文書館（コロンビア大学、ニューヨーク）
CAC◆チャーチル公文書館（チャーチル・カレッジ、ケンブリッジ）
CAW-WBH◆戦史局中央戦争公文書館（ワルシャワ）
DASBU◆ウクライナ公安局公文書館（キエフ）
GAI◆国立イルビト公文書館
GAIO◆国立イルクーツク州公文書館
GAKK◆国立クラスノヤルスク地方公文書館
GARF◆国立ロシア連邦公文書館
GARO◆国立ロストフ地方公文書館（ロストフ・ナ・ドヌー）
GASO◆国立スヴェルドルフスク州行政公文書館（エカチェリンブルグ）
HIA◆フーヴァー研究所公文書館（カリフォルニア州スタンフォード）
IHR◆歴史研究所（ロンドン）
IWM◆帝国戦争博物館
JSMS◆スラヴ軍事研究ジャーナル
KA-KM◆国防省戦争博物館（ウィーン）
KCF◆カルタ・センター財団（ワルシャワ）
KCLMA◆リデル・ハート軍事博物館（ロンドン大学キングズ・カレッジ）
LCW◆V・I・レーニン全集45巻（モスクワ、1960-70）
NZh◆「ノーヴァヤ・ジースニ（新生活）」、
マクシム・ゴーリキー『場違いな思索：革命、文化、
ボリシェヴィキに関する論評、1917-1918, ニューヨーク、1968』

Oe-StA-KA◆オートリア国立公文書館戦争公文書(ウィーン)
OGAChO◆国立総合チェリャービンスク州公文書館(チェリャービンスク)
OR-RGB◆ロシア国立図書館手稿文書部(旧国立レーニン図書館)
PIA◆ピウスツキ研究所公文書館(ニューヨーク)
RACO◆赤軍戦闘作戦史(A・S・ブブノーフ、S・S・カーメネフ、
M・N・トハチェフスキー、R・P・エイデマン編)、
『ロシア内戦1918-1921、赤軍戦闘作戦の戦略的概観』
(ペンシルベニア州ヘイヴァータウン、2020)
RGALI◆ロシア国立文学芸術公文書館(モスクワ)
RGASPI◆ロシア国立社会政治史公文書館(モスクワ)
RGAVMF◆ロシア国立海軍公文書館(サンクトペテルブルク)
RGVA◆ロシア国立軍事公文書館(モスクワ)
RGVIA◆ロシア国立戦史公文書館(モスクワ)
THRR◆レオン・トロツキー『ロシア革命史』(ロンドン、2017)
TNA◆国立公文書館(キュー)
TsFSB◆ロシア連邦保安庁中央公文書館(モスクワ)
TsDNITO◆タンボフ県現代史資料センター
TsGAORSS◆10月革命とソヴィエト建国に関する国立中央公文書館(モスクワ)
TsGASO◆国立サマーラ州中央公文書館
TsNANANB◆ベラルーシ国立科学アカデミー中央科学公文書館(ミンスク)
VIZh◆戦争歴史ジャーナル
WiR◆オーエン・ハンフリーズ編『ロシアにおけるウェイヴェルの足跡』
(私家版、2017)

# 用語集

アナーキスト◆急進的な自由主義と反国家主義を基本とするアナーキズムは19世紀の末期にロシアとスペインで勢力を拡大した。アナーキストはマルクス主義とボリシェヴィズムに反発するだけでなく、皇帝支配と資本主義に対しても激しい敵意を抱いていた。

ボリシェヴィキ◆RSDLP参照。

ブルジョア◆革命派にとっての反革命的階級であるブルジョアジーの一員。

チェーカー◆「反革命とサボタージュを取締る全露非常委員会」の略称。フェリックス・ジェルジンスキーによって設立され、後にOGPU, NKVD、KGBなどに再編された。

チョハー◆コサックまたはカフカスの男子用上衣。胸の部分に弾倉があった。

エサウル◆コサック騎兵部隊の指揮官。百人隊と呼ばれる騎兵部隊を指揮した。

緑軍◆脱走兵に加えて、赤軍および白軍による徴兵を忌避した兵士によって構成されたパルチザン部隊。主として森の中に潜んで暮らしていたことから緑軍と呼ばれた。

イズバー◆ロシア農民の住居。通常は丸太小屋。

ユンケル◆士官学校に在籍する12歳から17歳までの士官候補生。臨時政府を支持し、ボリシェヴィキに反対して、10月革命の直前から示威行動を繰り返した。

カデット◆保守的な中道右派の立場をとる「立憲民主党」のメンバーで、カデットまたはKDと呼ばれた。

クルーグ◆ドン・コサックの議会。ドン・コサックは1918年5月にソヴィエト行政機関と赤軍部隊を追放し、ドン共和国の独立を宣言した。

メンシェヴィキ◆RSDLP参照。

OSVAG◆「情報局」の略称。白軍義勇軍の情報・プロパガンダ部門。後に南ロシア軍に引き継がれた。

RSFSR◆「ロシア・ソヴィエト連邦社会主義共和国」の略称。1918年7月の第五回全ロシア・ソヴィエト議会で宣言されたが、1924年1月に「ソヴィエト社会主義共和国連邦」に改称された。

RSDLP◆「ロシア社会民主労働党」。1903年にユーリー・マルトフの率いるメンシェヴィキ派(少数派)とウラジーミル・レーニンの率いるボリシェヴィキ派(多数派)に分裂した。

百人隊(百人組)◆コサック騎兵100人で構成される騎兵大隊。ただし、「黒百人組」はニコライ二世の支援によって編成された反動的な反ユダヤ主義団体。

ソヴィエト◆本来の意味は革命派の労働者および兵士の代表によって構成される委員会。ボリシェヴィキは1917年秋に主要なソヴィエトを支配下に置き、政府すなわちソヴナルコムの命令を実行する行政機関に変えた。

ソヴナルコム◆「ソヴィエト人民政治委員評議会」の略称。実質的にはレーニンを首班とするボリシェヴィキ政府の内閣だった。

社会革命党(SR)◆農村地帯を基盤とする社会革命党は1917年秋に左派と右派に分裂した。そのうち社会革命党左派はレーニンが農業改革案を実行するものと信じてボリシェヴィキを支持した。しかし、翌年にはレーニンに欺かれたことに気づいてボリシェヴィキに反旗を翻したが、実効性はなかった。

スタニーツァ◆コサックの居住地。村から都市まで様々な規模があった。

タチャンカ◆高速の四輪荷車または荷馬車。2頭または3頭の馬に引かせ、機関銃を搭載して、ローマ軍の戦車「チャリオット」のように使われた。通常、乗組員は御者1名と機関銃手1名だったが、時には最大4名までの戦闘員が乗ることができた。